本书为商务部国际贸易经济合作研究院与贵州财经大学联合研究基金项目（2016SWBZD05）和中国—东盟研究院"教育部长江学者和创新团队发展计划"资助项目（CW201411）研究成果

贵州财经大学经济学研究文库

中国对外贸易隐含碳排放测算及驱动因素研究

胡剑波 / 著

中国社会科学出版社

图书在版编目（CIP）数据

中国对外贸易隐含碳排放测算及驱动因素研究/胡剑波著.
—北京：中国社会科学出版社，2018.12
ISBN 978-7-5203-1567-8

Ⅰ.①中… Ⅱ.①胡… Ⅲ.①对外贸易—二氧化碳—排气—研究—中国 Ⅳ.①F752

中国版本图书馆 CIP 数据核字（2017）第 288475 号

出 版 人	赵剑英
责任编辑	卢小生
责任校对	周晓东
责任印制	王 超
出 版	中国社会科学出版社
社 址	北京鼓楼西大街甲 158 号
邮 编	100720
网 址	http://www.csspw.cn
发 行 部	010-84083685
门 市 部	010-84029450
经 销	新华书店及其他书店
印 刷	北京明恒达印务有限公司
装 订	廊坊市广阳区广增装订厂
版 次	2018 年 12 月第 1 版
印 次	2018 年 12 月第 1 次印刷
开 本	710×1000 1/16
印 张	20
插 页	2
字 数	298 千字
定 价	98.00 元

凡购买中国社会科学出版社图书，如有质量问题请与本社营销中心联系调换
电话：010-84083683
版权所有 侵权必究

前　言

　　人类活动是不是导致气候变化的重要因素是世界各国专家学者长时间争论的焦点。从1896年诺贝尔化学奖得主、瑞典化学家阿伦尼乌斯（S. Arrhenius）提出气候变化的科学假设，认为"化石燃料燃烧释放的二氧化碳将会增加大气中二氧化碳的浓度，二氧化碳浓度达到一定的值则会导致全球气候变暖"，到1990年联合国政府间气候变化专门委员会（IPCC）第一次发布气候变化评估报告，再到第二次评估报告（1995年）、第三次评估报告（2001年）、第四次评估报告（2007年）以及第五次评估报告（2013年），科学家经过持之以恒的努力，不断探索挖掘出了更有力的证据，而这些新的证据都表明，全球气候变化正在发生，并且与人类活动的影响密切相关。随着人们对气候变暖重视程度的不断提高，世界各国共同应对气候变化的步伐不断加快，国际社会各种双边或多边活动日益频繁，进一步遏制或减缓气候变暖的双边或多边协定谈判与日俱增。

　　改革开放30年来（1978—2008），中国经济以9.7%的年均增长率增长，成为第二次世界大战以来年均增长率保持7%以上、持续增长超过25年的13个经济体之一，虽然近年来中国经济增长有所下滑，但其增速仍位居世界各国前茅，2009—2016年中国GDP年均增长率高达11.42%，然而，这种经济增长奇迹的背后却是生态环境的严重恶化、自然资源的高度消耗以及二氧化碳的大量排放。据国际能源署（IEA）测算，2007年，中国二氧化碳排放量达到60.83亿吨，超过美国，位居全球第一；Global Carbon Project发布的《2016年全球碳预算报告》指出，中国年碳排放量为104亿吨，占全球碳排放的29%，超过美国和欧盟（EU）之和。碳排放的高速增长让全球目光不约而同地锁定中国，以致中国成为众矢之的，面临的减排压力与日俱增。虽然《联合国气候变化框架公约》（UNFCCC）认为，发展中国家目前暂不参与减排，中国作为发展中国家并没有强制减排义务，但是，如今中国要捍卫这种权利已经越来越不轻松。在以往气候变化国际谈判中，诸多发达国家曾无数次直接或间接地提出应将中国纳入实质性减排目标当中，要求中国控制排量和承担减排义务的呼声越来越高。

对外贸易作为国民经济的重要组成部分，是拉动经济增长的"三驾马车"（投资、消费和外贸）之一。改革开放尤其是中国加入世界贸易组织（WTO）之后以来，中国对外贸易发展迅速，30多年间进出口贸易总额增长了100多倍，年均增长率高达20%左右，现在已成为全球第一大贸易国、第一大出口国和第二大进口国。对外贸易的快速增长极大地推动了中国经济的高速发展，但以数量扩张为主的粗放型外贸增长方式是以国内能源资源消耗、环境污染和温室气体（GHG）排放为代价的。近年来，多项研究均揭示了国际贸易增长与全球温室气体排放增加密切相关，中国温室气体排放量急剧增长的主要原因是：为了满足西方发达国家的生产和生活需求，即通过大量出口廉价产品而排放的。因此，盲目批评指责中国是造成全球气候变暖的罪魁祸首，这显然是不客观、不公正的，中国不是其碳排放的唯一责任方，发达国家也应为中国日益增长的温室气体排放担负不可推卸的责任。

目前，中国有关国际贸易与碳排放问题的研究才起步不久，受数据可得性、估算方法尚未完全成熟及研究目的限制，研究结论仍存在较大分歧。基于此，笔者撰写了本书，从隐含碳的测算、隐含碳变化的驱动因素等维度构建模型，测度中国对外贸易中的隐含碳排放量，并在此基础上研究中国对外贸易隐含碳排放变化的驱动因素。另外，从总体视角、各产业部门视角和三次产业视角逐一进行实证分析，并基于计量结果，提出了具有可操作性的对策措施，以期为中国制定相关减排政策、优化升级对外贸易结构、转变经济发展模式以及坚守发展与生态"两条底线"提供科学依据。全书共分为六章，第一章是绪论，主要介绍选题背景、研究意义、国内外研究现状、研究思路、研究方法与创新之处；第二章是相关概念与理论基础，主要涉及隐含流、隐含碳和碳泄漏的内涵界定以及"污染避难所"假说、环境库兹涅茨曲线、环境要素禀赋、生态经济理论、低碳经济理论等基础理论；第三章是中国对外贸易、能源消耗与碳排放，包括中国进出口贸易发展概况、中国产业结构及能源消耗特点、中国二氧化碳排放现状；第四章是中国对外贸易中的隐含碳排放测算，即构建出非竞争型投入产出模型，并基于2002年、2005年、2007年、2010年和2012年的投入产出数据，对中国进出口贸易隐含碳排放进行测度；第五章是中国对外贸易中的隐含碳排放驱动因素分解，即利用对数平均迪氏指数分解法（LMDI）对中国对外贸易隐含碳排放变化的影响因素进行分解，并从规模效应、结构效应和强度效应三个维度对影响因素进行剖析，对比讨论何种驱动因素对中国进出口贸易隐含碳排放的影响最大；第六章是结论与不足，总结本书的主要结论、政策含义、研究不足和未来展望。

胡剑波
2018年5月

目 录

第一章 绪论 1

第一节 选题依据与研究意义 1
第二节 文献综述 9
第三节 研究思路与方法 55
第四节 内容安排与技术路线 60
第五节 研究创新之处 62

第二章 相关概念与理论基础 64

第一节 相关概念界定 64
第二节 相关理论基础 73

第三章 中国对外贸易、能源消耗与碳排放 84

第一节 中国对外贸易发展概况 84
第二节 中国产业结构及能源消耗特点 139
第三节 中国二氧化碳排放现状 153

第四章 中国对外贸易中的隐含碳排放测算 175

第一节 投入产出法 175
第二节 投入产出模型在贸易隐含碳排放测算中的应用 183
第三节 数据来源及处理 187
第四节 实证结果与分析 195

第五章　中国对外贸易中的隐含碳排放驱动因素分解 …… 216

第一节　指数分解法及研究方法选取 …… 216

第二节　中国对外贸易中的隐含碳排放对数平均迪氏指数分解模型构建 …… 223

第三节　数据来源及处理 …… 225

第四节　实证结果与分析 …… 226

第六章　结论与不足 …… 257

第一节　主要结论 …… 257

第二节　政策含义 …… 262

第三节　研究不足 …… 271

第四节　未来展望 …… 274

参考文献 …… 276

后　记 …… 313

第一章 绪论

第一节 选题依据与研究意义

一 选题背景与问题的提出

近百年来,全球气候正经历以变暖为主要特征的显著变化(独孤昌慧,2015)[①],全球大规模的能源消费所产生的二氧化碳等温室气体(Green House Gas,GHG)[②]对全球气候变化的潜在威胁已经成为国际社会关注的焦点。虽然截至目前国际社会对全球气候变暖的程序、成因、造成后果的严重程度、哪些国家或地区应该对此负主要责任、解决该问题的对策措施等方面还存在各不相同的看法和观点,但是,主流专家学者的看法已基本一致,至少达成了四点共识(马凯,2007)[③]:一是全球气候变暖已经是一个不存在争议的科学事实,之前已观测到的结果显示出全球大气与海洋平均温度上升、冰雪融化和海平面升高等现象;二是全球气候变暖已经对当前的生态系统平衡、资源环境、海平面上升、洪涝干旱、粮食安全、动植物生长、水资

[①] 独孤昌慧:《我国对外贸易与环境污染问题研究》,博士学位论文,吉林大学,2015年。

[②] 温室气体主要包括6种气体:二氧化碳、甲烷(CH_4)、一氧化二氮(N_2O)、氢氟碳化物(HFCs)、全氟碳化物(PFCs)以及六氟化硫(SF_6);据IPCC - TAR(2007)的研究,在全球人为温室气体排放中,二氧化碳占74%,甲烷占14%,一氧化二氮占8%,其他气体占4%,鉴于二氧化碳是最主要的温室气体,以及便于计量和计算,故本书中的温室气体通常情况下就是指二氧化碳。

[③] 马凯:《气候变暖是人类共同面临的挑战》,《绿叶》2007年第8期。

源、人类生命健康以及生产生活等各个方面造成了不可估量的严重影响（葛全胜等，2007）[①]；三是全球气候变化除受自然因素的影响以外，与人为活动，特别是与人类使用化石燃料过程释放出来的二氧化碳浓度密切相关；四是气候变化无国界，如何积极有效地应对和适应气候变化带来的影响是全球人类共同面临的重大挑战，而只有依靠世界各国人民团结协作、统筹规划、共同努力，才有可能改善气候变化（马凯，2007）。[②]

1990年，联合国政府间气候变化专门委员会（Intergovernmental Panel on Climate Change，IPCC）第一次公布气候变化评估报告指出，气候变化可能是因自然波动引起的，也可能是因人为活动引起的，还有可能是因两者共同作用引起的；1995年和2001年，联合国政府间气候变化专门委员会相继公布第二次和第三次气候变化评估报告；2007年，第四次气候变化评估报告指出，气候变化是因人为活动产生温室气体排放所致的可能性逐步加大，其可能性在90%以上；2013年，第五次评估报告公布，与上次报告相比，该报告认为，气候变化要比原来认识到的更为严重，气候变化是因人类活动造成的可能性达到95%以上（见表1-1）。为了避免因二氧化碳等温室气体排放量的增加引起全球气候继续变暖，进而可能对人类健康、食物、环境资源安全、社会稳定与经济发展等产生一系列负面影响，世界各国正试图通过大家的共同努力、团结协作来减少温室气体排放，从而减缓全球气候变暖进程。虽然《联合国气候变化框架公约》（United Nations Framework Convention on Climate Change，UNFCCC）根据"共同但有区别的责任"原则，认为发达国家和发展中国家具有不同责任，规定发达国家应该率先减少温室气体排放，发展中国家暂不参与减排，中国作为发展中国家如今仍享有不参与减排的"豁免权"。在国际气候谈判中，中国一直坚持三个论点：一是历史排放量少；二是人均排放量低；三是限制排放将会阻碍经济发展。但是，面对国际减排压力的

[①] 葛全胜、刘浩龙、田砚宇：《中国气候资源与可持续发展》，科学出版社2007年版。
[②] 马凯：《马凯主任就气候变化问题答中外记者问》，《节能与环保》2007年第6期。

与日俱增和中国温室气体排放总量的快速增加,我国要捍卫这种权利,已经越来越不轻松。要想在国际环境外交中及未来气候谈判中处于主动地位并能够获得更大利益空间,亟须寻求新的科学依据以合理界定我国应承担的责任和要履行的义务。

表1-1　　　　　　　　IPCC历次评估报告的主要结论

次数	时间	主要结论
第一次	1990年	过去一百多年里,全球平均气温已经上升了0.3—0.6℃,并且全球平均最暖的5个年份都出现在20世纪80年代,而人类活动排放的大气污染物,正在使大气中的温室气体浓度显著增加
第二次	1995年	由于人类活动,大气中的温室气体含量继续增加,北半球对流层臭氧含量自工业革命以来出现增加,有更加明显的证据可以检测出人类活动对地球气候和气候变化系统的影响
第三次	2001年	人类活动,例如,工业和农业排放的二氧化碳、甲烷和其他温室气体,这些气体会影响大气能量的吸收和散射,而诸多新的和更有力的证据都表明,过去50年来观测到的绝大部分气候变暖是因人类活动而造成的
第四次	2007年	由于受1750年以来人类活动的影响,全球大气中的二氧化碳、甲烷和一氧化二氮浓度已明显增加,目前已经远远超出了根据冰芯记录得到的工业化前几千年中的浓度值;大气中二氧化碳浓度的增加主要源于化石燃料的使用和土地利用的变化,甲烷与一氧化二氮浓度变化则源于农业;总之,全球气候变暖主要是由人类活动所排放的温室气体造成的,而这种可能性程度已经从2001年评估的66%飙升到2007年的90%以上
第五次	2013年	人类活动极有可能是20世纪中期以来全球气候变暖的主要原因,可能性在95%以上,而在过去的130年中全球升温0.85℃;2003—2012年全球平均温度比1850—1900年的平均温度上升了0.78℃

资料来源:IPCC官方网站,http://www.ipcc.ch/。

"应对气候变化,实现低碳发展"已成为当今世界发展的主旋律。中国作为负责任的大国,在积极推动气候变化国际合作、建设性地推动气候变化多边进程和南南合作上充分发挥了一个大国的领导作用。2016年4月22日，在《巴黎协定》高级别签署仪式上，中国承诺使二氧化碳的排放量到2030年左右达到峰值，努力争取尽早实现达到峰值的一系列行动目标，并已经将这一目标纳入国家的整体发展议程。对外贸易作为国民经济的重要组成部分，是拉动经济增长的"三驾马车"（投资、消费和外贸）之一。改革开放尤其是中国加入世界贸易组织（World Trade Organization，WTO）以来，中国对外贸易发展迅速，30多年间进出口贸易总额增长了100多倍，年均增长率高达20%左右，现已成为全球第一大贸易国、第一大出口国和第二大进口国。2015年，全年货物进出口总额为245741亿元，比上年下降7.0%。其中，出口141255亿元，下降1.8%；进口104485亿元，下降13.2%；货物进出口差额（出口减进口）36770亿元，比上年增加13244亿元。[①] 2016年，全年货物进出口总额为243344亿元，比上年下降约0.9%。[②] 与此同时，我国二氧化碳排放量也呈现相似的增长态势。1979—2001年，二氧化碳排放量增长较为缓慢；加入世界贸易组织后，二氧化碳排放呈现迅猛增加态势，年均增长率都在10%以上，两者具有几乎相同的增长趋势。对外贸易的快速增长极大地推动了我国经济的高速发展，但以数量扩张为主的粗放型外贸增长方式也引发了诸多问题。贸易规模大但产品附加值低；进出口产品结构差异较大，进口产品是以高附加值、低能耗、低排放的商品为主，而出口商品则恰好相反，以"三高一资"（高耗能、高污染、高排放、资源性）的商品居多；加工贸易的不断扩张正在使中国成为"世界工厂"，从而不断地加重国内资源、环境、生态的压力；大量廉价、低环保标准的出口产品在国际市场上频频遭遇绿色贸易壁垒。因此，我国的国际贸易增长是以国内能源、资源消耗、环境污染和温室气体排放为代价的，其严重威胁着我国对外贸易的可持续发展。

---

① 参见《2015年国民经济和社会发展统计公报》。
② 参见《2016年1—12月我国进出口商品总额对比统计》，http://mt.sohu.com/20170123/n479403343.shtml。

近些年来，诸多文献研究指出：国际贸易是致使温室气体排放量增加的重要渠道之一，从中国进口大量消费品的国家或地区对中国温室气体排放高速增长也负有不可推卸的责任，因为中国通过对外贸易，让国外居民消费到价格优惠的"中国制造"产品，而因生产商品产生的温室气体排放却留在了我国国内，即因对外贸易，国外的环境污染则转移到了中国，一国越是开放，其对碳排放量的影响就越大。英国 Tyndall Centre for Climate Change Research（2007）从"碳出口"角度研究中国出口贸易与温室气体排放的关系后发现：2004 年，中国通过国际贸易，因出口到国外的贸易产品引起的二氧化碳排放量为 14.9 亿吨，进口贸易商品二氧化碳排放量为 3.81 亿吨，净出口的贸易商品二氧化碳排放量为 11.09 亿吨，占中国当年二氧化碳排放总量 23% 的份额，与当年日本二氧化碳总排放量大致相当，是德国和澳大利亚的二氧化碳排放总量之和，比英国二氧化碳排放总量高出两倍多。[①] 英国新经济基金会（New Economic Foundation）2007 年发布了一份研究报告《中国依赖症》，该报告指出，西方发达国家对中国出口的产品十分依赖，变相地把大量的环境污染转嫁到了中国，中国工厂生产同一件产品排放的二氧化碳比欧洲工厂多 1/3，而且在运输这些产品的过程中产生了更多的二氧化碳，如果全世界每个人都像美国那样消耗资源的话，人类需要 5.3 个地球才能承担全人类的消费量；如果像法国和英国的消费水平，人类需要 3.1 个地球；这一数字相对于西班牙的水平是 3 个地球、德国的水平是 2.5 个地球、日本的水平是 2.4 个地球，而中国则为 0.9 个地球，报告一针见血地强烈批评了那种每当谈及全球气候变化产生的原因就把中国当成"替罪羊"的惯性思维，并认为，美国等发达国家应该为目前举步维艰的世界气候变暖的治理付出更大的努力，更应该积极制定相关举措并强化落实对接好这些安排。这份报告最后总结概括为：中国经济如雨后春笋般快速发展，促使西方发达国家把工厂转移到中国，中国二氧化碳排放量反

---

① Tyndall Centre for Climate Change Research, *Who Owns China's Carbon Emissions?* Tyndall Briefing Note No. 23, October 2007.

映出更多的是西方发达国家不可持续的高消费水平而非中国的实际景象。① 该基金会开门见山地指出，有关气候变化的国际谈判应该争取建立一个制度，应把排放的责任归于商品的最终使用者，而不是商品的生产国。莱因温和彼得斯（Reinvang and Peters，2008）撰写的一份研究报告证实：2001—2006年，中国出口到挪威的贸易商品因制造所产生的碳排放增长了3倍，为680万吨，均分到挪威每一个家庭，其碳排放量为3.4吨/家，与中国3.8吨/人的碳排放值大致相当，世界自然基金会（World Wildlife Fund，WWF）挪威分会的莱因温指出：通过进口，挪威等西方国家用于购买碳减排额度的金额将节省数十亿欧元，而把本国的温室气体污染排放转移到了中国和其他发展中国家，从某种程度上说，隐藏了真正的因进口消费而引致的气候变暖的责任；初步估算，发展中国家为西方发达国家提供消费产品而产生的二氧化碳排放量，若是西方国家去碳市场购买碳减排额度的话，其价值高达510亿欧元。②

目前，我国就对外贸易中产生的碳排放问题的研究才起步不久，受数据可行性和研究目的的限制以及估算方法还未成熟，估算结果存在较大分歧，远未形成较为成熟、严谨、科学的全球减排方案（葛全胜等，2007；丁仲礼等，2009；葛全胜、方修琦，2010）。③④⑤ 本书正是基于以上考虑，将对外贸易指标作为研究我国碳排放问题的切入点，试图回答以下几个问题：（1）出口是拉动中国经济高速增长的"三驾马车"之一，然而，巨大的对外贸易量背后是否意味着中国也是巨大的二氧化碳排放国？长期处于贸易顺差而被西方发达国家指责

---

① New Economic Foundation，*China Dependence*：*The Second UK Interdependence Report*，London：NEF，2007.

② Reinvang and Peters，*Norwegian Consumption*，*Chinese Pollution*：*How OECD Imports Generate*，*CO_2 Emissions in Developing Countries and the Need for New Low – carbon Partnerships*，WWF Norway and WWF China Programme Office，2008.

③ 葛全胜、刘浩龙、田砚宇：《中国气候资源与可持续发展》，科学出版社2007年版。

④ 丁仲礼等：《2050年大气二氧化碳浓度控制：各国排放权计算》，《中国科学D辑》2009年第8期。

⑤ 葛全胜、方修琦：《科学应对气候变化的若干因素及减排对策分析》，《中国科学院院刊》2010年第1期。

的背后是否意味着中国也是净隐含碳排放的出口国呢？（2）中国对外贸易中总的出口隐含碳排放量、进口隐含碳排放量、净出口隐含碳排放量是多少？（3）按照行业部门分类，其对应的各行业部门的出口隐含碳排放量、进口隐含碳排放量以及净出口隐含碳排放量是多少？同理，按照三次产业分类，其情况又是如何？（4）导致中国对外贸易中的隐含碳排放变化的影响因素有哪些？各种驱动因素对隐含碳排放的影响程度如何？这其中又是哪些因素起主导作用？这些问题的解决不仅可以了解对外贸易对国家碳排放的影响程度，为国家未来进出口贸易结构调整优化以及政策制定提供参考，还将有利于中国有效地应对国际气候谈判，更好地实现节能减排，为缓解能源资源压力等问题提供一系列有益的政策含义和参考价值，从而能够更好地为中国尽量争取更多的发展空间和国际支持提供重要支持。

二　选题意义

本书对进一步巩固、证实和完善以往文献中有关国际贸易是导致温室气体排放增加的重要原因和其他诸多方面具有重要的理论意义和现实意义。

（一）理论意义

工业革命以来，人类在生产、流通和消费等经济活动中开始了无限制地使用化石燃料，排放二氧化碳等温室气体，大量二氧化碳排放是导致全球气候变暖的主要因素之一。而全球气候变暖导致了许多极端的气候事件，对生态系统和人类社会造成了重大影响，因而关于碳排放问题方兴未艾。二氧化碳等温室气体作为环境的重要组成部分，理应纳入贸易与环境研究范畴之中，尤其是对外贸易中的碳排放问题作为国际贸易与环境关系研究的新发展，亟须得到加强。长期以来，各国普遍将比较优势理论和要素禀赋理论作为参与国际分工和开展国际贸易活动的理论基础，然而，这种传统的理论存在着一个明显的缺陷，即把环境因素看作贸易增长的外生变量，但实质却是以能源消耗和环境恶化为代价换取的贸易增长（迟诚，2010）。[①] 因此，本书将

[①] 迟诚：《我国贸易与环境问题研究》，博士学位论文，南开大学，2010年。

二氧化碳等温室气体纳入环境因素中，对中国对外贸易发展中的产业部门进行详细划分，并且分析了各产业部门的隐含碳排放和驱动效应，这对传统比较优势理论存在的缺陷进行修正和进一步丰富环境要素禀赋模型与环境比较优势、可持续发展理论、环境经济与资源经济理论等相关理论体系具有重要的参考价值。

（二）现实意义

当前各国对温室气体排放核算边界的界定，主要依据《联合国气候变化框架公约》所界定的"发生在国家主权管辖范围内的所有温室气体的排放和吸收"（李艳梅等，2013）[1]，这种界定在国家主权范围内的"生产型"温室气体排放核算是不科学和不公正的，对碳排放的责任认定应归因于造成环境污染的驱动源，而不仅仅将其归结为产生污染的直接生产者，"消费方"亟须纳入碳排放源头的计算体系当中；在一定程度上，可以为中国争取更多的碳生存排放权和发展排放权，为中国经济社会的发展提供较为广阔的发展空间，重新界定与中国发展阶段相匹配的国际减排责任，减少中国的减排义务和压力，同时也为《京都议定书》后续框架协议的谈判和相关政策的制定提供有价值的建议以及理论依据；不能只看本土排放，还要看转移排放，原因在于在经济全球化和国际产业分工日益深化的大背景下，生产和消费的分离有时会掩盖污染和排放的真实情况（王军，2008）[2]；2009年11月，在哥本哈根世界气候变化大会召开之前，中国首次提出明确的碳减排目标，到2020年，中国单位国内生产总值（GDP）的二氧化碳排放量将比2005年下降40%—45%，非化石能源占一次能源消费的比重达到15%[3]；2015年6月，我国向《联合国气候变化框架公约》秘书处提交了《强化应对气候变化行动——中国国家自主贡献》，文件确定我国2030年的自主行动目标为：单位国内生产总值二氧化碳

---

[1] 李艳梅、常明、付加锋：《中国出口贸易中隐含二氧化碳排放量的区域差异分析——以辽宁、北京和宁夏为例》，《资源与产业》2013年第1期。

[2] 王军：《全球气候变化与中国的应对》，《学术月刊》2008年第12期。

[3] 参见国务院《2020年单位GDP二氧化碳排放比2005年降40%》，http://politics.people.com.cn/n/2014/0919/c70731-25694942.html。

排放比2005年下降60%—65%，非化石能源占一次能源消费比重达到20%左右，森林蓄积量比2005年增加45亿立方米左右（安蓓、赵超，2015）。① 要实现这一目标，亟须寻求新的突破口，而分析中国进出口贸易中的隐含碳排放及其影响因素的贡献，对进出口贸易结构调整、对外贸易政策的制定、合理引导出口贸易向高附加值、低碳排放、环境友好型的方向过渡，无疑是实现中国制定的国家减排目标中至关重要的一环。

第二节 文献综述

一 国际贸易与环境污染的关系

长期以来，关于贸易自由化对环境污染的影响存在较大争议，伴随着国际经济一体化和国际贸易自由化进程的不断加快，生态环境问题也从局部的区域特点演变为全球特征（高秋杰等，2011）[②]，国际贸易和生态环境的关系更加复杂，矛盾也更加凸显。截至目前，国内外学者就国际贸易和环境污染问题进行了广泛研究，并得出各自不同的结论，概括地说，主要包括以下三种观点：

（一）贸易自由化有利于环境改善

新古典主义者与贸易自由主义者都认为，具备区域特征和全球性的贸易自由化并不是触发生态环境进一步恶化和变质的根本元凶，其根源来自市场失灵和政府失灵，采取贸易限制手段来解决环境污染问题只会背道而驰，进一步扭曲资源配置，而基于比较优势的国际专业分工，不仅可以促进全球环境资源的有效配置和合理利用，还可以提高节能治污技术、带动经济增长和环境的协调发展，从而使环境得到改善。更大程度上的开放市场和推进贸易自由化进程是减少环境污染

---

① 安蓓、赵超：《我国提交应对气候变化国家自主贡献文件》，《人民日报》2015年1月7日。
② 高秋杰、田明华、吴红梅：《贸易与环境问题的研究进展与述评》，《世界贸易组织动态与研究》2011年第1期。

的有效途径（贺佳佳，2011；于小霞，2008）。①② 伯尼奥克斯（Burniaux et al.，1992）通过一般均衡模型分析认为，贸易自由化可以减少能源市场的扭曲，并使二氧化碳排放在世界范围内减少。③ 安特威勒、科普兰和泰勒（Antweiler, Copeland and Taylor, 2001）通过引入国家间要素禀赋差异扩展了科普兰和泰勒（1994）南北模型，利用该模型，他们对一组国家在1971—1996年间二氧化硫污染的实证检验发现，规模、结构和技术效应环境质量的综合影响是积极的。④ 迪恩（Dean，2002）的研究表明，严格的环境管制基础上的自由贸易不仅可以改进全社会的福利，其额外的经济收益还可以在一定程度上消除对环境的不利影响。⑤ 科恩和埃利奥特（Cole and Elliott, 2003）专门对国际贸易对环境质量的结构效应进行分析，得出国际贸易引致的结构效应比规模效应和技术效应对环境的影响更大，他以人均二氧化硫排放量作为环境污染指标，实证结果表明，贸易引致的收入每增加1%，人均二氧化硫的排放量就会下降1.71%。⑥ Dietzenbacher 和 Mukhopadhyay（2007）利用静态、单区域投入产出法对印度1991—1992年和1996—1997年的出口和进口中隐含的三种大气污染物指标进行测算，发现印度的环境质量从对外贸易中得到改善而非受损，从而对"污染天堂假说"提出质疑。⑦ 李斌、汤铸和陈开军（2006）通

---

① 贺佳佳：《我国主要工业行业出口贸易的隐含碳分析》，硕士学位论文，北京林业大学，2011年。
② 于小霞：《国际贸易对中国环境的影响研究》，硕士学位论文，山东大学，2008年。
③ Burniaux, J. M., Martin, J. P. and Nicotetti, G. et al., "GREEN: A Multi – sector, Multi – region Dynamic General Equilibrium Model for Quantifying the Costs of Curbing CO_2 Emissions: A Technical Manual". In OECD Economies Department Working Paper, Paris: OECD, 1992.
④ Antweiler, W., Copeland, B. R. and Taylor, M. S., "Is Free Trade Good for the Environment?" Nber Working Papers, Vol. 91, No. 4, 2001, pp. 877 – 908.
⑤ Dean, J. M., "Does Trade Liberalization Harm the Environment? A New Test", Canadian Journal of Economics/Revue Canadienne D'économique, Vol. 35, No. 4, 2002, pp. 819 – 842.
⑥ Cole, A. M. and Elliott, J. R., "Determining the Trade – Environment Composition Effect: The Role of Capital, Labor and Environmental Regulations", Journal of Environmental Economics and Management, Vol. 46, No. 3, 2003, pp. 363 – 383.
⑦ Dietzenbacher, E. and Mukhopadhyay, K., "An Empirical Examination of the Pollution Haven Hypothesis for India: Towards a Green Leontief Paradox?" Environmental and Resource Economics, Vol. 36, No. 4, 2007, pp. 427 – 449.

过建立国际贸易与环境污染的均衡模型,选取二氧化硫作为环境污染指标,考察了中国 1991—2001 年的外贸依存度与环境污染之间的关系,实证结果显示,国际贸易对环境污染的结构效应为负,国际贸易通过影响一国的要素禀赋进而改变本国产品的生产组合,国际贸易有利于中国环境质量的改善,在一定程度上质疑了中国"污染天堂假说"的存在。[①] 于峰和齐建国(2007)通过对中国 1990—2003 年间 29 个省份的面板数据进行回归分析,研究结果显示,虽然国际贸易的结构效应具有双重的环境效应,对环境造成不同程度的积极影响与消极影响,但国际贸易的总环境效应是正向的,开展国际贸易有利于中国环境质量的改善,与"污染天堂假说"的观点相悖。[②] 彭水军等(2013)基于 2005—2010 年中国 251 个地级城市的面板数据,采用动态面板模型和系统 GMM 估计方法,实证分析了贸易开放所引致的结构效应对中国三类地方性污染物排放量及其排放强度的影响,结果显示,贸易开放度的提高有助于降低烟尘的排放量,而对二氧化硫和废水排放量以及三类污染物的排放强度也都存在负向影响。[③] 代丽华和林发勤(2015)在分析中国 31 个省份(不包括香港、澳门及台湾地区)1993—2012 年面板数据的基础上研究贸易开放对环境污染的影响程度,考虑到污染物质的排放存在连续性,使用了动态面板模型进行系统 GMM 估计,实证结果表明,贸易开放对中国环境污染的影响是积极的。[④]

(二)贸易自由化将从多个方面造成环境恶化

对于一个自我封闭的经济体而言,生态环境问题只受到本国经济活动的影响,然而,国际贸易自由化程度的不断提高是一个不可抗拒

[①] 李斌、汤铸、陈开军:《贸易自由化对环境污染影响的实证分析》,《商业研究》2006 年第 10 期。
[②] 于峰、齐建国:《开放经济下环境污染的分解分析——基于 1990—2003 年我国各省市的面板数据》,《统计研究》2007 年第 1 期。
[③] 彭水军、张文城、曹毅:《贸易开放的结构效应是否加剧了中国的环境污染——基于地级城市动态面板数据的经验证据》,《国际贸易问题》2013 年第 8 期。
[④] 代丽华、林发勤:《贸易开放对中国环境污染的程度影响——基于动态面板方法的检验》,《中央财经大学学报》2015 年第 5 期。

的历史趋势（夏惠萍，2012）。① 由于一个国家生产的产品要出口到其他国家消费，所以，国际贸易使一个国家的经济和生态环境与其他国家也有关系。环保主义者认为，自由贸易势必会造成环境污染，原因在于国际贸易的增长扩大了全球经济规模，尤其是扩大了生产和消费及运输，从而导致环境污染程度的加深和自然资源利用的不可持续性。由于在当前各国环境标准不同的情况下，国际贸易会使环境政策宽松的国家获得比较优势，其结果是将加速东道国环境污染和生态破坏。Chilnisky（1994）最早使用扩展的 H—O 模型分析发展中国家和发达国家间贸易污染问题，他认为，在产权机制不完备的情况下，自由贸易会加速发展中国家环境资源的破坏。② 科普兰和泰勒（1994）利用南北模型对国际贸易的规模、结构和技术环境效果进行了分析，结果表明，自由贸易降低了北方的污染水平，但提高了南方的污染水平并使世界总体污染水平加剧。③ Dua 和 Esty（1997）指出，全球贸易自由化会导致各国纷纷降低各自的环境质量标准以维持或增强竞争力，出现所谓"向底线赛跑"的现象，由于发展中国家的环境标准普遍低于发达国家，因此，可以得出贸易自由化会使发展中国家环境恶化。④ 党玉婷和万能（2007）分析了中国 1994—2003 年间对外贸易的环境效应，认为对外贸易总体上对中国当时的环境不利。⑤ 何正霞和许士春（2009）的研究则发现，出口增长是中国环境污染增加的格兰杰原因。⑥ 周茂荣和祝佳（2008）在 ACT 模型基础上，利用面板数

---

① 夏惠萍：《中国进出口贸易生态足迹的测度与分析》，硕士学位论文，浙江大学，2012 年。

② Chillnisky, G., "North‑South Trade and the Global Environment", *American Economic Review*, Vol. 84, No. 4, 1994, pp. 851–874.

③ Copeland, B. R. and Taylor, M. S., "North‑South Trade and the Environment", *Quarterly Journal of Economics*, Vol. 109, No. 3, 1994, pp. 755–787.

④ Dua, A. and Esty, D. C., "Sustaining the Asia Pacific Miracle: Environmental Protection and Economic Integration", *Asia Pacific Journal of Environmental Law*, Vol. 1, No. 3, 1997, pp. 150–152.

⑤ 党玉婷、万能：《贸易对环境影响的实证分析——以中国制造业为例》，《世界经济研究》2007 年第 4 期。

⑥ 何正霞、许士春：《我国经济开放对环境影响的实证研究：1990—2007 年》，《国际贸易问题》2009 年第 10 期。

据对中国1992—2004年间贸易自由化的环境效应进行了研究,结果显示,对环境起消极作用。[①] 游伟民(2010)选取中国西部地区11个省份作为样本,利用2000—2008年面板数据模型,对西部地区对外贸易对环境污染的影响进行定量研究,结果表明,随着西部开发和经济开放、贸易规模扩大,污染排放也在增多;结构效应缓解了环境污染压力;技术效应的作用不明显,由于出口对环境的负效应大于进口对环境的正效应,因此,对外贸易对西部地区环境的整体效应是消极的。[②] 苏桔芳、廖迎和李颖(2011)利用中国1999—2008年30个省份的面板数据,通过运用PVAR模型,分析了中国外商直接投资(Foreign Direct Investment,FDI)、国际贸易与环境污染之间的关系,采用系统广义矩估计方法,实证结果支持"污染天堂假说",并认为,是自由贸易而非FDI导致了中国环境压力的增大。[③] 邓荣荣和詹晶(2013)通过建立国际贸易、经济增长与环境污染的计量经济模型,实证检验了1990—2010年湖南省国际贸易与环境污染的关系,发现湖南省支持"污染天堂假说"的存在。[④] 魏龙和潘安(2016)沿用经典的环境库兹涅茨曲线(Environmental Kuznets Curve,EKC)分析框架,研究发现,出口贸易显著地加剧了中国资源型城市的环境污染。[⑤]

(三)贸易自由化与环境污染之间存在不确定关系

鉴于上述两派学者针锋相对的观点(见表1-2),主张影响不确定论的学者,认为国际贸易与环境之间的关系十分复杂,不能简单地将自由贸易的环境效应归为好或不好,而是几个方面因素综合作用的结果。格罗斯曼和克鲁格(Grossman and Krueger,1993)在对北美自

[①] 周茂荣、祝佳:《贸易自由化对我国环境的影响——基于ACT模型的实证研究》,《中国人口·资源与环境》2008年第4期。

[②] 游伟民:《我国西部地区贸易对环境污染影响的分析——基于西部地区省际面板数据的经验》,《当代财经》2010年第10期。

[③] 苏桔芳、廖迎、李颖:《是什么导致了"污染天堂":贸易还是FDI?——来自中国省际面板数据的证据》,《经济评论》2011年第3期。

[④] 邓荣荣、詹晶:《基于"污染天堂"假说检验的湖南经济增长与环境综合质量关系研究》,《地域研究与开发》2013年第4期。

[⑤] 魏龙、潘安:《出口贸易和FDI加剧了资源型城市的环境污染吗?——基于中国285个地级城市面板数据的经验研究》,《自然资源学报》2016年第1期。

表1-2　贸易自由化对环境污染有益论和有害论的主要观点对比

环境有益论	环境有害论
贸易自由化促进了经济发展	贸易自由化损害了自然资源（存量与服务）
贸易自由化引致的收入效应有助于改善环境管理和环境友好型技术扩散	为获取经济利益进行对环境有害产品的贸易而转移到"污染避风港"生产加工
贸易自由化为经济政策改革提供了激励	贸易自由化损害现有的环境保护法律法规
贸易自由化加强了国家之间的环境协调	贸易自由化影响了国际环境协议

资料来源：Ravishankar Jayadevappa and Sumedha Chhatre, "International Trade and Environmental Quality: A Survey", *Ecological Economics*, No. 32, 2000, pp. 175-194。

由贸易区（North American Free Trade Area, NAFTA）的环境效应的研究中，把贸易的环境效应分解为结构效应、规模效应和技术效应三部分，贸易对环境影响的复杂性在于这种影响是三种效应之和，而不是单独某一种效应。[①] 朗格（Runge, 1994）把贸易自由化的环境影响分为即资源配置效率、经济活动规模、产出结构、生产技术和环境政策五个方面，这些影响可以是积极的，也可以是消极的，取决于所考察的具体情况。[②] 科尔、雷伊纳和贝茨（Cole, Rayner and Bates, 1998）就贸易对环境的影响效果提出了最一般性的结论，他们计算了关税及贸易总协定（General Agreement on Tariffs and Trade, GATT）乌拉圭回合关于二氧化碳、二氧化氮、二氧化硫、一氧化碳和悬浮微粒物5种空气污染物的影响效果以及减少这些污染排放的货币成本；他们的观察表明，所有9个区域的二氧化氮污染排放量都会增加，而二氧化硫、二氧化碳和悬浮微粒物在发展中国家将会上升，在发达国家将会下降。[③] 张连众等（2003）运用计量经济方法，考察中国对外贸

[①] Grossman, G. and Krueger, A. B., "Environmental Impacts of a North American Free Trade Agreement, *NBER Working Paper* Number W3914, 1993.

[②] Runge, C. F., *Free Trade, Protected Environment: Balancing Trade Liberalization and Environmental Interests*, New York: Council on Foreign Relations Press, 1994.

[③] Cole, M. A., Rayner, A. J. and Bates, J. M., "Trade Liberalization and the Environment: The Case of the Uruguay Round", *Journal of Biological Chemistry*, Vol. 21, No. 3, 1998, pp. 337-347.

易对中国大气、水等环境指标的影响，得出结论认为：规模效应加剧了中国环境质量的恶化，而技术效应在一定程度上具有污染减排作用，结构效应的影响不稳定。[①] 刘林奇（2009）采用中国 30 个省份 2000—2006 年工业废水排放的数据，分别对中国东部、中部、西部地区对外贸易的环境效应进行了考察，他将环境效应区分为对外贸易规模、对外贸易结构、技术、环境政策和市场效率 5 个方面，结论显示，对外贸易规模和结构效应不利于环境质量改善，技术和市场效应缓解了环境污染；对外贸易对东部地区有积极作用，对西部地区有消极作用。[②] 何洁（2010）利用中国 29 个省份 1993—2001 年间工业二氧化硫排放数据进行面板数据回归，他建立了一个四方程联立模型，估计对外贸易规模、对外贸易结构和技术三个因素的作用，联立方程系统的第一个层面体现对外贸易对污染排放的直接影响，结果显示，出口增加污染排放，而进口减少污染排放，由于联立方程系统具有相互作用机制，他进一步研究了对外贸易对环境污染的间接影响，总效应则取决于直接效应和间接效应的力量对比。[③] 陈牧（2015）发现，环境和贸易的相互影响取决于贸易双方成本比较优势和碳排放比较优势的一致性，当两者一致时，贸易能够降低两国总的碳排放量，改善环境质量；反之，贸易则会提高碳排放总量，降低环境质量。[④]

通过上述文献综述我们可以看到，环境和贸易之间并不是简单的一对一的关系，国际贸易对环境的影响十分复杂，既有正面效应，也有负面效应。出现这种现象的原因主要在于贸易自由化与环境利益之间存在错综复杂的关系（李永波，2011）。[⑤]（1）理论方面：由于在

[①] 张连众、朱坦、李慕菡等：《贸易自由化对我国环境污染的影响分析》，《南开经济研究》2003 年第 3 期。

[②] 刘林奇：《我国对外贸易环境效应理论与实证分析》，《国际贸易问题》2009 年第 3 期。

[③] 何洁：《国际贸易对环境的影响：中国各省的二氧化硫（SO_2）排放》，《经济学》（季刊）2010 年第 27 期。

[④] 陈牧：《碳排放比较优势视角下环境和贸易关系的研究》，《中国人口·资源与环境》2015 年第 5 期。

[⑤] 李永波：《关于贸易自由化环境效应的文献述评》，《首都经济贸易大学学报》2011 年第 1 期。

现实的背景框架下国际贸易自由化对生态环境的影响是多层次、多角度、多方面的，它既涉及国际贸易体系中进出口贸易商品的价格形成机制、收入水平、生产技术、消费模式、投资决策、环境政策制定、经济发展程度及目标取向，也涉及国家间、区域间和各国内部各种利益集团的冲突、矛盾、妥协、合作等，因而要将各种因素全部纳入理论模型中存在巨大的难度（李永波，2011）[1]；同时，由于每个理论模型都是针对不同研究对象而构建的，其要求的前提假设也不同，势必造成求解结果迥异。（2）实证检验：一是鉴于存在微宏观数据获取、技术条件限制、计算难以操作等重重困难，致使难以构建模型和精确求解；二是不同学者因研究对象不同，其选择的污染指标也各不相同，导致结果不具备普遍性。目前，对环境污染的研究，常用的几类污染物排放量指标主要有二氧化氮、二氧化硫、二氧化碳、烟尘、粉尘、氨氮、化学需氧量、固体废弃物以及废水等（Panayotou，1993；Grossman and Krueger，1995；Antweiler，1996；Mukhopadhyay and Chakraborty，2005；Stern，2007；沈利生、唐志，2008；张友国，2009；谢鸿飞、林冬冬，2011）[2][3][4][5][6][7][8][9]，由于这些排污染物在负

---

[1] 李永波：《关于贸易自由化环境效应的文献述评》，《首都经济贸易大学学报》2011年第1期。

[2] Panayotou, T., "Empirical Tests and Policy Analysis of Environmental Degradation at Different Stages of Economic Development", *Working Paper* WP238, Technology and Employment Programme, 1993.

[3] Grossman, G. and M. Krueger, A. B., "Economic Growth and the Environment", *Quarterly Journal of Economics*, No. 112, 1995, pp. 353 – 378.

[4] Antweiler, W., "The Pollution Terms of Trade", *Economic Systems Research*, Vol. 8, No. 4, 1996, pp. 361 – 365.

[5] Mukhopadhyay, K. and Chakraborty, D., "Environmental Impacts of Trade in India", *International Trade Journal*, Vol. 19, No. 2, 2005, pp. 135 – 163.

[6] Stern, N., *The Economics of Climate Change: The Stern Review*, Cambridge, United Kingdom: Cambridge University Press, 2007.

[7] 沈利生、唐志：《对外贸易对我国污染排放的影响——以二氧化硫排放为例》，《管理世界》2008年第6期。

[8] 张友国：《中国贸易增长的能源环境代价》，《数量经济技术经济研究》2009年第1期。

[9] 谢鸿飞、林冬冬：《惠州出口贸易对环境影响的实证分析——以 SO_2 排放量为例》，《惠州学院学报》（自然科学版）2011年第1期。

外部性上所涉及的范围、影响的主体对象、对环境的损害程度以及本身化学物质构成等的差异，致使对这些污染物进行防护和控制的动力机制、污染利益转嫁和分摊机制等存在很大的不同，故实证研究中所选择污染指标的差异客观上也会对研究结论造成影响（李永波，2011）。①

关于贸易自由化对生态环境的影响，目前还没有完全深入的解释，仍然需要进一步的思考和分析，但一般而言，一国经济越是开放，国际贸易对其生态环境的影响就越大，尤其是对于发展中国家，所受到的环境恶化程度更加严峻（魏本勇等，2010）。② 许多学者认为，当前的国际贸易正存在一种分化趋势，即发展中国家生产更多的能源资源密集型产品，而发达国家向具有更高附加值的产业发展（周明，2011）。③ 发展中国家的出口可能实际上一直支持着发达国家对于能源密集型产品的消费需求（Suri and Chapman，1998）④，这也可以部分地解释发达国家能源强度低，而像中国、巴西等发展中国家能源强度升高或者至少不降低等现象（Tolmasquim et al.，2003）。⑤ 对于一个相对开放的经济体，进出口贸易对其环境的影响是不能被忽视的，否则该国的能源利用和环境状况将被日趋严重扭曲（Antweiler et al.，2001；Turner et al.，2007）。⑥⑦ 贸易自由化给环境带来的益处或

---

① 李永波：《关于贸易自由化环境效应的文献述评》，《首都经济贸易大学学报》2011年第1期。

② 魏本勇、王媛、杨会民等：《国际贸易中的隐含碳排放研究综述》，《世界地理研究》2010年第2期。

③ 周明：《碳关税对苏州工业园区企业出口的影响及其对策研究》，硕士学位论文，苏州大学，2011年。

④ Suri, V. and Chapman, D., "Economic Growth, Trade and Energy: Implications for the Environmental Kuznets Curve", *Ecological Economics*, Vol. 25, No. 2, 1998, pp. 195 – 208.

⑤ Tolmasquim, M. T. and Machado, G., "Energy and Carbon Embodied in the International Trade of Brazil", *Mitigation and Adaptation Strategies for Global Change*, Vol. 8, No. 2, 2003, pp. 139 – 155.

⑥ Antweiler, W., Copeland, B. R. and Taylor, M. S., "Is Free Trade Good for the Environment", *American Economic Review*, Vol. 91, No. 4, 2001, pp. 877 – 908.

⑦ Turner, K., Lenzen, M. and Wiedmann, T. et al., "Examining the Global Environmental Impact of Regional Consumption Activities—Part 1: A Technical Note on Combining Input - output and Ecological Footprint Analysis", *Ecological Economics*, No. 62, 2007, pp. 37 – 44.

正效应,需要有适当的环境政策配合,调整贸易政策和环境政策,使之趋于统一和协调,这有助于强化贸易自由化对环境带来的正收益,并使负面效应降到最小(王玉婧,2008;苏超,2012)。①②

二 国际贸易碳排放污染责任认定原则

1992年的《里约环境与发展宣言》《联合国气候变化框架公约》(UNFCCC)以及1997年的《京都议定书》等国际环境公约或文件中都明确指出,发达国家和发展中国家在解决诸如防止臭氧层破坏、减缓气候变化等全球环境问题上承担"共同但有区别的责任"。随着全球化的深入发展,一个国家可以简单地通过进口所需产品来替代国内生产,以此可以有效地减少其国内碳排放总量,从而达到《京都议定书》明确规定的减排任务量。大量研究也表明,在开放经济条件下,国际贸易使生产和消费发生分离,它为贸易品消费者所在国提供了环境污染转移至其他国家的机会。一个国家越开放,国际贸易对其碳排放的影响就越显著。那么,有关国际贸易中碳排放的一个争论问题出现了:究竟该由谁为国际贸易中的碳排放污染负责——生产者?消费者?还是两者共同承担?国内外学者进行了深入研究,形成了"生产者负责原则""消费者负责原则"和"共同负责原则"三种不同派别。

(一) 生产者负责原则

"生产者负责原则",又称"污染者负责原则"(Polluters Pays Principle, PPP),是指政府按照规定和标准对所有向环境排放污染物的企业和个体经营者收取一定的排污费用,也就是说,污染者要对其污染行为负责,这就直接督促污染者自己采取措施,控制其自身污染行为。经济合作与发展组织(OECD)环境委员会于1972年第一次提出了以污染者支付相应的污染责任费用为核心的"污染者负责原则",这被定义为直接生产责任,也有其他学者称为"国土责任"。"污染

---

① 王玉婧:《环境成本内在化、环境规制与贸易和环境的协调》,博士学位论文,湖南大学,2008年。
② 苏超:《国内环境规制对出口贸易的影响研究》,硕士学位论文,南京师范大学,2012年。

者负责原则"的主要优点是可以通过增加污染者的生产成本（外部成本内部化），进而遏制企业进一步污染环境，刺激企业采取相关政策措施，降低污染。就国际贸易中的碳排放而言，即要求产品制造者为对外贸易中的碳排放负责。截至目前，联合国政府间气候变化专门委员会公布的国家碳排放数据，就是依据"生产者负责原则"执行的。Wyckoff 和 Roop（1994）通过对主要的 6 个 OECD 国家 19 世纪 80 年代中期贸易中隐含二氧化碳排放量进行估计，发现这些国家在国际贸易中的隐含碳排放量占其国家碳排放总额度的 13%；大多数国家温室气体政策是基于国内温室气体减少角度而制定的，这对以进口满足国内消费的国家减排往往是无效的，反而会增加全球的碳排放总量。[①] Schaeffer 和 Leal de Sá（1996）通过对 1972—1992 年巴西在国际贸易中的碳排放状况研究后发现：1980 年以来，巴西出口产品中隐含碳排放总量要超出进口很多，1990 年的净出口隐含碳排放量占巴西总碳排放量的比重高达 11.4%，这正是发达国家通过向发展中国家转移高污染产业进而达到减少本国碳排放的目的所在，而利用生产者负责原则判定温室气体排放的方法往往不能准确地反映一个国家在贸易中隐含碳排放量的真实状况。[②] Rhee 和 Chung（2006）、魏本勇等（2010）对比分析了日韩贸易对两国二氧化碳排放的不同影响，探讨了两国在贸易中可能早就存在的"碳泄漏"现象，结果表明，韩国在日韩贸易中虽然处于逆差，但韩国在出口贸易中的二氧化碳排放量却远超过日本，由此他们认为，这是因为，日韩两国贸易结构差异从而致使"碳泄漏"现象产生；此类情况可以使附件 I 国家减少其国内碳排放量，但"碳泄漏"现象的发生对于减少全球温室气体没有任何益处，只会

[①] Wyckoff, A. W. and Roop, J. M., "The Embodiment of Carbon in Imports of Manufactured Products: Implications for International Agreements on Greenhouse Gas Emissions", *Energy Policy*, Vol. 22, No. 3, 1994, pp. 187–194.

[②] Schaeffer Roberto, Leal de Sá Ander, "The Embodiment of Carbon Associated with Brazilian Imports and Exports", *Energy Conversion and Management*, Vol. 37, No. 6–8, 1996, pp. 955–960.

引起全球碳排放总量的增加。[1][2] 夏蓉（2010）利用实证研究方法对中国对外贸易进行研究，发现中国作为国际贸易中的"加工厂"，却存在较高的贸易顺差，这为其他国家和地区间接地转移了大量二氧化碳，因此她认为，目前国际上从碳排放量角度来确定碳减排义务的通行做法是极其不合理的。[3] Davis 和 Calderia（2010）认为，发展中国家为满足发达国家不同的消费需求，从而生产为满足其消费的相关产品，生产过程中造成大量碳排放，换言之，发达国家通过现在的发展中国家隐含碳排放来满足本国消费，其根本原因是，在这个过程中产生的碳排放是由发达国家的消费需求引致的，发达国家应该承担相应的减排责任。[4] 闫云凤和赵忠秀（2012）通过建立经济模型并且充分考虑进口中间投入产品的影响，计算出 2007 年中国生产隐含碳排放要比消费隐含碳排放高出 4.53%，净出口隐含碳排放量高达 2.98 亿吨。[5]

（二）消费者负责原则

"生产者负责原则"这一方法仅仅测度了被研究国家国界内与每个部门直接相关的二氧化碳排放量，只反映了其国家边界内的温室气体排放量，并未考虑污染排放是源于国外消费拉动所致情况，这显然有失公平。王金南等（2006）认为，"污染者负责原则"只是一条环境外部性内部化的途径，是一种制度安排，并不等同于污染者具有完全的环境责任。[6] 鉴于"污染者负责原则"存在诸多缺陷与不足，另

---

[1] Rhee, Hae C. and Chung, Hyun S., "Change in CO_2 Emission and Transmissions between Korea and Japan Using International Input – output Analysis", *Ecological Economics*, Vol. 58, No. 4, 2006, pp. 788 – 800.

[2] 魏本勇、王媛、杨会民等：《国际贸易中的隐含碳排放研究综述》，《世界地理研究》2010 年第 2 期。

[3] 夏蓉：《中国进出口贸易中隐含碳排放量分析》，《中南财经政法大学研究生学报》2010 年第 6 期。

[4] Davis, S. J. and Calderia, K., "Consumption – based Accounting of CO_2 Emissions", *Proceedings of the National Academy of Science*, Vol. 107, No. 12, 2010, pp. 5687 – 5692.

[5] 闫云凤、赵忠秀：《中国对外贸易隐含碳的测度研究》，《国际贸易问题》2012 年第 1 期。

[6] 王金南、葛察忠、高树婷等：《环境税收政策及其实施战略》，中国环境科学出版社 2006 年版。

一种与此相反的认定原则——"消费者负责原则"（Consumers Pays Principle，CPP）应运而生。"消费者负责原则"认为，由于市场流通中的产品和服务是为满足消费者的消费需求而产生的，因此，要求消费者承担其消费过程中产生的碳排放。消费者责任的思想主要源于"生态足迹"（Ecological Footprint，EF）的理念，其中心思想是、消费活动会消耗自然资源，在这一过程中会对环境产生不良影响，消费者应该为其直接或间接造成的不良环境影响负责。在后京都时代，对以"消费者"为基础来核算各国碳排放量的思路应给予充分考虑，这种方式不仅可以防止和减少"碳泄漏"现象的产生，还有利于清洁友好型技术的渗透、扩散、外溢等。蒙克斯加德和彼得森（Munksgaard and Pedersen，2001）建议，应采用"消费者负责原则"计算一国的二氧化碳排放量，这样，才能真实地反映一国二氧化碳排放量；并且以丹麦为例，利用"生产者负责原则"和"消费者负责原则"分析了生产排放和消费排放的区别，对比分析后发现，丹麦国内二氧化碳排放增加是国外需求导致的。因此，只有从消费角度重新考虑贸易中的隐含碳排放，在核算一国真实二氧化碳排放量时才会不失公平。[①]佐和隆光（1999）认为，在实践中，消费排放的概念可以明确引导减排政策措施的制定，明确指出，各国的"减排目标"应首先与消费挂钩，而不是与生产挂钩；某些减排措施如税收等，也应是针对消费而不是生产。[②]奥斯特哈文等（Osterhaven et al.，2002）利用投入产出分析法，通过消除各部门中间交易的不同影响因子，从而确定了生产者相应的碳减排责任，认为只为另一部门提供中间产品的生产者不用承担减排责任，也就是说，在部门所有产品中，作为其他部门中间投入部分产品不应该划作该部门的碳减排责任。[③] Shui 和 Harriss

---

[①] Munksgaard, J. and Pedersen, K. A., "CO_2 Accounts for Open Economies: Producer or Consumer Responsibility?" *Energy Policy*, No. 29, 2001, pp. 327–335.

[②] 佐和隆光：《防止全球变暖：改变20世纪型的经济体系》，中国环境科学出版社1999年版。

[③] Osterhaven, J. and Stelder, D., "Net Multipliers Avoid Exaggerating Impacts: With a Bi-regional Illustration for the Dutch Transportation Sector", *Journal of Regional Science*, No. 42, 2002, pp. 533–543.

(2006)研究发现,美国1997—2003年通过向中国进口商品使美国碳排放量减少3%—6%,而使中国碳排放量增加7%—14%(由美国的消费需求所导致),最终导致全球碳排放总量的增加。[1] 阿克曼等(Ackerman et al.,2007)基于多区域投入产出法,分析了美日贸易对二氧化碳排放的影响,研究表明,美日贸易使一部分二氧化碳排放量转移到日本,这正是由美国消费需求引起的。[2] 彼得斯和赫特维奇(Peters and Hertwich,2008)研究认为,从"生产者"角度核算各国碳排放量,容易引发发达地区向欠发达地区进行"碳转移"的现象;在后京都时代,核定各国碳减排责任时,"消费者"核算体系应该成为各国核算碳排放量的基础,这样,才不会有失公允,同时也有利于清洁友好型技术的渗透、外溢等。[3] Ahmad 和 Wyckoff(2009)研究认为,通过改变碳排放量的计算方法,即由"生产视角"向"消费视角"过渡,既可以改变国家控制温室气体排放的动机,也便于评估碳排放。[4] 樊纲等(2010)根据最终消费与碳减排责任之间的关系,计算了"生产者负责原则"和"消费者负责原则"下1950—2005年世界各国累计消费排放量,结果表明,中国20%的国内碳排放是由他国消费所引起的,由此建议把人均累计碳排放消费量作为公平承担减排责任的指标。[5] Zsofia Vetone Mozner(2013)依据国际贸易中的"碳足迹"分析结果,指出"消费者负责原则"更具科学性。[6] 余晓泓和徐苗(2017)以1995—2011年为研究期间,从消费者责任角度

---

[1] Shui, B. and Harriss, R. C., "The Role of CO_2 Embodiment in US – China Trade", *EnergyPolicy*, Vol. 34, No. 18, 2006, pp. 4063 – 4068.

[2] Ackerman, F., Ishikawa, M. and Suga, M., "The Caron Content of Japan – US Trade", *Energy Policy*, Vol. 35, No. 9, 2007, pp. 4455 – 4462.

[3] Peters, Glen P. and Hertwich, Edgar G., "Post – Kyoto Greenhouse Gas Inventories: Production Versus Consumption", *Climate Change*, Vol. 86, No. 1 – 2, 2008, pp. 51 – 66.

[4] Ahmad, N. and Wyckoff, A. W., *Carbon Dioxide Emissions Embodied in International Trade of Goods*, Organization for Economic Cooperation and Development (OECD), 2009.

[5] 樊纲、苏铭、曹静:《最终消费与碳减排责任的经济学分析》,《经济研究》2010年第1期。

[6] Zsofia Vetone Mozner, "A Consumption – based Approach to Carbon Emission Accounting – sectoral Differences and Environmental Benefits", *Journal of Cleaner Production*, Vol. 42, No. 3, 2013, pp. 83 – 95.

研究了中国与7个主要贸易伙伴国的进出口碳排放量和责任划分,结果表明,我国产业部门对外贸易中隐含碳排放量巨大,且进出口的隐含碳排放量严重不平衡;其中,纺织业、金属冶炼及压延加工业、电力器械制造业及机械设备制造业等部门的失衡度较高。①

(三) 共同负责原则

就在发展中国家为"消费者负责原则"欢呼雀跃时,有学者提出的以消费者为中心的碳计算方法的实施对于全球温室气体减排可能并不像想象中的那样有效,原因在于生产者可能不会去减少碳排放,而消费者理论上应该选择产生较低碳排放的生产者,但由于缺少充分的管制和激励政策措施,他们往往不会在意其环境污染责任(见表1-3)。

表1-3　　　　　　　不同计算基础的温室气体减量责任

计算根据	计算依据	综合比较
以生产者为基础	针对一国主要排放源作盘查,并依据IPCC公布的指导原则进行计算	责任分配较不公平,推算过去的排放量会产生误差和不确定性
以消费者为基础	以投入产出法计算	责任分配较为公平,使发展中国家没有动力使用更为有效率和节能的设备和技术

资料来源:根据相关文献资料整理所得。

鉴于此,一些学者将"生产者负责原则"和"消费者负责原则"加以折中,提出了"共同负责原则"(Common Pays Principle,CPP)的碳排放计算方法,即对于国际贸易中的二氧化碳等温室气体排放,生产者和消费者都有相关责任,需要共同负责。该原则意味着贸易碳排放责任是由生产者和消费者按一定比例共同分担,不再简单地以生产国或消费国加以区分。Ferng(2003)提出受益原则,他认为,碳排放污染责任的合理认定是基于受益原则,依据是出口国通过碳排放获得可观收益,进口国进口产品来满足本国居民的消费需求,两者都

---

① 余晓泓、徐苗:《消费者责任视角下中国产业部门对外贸易碳排放责任研究》,《产经评论》2017年第1期。

从中获益，从而认为不论是生产活动还是消费活动都应该对过度的碳排放负有责任，就减排效果而言，"共同负责原则"有助于解决碳泄漏问题。[1] Bastianoni 等（2004）在"生产者负责原则"和"消费者负责原则"两者之间探讨一个折中方案——附加碳排放方法，该方案试图规定某一产品从最初生产到最终消费期间产生的碳排放应该由生产者和消费者共同承担，这样，不仅可以鼓励消费者选择具有更高环保、附加值的产品，也可以刺激生产者主动减少碳排放，以达到环保绿色生产。[2] Gallego 和 Lenzen（2005）从产业链的角度出发，对上下游产业间碳排放责任的分配及各个行业生产者和消费者之间的分配进行探讨，指出，与"生产者负责原则"相比，"共同负责原则"所具有的优势是生产链上下游之间关系密切，各环节相互配合，对减少整体碳排放大有裨益；与"消费者负责原则"相比，"共同负责原则"将成为生产者和消费者共同努力减少碳排放的"助推器"，并提出了一种定量计算"共同责任"的数学方法，以对生产者和消费者共同承担的环境责任进行分配。[3] Andrew 和 Forgie（2008）利用上述数学方法对新西兰的温室气体排放责任进行分析发现，国内生产者承担温室气体排放量的44%；消费者承担温室气体排放量的56%，其中，28%归结于国内消费者，28%归结于出口到国外的消费者，其研究认为，与单纯的"生产者负责原则"或"消费者负责原则"相比，"共同负责原则"的分配方法在一定程度上是公平的，此原则也更容易被接受。[4] 周新（2010）利用多区域投入产出法，分别通过"消费者负责原则"及"生产者和消费者共同负责原则"对10个亚洲国家和地

---

[1] Ferng, J., "Allocating the Responsibility of CO$_2$ Over-emissions from the Perspectives of Benefit Principle and Ecological Deficit", *Ecological Economics*, No. 46, 2003, pp. 121–141.

[2] Bastianoni Simone, Pulselli Federico Maria and Tiezzi Enzo, "The Problem of Assigning Responsibility for Greenhouse Gas Emissions", *Ecological Economics*, No. 49, 2004, pp. 253–257.

[3] Gallego Blanca and Lenzen Manfred, "A Consistent Input-output Formulation of Shared Consumer and Producer Responsibility", *Economic Systems Research*, Vol. 17, No. 4, 2005, pp. 365–391.

[4] Andrew, R. and Forgie, V., "A Three-perspective View of Greenhouse Gas Emissions Responsibilities in New Zealand", *Ecological Economics*, Vol. 68, No. 1–2, 2008, pp. 194–204.

区国际贸易隐含碳的温室气体排放量进行测算,结果表明:中国为隐含碳最大的净出口国,美国为隐含碳最大的净进口国,日本次之。① 史亚东(2012)研究认为,进行碳排放责任认定,必须兼顾责任分担公平性且协调各方利益,才能更好地实现各国的合作。② 吴英娜和姚静(2012)以中美贸易为研究对象,利用投入产出法,在考虑两国技术水平和能源利用水平差异的基础上,计算了 2000—2009 年两国的贸易污染指数,旨在为中国在气候谈判中坚持"共同但有区别责任原则"提供理论依据,利于中国在气候谈判中获得公平的减排目标,以及为中国进一步发展低碳经济提供一定的理论基础。③ 赵定涛和杨树(2013)基于由产业链各方共同分担责任的思想,提出了"共同责任"的分摊原则,建立了国际贸易碳排放责任分配的 SCR 测算模型,将贸易产业链中各方的排放责任在其自身、下游生产者和最终消费者间进行分配;并应用此方法对我国出口贸易中的三大重点行业进行实证测算分析,界定具体行业的贸易双边责任,研究结论认为,共同责任视角使国际贸易中的出口国和进口国共同对产品生产中的碳排放负责,体现了受益与责任的相匹配。④ 徐盈之和郭进(2014)通过构建多区域投入产出模型对包括中国在内的 25 个世界贸易组织成员的隐含碳排放进行了测算,同时,基于"生产者和消费者共同负责原则"对各国的碳排放责任进行了核算,并将其与"生产者负责原则"下各国的碳排放责任进行了比较,研究结果表明,各国的碳排放呈现出不同的特征,"共同负责原则"对各国碳排放责任的界定更加公平和有效。⑤ 马晶梅和王新影(2015)研究发现,2000—2011 年,中国对美

---

① 周新:《国际贸易中的隐含碳排放核算及贸易调整后的国家 GHG 排放》,《管理评论》2010 年第 6 期。
② 史亚东:《各国二氧化碳排放责任的实证分析》,《统计研究》2012 年第 7 期。
③ 吴英娜、姚静:《中美进出口贸易中隐含碳的研究——基于贸易污染条件的分析》,《宏观经济研究》2012 年第 12 期。
④ 赵定涛、杨树:《共同责任视角下贸易碳排放分摊机制》,《中国人口·资源与环境》2013 年第 11 期。
⑤ 徐盈之、郭进:《开放经济条件下国家碳排放责任比较研究》,《中国人口·资源与环境》2014 年第 1 期。

国和日本两国出口隐含碳远大于从其进口隐含碳,无论中国处于贸易顺差方(美国)还是逆差方(日本),都始终为隐含碳的净出口方,由中美之间碳贸易更为失衡可知,美国向中国转移了更多碳排放,因此,从碳排放责任分摊角度来看,美国和日本两国均应为中国分摊不同程度的碳排放责任。① 陈楠、刘学敏和长谷部勇一(2016)构建了"共同分担"原则的细分模型,比较了生产碳、国内消费碳及国外消费碳的动态变化,结果表明,在"共同负责原则"下,中国排放的二氧化碳是日本的3.29倍。②

随着国内外学者对环境问题从不同视角的研究深入,有关碳排放污染责任认定也经历了从"生产视角"到"消费视角"再到"共同负责"的嬗变。我们不难发现,无论是生产者还是最终消费者都对二氧化碳排放负有不可推卸的责任,但目前各国对温室气体排放核算边界的界定,主要依据《联合国气候变化框架公约》所界定的"发生在国家主权管辖范围内的所有温室气体的排放和吸收"。这种界定令在国家主权范围内的"生产型"温室气体排放核算面临巨大挑战,也将导致三种不好的后果:(1)这种方式为发达国家认为二氧化碳排放责任区分的不公平、不公正提供了理由;(2)这种方式掩盖了二氧化碳排放的责任转移问题,以致会产生发达国家向发展中国家新的"碳泄漏"现象;(3)这种方式可能对气候变化协议效力的执行产生消极影响。在开放经济条件下,这种给予生产基础的碳排放源头的计算是不尽公平和完善的,以致所受的批评与日俱增。但鉴于世界各国投入产出表编制的不确定性、不一致性、不统一性等情况,就可能会导致碳排放责任认定存在很大差异,故有关这方面的论述讨论多见诸学术界,而没有在现实中大范围地推广使用。不可否认的是:无论是生产者负责还是消费者负责抑或共同负责,碳排放污染产生的驱动力主要来源于最终的消费或财富,而不是直接的生产者污染,把"消费

---

① 马晶梅、王新影:《发达国家是否向发展中国家转移了碳排放——基于碳排放责任分摊的视角》,《经济学家》2015年第6期。
② 陈楠、刘学敏、长谷部勇一:《公平视角下的中日两国碳排放责任研究》,《国际贸易问题》2016年第7期。

方"纳入碳排放源头的计算体系当中指日可待。

三 碳排放的测算方法

随着区域经济一体化和经济全球化的日益深入和发展,国际贸易对环境的影响越发显著。一个国家可以简单地通过进口所需产品(主要是自然资源、能源资源和碳密集型的商品)来替代本国相应产品生产的方式,以此可以有效地减少其国内碳排放总量,从而达到《京都议定书》规定的限期减排任务量(魏本勇等,2010)。[①] 目前,有些学者利用经验数据测算国际贸易中的碳排放量,而国际上评估碳排放量的方法主要有 IPCC 法、投入产出法和生命周期法三种。

(一) IPCC 法

IPCC 法为计算温室气体排放提供了详细思路,得到国际上广泛认可,成为世界上通用的碳排放估算方法之一。IPCC 法以 1996 年温室气体排放清单为基础,2006 年,依据排放量和清除量直接来源的差异,将碳源合并为能源、工业过程和产品用途、农林和其他土地利用以及废物垃圾这 4 个部门。[②] 具体来说,根据每个国家部门划分的不同,又把每一部门进一步细分为类别和亚类,如能源和煤炭,从而就可选取合适的估算方法对其碳排放进行有关核算,具体计算公式为:碳排放量 = AD × EF,其中,AD(Activity Data)表示人类活动水平数据,EF(Potential Carbon Emission Factor)表示潜在碳排放因子。通过获取与人类活动相关的基础数据,按照碳排放量的基本公式对碳排放量进行相关的计算,从而就可以对行业类别和碳排放量清单报告进行确定。在 IPCC 法给出的碳排放清单指导框架下,各国应根据本国的实际国情,制定出对本国更有针对性的碳排放清单,从而更为详尽地盘查本国碳排放特点和数量。但是,由于受生产工艺、技术水平因素的影响,不同国家的排放因子也因此存在一定的差异,从而使不同

[①] 魏本勇等:《国际贸易中的隐含碳排放研究综述》,《世界地理研究》2010 年第 2 期。

[②] IPCC/IGES, 2006 *IPCC Guidelines for National Greenhouse Gas Inventories*, Geneva: Intergovernmental Panel on Climate Change, Institute for Global Environmental Strategies, 2006.

国家同一部门或者同一国家不同部门的碳足迹计算结果有很大的区别。Winjum、Brown 和 Schlamadinger（1998）利用 IPCC 缺省法测算了木质产品的碳排放情况，发现木质产品中的碳排放是渐变的，全世界林产品中碳储量呈现出递增态势。[1] Hashimoto 等（2002）认为，世界上的木质林产品是巨大的碳库，并且其储碳量不断地上升，运用 IPCC 法测算了《联合国气候变化框架公约》附件Ⅰ中 16 个国家的木质林产品储碳量，发现大多数国家 1990—1999 年的木质林产品年均储碳量远远小于碳排放，仅仅为碳排放的 10%。[2] 格林等（Green et al., 2006）利用 IPCC 法测算了爱尔兰 1961—2003 年用木质林产品和 SWDS 木质林产品的碳储量，同时，运用蒙特卡洛模拟法研究分析了结果的不确定性。[3] 安娜·克劳迪亚·迪亚斯等（Ana Cláudia Dias et al., 2007）选取国家特定数据运用 IPCC 提供的方法进行研究发现，木材净出口国的葡萄牙，木质林产品在 1990—2000 年的碳储量为是每年 112—1016Gt。[4] 邱薇和张汉林（2012）借助于 IPCC 中二氧化碳排放计算法，研究了潜在碳边界调节措施对中国出口造成的影响，研究得出对中国整体出口影响不是很大，然而，碳成本上升对钢铁产业、化学制造产业和非矿物制造产业的出口产品造成的冲击相对较大。[5] 白冬艳等（2013）依据 2006 年《IPCC 国家温室气体清单指南》得出，测算木质林产品隐含的碳排放时，不只包括其加工和使用

---

[1] Winjum, J. K., Brown, S. and Schlamadinger, B., "Forest Harvests and Wood Products: Sources and Sinks of Atmospheric Carbon Dioxide", *Forest Science*, No. 2, 1998, pp. 272 - 284.

[2] Hashimoto, S., Nose, M., Obara, T. and Moriguchi, Y., "Wood Products: Potential Carbon Sequestration and Impact on Net Carbon Emissions of Industrialized Countries", *Environmental Science and Policy*, Vol. 118, No. 5, 2002, pp. 183 - 193.

[3] Carly Green, Valerio Avitabile and Farrell, Edward P. et al., "Reporting Harvested Wood Products in National Greenhouse Gas Inventories: Implications for Ireland", *Biomass and Bioenergy*, Vol. 30, No. 5, 2006, pp. 105 - 114.

[4] Ana Cláudia Dias, Margarida Louro and Luís Arroja et al., "Carbon Estimation in Harvested Wood Products Using A Country - specific Method: Portugal as a Case Study", *Environmental Science Policy*, Vol. 10, No. 3, 2007, pp. 250 - 259.

[5] 邱薇、张汉林：《碳边界调节措施对中国出口产品影响评估》，《国际经贸探索》2012 年第 2 期。

阶段排放的碳，还要包括森林在栽种、木材加工和运输、经营等生产和经营销售阶段排放的碳。[①] 刘爱东、曾辉祥和刘文静（2014）选取1990—2011年中国一次能源消耗量为研究对象，基于IPCC碳排放估算方法，测度了中国1990—2011年的碳排放量，研究表明，中国碳排放总量与出口贸易额都以高增长率快速增加。[②] 林子清和陈幸良（2014）认为，由于IPCC法对林产品贸易中碳排放核算存在三种方法，而且对碳权益的归属也不尽相同，所以，林产品碳排放量谈判仍然是气候变化谈判问题上的重要部分。[③] 王逸清（2015）在介绍IPCC排放因子法的理论计算方法的基础上，运用IPCC排放因子方法，测算出二氧化碳排放量，同时对差值比例进行比较分析，对降低渔业能源消耗等提供了有利的数据支持。[④] 马彩虹、赵晶和谭晨晨（2015）测度了湖南省1995—2011年温室气体排放情况，并对其变化动态进行了相关分析，指出温室气体排放主要源于能源消费，减排形势非常严峻。[⑤] 谢守红等（2016）采用IPCC关于碳排放的计算方法，测算了1980—2012年中国交通运输业的碳排放量，并运用脱钩模型和环境库兹涅茨曲线分析了碳排放量与交通运输业增加值的关系，结果显示：近30年来，中国交通运输业的碳排放量呈现快速增长趋势，年均增长率为9.05%。[⑥] 刘贤赵等（2017）利用2008—2013年湖南省14地市规模以上工业企业终端能源消费数据，运用IPCC提供的参考方法对湖南市域碳排放量、人均碳排放量、碳排放强度的时空格局等

[①] 白冬艳、张德成、翟印礼等：《论进出口国共担国际贸易中的木质林产品隐含碳排放》，《林业经济问题》2013年第4期。

[②] 刘爱东、曾辉祥、刘文静：《中国碳排放与出口贸易间脱钩关系实证》，《中国人口·资源与环境》2014年第7期。

[③] 林子清、陈幸良：《我国木质林产品碳贸易政策研究》，《林业经济》2014年第5期。

[④] 王逸清：《IPCC排放因子法在渔业碳排放减排评价中的应用》，《现代农业科技》2015年第20期。

[⑤] 马彩虹、赵晶、谭晨晨：《基于IPCC方法的湖南省温室气体排放核算及动态分析》，《长江流域资源与环境》2015年第10期。

[⑥] 谢守红、蔡海亚、夏刚祥：《中国交通运输业碳排放的测算及影响因素》，《干旱区资源与环境》2016年第5期。

进行了研究。①

（二）投入产出法

投入产出分析法（Input – Output Analysis，IOA），又叫投入产出法。它是一种由上自下的、从宏观上进行分析的方法。利用此方法，可以追踪产品生产的直接和间接能源使用以及二氧化碳排放，测算在国内或国外销售的产品中的隐含能源和隐含碳，是从宏观尺度分析国家产品部门碳排放情况的主流方法，同样也是当前进行产业部门研究碳排放的基本方法。这种方法在 20 世纪七八十年代就被证明是一种非常有效的能源发展分析工具（Wright，1974；Bullard and Herendeen，1975；Bullard et al.，1978；Hannon et al.，1983）。②③④⑤ 对于投入产出法而言，主要包括基于单区域投入产出模型的研究方法和基于多区域投入产出模型的研究方法。

（1）基于单区域投入产出模型（Single Region Input – Output，SRIO）的研究方法。单区域投入产出模型假设国际贸易中的产品和国内产品的能源使用效率相同，表现为国际贸易产品的能耗系数（碳排放系数）与国内同产品的能耗系数相同（季春艺，2013）。⑥ Machado、Schaeffer 和 Worrell（2001）选取巴西对外贸易中的碳排放作为研究对象，运用单区域投入产出模型进行相关计算，计算结果表明，巴西 1995 年出口的每单位价值产品中含有的能源比进口多出 40 个百分点，碳更是比进口多出 56 个百分点，巴西在对外贸易中属于隐含碳

---

① 刘贤赵、高长春、宋炎等：《湖南市域化石能源消费碳排放时空格局及驱动因素》，《生态学报》2017 年第 7 期。

② Wright, D. J., "Goods and Services: An Input – output Analysis", *Energy Policy*, Vol. 2, No. 4, 1974, pp. 307 – 315.

③ Bullard, C. W. and Herendeen, R. A., "The Energy Cost of Goods and Services", *Energy Policy*, Vol. 3, No. 4, 1975, pp. 268 – 278.

④ Bullard, C. W., Penner, P. S. and Pilati, D. A., "Net Energy Analysis: Handbook for Combining Process and Input – output Analysis", *Resources and Energy*, Vol. 1, No. 3, 1978, pp. 267 – 313.

⑤ Hannon, B., Blazeck, T., Kennedy, D. and Illyes, R., "A Comparison of Energy Intensities: 1963, 1967 and 1972", *Resources and Energy*, Vol. 5, No. 1, 1983, pp. 83 – 102.

⑥ 季春艺：《中国木质林产品碳流量核算及影响研究》，博士学位论文，南京林业大学，2013 年。

的净出口国。① Sánchez – Chóliz 和 Duarte（2004）利用此法研究了西班牙贸易中出口产品隐含碳排放情况，结果显示：西班牙净出口的碳排放量的比重为其国内碳排放总量的 1.31%，可是其出口和进口的隐含碳量占总需求排放的比重却分别为 37% 和 36%，在贸易中，西班牙属于隐含碳的净出口国。② 齐晔、李慧民和徐明（2008）以中国碳排放为研究对象，研究发现，在 2004 年之后，中国的净出口碳排放量在碳排放总量的占比迅速提高，其中，2006 年的净出口碳排放量在碳排放总量中的占比为 10% 左右。③ 宁学敏（2009）运用碳排放量和工业品 1998—2007 年之间的有关基础数据，利用计量经济分析法来探究这两者之间的关联，实证结果表明，碳排放量与商品出口间呈正相关关系，短期内如果出口产品增加 1%，引起碳排放量的增幅为 0.23%，若是在长期内增加的会多于短期内，会达到 0.67%。④ Hale Abdul Kander 等（2010）对 1950—2000 年瑞典对外贸易产品中的碳排放用投入产出法进行了考察，研究表明，瑞典没有利用国际贸易对环境污染的压力进行转移，瑞典减少国内的环境污染很可能是利用本国先进的科学技术、消费结构的有效调整和能源系统的创新改革，减少国内的环境污染。⑤ 张纪录等（2014）对 2002—2009 年中国出口隐含碳排放运用改进的投入产出模型进行了动态研究，发现该阶段有 12%—18% 的碳排放是由中国出口贸易带来的，而且伴随着出口贸易的快速发展，隐含碳排放也随之增加。⑥ 杨帆和梁巧红（2013）使用

---

① Machado, G., Schaeffer, R. and Worrell, E., "Energy and Carbon Embodied in the International Trade of Brazil: An Input – output Approach", *Ecological Economics*, Vol. 39, No. 3, 2001, pp. 409 – 424.

② Julio Sánchez – Chóliz and Duarte Rosa, "CO₂ Emissions Embodied in International Trade: Evidence for Spain", *Energy Policy*, Vol. 32, No. 18, 2004, pp. 1999 – 2005.

③ 齐晔、李慧民、徐明：《中国进出口贸易中的隐含碳估算》，《中国人口·资源与环境》2008 年第 3 期。

④ 宁学敏：《我国碳排放与出口贸易的相关关系研究》，《生态经济》2009 年第 11 期。

⑤ Hale Abdul Kander, Michael Adams and Andersson, Lars Fredrik et al., "The Determinants of Reinsurance in the Swedish Property Fire Insurance Market during the Interwar Years, 1919 – 1939", *Business History*, Vol. 52, No. 2, 2010, pp. 268 – 284.

⑥ 张纪录：《中国出口贸易的隐含碳排放研究——基于改进的投入产出模型》，《财经问题研究》2014 年第 11 期。

单区域投入产出模型核算中国进出口贸易的碳排放，并改进了进出口碳强度的估算方法，分解了进口品用作中间投入和最终使用的量，结果表明：我国是碳足迹净出口国，而且碳足迹的出口速度大于碳足迹的增速；不同的核算方法碳足迹量差异很大，消费者负责对我国更有利。[①] 邓荣荣和陈鸣（2014）根据中国（进口）非竞争型可比价投入产出表，测算了中国1997—2011年进出口贸易的隐含碳排放量，结果表明：中国无论进口还是出口的碳排放都呈持续快速增长的趋势，但是，出口碳排放大于进口，是隐含碳排放的净出口国家。[②] 马晓微等（2016）选取2002年、2005年、2007年、2010年中美两国因居民生活消费引致的间接碳排放作为研究对象，基于投入产出模型，进行对比分析发现，在间接碳排放总量方面，美国居民生活消费导致的排放整体上比中国高，可是，近年来，中国表现出逐年快速上涨态势，而美国则呈现稍微下降的趋势；居住、文教娱乐、交通通信方面是美国居民消费间接碳排放的主要来源；中国则主要集中在居住方面，约占一半。就文教娱乐、交通通信方面来比较，美国要远远高于中国；就居民居住导致的间接碳排放绝对量来说，美国相对稳定，维持在4亿吨，而中国则从2002年的1.5亿吨飙升到2010年的5亿吨。[③]

（2）基于多区域投入产出模型研究方法。多区域投入产出模型（Multi-regional Input-output Model，MRIO）是在单区域投入产出模型的基础上发展形成的，是将进口产品在产出国生产过程的实际能耗系数列入考虑范围。虽然多区域投入产出模型相对于其他测度方法更为准确，但因数据收集比较困难和其他原因，相关文献并不是特别多，涉及我国贸易隐含碳排放的研究文献就更少了。Hayami和Nakamura（2002）利用日本与加拿大这两个发达国家贸易产品中的隐含碳排放进行对比研究，发现日本依靠本国先进的技术优势，出口的多是

[①] 杨帆、梁巧红：《中国国际贸易中的碳足迹核算》，《管理学报》2013年第2期。
[②] 邓荣荣、陈鸣：《中美贸易的隐含碳排放研究——基于I-OSDA模型的分析》，《管理评论》2014年第9期。
[③] 马晓微、叶奕、杜佳等：《基于投入产出中美居民生活消费间接碳排放研究》，《北京理工大学学报》（社会科学版）2016年第1期。

低碳排放的制造业产品；依附于对水电的充分利用以及高水平的生产效率，加拿大出口的能源和资源密集型产品的隐含碳排放水平较低。[1] Ahmad 和 Wyckoff（2003）对 24 个国家的国际贸易碳排放采用多区域研究模型进行测度，结果表明，总体来说，经济合作与发展组织国家是隐含碳净进口国。换句话说，就是这些国家国内消费碳排放要比生产碳排放大。另外，这些国家二氧化碳排放量差不多占全球碳排放总量的 25%，同时，发展中国家则是隐含碳排放净出口国，其中，中国碳排放失衡尤为严重。[2] Hae‑Chun Rhee 和 Hyun‑Sik Chung（2006）利用 1990—1995 年的国际投入产出数据，对韩国和日本两国贸易中的碳排放转移问题，借助扩充的投入产出模型进行研究，结果表明，与韩国相比，日本的产业结构更倾向于能源集约型。[3] Peters 和 Hertwich（2008）运用全球贸易分析模型和多区域投入产出模型，在贸易品是中间产品的情况下，对 2001 年 80 多个国家和地区的隐含碳排放进行研究，得出这些国家和地区贸易中隐含碳排放量在世界碳排放总量中占 25%，研究还表明，中国进口碳排放占国内碳排放的 7%，出口碳排放则远远高于进口碳排放，占国内碳排放的 24%，是全世界首屈一指的隐含碳净出口国。[4] 尹显萍和程茗（2010）运用投入产出模型测算中美商品贸易中的隐含碳排放，结果发现，中国和美国之间碳转移的主要原因是技术水平差异进而导致中国和美国在国际贸易产业链上分工地位不同造成的。[5] 闫云凤、赵忠秀和王苒

---

[1] Hayami, H. and Nakamura, M., *CO₂ Emission of an Alternative Technology and Bilateral Trade between Japan and Canda: Relocating Production and an Implication for Joint Implementation*, Discussion Paper 75, Keio Economic Observatory, Tokyo: Keio University, 2002.

[2] Ahmad, N. and Wyckoff, A., "Carbon Dioxide Emissions Embodied in International Trade of Goods", OCEDScience, Technology and Industry, *Wroking Paper*, Paris: 2003.

[3] Hae‑Chun Rhee and Hyun‑Sik Chung, "Change in CO₂ Emission and Its Transmissions between Korea and Japan Using International Input‑output Analysis", *Ecological Economics*, Vol. 58, No. 4, 2006, pp. 788–800.

[4] Peters, G. P. and Hertwich, E. G., "CO₂ Embodied in International Trade with Implications for Global Climate Policy", *Environmental Science and Technology*, Vol. 42, No. 5, 2008, pp. 1401–1407.

[5] 尹显萍、程茗：《中美商品贸易中的内涵碳分析及其政策含义》，《中国工业经济》2010 年第 8 期。

(2013)借助多区域投入产出模型,测度了中国进出口产品中的隐含碳排放情况,中国净出口隐含碳在中国碳排放总量中的占比高达11.7%—19.93%,生产碳排放量在1995年为29.2亿吨,而2009年飙升到70.8亿吨,消费碳排放则从1995年的24.7亿吨快速增加到2009年的61.8亿吨。[①] 庞军等(2014)利用2004年和2007年数据,构建全球多区域投入产出表,测度了中国和美国、欧洲、日本间分行业的贸易隐含碳动态变化情况,分析发现:2004—2007年,中美、中欧之间的出口隐含碳排放呈现出递增态势,但中日之间出口隐含碳则逐渐递减。[②] 谭娟和陈鸣(2015)基于世界投入产出数据库(World Input Output Database, WIOD)非竞争型投入产出表,采用多区域投入产出模型,对中国与欧盟直接进出口以及中国从欧盟进口加工再出口商品的隐含碳总量进行了测算,并利用指数分解法(LMDI)对影响中国出口欧盟隐含碳总量的出口规模、出口结构、能源结构、能源消耗效率和生产技术五类效应进行了分析。[③] 陈楠和刘学敏(2016)构建垂直专业化下的投入产出模型及改进的投入产出模型,分析中国与日本贸易隐含碳的排放情况,结果表明,中国是净隐含碳出口国。[④] 马晶梅、王新影和贾红宇(2016)基于多区域投入产出模型,对2000—2011年中日贸易隐含碳进行测算,结果显示,中国对日本拥有大量的隐含碳顺差,中国单位出口的平均污染量是其从日本进口的5.3—7.5倍,因此,由于出口产品远比进口产品更为"肮脏",中国成为日本转移高碳产业的"污染避难所"。[⑤] 潘安(2017)基于多区域投入产出模型并采用WIOD数据,计算得到1995—2009年中国

[①] 闫云凤、赵忠秀、王苒:《基于MRIO模型的中国对外贸易隐含碳及排放责任研究》,《世界经济研究》2013年第6期。
[②] 庞军、徐梦艺、闫玉楠等:《中美、中欧、中日贸易隐含碳变化的结构分解分析》,中国环境科学学会学术年会,成都,2014年8月,第934—940页。
[③] 谭娟、陈鸣:《基于多区域投入产出模型的中欧贸易隐含碳测算及分析》,《经济学家》2015年第2期。
[④] 陈楠、刘学敏:《垂直专业化下中日贸易"隐含碳"实证研究》,《统计研究》2016年第3期。
[⑤] 马晶梅、王新影、贾红宇:《中日贸易污染条件研究——基于MRIO模型的分析》,《国际贸易问题》2016年第2期。

GVC 地位指数和参与度指数以及对外贸易隐含碳排放量,以考察中国参与 GVC 分工对贸易隐含碳排放的影响。[①]

(三) 过程分析

过程分析,即生命周期法 (Life Cycle Assessment, LCA),是一种从微观层面、由下而上分析的方法,在一个产品的整个生命周期内,对其主要生产过程所需的各种能源鉴别和量化,主要是从微观角度对单个产品或过程分析,该方法常常用来测算工业原料或建筑中隐含碳排放。Gallego 和 Lenzen (2005) 在研究生态足迹时,采用生命周期法对完全的生产者和消费者责任进行了全面的评估。[②] Shui 和 Harriss (2006) 在研究中美贸易中的隐含碳排放时,借助生命周期评价软件,得出中国有 7%—14% 的二氧化碳排放来自中美贸易,中国完全是隐含碳排放的出口国;假如美国在国内自行生产国内消费需要的那些进口产品,那么美国的碳排放将会提高 3%—6%。[③] 刘强等 (2008) 运用生命周期评价法,研究分析了中国出口贸易中 46 种重点产品的载能量和碳排放量,通过研究得出生产这些产品所排放的二氧化碳量在全国碳排放量中占 14.4%。[④] 李丁、汪云林和牛文元 (2009) 以中国出口贸易中的水泥行业的隐含碳排放作为研究对象,研究结果显示,2006 年水泥业出口中所携带的隐含碳量竟然达到千万吨,并认为这会使中国在国际减排谈判中处于不利地位。[⑤] 袁哲和马晓明 (2012) 选取中国出口美国贸易商品中的隐含碳排放作为研究对象,运用生命周期法对隐含碳排放进行分析与核算,得出中国与美国的贸易会对中国国内碳排放产生很大的负面影响,进一步阐述了区别对待两国碳排放

[①] 潘安:《全球价值链分工对中国对外贸易隐含碳排放的影响》,《国际经贸探索》2017 年第 3 期。

[②] Gallego, Lenzen, "A Consistent Input – output Formulation of Shared Consumer and Producer Responsibility", *Economic Systems Research*, Vol. 17, No. 4, 2005, pp. 365 – 391.

[③] Shui, B. and Harriss, R. C., "The Role of CO_2 Embodiment in US – China Trade", *Energy Policy*, Vol. 34, No. 18, 2006, pp. 4063 – 4068.

[④] 刘强、庄幸、姜克隽:《中国出口贸易中的载能量及碳排放量分析》,《中国工业经济》2008 年第 8 期。

[⑤] 李丁、汪云林、牛文元:《出口贸易中的隐含碳计算——以水泥行业为例》,《生态经济》2009 年第 2 期。

责任非常重要。① 吕佳、刘俊和王霞（2013）从出口产品的数量结构、碳足迹总量和碳足迹强度三个方面出发，基于生命周期法，对中国出口贸易中木质林产品的碳足迹特征进行研究，结果表明，相对于初级加工的资源型木材产品，中级加工和深加工产品的碳足迹总量和碳足迹强度较大。② 王益文和胡浩（2014）通过生命周期法，量化了2000—2010年城乡居民肉类消费生命周期的碳排放，并分析其潜在影响因素，结果表明，城乡居民肉类消费生命周期的碳排总量呈现增长趋势，且城镇居民大于农村居民；肉类生产阶段碳排放量占全生命周期比重最大，运输阶段碳排放量增长迅速，消费阶段排放量较少；加强饲养环节的技术革新、建立节能环保畜产品运输流通模式、提倡地产地销以及优化农村地区生活能源利用结构是现阶段肉类消费生命周期各阶段减排的有效措施。③ 武娟妮等（2015）针对新型煤化工行业，运用生命周期分析方法，研究了煤炭从生产到产品消费的整个产业链的碳排放情况，结果显示，从生命周期的角度认识煤化工发展带来的碳排放潜力，中期新型煤化工生命周期 CO_{2-eq}（二氧化碳当量）排放量是现状的10倍，远期甚至达到现状的21倍，新型煤化工发展呈现过热势头，这给中国的碳减排目标带来不容忽视的压力。④ 戳时雨等（2016）运用生命周期评价方法，对低碳战略中的风电能源进行分析，并将自然植被纳入系统边界，计量风电场建设前后植被破坏及恢复带来的影响，在分析中，重点考虑对碳排放影响较大的配件生产及运输、建设期工程车耗油排放，更加合理地核算风电场碳排放和量化其环境影响，整个过程中，发现能源消耗造成的碳排放远大于资源

---

① 袁哲、马晓明：《生命周期法视角下的中国出口美国商品碳排放分析》，《商业时代》2012年第21期。
② 吕佳、刘俊、王霞：《中国出口木质林产品的碳足迹特征分析》，《环境科学与技术》2013年第6期。
③ 王益文、胡浩：《我国城乡居民肉类消费的碳排放特征分析——基于过程生命周期理论》，《安徽农业科学》2014年第13期。
④ 武娟妮、张岳玲、田亚峻等：《新型煤化工的生命周期碳排放趋势分析》，《中国工程科学》2015年第9期。

损耗排放。① 王悦等（2016）基于 IO—LCA 模型，从全生命周期视角，对中国风电产业的碳排放进行了研究，研究结果表明，2010 年，中国风电产业的全生命周期二氧化碳排放总量为 1362.37 万吨，主要来源于电力与热力生产和供应业、黑色金属冶炼及压延加工业、煤炭开采和洗选业、石油加工业、炼焦业、核燃料加工业、交通运输及仓储业、邮电通信业等上游产业部门，与火电行业碳排放相比，中国风电产业全生命周期二氧化碳减排量为 3982.35 万吨，减排效果非常显著。② Changjian Wang 等（2017）基于投入产出理论，研究发现，新疆碳排放增长主要集中在能源生产和加工、矿产资源开采和加工工业。③

通过上述文献梳理，我们发现，就国际贸易中的碳排放测度方法而言，主要包括 IPCC 法、投入产出法和生命周期法。就这三种方法而言，各有优劣势，具体表现为：

1. 适用性

（1）IPCC 法。用 IPCC 方法估算温室气体排放量，是目前较为实用和简洁的方法，其核算公式、活动数据及排放因子数据库已经比较成熟，对于统计数据不够详尽的情况，具有较好的适用性，而且有大量的应用实例可以参考。

（2）投入产出法。首先，单区域投入产出模型一般假定进口品按本地区技术生产，更适合评价贸易对单个地区的碳排放所产生的影响和估算进口国通过进口所节约的本地区的碳排放量（进口节碳量）。其次，对于测量一国由于直接和间接原因导致的碳排放情况，投入产出法可以从宏观层面控制，因为经济变化会影响环境。再次，运用多区域投入产出模型对碳排放测算时，一般要通过原产地的技术水平对

---

① 戴时雨、高超、陈彬等：《基于生命周期的风电场碳排放核算》，《生态学报》2016 年第 4 期。

② 王悦、郭森、郭权等：《基于 IO – LCA 方法的我国风电产业全生命周期碳排放核算》，《可再生能源》2016 年第 7 期。

③ Changjian Wang et al., "Analysis on the Mechanism of Xinjiang's Energy Consumption Carbon Emissions Based on IO – SDA Model", *Journal of Geographical Sciences*, No. 1, 2017, pp. 365 – 384.

进口产品的碳排放影响进行估算，此时估算的应该是该产品原产地的碳排放量（进口含碳量），对因发生国际贸易而对多区域或全球的碳排放产生影响时，选择多区域投入产出模型是十分有效的。最后，在分析多于两个国家或地区由于发生国际贸易而产生的碳排放转移时，运用多区域投入产出模型，不仅可以对隐含碳的来龙去脉进行分解和分析，准确地测算隐含碳的区际转移，还可以测算由于碳转移而导致的全球温室气体排放总量的增减变化。

（3）生命周期法。生命周期法的研究对象主要为产品，该方法通过对生产和使用产品整个过程中所有相关产业链条进行分析来确定产品生产、使用和处理等各个环节中所产生的碳排放量。其步骤是：先建立测算对象的生命周期流程图，之后再界定测算碳排放的范围，最后对某产品或行为的整个生命周期中投入的物质消耗进行整理，并对该产品生命周期中的碳排放进行计算。

2. 局限性

（1）用 IPCC 法对温室效应气体（GHG）排放量进行估算时，因生产、生活、技术等存在极大差别，估算的碳排放量的精准性不是很高，而且该核算方法自身存在一定缺陷，对排放系统自身发生变化时的处理能力较差。同时，该方法仅考虑进出口商品生产的直接碳排放，而没有考虑贸易产品中的间接投入引起的完全碳排放，对于一个贸易品而言，其碳排放既包括直接碳排放又包括间接碳排放。

（2）单区域投入产出模型是基于进口同质性假设为前提的。事实上，产品在国际贸易流通过程中，一国的产品可能会出口至多个国家或地区，并不是单一出口，同时一国进口的产品也可能来源于多个国家或地区（季春艺，2013）①，也不是单一进口，这种情况下，同产品的进口和生产在不同的国家存在不同的生产技术水平，也就是所谓的能耗系数和碳耗系数不可能完全一致。因此，对于那些技术水平和能源结构明显相异的国家，使用单区域投入产出模型进行测度，降低

---

① 季春艺：《中国木质林产品碳流量核算及影响研究》，博士学位论文，南京林业大学，2013 年。

了贸易隐含碳测算结果的准确度。

（3）在运用多区域投入产出模型时，需要收集多个区域或国家的投入产出、能源消耗等方面的数据，但很多情况下，这种方法是不切实际的，因为目前普遍存在不同国家和地区的数据统计口径、计量单位、语言文化等不同，这就直接增大了获取这些数据的难度。

（4）生命周期法对数据要求比较严格，以致很难获得有效数据，所以，用该方法测量国际贸易中隐含碳出口的研究不是特别多，假如选定某一种商品，运用生命周期方法进行碳排放测度，需要收集该商品整个生命周期中所有物质与活动投入。但这些数据的收集往往是不现实的，因为一些国家和地区没有完善的数据库可供参考，工作量也比较繁重，且生命周期阶段的确定和边界的确定比较复杂和困难，常常由于边界的限制，系统完整性往往比较差（卢凌霄等，2012）。① 总体而言，上述三种测度贸易碳排放量的方法各有优劣势，具体采用哪种方法，要根据数据的可获得性、时间、地域、技术等实际情况而定。

四 碳排放变化影响因素的研究方法

当前，有关二氧化碳排放变化影响因素的研究方法主要包括描述性统计、回归分析与因素分解法三大类。（1）描述性统计。它的基本思路是通过对二氧化碳排放的数据进行相关的统计分析，然后探讨各个驱动因素与二氧化碳排放的变动趋势，从而得出这些因素对二氧化碳排放变化是正向相关还是负向相关的定性结论。该方法较为直观，容易理解，便于操作，但其缺点是不能得出定量的结论。（2）回归分析法。该方法的思路是：首先构建二氧化碳排放量和它的影响因素之间的回归方程，然后通过数据回归结果来进行讨论分析，并以此得出相应的定量结论。虽然该方法可以将影响二氧化碳排放的多个驱动因素全部纳入统一的分析框架之中，并可以根据回归结果分析讨论各驱动因素对二氧化碳排放的实际影响程度，但该方法的缺点是各因素之间通常存在严重的多重共线性，且诸多消除多重共线性的方法也很难

---

① 卢凌霄、李太平、吴丽芬：《环境保护视角下的食物里程研究》，《中国人口·资源与环境》2012年第3期。

奏效，因此，讨论分析各因素对二氧化碳排放的单独影响十分困难（许广月、宋德勇，2010；任力、黄崇杰，2011）。①②（3）与前两种方法相较而言，因素分解法（Decomposition Analysis，DA）最为直观简洁、数据便于操作处理，具有独特的优势。该方法的基本思路是直接将二氧化碳排放量变化分解，对驱动二氧化碳排放量变化的各个因素进行定量分析，模型结果可以反映出各个驱动因素对二氧化碳排放量变化的影响程度。鉴于此，国内外诸多学者利用因素分解法分析讨论单位GDP能耗、能源经济、产业结构、二氧化碳排放等的变化，该方法也成为国内外应用研究的热点领域（韩颖、倪树茜，2011；毛熙彦等，2011；张超、任建兰，2012）。③④⑤从方法论的角度考察，因素分解法包括两种主要方法：一种是结构分解法（Structural Decomposition Analysis，SDA），另一种是指数分解法（Index Decomposition Analysis，IDA）（冯宗宪、王安静，2016）。⑥

（一）结构分解法

结构分解法是于1972年列昂剔夫和福特（Leontief and Ford）率先提出的，该方法在进行计算分析时，以投入产出模型和数据为基础，所以，该方法又称投入产出结构分解方法（Input – output Structural Decomposition Analysis，IOSDA）或投入产出分解方法（Input – output Decomposition Analysis，IODA）（Ang and Zhang，2000）。⑦该方

---

① 许广月、宋德勇：《我国出口贸易、经济增长与碳排放关系的实证研究》，《国际贸易问题》2010年第1期。
② 任力、黄崇杰：《中国对外贸易与碳排放——基于面板数据的分析》，《经济学家》2011年第3期。
③ 韩颖、倪树茜：《我国产业结构调整的影响因素分析》，《经济理论与经济管理》2011年第12期。
④ 毛熙彦、林坚、蒙吉军：《中国建设用地增长对碳排放的影响》，《中国人口·资源与环境》2011年第12期。
⑤ 张超、任建兰：《山东省能源消费二氧化碳排放及驱动因素分析》，《水电能源科学》2012年第2期。
⑥ 冯宗宪、王安静：《陕西省碳排放因素分解与碳峰值预测研究》，《西南民族大学学报》（人文社会科学版）2016年第8期。
⑦ Ang, B. W. and Zhang, F. Q., "A Survey of Index Decomposition Analysis in Energy and Environmental Studies", *Energy*, No. 25, 2000, pp. 1149 – 1176.

法的基本思路是：先对把一个目标变量的变化进行分解，将其分成若干个驱动因素的变化，以此来判断这若干个不同的驱动因素对目标变量变化造成的影响大小，根据影响的大小分辨出贡献较大的影响因素；接着依据具体的分析需要逐层地进行分解，最终得出目标变量变化受到各个驱动因素的影响程度。结构分解法不仅可以有效地解释变量在空间和时间上的变化，而且还可以计算出驱动因素对目标变量变化的直接和间接影响程度，因此，自 20 世纪 80 年代以来，该方法得到了国内外学者的广泛应用，尤其是被应用于能源投入、能源消费、能源强度、污染物排放等能源经济和环境问题领域（陈曦，2011）。[①]结构分解方法是一种定性和定量分析的方法，该方法基于投入产出方法对二氧化碳排放影响因素进行定量和定性分析，以消耗系数矩阵为基础数据，再将投入产出表结合进来，可较为细致地对各影响因素进行分析。该方法的理论背景很强，可以显著地展现出能源利用和宏观经济变量两者之间的关联，特别是在部门存在交叉时，该方法的优势更加明显，影响因素较多的情况下使用该方法更为合适。环境投入产出模型普遍被广大学者应用于二氧化碳驱动因素分析中。一般将驱动因素分解为各种因素的乘积，例如，总产值、产出系数、排放系数、最终消费比例等的乘积，紧接着，计算二氧化碳排放受到投入产出系数和消费比例的影响。例如，Nobuko（2004）运用该方法研究了日本工业二氧化碳排放受到环境因素和生产技术的影响。[②] Rhee 等（2006）利用该方法研究了韩国和日本二氧化碳排放驱动因素。[③] 彼得等（2007）借助于该方法对中国二氧化碳排放量受到技术、经济结构、城市化和生活方式等因素的影响做了详细分析，发现城市化和生活方式因素产生的影响较大，这两种因素的影响远远超过技术效应的

[①] 陈曦：《中国对外贸易中的隐含碳排放研究》，硕士学位论文，暨南大学，2011 年。

[②] Nobuko Yabe, "An Analysis of CO_2 Emissions of Japanese Industries during the Period between 1985 and 1995", *Energy Policay*, No. 32, 2004, pp. 595 – 610.

[③] Rhee Hae – chun and Chung Hyun – sik, "Change in CO_2 Emission an Its Ttransmissions between Korea and Japan Using International Input – Ooutput Analysis", *Ecological Economics*, No. 58, 2006, pp. 788 – 800.

影响。① Guan 等（2008）运用该方法对中国二氧化碳排放影响因素做了相关研究，研究结果表明，家庭消费、投资和出口贸易的增长会对二氧化碳排放产生一定的拉动作用。② Zhang（2009）运用该方法对1992—2006 年中国二氧化碳排放影响因素进行了研究，分析得出影响二氧化碳排放量的主要因素之一是生产方式。③ 郭朝先（2010）基于双层嵌套结构式的结构分解法，对 1992—2007 年中国二氧化碳排放增长影响因素从经济整体、分产业和工业分行业三个角度进行了分解，实证结果显示，碳减排最主要的因素始终是能源消费强度效应，促使碳排放增加的主要因素是最终需求的规模扩张效应和投入产出系数变动效应，与之相比，进口替代效应和能源消费结构变动效应一直比较小，在规模扩张多种因素中，影响明显的是出口和投资扩张效应，消费扩张效应的重要性则有所下降。④ Li（2011）采用该方法对中国台湾石化行业二氧化碳排放因素进行了研究。⑤ 黄敏和刘剑锋（2011）定量测算了中国进出口贸易在 2002 年、2005 年及 2008 年中隐含碳排放情况，同时运用投入产出结构分解模型对影响外贸隐含碳排放变化的驱动因素做了细致的分解分析。⑥ 邓荣荣和陈鸣（2014）基于中美两国非竞争（进口）型可比价投入产出表，对中美贸易中的隐含碳排放量进行了测算与分析，同时借助结构分解法对两国之间贸易隐含碳排放的驱动因素做了相关研究，结果表明，中国对美国的出

---

① Peters, G. and Webber, C., "China's Growing CO_2 Emission—A Race between Lifestyle Changes and Efficiency Gains", *Environmental Science and Technology*, No. 41, 2007, pp. 5939 - 5944.

② Guan, D., Hubacek, K. and Weber, C. L., "The Drivers of Chinese CO_2 Emission from 1980 to 2030", *Global Environmental Change*, No. 18, 2008, pp. 626 - 634.

③ Zhang, Y., "Structural Decomposition Analysis of Sources of Decarbonizing Economic Development in China: 1992 - 2006", *Ecological Economics*, No. 68, 2009, pp. 2399 - 2405.

④ 郭朝先：《中国二氧化碳排放增长因素分析——基于 SDA 分解技术》，《中国工业经济》2010 年第 12 期。

⑤ Li Lee, "Structural Decomposition of CO_2 Emissions from Taiwan's Petrochemical Industries", *Energy Policy*, No. 29, 2001, pp. 237 - 244.

⑥ 黄敏、刘剑锋：《外贸隐含碳排放变化的驱动因素研究——基于 I—O SDA 模型的分析》，《国际贸易问题》2011 年第 4 期。

口含碳量与净贸易含碳量持续为正，并呈现递增的态势。[1] 郑珍远和陈晓玲（2016）通过构建福建经济增长变动结构分解分析模型，从最初投入与最终需求两大角度对福建经济增长变动进行因素分解，将福建经济增长变动分解为最初投入结构、技术投入、最终需求总量、最终需求分布以及最终需求结构5大影响因素，定量测度各因素对福建经济增长变动的贡献率，实证结果表明，最终需求总量是影响福建经济增长变动的关键因素，且具有较强的稳定性。[2] 冯宗宪和王安静（2016）采用基于投入产出法的结构分解模型，分产业、分时间段，从整体状况研究了陕西省碳排放的影响因素，并分别分离出每个因素对碳排放所做出的贡献，研究结果表明，1997—2012年流出扩张效应、投资扩张效应和投入产出系数变动效应是碳排放量增加的最主要因素。[3]

（二）指数分解法

指数分解法的优势在于所涉数据并不一定必须来源于投入产出表，仅需各个行业部门汇总数据即可，即对数据要求较低，也较易获取，同时，目标变量变化的影响因素之间既可用加法形式表示，也可用乘法形式表述，因此，其被广泛地应用于诸如能源经济、生态环境、二氧化碳排放影响因素等领域。指数分解法一般多用于驱动因素的研究，同时用于含有时间序列的研究对象。因为该方法根据时间序列分析做出分析，操作又相对简单，因而被学者广泛应用于资源、环境和经济等领域。指数分解法源自Kaya（1989）研究经济和人口等对二氧化碳排放的影响，这种方法的基本思路是：将影响二氧化碳排放因素分解为几个因素的乘积，接着利用不同的方法对其权重加以分解确定，从而明确各个因素的增量，该方法的优势在于数据便于取

---

[1] 邓荣荣、陈鸣：《中美贸易的隐含碳排放研究——基于I—O SDA模型的分析》，《管理评论》2014年第9期。

[2] 郑珍远、陈晓玲：《基于SDA的福建经济增长变动实证分析》，《科研管理》2016年第S1期。

[3] 冯宗宪、王安静：《陕西省碳排放因素分解与碳峰值预测研究》，《西南民族大学学报》（人文社会科学版）2016年第8期。

得，适用于区域之间的比较。① 指数分解方法通常有拉氏指数分解法和迪氏指数分解法。

1. 拉氏指数分解法

拉氏指数分解法的基本思路是：以某年作为基年，同时把该年指标作为权重，其他驱动因素固定不变，只让一个驱动因素发生变化。拉氏指数分解法最早于1864年由德国学者Laspeyres提出，旨在解决如商品产量变化和价格变化对各自企业销售业绩变化的影响等一系列经济问题（刘红光等，2010）。② 该方法的基本假设是：在保持其他因素不变的情况下，直接对相应的各个驱动因素进行微分，进而求得某一驱动因素的变化对目标变量变化的影响。由于该方法简单直观、易于理解、便于操作等优势，迅速在学术界普及开来，并于20世纪70年代末80年代初得到广泛应用。拉氏指数分解法进一步细分，又包括：Paasche指数分解法、马歇尔—埃吉沃思（Marshall – Edgeworth）指数分解法、沙普利指数分解法、精炼拉氏指数分解法等。希珀（Schipper，1992）采用该方法对美国及OECD国家二氧化碳排放问题进行了研究。③ Sun（1998）根据"协同产生，平均分配"原则提出了改善后的拉氏模型，并对残差项做了进一步研究，这种模型消除了由于时间逆转引起的不同百分比变化对研究对象造成的影响。④ 克劳迪亚（Claudia，1998）运用拉氏指数分解法研究了墨西哥水泥行业碳排放影响因素，结果表明，水泥行业碳排放的主要驱动因素是能

---

① Kaya Yoichi, "*Impact of Carbon Dioxide Emission on GNP Growth*: Interpretation of Proposed Scenarios", Presentation to the Energy and Industry Subgroup, Response Strategies Working Group, IPCC, Paris, 1989, pp. 1 – 3.

② 刘红光等：《全球二氧化碳排放研究趋势及其对我国的启示》，《中国人口·资源与环境》2010年第2期。

③ Schipper, L. and Howarth, R. B., "Energy Intensity Sectoral Activity and Structural Change in the Norwegian Economy Energy", *The International Jouranl*, Vol. 17, No. 3, 1992, pp. 215 – 233.

④ Sun, J., "Changes in Energy Consumption and Energy Intensity: A Complete Decomposition Model", *Energy Economics*, Vol. 20, No. 1, 1998, pp. 85 – 100.

源强度变化。① Zhang（2003）在对 1990—1997 年中国工业部门能源消费变化进行分析时运用了没有残差的拉氏指数分解法。② Gurrkkan（2011）对土耳其二氧化碳排放驱动因素运用该方法进行研究，发现土耳其二氧化碳排放主要驱动因素是经济规模。③ 路正南、杨洋和王健（2014）运用拉氏分解法对中国碳生产率的变动情况进行解析，并以 2000—2010 年为样本期，定量研究了碳排放结构变动、低碳技术进步等因素对中国碳生产率变动的影响，并从行业角度对碳生产率增长波动性进行研究，分析结果表明，低碳技术进步是驱动碳生产率增长的主要原因，而不合理的碳排放结构阻碍了低碳经济的发展，具有先进低碳技术的行业碳排放空间不足是导致碳生产率增长缓慢的根本原因。④ 路正南、杨洋和王健（2015）以 2000—2012 年为样本期，采取拉氏指数分解法定量研究了产业系统碳生产率变动的影响因素，并从行业角度对碳生产率增长进行分析，结果表明，碳生产率增长主导因素是低碳技术进步，而碳排放空间流动的结构红利还不明显；就变动趋势而言，技术进步的贡献值在逐步降低，而结构优化贡献值逐渐上升，考虑到这一趋势，假设在技术出现饱和的情况下可以通过市场机制实现产业系统的低碳化发展。⑤ 孙玉环、李倩和陈婷（2016）采用拉氏指数分解方法，从纵向和横向两个维度，将能源消费强度分解为结构效应与效率效应，研究结果表明，随着产业结构不断优化，效率因素逐渐超越结构因素成为影响能源消费强度的主要因素，以能源技术为代表的效率因素的提高，可以有效地降低能源消费强度，对

---

① Claudia Sheinbaum, "Energy Use and CO_2 Emission for Mexico's Cement Industry", *Energy*, Vol. 23, No. 9, 1998, pp. 725 – 732.

② Zhang, Z. X., "Why Did the Energy Intensity Fall in China's Industrial Sector in the 1990s? The Relative Importance of Structural Change and Intensity Change", *Energy Economics*, Vol. 25, No. 6, 2003, pp. 625 – 638.

③ Guurkkan Kumbaroglu, "A Sectoral Decomposition Analysis of CO_2 Emissions over 1990 – 2007", *Energy*, No. 36, 2011, pp. 2419 – 2433.

④ 路正南、杨洋、王健：《基于 Laspeyres 分解法的中国碳生产率影响因素解析》，《工业技术经济》2014 年第 8 期。

⑤ 路正南、杨洋、王健：《碳结构变动对产业系统碳生产率的影响——基于 Laspeyres 分解模型的经验分析》，《科技管理研究》2015 年第 10 期。

总体能源消费强度影响最大的部门是工业部门，交通运输、仓储和邮政业对能源消费强度降低发挥的作用越来越明显。①

2. 迪氏指数分解法

迪氏指数分解法是由法国数学家 Divisia 于 1924 年提出的，该方法的原理是：把目标变量分解出来的各个驱动因素都看成时间 t 的连续可微函数，再对时间 t 进行微分，然后分解出单个驱动因素的变化对目标变量的影响程度（韩颖等，2010）。② 最为常见的当属算术平均迪氏指数分解法（Arithmetic Mean Divisia Index Decomposition Method，AMDI）和对数平均迪氏指数分解法（Logarithmic Mean Divisia Index Decomposition Method，LMDI）。算术平均迪氏指数分解法由博伊德等（Boyd et al.，1987）提出，该方法核心思想是：利用基期和当期数据的简单算数平均值作为权重系数。③ 对数平均迪氏指数分解法是在算术平均迪氏指数分解法改进的基础上由 Ang 和 Choi（1997）提出的，用对数平均值取代传统的简单算数平均值作为权重④，这是一种无残差值的完全分解法。Ang 等（2001）提出了对数平均权重分解法，该方法以一个对数平均公式取代了数学平均权重方法，由于对数平均迪氏指数分解法的理论基础非常扎实，同时又易于使用，适应能力较强，是一种相对较为完备的分解，对数平均迪氏指数分解法能够有效地解决残差值问题，而且能够有效地处理出现 0 值的情况，因此，无论是从理论背景、适用性、实用性、可操作性等角度观测，还是从最终结果简易的表达形式来考量，对于研究国际贸易碳排放问

---

① 孙玉环、李倩、陈婷：《中国能源消费强度行业差异及影响因素分析——基于指数分解》，《调研世界》2016 年第 4 期。

② 韩颖、马萍、刘璐：《一种能源消耗强度影响因素分解的新方法》，《数量经济技术经济研究》2010 年第 4 期。

③ Boyd, G., McDonald, J. F., Ross, M. and Hanson, D. A, "Separating the Changing Composition of U. S. Manufacturing Production from Energy Efficiency Improvements: A Divisia Index Approach", The Energy Journal, Vol. 8, No. 2, 1987, pp. 77 – 96.

④ Ang, B. W. and Choi, Ki – Hong, "Decomposition of Aggregate Energy and Gas Emission Intensities for Industry: A Refined Divisia Index Method", The Energy Journal, Vol. 18, No. 3, 1997, pp. 59 – 74.

题，都是一种极好的指数分解方法。① Can Wang 等（2005）在研究 1957—2000 年中国隐含碳排放的影响因素问题时，采用对数平均迪氏指数分解法进行了分析。徐国泉等（2006）借助对数平均迪氏指数分解法，利用碳排放量的基本等式，建立中国人均碳排放的因素分解模型，对 1995—2004 年能源结构、能源效率和经济发展等因素的变化对中国人均碳排放的影响进行了定量分析。② 黄菁（2009）将对数平均迪氏指数分解法运用于分析中国四种主要的工业污染物，发现工业污染增加的主要原因是受到规模效应的影响，若要减少污染，技术效应则不可或缺，中国的工业污染有所加重是因为受到结构效应的变化；进一步研究分析发现，工业行业的不同，造成它们之间技术效应和结构效应也有很大的差别。③ 王锋等（2010）选取 1957—2000 年中国的二氧化碳排放量的时间序列作为研究对象，发现经济增长与二氧化碳排放之间存在正相关关系，技术进步是降低能源强度及减少碳排放最重要的因素。④ 王媛等（2011）选取对数平均迪氏指数分解法分析影响隐含碳净转移的因素，得出结论：中国的高碳排放强度是当今碳转移额外增加的主要原因。⑤ 宋莹莹（2012）利用对数平均迪氏指数分解法对 2006—2009 年中国出口贸易隐含碳排放的影响因素进行研究，结果显示，中国需降低行业碳排放强度，优化商品出口结构。⑥ 王锋等（2012）采用迪氏指数分解法，将 1995—2007 年中国

---

① Liu, N. A. and Ang, B. W., "Factors Shaping Aggregate Energy Intensity Trend for Industry: Energy Intensity Versus Production", *Energy Economics*, No. 29, 2007, pp. 609 – 635.

② 徐国泉、刘则渊、姜照华：《中国碳排放的因素分解模型及实证分析：1995—2004》，《中国人口·资源与环境》2006 年第 6 期。

③ 黄菁：《环境污染与工业结构：基于 Divisia 指数分解法的研究》，《统计研究》2009 年第 12 期。

④ 王锋、吴丽华、杨超：《中国经济发展中碳排放增长的驱动因素研究》，《经济研究》2010 年第 2 期。

⑤ 王媛、魏本勇、方修琦等：《基于 LMDI 方法的中国国际贸易隐含碳分解》，《中国人口·资源与环境》2011 年第 2 期。

⑥ 宋莹莹：《中国出口贸易隐含碳排放的影响因素研究》，《改革与开放》2012 年第 6 期。

的碳排放增长率分解为 11 种影响因素的加权贡献率。[1] 王凯等（2013）运用对数平均迪氏指数分解法分析了影响中国服务业二氧化碳排放的因素，发现影响服务业二氧化碳排放增量的最主要因素是产业规模和人口效应，服务业二氧化碳排放的主要部门是交通运输、仓储及邮电通信业。[2] 李治等（2013）在研究城市家庭碳排放影响因素时，选取了城市每户收入、人口水平、人口密度、家庭规模、住房面积等指标。[3] 马越越和王维国（2013）利用对数平均迪氏指数分解法从能源结构、能源效率、运输方式、物流发展、经济增长、人口等方面入手，分析了中国人均二氧化碳排放的影响因素。[4] 杨红娟、李明云和刘红琴（2014）基于对数平均迪氏指数分解模型，将云南省生产部门的碳排放影响因素分解为碳排放系数、经济发展、能源消费结构、产业结构、人口和能源强度，研究结果表明，经济发展、人口和产业结构是碳排放增加的驱动因素，能源强度、碳排放系数和能源消费结构是抑制碳排放增加的驱动因素。[5] 庞军和张浚哲（2014）采用对数平均迪氏指数分解法将 2004—2007 年中欧双边贸易中隐含碳变化进行分析，认为中国是典型的隐含碳排放净出口国，欧盟则是典型的隐含碳排放净进口地区。[6] 刘爱东等（2014）运用对数平均迪氏指数分解法对碳排放的驱动因素进行了分解，认为出口贸易碳排放呈正向相关关系，出口贸易增长是导致碳排放增加的主要因素

---

[1] 王锋、吴丽华、杨超：《中国经济发展中碳排放增长的驱动因素研究》，《经济研究》2012 年第 2 期。

[2] 王凯、李泳萱、易静等：《中国服务业增长与能源消费碳排放的耦合关系研究》，《经济地理》2013 年第 12 期。

[3] 李治、李培、郭菊娥等：《城市家庭碳排放影响因素与跨城市差异分析》，《中国人口·资源与环境》2013 年第 10 期。

[4] 马越越、王维国：《中国物流业碳排放特征及其影响因素分析——基于 LMDI 分解技术》，《数学的实践与认识》2013 年第 10 期。

[5] 杨红娟、李明云、刘红琴：《云南省生产部门碳排放影响因素分析——基于 LMDI 模型》，《经济问题》2014 年第 2 期。

[6] 庞军、张浚哲：《中欧贸易隐含碳排放及其影响因素——基于 MRIO 模型和 LMDI 方法的分析》，《国际经贸探索》2014 年第 11 期。

之一。① Mu‐qin（2015）运用对数平均迪氏指数分解模型研究了中国出口部门二氧化碳排放的影响因素，认为对外出口的增长是导致二氧化碳排放增加的主要因素。② Shahiduzzaman 等（2015）利用对数平均迪氏指数分解法对 1978—2010 年澳大利亚碳排放的影响因素进行分析，结果显示分解能源效率的提高是主要减排因素，与经济结构一起使二氧化碳排放减少 50%。③ Liu 等（2015）采用对数平均迪氏指数分解法研究了能源结构、能源消费强度、能源支出结构、居民收入、人口结构以及人口对中国居民直接能源消耗的影响。④ 王常凯和谢宏佐（2015）⑤、金莹（2015）⑥ 运用对数平均迪氏指数分解法分别对中国电力部门和河南省碳排放的影响因素进行分析，结果发现人口规模虽是正向效应，但影响程度较小。戴小文等（2015）运用 LMDI 方法对 1990—2013 年和 1997—2010 年的农业能耗碳排放量变化进行了分解，结果均表明，农业总产值变动是引起农业能耗碳排放正向增加的主要因素。⑦ 贺亚琴等（2015）运用对数平均迪氏指数分解法对影响中国出口贸易隐含碳排放的因素进行分解，将出口贸易隐含碳的变化分解为规模效应、结构效应和技术效应。⑧ Zhang 等（2016）基于对

---

① 刘爱东、曾辉祥、刘文静：《中国碳排放与出口贸易间脱钩关系实证》，《中国人口·资源与环境》2014 年第 7 期。

② Mu‐qin, T. E., "A Research into CO_2 Emission from China's Export, 2000-2012", *Mathematics in Practice and Theory*, No. 8, 2015, pp. 16-16.

③ Shahiduzzaman, M., Layton, A. and Alam, K., "Decomposition of Energy‐related CO_2 Emissions in Australia: Challenges and Policy Implications", *Economic Analysis & Policy*, No. 45, 2015, pp. 110-111.

④ Liu, Z. and Zhao, T., "Contribution of Price/Expenditure Factors of Residential Energy Consumption in China from 1993 to 2011: A Decomposition Analysis", *Energy Conversion and Management*, No. 98, 2015, pp. 401-410.

⑤ 王常凯、谢宏佐：《中国电力碳排放动态特征及影响因素研究》，《中国人口·资源与环境》2015 年第 4 期。

⑥ 金莹：《基于 LMDI 的河南省能源碳排放驱动因素分析》，《湖北农业科学》2015 年第 13 期。

⑦ 戴小文、何艳秋、钟秋波：《中国农业能源消耗碳排放变化驱动因素及其贡献研究——基于 Kaya 恒等扩展与 LMDI 指数分解方法》，《中国生态农业学报》2015 年第 11 期。

⑧ 贺亚琴、冯中朝：《中国出口结构优化——基于碳排放的视角》，《中国科技论坛》2015 年第 1 期。

数平均迪氏指数分解模型,分析了能源结构、能源效率、人均居住面积和人口对江苏省城乡居民直接能源消耗的影响。[1] 王长建、汪菲和张虹鸥(2016)运用对数平均迪氏指数分解法,将1952—2010年新疆一次能源消费产生的碳排放影响因素分解为人口规模效应、经济产出效应、能源强度效应、能源结构效应和能源替代效应,实证结果显示,经济产出和人口规模是促进碳排放增加的重要原因。[2] 李焱、刘野和黄庆波(2016)采用对数平均迪氏指数分解法对2005—2013年中国的碳排放进行分解,结果显示,海运出口贸易规模、能源效率、能源结构、碳排放强度是构成碳排放的四个因素。[3] 邵桂兰等(2015)将中国海洋渔业人均碳排放驱动因素分解为碳排放系数、能源强度、产业结构和产业规模,运用对数平均迪氏指数分解法对2003—2013年中国海洋渔业碳排放进行实证研究。[4] 李创和昝东亮(2016)以物流运输业为研究对象,以2004—2014年物流运输能源消耗为基础数据,利用对数平均迪氏指数分解法对物流运输产生的碳排放量进行因素分解,得出碳排放因子、能源消耗结构、运输方式、物流运输货运量、能源消耗强度五种影响因素。[5] 原嫄、李国平和孙铁山(2016)对受到广泛认可的对数平均迪氏指数分解法进行修正,对全球碳排放进行关于人口规模、经济发展水平、产业结构和技术进步等影响因素的贡献分解,并在不同发展水平国家集团的视角下进行深入对比分析。[6] 郭沛、连慧君和丛建辉(2016)根据2004—2013年的相

---

[1] Zhang, M., Song, Y. and Li, P. et al., "Study on Affecting Factors of Residential Energy Consumption in Urban and Rural Jiangsu", *Renewable & Sustainable Energy Review*, No. 53, 2016, pp. 330 – 337.

[2] 王长建、汪菲、张虹鸥:《新疆能源消费碳排放过程及其影响因素——基于扩展的Kaya恒等式》,《生态学报》2016年第8期。

[3] 李焱、刘野、黄庆波:《我国海运出口贸易碳排放影响因素的对数指数分解研究》,《数学的实践与认识》2016年第22期。

[4] 邵桂兰、孔海峥、于谨凯等:《基于LMDI法的我国海洋渔业碳排放驱动因素分解研究》,《农业技术经济》2015年第6期。

[5] 李创、昝东亮:《基于LMDI分解法的我国运输业碳排放影响因素实证研究》,《资源开发与市场》2016年第5期。

[6] 原嫄、李国平、孙铁山:《全球尺度下的碳排放完全分解及其规律——基于LMDI修正模型的实证研究》,《重庆理工大学学报》(社会科学)2016年第4期。

关数据，基于对数平均迪氏指数分解模型将山西省的碳排放影响因素分解为人口、人均GDP、产业结构、能源结构和碳强度五个因素。[1]

3. 自适应权重分解法

Liu（1992）根据研究需要，提出了迪氏指数自适应权重分解方法。这种方法在计算过程中需要连续求微分和积分，首先是求微分，然后再求积分。将时间段内函数微分求导后，再计算各影响因子单项积分作为二氧化碳排放因素变化率的权重，这种方法可以较真实地反映实际情况，但是，由于计算过程中涉及微积分等运算，计算起来比较麻烦。[2] 特里宁等（Greening et al.，1999）在对OECD国家的运输部门进行分析的时候就运用了此方法，最终的实证研究显示，能源强度以及消费结构是主要原因。[3] Fan（2007）采用自适应权重分解方法，以1980—2003年的数据资料为研究基础，对中国这个时间段内引起碳强度变化的具体影响因素展开了详细的分析。[4] 王圣等（2011）利用对数平均迪氏指数分解法，针对江苏省沿海地区建立了影响人均碳排放量的驱动因素分解模型，通过模型分析认为，在2000—2008年时间段内，引起江苏省沿海地区人均碳排放变化的主要因素包括国民经济发展、能源消费结构以及能源利用效率。[5] 孙巍和赫永达（2014）采用该方法，认为实现能源消耗低、环境污染少的新型工业化道路转型，需要"开源"与"节流"并举，同时要加速产业结构优化升级。[6]

---

[1] 郭沛、连慧君、丛建辉：《山西省碳排放影响因素分解——基于LMDI模型的实证研究》，《资源开发与市场》2016年第3期。

[2] Liu, X. Q. and Ang, B. W., "The Application of Divisia Index to the Decomposition of Changes Industrial Energy Consumption", *The Energy Journal*, Vol. 13, No. 4, 1992, pp. 161 - 177.

[3] Greening, L. A., "Decomposition of Aggregate Carbon Intensity for Freight: Ends from 10 OECD Countries for the Period 1971 - 1993", *Energy Economics*, No. 21, 1999, pp. 331 - 361.

[4] Ying Fan and Lan - Cui Liu, "Changes in Carbon Intensity in China: Empirical Findings from 1980 - 2003", *Ecolocial Economics*, No. 62, 2007, pp. 683 - 691.

[5] 王圣、王慧敏、陈辉等：《基于Divisia分解法的江苏沿海地区碳排放影响因素研究》，《长江流域资源与环境》2011年第10期。

[6] 孙巍、赫永达：《中国能源消费与经济增长的因果分析——基于Divisia指数法和Toda - Yamamota检验》，《暨南学报》（哲学社会科学版）2014年第5期。

综上所述，我们知道，结构分解法和指数分解法相比，指数分解法具有众多优势，如经济意义明朗、完善的理论基础、计算结果贴近实际、残差值较小等。指数分解分析方法自20世纪70年代伊始就逐渐被应用到能源消耗问题的研究之中，如贸易结构、部门能源消耗强度、技术进步等变化对能源消费变化的影响效应等，并于80年代得到发展和逐步完善，同时，随着全球对生态环境污染和气候变暖等问题关注的日益提高，从90年代开始，指数分解分析方法也逐渐被应用到国际贸易领域碳排放研究等方面。通过的前面讨论分析对比，我们可知：（1）拉氏指数分解法在研究国际贸易碳排放时存在较大缺陷，那就是其变化量分解不完全，可能存在严重的残差值，从而导致分析结果的不合理。为进一步提高该计算结果的精确度，后人对拉氏指数分解法进行了相应拓展和完善，整理出没有残差值的精炼拉氏指数分解法。（2）指数分解法采用多个因素指标乘积的形式表示国际贸易中的碳排放量，并采用确定权重的方式对其进行分解来确定各个指标的增量数，从而得出指标的影响效果。指数分解法的优点是：能够使用部门加总数据，对数据要求相对不高，且分解形式多样，操作方法容易掌握。但其下的算术平均迪氏指数分解法由于同样受到分解过程中残差值的困扰，致使应用受限。（3）对数平均迪氏指数分解法能够有效地解决残差值问题，而且能够有效地处理出现0值的情况，无论是从理论背景、适用性、实用性、可操作性等角度观测，还是从最终结果简易的表达形式来考量，对于研究国际贸易碳排放问题，都是一种较好的指数分解方法。

五　总体评述

通过上述国内外文献梳理，我们可以得出以下结论：

（1）二氧化碳等温室气体作为环境的重要组成部分，理应纳入贸易与环境的研究范畴之中，尤其是对外贸易中的碳排放问题作为国际贸易与环境关系研究的新发展，亟须得到加强。

（2）目前，国际社会核算一个国家碳排放量的方法通常是采用《联合国气候变化框架公约》中"温室气体排放报告导则规定"的方法。这种纯粹从所谓"生产者"视角进行的计算方法，在将本国生产出口产品而排放的二氧化碳等温室气体包含在一个国家的碳排放体系当中的同时，还忽略了进口加工转出口以及碳转移排放的纳入，即所谓的直接生产责任或国土责任（Eder and Narodo slawsky，1999）。[①] 因此，在未来的气候谈判中，亟须将因国际贸易产生的碳转移排放量纳入消费者的国家之中。

（3）由于研究方法、研究变量或因素、时间尺度、各国发展阶段等的不同，致使所研究的结果大相径庭，同时，由于各个学者研究的背后代表着本国、本土或本地区的利益，特别是与有关政策相关的实证研究存在各自利益的分歧，导致评估结果不一致。

（4）国际贸易是导致发达国家向发展中国家"碳泄漏"产生的主要原因。发达国家应该在减少二氧化碳等温室气体排放方面继续承担主导作用的同时，还应该加大对发展中国家先进的技术转让和财政支持，这不仅可以减少发展中国家因产业结构不合理导致的碳排放增长，还可以为减缓全球气候变暖等方面做出贡献。

（5）西方发达国家对中国产品的依赖，变相地把大量环境污染物滞留在中国，把碳排放量转嫁到中国，在完成国际条约规定华丽转身的同时获取自身高涨消费水平的进口需求，因而，中国现有二氧化碳排放量更多地反映出了西方发达国家不可持续的高消费水平而非中国的实际景象。

综合上述文献的梳理，我们发现，国内外文献就国际贸易与碳排放问题进行了大量的理论研究和实证分析，有较为充分的理由支持了国际贸易过程中产生的碳转移排放不容忽略，并明确界定了生产者和消费者共同负责的原则，但仍旧存在诸多不足：

（1）有关国际贸易与环境污染问题，国内外学者进行了大量的研究，并从不同的研究角度得出了不同的结论。二氧化碳等温室气体作为环境的重要组成部分，理应纳入上述研究范畴之中，尤其是对外贸

[①] Eder, P. and Narodoslawsky, M., "What Environmetal Pressures Are a Region's Industies Responsible for? A Method of Analysis with Descriptive Indices and Input – output Models", *Ecological Economics*, No. 29, 1999, pp. 359 – 374.

易中的碳排放问题作为国际贸易与环境关系研究的新发展，亟须得到加强。国际贸易的快速发展是否增加了二氧化碳等温室气体的排放，尤其是作为最大的发展中国家的中国，近几年，对外贸易得到了突飞猛进的发展，那么中国的对外贸易是否增加了碳排放、其影响程度如何、对外贸易碳排放强度变化趋势如何、对外贸易中的隐含碳排放的驱动效应等是一个迫在眉睫的研究课题。

（2）当前，众多学者通过估算出口和进口贸易中的隐含碳排放量来考量本国是碳排放的净出口国还是净进口国，而忽略了二氧化碳排放的世界性，即在本国排放和在他国排放其最终效果都是一样的，导致全球温室效应，因此，通过相互替换进出口贸易产品来估算本国的出口或进口是增加还是减少隐含碳排放量的研究就显得十分必要。

（3）在国际贸易隐含碳排放的研究中，因二氧化碳排放主要来源于化石能源的消耗，因此，诸多学者一般都选择煤炭、原油和天然气这三种消费较大的化石能源作为估算二氧化碳排放量的基础，而未曾考虑其他燃料消耗产生的碳排放，以致这样的核算结果不够完善和准确。对于中国而言，补充完善这种框架就显得尤为重要，原因在于现阶段中国正处于工业化和城市化快速发展时期，对外出口中的大量产品除消耗上述三种化石能源之外，还要消费诸如焦煤、汽油、煤油、柴油、燃料油等燃料，而这些燃料的消耗也产生了大量的二氧化碳。

（4）目前，计算国际贸易中的隐含碳排放时应用较多的是单一的地区投入产出表，并采用技术同质假设来计算进口产品中的隐含碳排放。在此假设条件下，若东道国和出口国的产品技术水平大致相同，那么在这样的假设条件下计算出来的结果不会产生较大偏差，但若本国和出口国的产品技术相差较大，则实证分析的结果将相去甚远。实际上，从研究中国对外贸易隐含碳排放的文献中不难发现，有的实证结果指出，中国是隐含碳净出口国有的则说明；中国是隐含碳的净进口国，产生这种结果的原因在于不同学者计算中国进口产品的隐含碳时采用了中国或国外的技术系数来处理。

（5）目前，国内外有大量学者应用对数平均迪氏指数分解模型来研究二氧化碳排放，但是，一是大多数文献局限于研究一个国家或地区的整体对外贸易碳排放影响因素,而将行业部门和国际贸易结合起来计算隐含碳排放,分别从整体、各行业部门以及三次产业视角深入剖析影响中国对外贸易隐含碳排放因素的鲜有涉及,不利于减排工作有针对性地开展。二是大多数文献偏重于研究整个样本期间对外贸易隐含碳排放的变化,忽略了隐含碳排放变化的阶段性特征,没有考虑各驱动因素在不同阶段对进出口贸易中隐含碳排放变化的影响程度(朱帮助等,2015)。[①] 三是国内外许多学者把对外贸易隐含碳排放影响因素主要分解为能源强度、能源结构等,而对作为对外贸易隐含碳排放主要影响因素的碳排放强度分析较少,不利于把握碳减排主要方向。

第三节 研究思路与方法

一 研究思路

国际贸易全方位的横向拓展和纵向深入,促进了全球各国或地区之间联系的日益紧密和融合的不断加快,世界各国或地区经济社会与环境之间的相互依赖、相互影响也在不断渗透和延伸,过去传统的贸易与环境关系的研究内容主要侧重于宏观方面,研究讨论分析更多地集中在国际贸易对环境的影响或者环境对国际贸易的影响方面,而没有从单个角度来考量因国际贸易直接导致的污染排放所引起的发展中国家甚至全球环境恶化问题,更没有形成相对稳定统一的分析框架和模型,其最重要的原因在于有关贸易与环境的研究还在不断地发展和完善之中,新出现的问题也需要新的研究模式来讨论分析,并需要被不断地填充到贸易与环境的理论体系当中。

随着全球工业化和城市化进程的不断推进及加快,化石燃料被大量消耗且在日益扩大,以致近些年来空气中二氧化碳浓度也在迅速飙

---

① 朱帮助、王克凡、王平:《我国碳排放增长分阶段驱动因素研究》,《经济学动态》2015年第11期。

升。全球气候变化的态势难以逆转,但气候变暖又事关世界各国福祉和人类社会的发展前景,英国经济学家尼科拉斯·斯特恩(Nicholas Stern)带领多国专家学者完成的《斯特恩报告》(Stern Review)指出:只有尽快大幅度减少温室气体排放,才能避免全球升温超过2℃可能造成的巨大经济损失,且减排成本并不高;如不尽快采取措施,则气候变化可能造成的成本和风险将至少相当于每年全球GDP的5%。[1] 正是鉴于此,诸多国内外学者开始在国际贸易的框架下讨论研究其隐含碳排放问题,而中国作为世界贸易大国,对本国及全球经济发展具有重要推动作用。如何在通过国际贸易促进经济增长的同时将二氧化碳排放减少到最低限度,有效地控制生态环境恶化影响是当前我国以及全球各国迫在眉睫的一项重要研究课题。本书的研究正是基于这样的考虑,在国际贸易的框架之下,围绕隐含碳排放量的测算以及隐含碳排放变化的影响因素分解来展开的,以求为我国调整、优化、提升对外经贸的进出口结构和政策制定举措,有效地平衡好经济社会发展与生态环境保护的关系,在国际气候变化谈判中占有一席之地而提供具有一定科学依据的基础数据和政策思路。

第一,本书文献综述部分就贸易与环境的相关文献尤其是对外贸易与碳排放的文献进行了归纳总结,主要涉及国际贸易与环境污染的关系、国际贸易与碳排放污染责任认定的原则、碳排放的测算方法、碳排放变化影响因素的研究方法等几个大类,并在此基础上进行了评述。

第二,就本书涉及的基本概念和基本理论进行了梳理,主要包括隐含流、隐含碳和碳泄漏的基本内涵界定,以及"污染避难所"假说、环境库兹涅茨曲线、环境要素禀赋理论、低碳经济理论等理论基础。

第三,梳理了我国对外贸易尤其是改革开放以来我国的进出口贸易情况,并从我国对外贸易发展历程、结构变化、对外贸易对中国经济增长贡献等方面来具体考量;从三次产业角度来度量产业结构构成

---

[1] Nicholas Stern, Cabinet Office – HM Treasury, *The Economics of Climate Change: The Stern Review*, New York: Cambridge University Press, 2007.

对中国经济的贡献，同时阐述了由于我国能源主要以煤炭资源为主，从而致使中国是煤炭生产大国的同时也是煤炭消费大国，以煤为主体的消费导致温室气体排放持续上升在所难免；自改革开放以来，尤其是加入世界贸易组织之后，我国二氧化碳排放随着中国经济的快速增长而同步呈现增加态势，从二氧化碳排放的来源母体和行业来看，中国一次能源消费产生的二氧化碳排放量占据较大位置，而其中煤炭无疑是首要元凶。

第四，构建出中国对外贸易隐含碳排放的非竞争型投入产出模型，并利用 Matlab 7.0 计量软件以及整理好的相关基础数据，测算出我国总体、28 个行业部门、三次产业所对应的出口、进口、净出口贸易中的隐含碳排放量，并在此基础上进行了对比分析，根据结果指出我国是否是隐含碳排放的净出口国？对外贸易隐含碳排放较高的主要行业部门有哪些？等等。

第五，利用对数平均迪氏指数分解法对中国对外贸易中的隐含碳排放变化进行了因素分解，将其影响因素分为规模效应、结构效应和强度效应，根据计算结果对比分析这三种因素的贡献值和贡献率，以期搜寻导致隐含碳排放的主要渠道，从而为从国际贸易的角度制定相应的节能减排政策提供依据和参考。

第六，根据本书的定性和定量分析讨论得出相应的结论，并提出具有一定参考价值的政策建议，同时在针对本书研究方法、方式等基础上指出本书的研究不足以及下一步的研究方向。

总之，本书以中国对外贸易中的隐含碳排放研究作为研究对象，在低碳经济大背景下构建中国对外贸易中的隐含碳排放测算模型和驱动因素分解模型，并基于 2002 年、2005 年、2007 年、2010 年和 2012 年中国投入产出表，运用投入产出法、对数平均迪氏指数分解法以及 Matlab 计量软件对中国进出口产业部门隐含碳排放、驱动因素进行实证分析。这些思路对应的流程图如图 1－1 所示。

二 研究方法

本书研究中涉及多种方法，且需要多种研究方法的灵活应用，但主要研究方法包括以下三种。

图 1-1 本书研究思路

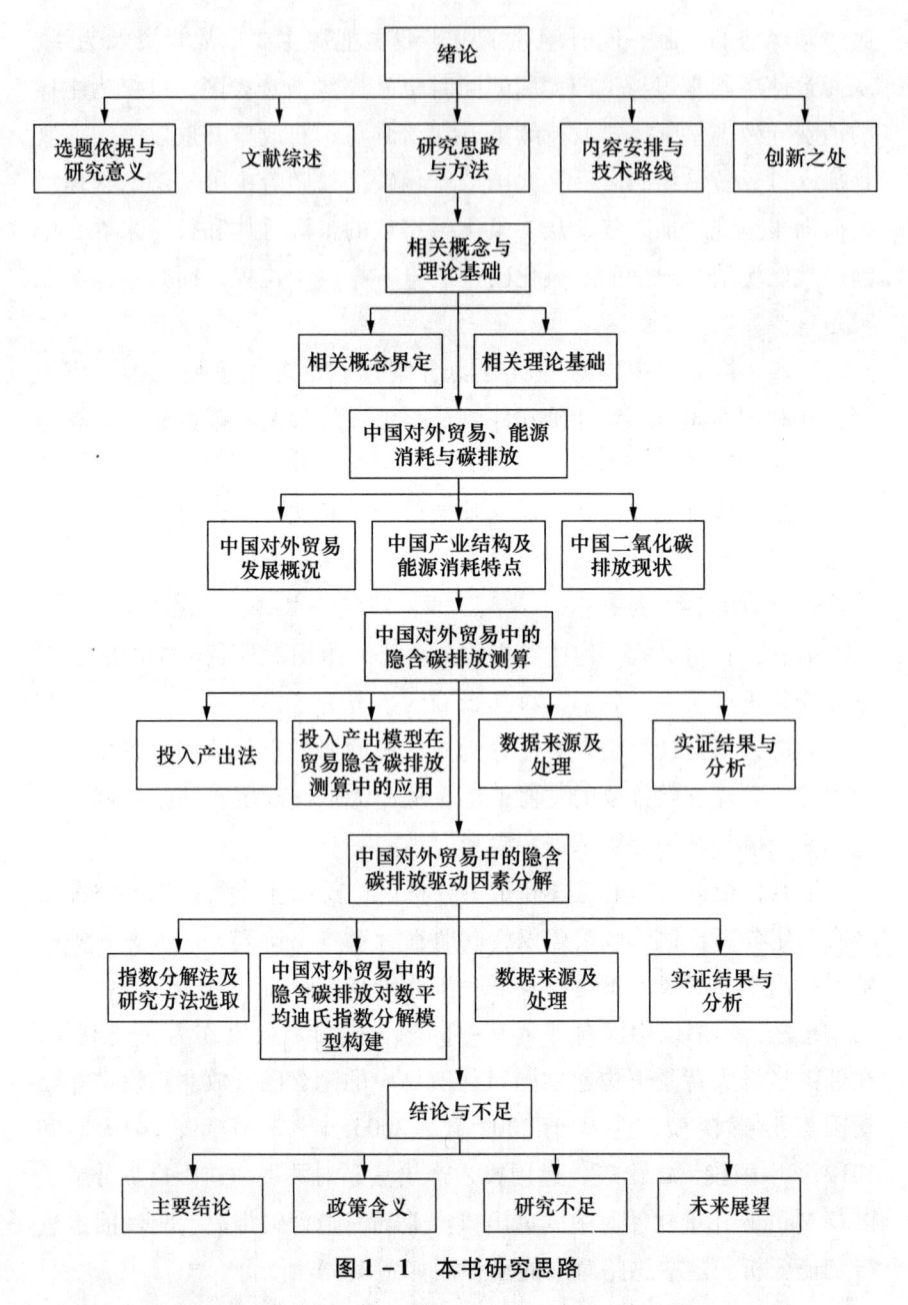

(一) 投入产出法

投入产出法是一种由上自下的、从宏观上进行分析的方法,而利用此方法可以追踪产品生产的直接和间接能源使用以及二氧化碳排放，测算在国内或国外销售的产品中的隐含能源和隐含碳，是在宏观尺度上研究国家产业部门或对外贸易碳排放的主流方法，也是目前进行产业部门或国际贸易碳排放研究的基本方法（Kondo and Moriguchi，1998；Ahmad and Wyckof，2003）。[1][2] 本书借鉴投入产出法的基本思想，构建中国经济发展中产业部门隐含碳排放的非竞争型投入产出模型，以便较为直观地测算出总体、各行业部门、三次产业等隐含碳排放情况，从而为中国调整、优化、提升产业结构、减少碳排放量，有效地减缓全球气候变暖提供参考价值。

（二）Matlab 计量方法

Matlab 是矩阵实验室（Matrix Laboratory）的英文缩写简称，它是由美国 MathWorks 公司研究开发的一种商业性数学软件，它可以进行矩阵运算、绘制函数和数据、实现算法等，在数值计算方面代表了当今国际科学计算软件的先进水平。本书在测算中国产业部门隐含碳排放等的过程中涉及矩阵的计算，为此，运用了 Matlab 7.0 版本。

（三）对数平均迪氏指数分解法

对数平均迪氏指数分解法的思想是把一个目标变量的变化分解为若干个影响因素变化的组合，从而可以辨别出各驱动因素对目标变量变化的影响程度的大小，以此可以从客观角度出发辨析出影响较大的驱动因素；它也是当前众多学者分析能源消耗、温室气体排放等的主流方法（Bhattacharyya and Ussanarassamee，2004；Ediger and Huvaz，2006；刘辉煌、李子豪，2012）。[3][4][5] 本书利用对数平均迪氏指数分

---

[1] Kondo, Y. and Moriguchi, Y., "CO₂ Emissions in Japan: Influences of Imports and Exports", *Applied Energy*, No. 59, 1998, pp. 163 – 174.

[2] Ahmad, N. and Wyckof, A., carbon Dioxide Emissions Embodied in International Trade of Goods, *OECD Science*, Techology and Industry Working Papers, 2003.

[3] Bhattacharyya, S. C. and Ussanarassamee, A., "Decomposition of Energy and CO₂ Intensities of Thai Industry between 1981 and 2000", *Energy Economics*, Vol. 26, No. 5, 2004, pp. 765 – 781.

[4] Ediger, V. S. and Huvaz, Ö., "Examining the Sectoral Energy Use in Turkish Economy (1980 – 2000) with the Help of Decomposition Analysis", *Energy Conversion and Management*, Vol. 6, No. 47, 2006, pp. 732 – 745.

[5] 刘辉煌、李子豪：《中国人口老龄化与碳排放的关系——基于因素分解和动态面板的实证分析》，《山西财经大学学报》2012 年第 1 期。

解法将中国对外贸易中的隐含碳排放驱动效应分为规模效应、结构效应和强度效应，并根据结果获取导致中国对外贸易隐含碳排放的影响程度大小的因素，便于引导中国进出口贸易向高附加值、低碳排放、环境友好型的方向过渡等提供经验依据。

第四节　内容安排与技术路线

一　主要内容

本书基于投入产出模型核算了中国对外贸易中的隐含碳排放量，进而利用对数平均迪氏指数分解法对隐含碳排放的影响因素进行分解，其目的旨在深入研究中国对外贸易对二氧化碳排放的影响，从而为国际贸易政策制定者提供一定的经验数据和参考价值。具体而言，本书内容包括六章：

第一章是绪论。概述了本书的选题依据、研究意义、文献综述、研究思路与方法、内容安排、技术路线、创新点等。

第二章是相关概念与理论基础。首先，对本书相关概念进行了界定，主要包括隐含流、隐含碳、碳泄漏；其次，对相关理论基础进行了详细阐述，主要包括污染避难所假说、环境库兹涅茨曲线、环境要素禀赋理论、生态经济理论以及低碳经济理论。

第三章是中国对外贸易、能源消耗与碳排放。首先，从发展历程与总体特征、发展总体情况、结构变化方面讨论分析了中国对外贸易发展概况；其次，详述了中国产业组成结构及能源储量分布及消耗特点；最后，分别从中国二氧化碳排放总量概况、中国二氧化碳排放结构构成、中国人均二氧化碳排放情况和中国碳排放强度变化四个方面介绍了中国二氧化碳排放现状。

第四章是中国对外贸易中的隐含碳排放测算。将投入产出模型运用到中国对外贸易的隐含碳排放量测算之中，利用中国历年《投入产出表》以及《中国统计年鉴》中的相关数据，剖析了中国国际贸易中的隐含碳排放问题，首先介绍投入产出模型的基本原理，接着构建出进出口贸易中隐含碳排放的投入产出模型，然后对各行业部门的划分及相关数据进行处理说明，最后求解出各行业部门的完全碳排放系数、进出口隐含碳排放量、净出口隐含碳排放量等，并对实证结果进行讨论、对比分析。

第五章是中国对外贸易中的隐含碳排放驱动因素分解。利用对数平均迪氏指数分解法对中国对外贸易中的隐含碳排放的影响因素进行了分解，并从规模效应、结构效应和强度效应三个维度对影响因素进行了剖析，对比讨论何种驱动因素的贡献值对中国进出口贸易中的隐含碳排放的影响最大，即是导致中国国际贸易中二氧化碳排放增长的主要原因。

第六章是结论与不足。通过本书对国际贸易中隐含碳排放的定性和定量分析，总结描述出本书实证研究的主要结论，并就在当前世界各国追逐低碳经济发展的全球大背景下，对中国发展低碳贸易提出一些具体的贸易措施和解决思路，最后阐明本书研究中的不足以及未来的研究方向。

二 技术路线

根据上述基本研究思路和研究内容安排，本书的结构框架大致遵循图1-2所示的技术路线。

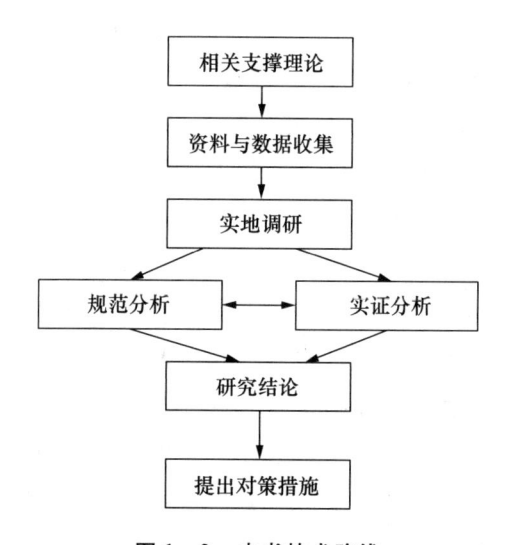

图1-2 本书技术路线

第五节　研究创新之处

针对以往文献研究中存在的不足，本书以中国对外贸易中的隐含碳排放作为研究对象，试图从以下三个方面对已有研究进行改进、补充和扩展。

第一，在国际贸易隐含碳排放的研究中，因二氧化碳排放主要来源于化石能源的消耗，因此，诸多学者一般都是选择煤炭、原油和天然气这三种消费较大的化石能源作为估算二氧化碳排放量的基础，而未曾考虑其他燃料消耗产生的碳排放，以致这样的核算结果不够完善和精确。对于中国而言，补充完善这种框架就显得尤为重要，原因在于现阶段中国正处于工业化和城市化快速发展时期，对外出口中的大量产品除消耗上述三种化石能源之外，还要消费诸如焦煤、汽油、煤油、柴油、燃料油等燃料，而这些燃料的消耗也产生了大量的二氧化碳。为此，本书选择了这八种燃料作为各行业部门的消耗源，在此基础上计算出八种燃料所对应的二氧化碳排放系数，进而求解出各行业部门所对应的直接和完全碳排放系数。

第二，在计算国际贸易中的隐含碳排放时运用较多的是单一的地区投入产出表，并采用"技术同质假设"来计算进口产品中的隐含碳排放。在此假设条件下，若东道国和出口国的产品技术水平大致相同，那么，在这样的假设条件下的结果不会产生较大偏差，但若本国和出口国的产品技术相差较大，则实证分析的结果将相去甚远。实际上，从研究中国对外贸易中隐含碳排放的文献中不难发现，有的实证结果指出中国是隐含碳净出口国；有的则说明，中国是隐含碳的净进口国，产生这种结果的原因就在于不同学者计算中国进口产品隐含碳时采用了中国或国外的技术系数来处理。为此，本书撇开技术同质假设，中国的出口行业部门所对应的完全碳排放系数利用中国相关数据及投入产出模型计算，而进口来源国或地区各行业部门的完全碳排放系数，是利用中国进口额较大的6个国家以及其他剩余国家累计的贸易量、碳排放强度等因素，综合考虑并通过加权平均以及投入产出模型来测算出的，在此基础之上即可求得更为准确的进出口贸易各行业部门对应的隐含碳排放量，进而可知中国是否是净出口隐含碳排放国。

第三，目前，国内外有大量学者应用对数平均迪氏指数分解模型来研究二氧化碳排放，但是，一是主要集中研究一个国家或地区的整体对外贸易碳排放影响因素，忽略了在微观层面上即各行业部门之间会通过相互作用影响对外贸易活动，进而对进出口贸易隐含碳排放造成影响，因此，本书将行业部门和国际贸易结合起来，分别从整体、各行业部门以及三次产业视角深入剖析影响中国对外贸易隐含碳排放的因素，从而有利于减排工作有针对性地开展。二是大多数文献以整个样本期的对外贸易隐含碳排放作为研究对象，忽略了碳排放的阶段性变化特征，因此，本书分2002—2005年、2005—2007年、2007—2010年、2010—2012年和2002—2012年这五个时间段来分析中国对外贸易隐含碳排放的影响因素。三是将碳排放强度也作为影响对外贸易隐含碳排放的重要因素，并最终将影响中国对外贸易隐含碳排放变化的驱动因素分解为规模效应、结构效应和强度效应，以此求得各因素对隐含碳排放变化的影响程度、何种驱动因素是主要影响因素等。

第二章 相关概念与理论基础

第一节 相关概念界定

一 隐含流

当学者最初对贸易与环境的关系进行研究时,研究的出发点主要是因贸易导致的生产规模、生产结构、技术水平等方面的一系列变化,从而以这些变化为基础来研究对环境产生的影响。显然,诸如此类的研究仅仅把研究的焦点停留在了物品表象层面,注定不能认识到贸易产品背后对各种能源的消耗以及在进出口产品时发生的污染转移。提到贸易那就意味着就会有产品从一个国家流向另一个国家,当然,在生产和运输过程中引起的直接和间接消耗也会随之流动,称为"隐含流"(陈红敏,2011)。[①]"隐含流"概念的提出可以说是对准确探究国际贸易对环境产生的影响起着巨大的作用,特别是在世界各国越来越重视环境问题这一大背景下。随着经济全球化更进一步地向纵深发展,对外贸易成为各国促进本国经济快速发展的重要形式,同时也成为参与国际分工的重要渠道,可是,因为各国经济发展水平不同,在参与国际分工时,隐含流的转移显然会因为每个国家的生产水平不同对各国有着不同的意义。显然,发达国家因其自身的优势,使

[①] 陈红敏:《中国对外贸易的能源环境影响——基于隐含流的研究》,复旦大学出版社2011年版。

其在贸易活动中占据环境的制高点，为了控制本国因生产排放的污染，他们可以选择把"三高"产业转移出本国，放到发展中国家去生产，同时为了保证国内消费的需要，他们再将此类产品进口进来；再来看发展中国家，发展中国家都处在工业化发展的关键阶段，为了本国经济的更进一步发展，"理所当然"地接手发达国家转移出来的高污染产业，在大量消耗能源的同时，还对环境造成巨大的伤害。看似这是互补的交易，但是，我们从全球的高度看待这一问题时会发现，这将会导致全球环境更加恶化。近年来，因气候问题引起的灾难时有发生，人们更加深刻地认识到贸易对环境产生的巨大影响，在此背景下，各国学者纷纷将研究焦点聚集在贸易中的隐含污染研究（王超，2014；王玉，2014）。[1][2] 因隐含流的分析可以从多个角度认识国际贸易对资源环境产生的影响，因此，近年来，关于贸易中隐含流的研究成为各国学者研究的重中之重，通过梳理相关文献发现，学者对于贸易中的隐含流的研究主要从隐含能源、隐含排放、虚拟水、虚拟土地以及隐含太阳能等方面进行展开（田旭等，2015）。[3] A. Y. Hoekstra 和 P. Q. Hung（2005）通过对几个国家的虚拟水研究发现，美国、加拿大、泰国、阿根廷以及印度是世界上较大的净虚拟水出口国，日本、荷兰、韩国、中国以及印度尼西亚则是净虚拟水较大的进口国。[4] Li Hong 等（2007）对中国的净进口隐含能源做了深入研究，发现我国的进口隐含能、出口隐含能以及净进口隐含能都呈现出递增的态

---

[1] 王超：《我国对外贸易隐含碳排放及低碳贸易政策研究》，硕士学位论文，中国海洋大学，2014年。
[2] 王玉：《辽宁省对外贸易隐含碳的测算及影响因素研究》，硕士学位论文，沈阳工业大学，2014年。
[3] 田旭、耿涌、马志孝等：《中国对外贸易中隐含流研究综述》，《生态经济》2015年第7期。
[4] Hoekstra, A. Y. and Hung, P. Q., "Globalisation of Water Resources: International Virtual Water Flows in Relation to Crop Trade", *Global Environmental Change*, No. 15, 2005, pp. 45–56.

势。[1] 陈迎等（2008）、Liu Hongtao 等（2010）、庞军等（2010）的研究表明，我国是隐含能源净出口大国，出口的隐含能随着我国出口贸易额的不断增加也呈现出增加的趋势，并且能耗密集型产品的隐含能源出口占比相当可观。[2][3][4] 倪红福（2012）的研究发现，我国对外贸易巨大的顺差背后是大量净进口隐含二氧化硫，同时他还指出，导致出口贸易隐含污染物不断增加的重要因素就是快速增长的贸易规模。[5] M. H. Tian 和 S. F. Ke（2012）研究我国初级林业产品的虚拟水贸易时发现，初级林业产品的虚拟水为净进口。[6] 田旭等（2015）以中国对外贸易为基础，对中国对外贸易中的隐含流进行综述，还对中国对外贸易中隐含流研究进行了展望。[7]

二 隐含碳

根据《联合国气候变化框架公约》的相关内容，隐含碳（Embodied Carbon）被定义为"商品从原料的取得、制造加工、运输直到成为消费者手中所购买的商品，这段过程所排放的二氧化碳"（Odum，1996）。[8] 任何一种产品的生产，都会直接或间接地产生碳排放，通常将整个生产链中所排放的二氧化碳称为"隐含碳"。早在

---

[1] Li Hong, Zhang Peidong and He Chunyu, "Evaluating the Effects of Embodied Energy in International Trade on Ecological Footprint in China", *Ecological Economics*, No. 62, 2007, pp. 136 – 148.

[2] 陈迎、潘家华、谢来辉：《中国外贸进出口商品中的内涵能源及其政策含义》，《经济研究》2008 年第 7 期。

[3] Liu Hongtao, Xi Youmin and Guo Jue' et al., "Energy Embodied in the International Trade of China: An Energy Input – output Analysis", *Energy Policy*, Vol. 38, No. 8, 2010, pp. 3957 – 3964.

[4] 庞军、石媛昌、闫玉楠等：《我国出口贸易隐含能及其影响因素的分解分析》，《经济问题探索》2010 年第 3 期。

[5] 倪红福、李善同、何建武：《对外贸易隐含 SO_2 测算及影响因素的结构分解分析》，《统计研究》2012 年第 7 期。

[6] Tian, M. H. and Ke, S. F., "Virtual Water Content and Trade Analysis of Primary Woody Products in China", *International Forestry Review*, Vol. 14, No. 3, 2012, pp. 380 – 390.

[7] 田旭、耿涌、马志孝等：《中国对外贸易中隐含流研究综述》，《生态经济》2015 年第 7 期。

[8] Odum, H. T., *Environment Accounting: Energy and Environment Decision Making*, New York: John and Wiley, 1996.

1974年，为了对生产某种产品或提供某种服务所直接和间接消耗的资源总量进行更为精确的计算，国际高级研究机构联合会（International Federation of Institutes of Advanced Study，IFIAS）在一次能源分析工作会议上曾指出，可以使用"Embodied"这一概念（齐晔等，2008；黄敏、刘剑锋，2011）。[①][②] 布朗和赫伦迪恩（Brown and Herendeen，1996）通过研究得出结论，"Embodied"后面的连接词可以是污染排放物，如二氧化碳、二氧化硫等，也可以是资源，如土地、水、劳动力等，以此来对生产某种产品或提供某种服务所直接和间接消耗的资源总量以及排放的污染物总量进行更为精确的计算。[③] 隐含碳是指在生产某种商品或提供某种服务过程中产生的二氧化碳，这一概念是由"隐含流"的含义发展而来的。齐晔等（2008）认为，从对外贸易的角度上来讲隐含碳和"转移排放"的含义基本相同，但"隐含碳"更具有科学性。[④] 闫云凤（2011）认为，隐含碳是在生产某种商品或提供某种服务的过程中直接和间接产生的二氧化碳总量，并将其作为一个环境领域中的重要衡量指标，来描述在商品从原材料生产到被加工成为最终产品的过程中对生态环境所直接和间接造成的所有污染。[⑤] 陈曦（2011）认为，隐含碳在本质上和"碳转移排放"这一概念的含义基本相同，只不过在衡量国际贸易过程中的二氧化碳排放量的时候"隐含碳"这一概念能够更为准确地进行描述，而且带有"隐含"二字也是遵循了世界对国际贸易污染责任的认定原则。[⑥] 李惠民（2016）将任何一种产品的生产，都会直接或间接地产生碳排放，为

[①] 齐晔、李惠明、徐明：《中国进出口贸易中的隐含碳估算》，《中国人口·资源与环境》2008年第3期。

[②] 黄敏、刘剑锋：《外贸隐含碳排放变化的驱动因素研究——基于I-OSDA模型的分析》，《国际贸易问题》2011年第4期。

[③] Brown, M. T. and Herendeen, R. A., "Embodied Energy Analysis and Emergy Analysis, A Comparative View", *Ecologic Economics*, Vol. 19, No. 3, 1996, pp. 219-235.

[④] 齐晔、李惠明、徐明：《中国进出口贸易中的隐含碳估算》，《中国人口·资源与环境》2008年第3期。

[⑤] 闫云凤：《中国对外贸易隐含碳研究》，博士学位论文，华东师范大学，2011年。

[⑥] 陈曦：《中国对外贸易的隐含碳排放研究》，硕士学位论文，暨南大学，2011年。

了得到某种产品，而在整个生产链中所排放的二氧化碳，称为隐含碳。① 对外贸易中的隐含碳排放包括出口和进口两个方面，出口隐含碳是指在国际贸易过程中出口国先在本国生产商品然后将商品出口到进口国家，其中，在本国生产过程中所排放的二氧化碳，整个过程实际上将进口国的碳排放转移到了出口国；反之则称为进口隐含碳；而出口隐含碳总量减去进口隐含碳总量的净值就是隐含碳净出口。对于隐含碳的研究，国外学者侧重于从产品生命周期角度对其进行研究，在我国对外贸易中隐含碳的核算中主要包括中国分国别的双边贸易研究（B. Shui and R. C. Harriss，2006；Li You 和 C. N. Hewitt，2008；张晓平，2009；张友国，2010；Yan Yunfeng 和 Yang Lai ke，2010；Liu Xianbing 等，2010；马晶梅等，2016；江洪，2016）②③④⑤⑥⑦⑧⑨、隐含碳的时间序列研究以及单一年份的研究（Liu Lei and Ma Xiaoming，2011；马晓微和崔晓凌，2012；Qi Tianyu 等，2013；Ren Sheng-

---

① 李惠民、冯潇雅、马文林：《中国国际贸易隐含碳文献比较研究》，《中国人口·资源与环境》2016 年第 5 期。

② Shui, B. and Harriss, R. C., "TheRole of CO_2 Embodiment in US – China Trade", *Energy Policy*, Vol. 34, No. 18, 2006, pp. 4063 – 4068.

③ Li You and Hewitt, C. N., "The Effect of Trade between China and the UK on National and Global Carbon Dioxide Emissions", *Energy Policy*, Vol. 36, No. 6, 2008, pp. 1907 – 1914.

④ 张晓平：《中国外贸产生的二氧化碳排放区位转移分析》，《地理学报》2009 年第 2 期。

⑤ 张友国：《中国贸易含碳量及其影响因素：基于（进口）非竞争型投入—产出表的分析》，《经济学季刊》2010 年第 4 期。

⑥ YanYunfeng and Yang Laike, "China's Foreign Trade and Climate Change: A Case Study of CO_2 Emissions", *Energy Policy*, Vol. 38, No. 1, 2010, pp. 350 – 356.

⑦ Liu Xianbing, Ishikawa, M. and Wang Can et al., "Analysis of CO_2 Emissions Embodied in Japan – China Trade", *Energy Policy*, Vol. 38, No. 3, 2010, pp. 1510 – 1518.

⑧ 马晶梅、王新影、贾红宇：《中日贸易隐含碳失衡研究》，《资源科学》2016 年第 3 期。

⑨ 江洪：《金砖国家对外贸易隐含碳的测算与比较——基于投入产出模型和结构分解的实证分析》，《资源科学》2016 年第 12 期。

gang 等，2014；盛仲麟、何维达，2016）。①②③④⑤

三 碳泄漏

所谓碳泄漏，是指某些国家或地区因实施碳减排政策而导致该国或地区以外的其他国家或地区的温室气体排放量增加的情形，即由于具有减排义务的国家或地区的富碳产品生产成本与价格高于没有强制减排义务的国家或地区的国外产品，从而致使国内的部分生产会外流到生产成本相对较低的国家或地区，造成已在国内得到减排的二氧化碳在国外无限制地排放，其直接后果是国内相关行业劳动需求降低，而国外该行业的劳动需求量增加，也就是通常所讲的由于单边国家或地区采取更为严格的碳减排规制带来的产业转移，或一般环境意义上的"环境避难假设"（Wyckoff 和 Roop，1994；Schaeffer 等，1996；Reinaud，2008；曹静、陈粹粹，2010）。⑥⑦⑧⑨ 谢来辉、陈迎（2007）认为，《京都议定书》规定的第一承诺期（2008—2012 年）的减排目标主要针对附件 I 国家，非附件 I 国家尚未承担具体的减排义务，而

---

① Liu Lei and Ma Xiaoming, "CO_2 Embodied in China's Foreign Trade 2007 with Discussion for Global Climate Policy", *Procedia Environmental Sciences*, Vol. 5, No. 1, 2011, pp. 105–113.

② 马晓微、崔晓凌：《基于投入产出分析的中国对外贸易中隐含碳排放变化研究》，《中国地质大学学报》（社会科学版）2012 年第 5 期。

③ Qi Tianyu, Winchester, N. Karplus, V. J. et al., "Will Economic Restructuring in China Reduce Trade-embodied CO_2 Emissions?" *Energy Economics*, Vol. 42, No. 1, 2013, pp. 204–212.

④ Ren Shenggang, G., Yuan Baolong and Ma Xue et al., "International Trade, FDI (Foreign Direct Investment) and Embodied CO_2 Emissions: A Case Study of China's Industrial Sectors", *China Economic Review*, Vol. 28, No. 3, 2014, pp. 123–134.

⑤ 盛仲麟、何维达：《中国进出口贸易中的隐含碳排放研究》，《经济问题探索》2016 年第 9 期。

⑥ Wyckoff, A. W. and Roop, J. M., "The Embodiment of Carbon in Imports of Manufactured Products: Implications for International Agreements on Greenhouse Gas Emissions", *Energy Policy*, Vol. 22, No. 3, 1994, pp. 187–194.

⑦ Schaeffer, R. and AndréLeal de Sá, "The Embodiment of Carbon Associated with Brazilian Imports and Exports", *Energy Conversion and Management*, Vol. 37, No. 6–8, 1996, pp. 955–960.

⑧ J. Reinaud, *Issues Behind Competitiveness and Carbon Leakage Focus on Heavy Industry IEA Information Paper*, IEA Information Paper, January, 2008.

⑨ 曹静、陈粹粹：《"碳关税"：当前热点争论与研究综述》，《经济学动态》2010 年第 1 期。

这种规定无疑会致使碳泄漏的产生，即碳泄漏将会流入非附件Ⅰ国家及部分附件Ⅰ国家（如拒签《京都议定书》的美国等）。[1] 也有部分学者（Babiker 和 Jacoby，1999；Paltsev，2001；Babiker，2005；张海燕、彭德斌，2011）[2][3][4][5] 认为，碳泄漏主要流向中国、中东、南非、南美洲等发展中国家或地区，尤其是同为经济贸易大国和煤炭消费大国的中国，其对碳泄漏的"贡献"将独占鳌头。碳泄漏的存在，在降低减排政策有效性的同时，还增加控制温室气体排放量的成本。[6] 因此，随着国际贸易的日趋频繁，关于碳泄漏的问题越来越引起广大学者的关注。张海燕、彭德斌（2011）指出，碳泄漏问题是环境与贸易冲突在气候变化领域中的体现，也是涉及国际气候制度谈判的重大政治、经济问题，其中的因素错综复杂，而导致碳泄漏产生的渠道主要包括竞争力驱动、能源密集型产业国际转移、化石燃料价格下跌和低碳原料价格上涨四种类型。[7] 杨姝影等（2011）认为，发达国家或地区实施碳税也是造成碳泄漏的重要因素，原因在于实施碳税的国家或地区，由于燃料成本升高，国内市场的投入要素成本上升，导致能源密集型部门产品价格上涨（相对于未实施碳税的国家），若国内价格上升，且该价格由国内市场定价，则意味着产品出口价格也随之上升，从而致使能源密集型进口产品变得相对便宜。[8] Böhringer 等（2012）通过构建静态可计算的一般均衡分析（Computable General Equilibrium，CGE）模型，对碳泄漏率进行估算，结果显示，欧盟单边

---

[1] 谢来辉、陈迎:《碳泄漏问题评析》，《气候变化研究进展》2007年第4期。
[2] Babiker, M. H. M. and Jacoby, H. D., *Developing Country Effects of Kyoto - type Emissions Restrictions*, Mit Joint Program on the Science & Policy of Global, October 1999.
[3] Paltsev, S. V., "The Kyoto Protocol: Regional and Sectoral Contributions to the Carbon Leakage", *Energy Journal*, Vol. 22, No. 4, 2001, pp. 53 - 79.
[4] Babiker, M. H., "Climate Change Policy, Market Structure, and Carbon Leakage", *Journal of International Economics*, Vol. 65, No. 2, 2005, pp. 421 - 445.
[5] 张海燕、彭德斌:《碳泄漏问题评析》，《价格月刊》2011年第6期。
[6] Reinaud, J., "Climate Policy and Carbon Leakage - Impacts of the European Emissions Trading Scheme on Aluminium", *International Energy Agency*, No. 10, p. 45.
[7] 张海燕、彭德斌:《碳泄漏问题评析》，《价格月刊》2011年第6期。
[8] 杨姝影等:《国际碳税研究》，化学工业出版社2011年版。

行动,碳泄漏率为17%;不包括俄罗斯的附件Ⅰ国家单边行动碳泄漏率为7%;加入中国,碳泄漏率为4%。肖雁飞、万子捷和刘宏光(2014)运用区域间投入产出模型,对2002年、2007年国内产业转移导致的碳排放转移做了相关的测算,还深入研究了沿海产业转移是否存在碳泄漏现象。张云和唐海燕(2015)对工业行业碳泄漏问题进行了相关的实证检验,发现低净出口隐含碳行业在进出口贸易过程中没有发生碳泄漏问题,但是,通过虚拟变量的检验发现"污染避难假说"可能在工业中存在。[1] 薛利利和马晓明(2016)从碳泄漏的基本概念出发,对目前关于碳泄漏的研究进行了综述,侧重于分析碳泄漏产生的路径,详细梳理了国内外关于碳泄漏产生路径认识的变迁过程,并且最终达成关于碳泄漏发生的共识。[2] 实施碳税的国家或地区和不实施碳税的国家或地区碳泄漏的理论过程如图2-1所示。当前,发达国家的诸多学者应用各种模型对碳泄漏进行了模拟估算(见表2-1),虽然其碳泄漏率[3]存在差异,但比较相似的结论是:因《京都议定书》对不同国家碳减排的规定必然导致碳泄漏现象存在。

表2-1 《京都议定书》框架下不同模型估算出的碳泄漏率

作者	年份	模型名称	碳泄漏率(%)
Manne 和 Richels	1998	Merge	20
Babiker 和 Jacoby	1999	EPPA-MIT	6
Mckibbin 等	1999	G-Cubed	6
OECD	1999	Green	5
Light 等	1999	静态一般均衡贸易模型	21

---

[1] 张云、唐海燕:《经济新常态下实现碳排放峰值承诺的贸易开放政策——中国贸易开放环境效应与碳泄漏存在性实证检验》,《财贸经济》2015年第7期。

[2] 薛利利、马晓明:《碳泄漏产生的路径及中国应对的启示》,《生态经济》2016年第1期。

[3] 碳泄漏率采用非减排国家或地区的碳排放增量与减排国家或地区的碳减排减量的比值来衡量;碳泄漏率是一个相对量,其描述的是减排国家或地区的减排政策所带来的国外增排的边际效应;碳泄漏率可以是产业层面或项目层面的,也可以是国家层面的。

续表

作者	年份	模型名称	碳泄漏率（%）
Bollen 等	2000	WorldScan	20
Li Yun	2000	MERGE3.1	4.8
Paltsev	2001	GTAP – EG	10.5
Kuik 和 Gerlagh	2003	GTAP – E	11
Babiker	2005	多区域世界经济 CGE 模型	130

注：表中结果都不考虑国际排放贸易（IET）的情景。
资料来源：根据相关文献整理所得。

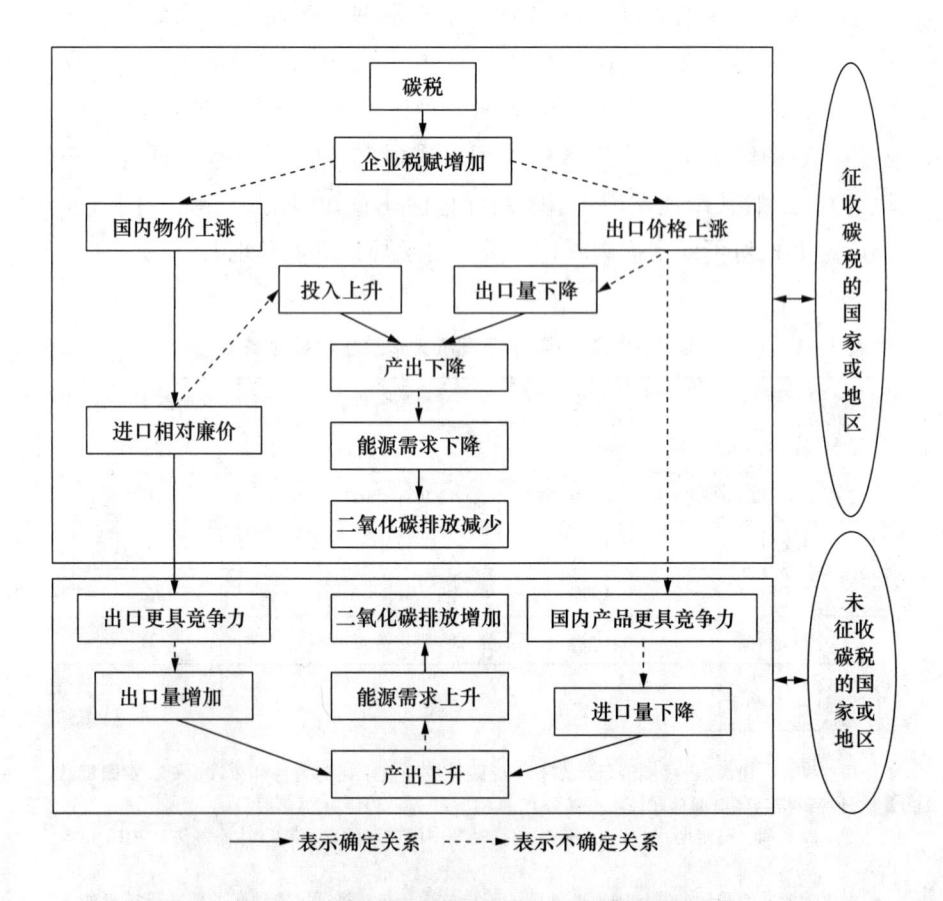

图 2－1　碳泄漏的理论过程（征收碳税之后）

第二节　相关理论基础

一　"污染避难所假说"

"污染避难所假说"（PHH）又称为"污染天堂假说"或"污染产业转移假说"。该假说认为，如果一个国家的经济发展水平较高，那么这个国家对环境质量的要求也会随之上升，因此，发达国家在对环境标准的界限加以衡定时往往比发展中国家高出很多。如果在考虑生产投入要素时，将环境要素考虑进来，显然，发展中国家的环境资源较为丰裕，那么根据经典的比较优势理论、H—O模型，发展中国家在生产资源与污染密集型产品上相对于发达国家具有比较优势。如果发展中国家的环境准入标准较低，那么发达国家的一些跨国公司在利益最大化和成本最小化的驱使下，必然竭尽全力将高污染、高消耗的生产转移到发展中国家，使发展中国家环境进一步恶化，从而发展为"污染避难所"（闫云凤，2011）。[①] Esty 和 Geradin（1997）指出，随着全球贸易自由化的进一步加深，随之而来的是"污染避难所"不断增加，因为各国为了追求经济的更进一步发展或增强在国际上的竞争力，会以牺牲环境为代价，不断降低自己的环境质量标准，从而就会出现"向底线赛跑"这一现象。[②] 就现在的国际分工和发展水平来看，发展中国家大多进行的是"肮脏行业"的生产，出口的大多数产品几乎都是污染密集型和资源消耗型产品；相反，发达国家出口的产品则要"清洁"很多。因此，反对贸易自由化的学者担心"向底线赛跑"会给一些国家的环境带来灭顶之灾，因为发达国家污染者为了降低本国的污染和排放，极有可能将生产转移到落后的国家。

在"污染避难所假说"和"向底线赛跑研究假说"提出前后，

[①] 闫云凤：《中国对外贸易的隐含碳研究》，博士学位论文，华东师范大学，2011年。
[②] Esty, D. C. and Geradin, D., "Market Access, Competitiveness, and Harmonization: Environmental Protection in Regional Trade Agreements", *The Harvard Environmental Law Review*, No. 21, 1997, pp. 265–336.

立刻就吸引了大批学者关注的目光。Low 和 Yeats（1992）以 109 个国家的 5 个污染密集型行业为研究对象，研究发现，1965—1988 年，一些发展中国家总出口中污染密集型工业所占比重有所增加，而发达国家则在减少，因此，污染产业迁移确实存在，从而"污染避难所假说"是成立的。① Mani 和 Wheeler（1997）的研究表明，1960—1999 年，发达国家的污染产业的产出在下降，清洁产业的产出在上升，污染产业的进口增长速率高于出口，但是，在拉美和亚洲的情况却相反。② 崔到陵（2009）以近年来我国实际利用外资最多的省份——江苏省为例，分析检验了外国直接投资的"污染避难所假说"，结果显示，尽管地区性环境污染并不完全是由外国直接投资造成的，但环境污染的加重表明我国环境标准的松弛性信息的确已成为外国直接投资进入我国的重要原因之一，从这个意义上讲，"污染避难所假说"是成立的。③ 余菜花等（2015）基于引力模型，使用国家层面二分位数制造业行业的数据，在控制国家和行业不可观测的异质性以及环境规制内生性之后发现，环境规制确实影响了中国制造业的出口，使中国成为发达国家的"污染避难所"。④ 金春雨和王伟强（2016）以 1995—2012 年省级面板数据为样本，运用空间 VAR 模型分别对全国整体以及东中西区域环境规制、外国直接投资和对外贸易之间的关系进行实证检验。结果发现，就全国而言，环境规制与外国直接投资呈显著负相关关系，"污染避难所假说"是成立的。⑤ 惠炜和赵国庆（2017）在扩展环境库兹涅茨曲线方程的基础上，利用 2000—2013 年

---

① Low, P. and Yeats, A., "Do 'Dirty' Industries Migrate?", *International Trade and the Environment*, No. 159, 1992, pp. 89 – 104.

② Mani, M. and Wheeler, D., "In Search Pollution Havens? Dirty Industry Migration in the World Economy", *The Journal of Environment & Development*, Vol. 7, No. 3, 1997, pp. 215 – 247.

③ 崔到陵：《外国直接投资"污染避难所假说"的实证检验——以江苏省为例》，《审计与经济研究》2009 年第 6 期。

④ 余菜花、崔维军、李廉水：《环境规制对中国制造业出口的影响——基于引力模型的"污染避难所假说"检验》，《经济体制改革》2015 年第 2 期。

⑤ 金春雨、王伟强：《"污染避难所假说"在中国真的成立吗——基于空间 VAR 模型的实证检验》，《国际贸易问题》2016 年第 8 期。

中国 30 个省份的工业废水、工业二氧化硫、工业烟（粉）尘排放量构建环境污染强度、环境规制强度指标，采用面板门槛回归方法，分析环境规制强度对中国各地区环境污染强度的影响以及环境"污染避难所假说"在中国各地区是否存在。① 但也有学者认为，判定"污染避难所假说"和"向底线赛跑"的存在缺乏充足的证据。卢卡斯等（Lucas et al.，1992）对 1970—1980 年 56 个国家的有害污染物数据进行了分析，他们认为，虽然在此期间发展中国家在生产过程中排放的有害物污染增长迅速，但是，高速增长多出现在封闭经济中。因此，他们认为，两国之间的贸易不会导致污染产业转移的出现。② Birdsall 和 Wheeler（1993）在卢卡斯等（1992）的研究基础上对拉丁美洲的产业污染强度和收入增长以及贸易开放措施等之间的相关关系做了实证分析，实证结果与卢卡斯等的研究基本一致，即有害污染强度增长更快的前提是在封闭社会经济体下；相反，在开放经济体下其排放增长就比较缓慢③。Beghine 和 Potier（1997）通过一系列的研究发现，贸易自由化的出现没有致使发展中国家专门生产高污染产品。④ Eliste 和 Fredriksson（1998）对农业部门的贸易自由化和策略性贸易政策进行了相关研究，没有得到支持"向底线赛跑"的有力证据。⑤ Wheeler（2001）选取一个发达国家（美国）、三个发展中国家（中国、巴西和墨西哥）的空气质量为研究对象，通过数据分析发现，在各国经济往来愈加密切的大背景下，上述 4 个国家的主要大城市中的

---

① 惠炜、赵国庆：《环境规制与污染避难所效应——基于中国省际数据的面板门槛回归分析》，《经济理论与经济管理》2017 年第 2 期。

② Lucas, R. E. B., Wheeler, D. R. and Hettige, H., *Economic Development, Environmental Regulation and International Migration of Toxic Pollution 1960-1988*, Policy Research Working Paper Report, 1992.

③ Birdsall, N. and Wheeler, D., "Trade Policy and Industrial Pollution in Latin America: Where Are the Pollution Havens?" *The Journal of Environment & Development: A Review of International Policy*, Vol. 2, No. 1, 1993, pp. 137-149.

④ Beghine, J. and Potier, M., "Effects of Trade Liberalization on the Environment in the Manufacturing Sector", *Word Economy*, No. 20, 1997, pp. 435-456.

⑤ Eliste, P. and Fredriksson, P. G., *Dose Open Trade Result in Race to the Bottom? Cross-Country Evidence*, Washington DC: World Bank, 1998.

空气质量都在不断地下降,还指出,"向底线赛跑假说"是存在瑕疵的,因为该假说没有准确地反映发展中国家污染控制的政治经济状况。[①] 李小平和卢现祥(2010)运用中国 20 个工业行业与七国集团(G7)和 OECD 等发达国家的贸易数据研究发现,发达国家往中国转移的不只是污染产业,同时也转移了清洁产业,国际贸易不仅有利于减少工业行业的碳排放总量,还有利于降低单位产出的碳排放量,因此,国际贸易并没有将中国变为发达国家的"污染产业天堂"。[②] 林季红和刘莹(2013)通过实证研究发现,在将环境规制视作严格外生变量加以处理时,"污染避难所假说"在我国是不成立的。[③]

二 环境库兹涅茨曲线

20 世纪 50 年代,诺贝尔奖获得者、经济学家库兹涅茨提出了库兹涅茨曲线,该曲线主要用来解释并分析分配公平程度是如何与人均收入水平相互作用的。研究表明,当经济增长率上升时,收入的差异程度先上升后下降,曲线形状为倒"U"形。随后,在结合了环境因素的基础上提出了环境库兹涅茨曲线。环境库兹涅茨曲线(EKC)是经典的生态经济理论之一(陈红敏,2009)。[④] 其主要内容为:当一个国家的经济发展水平较低时,该国此时此刻面临的环境污染程度也相对轻微,但是,伴随着居民生活水平的提高,人均收入不断增加,环境恶化程度也随之加剧;随着经济发展水平的继续提高,当经济发展达到一定规模即到达某个临界点之后,环境污染程度会随着居民人均收入的不断提高而减轻,也意味着环境质量开始逐步得到改善(王玉,2014)。[⑤] 库兹涅茨(1955)认为,收入水平和不平等的收入分

[①] Wheeler, D., "Racing to the Bottom? Foreign Investment and Air Pollution in Developing Countries", *Policy Research Working Paper Series*, World Bank Working Papers, 2524, 2001.

[②] 李小平、卢现祥:《国际贸易、污染产业转移和中国工业二氧化碳排放》,《经济研究》2010 年第 1 期。

[③] 林季红、刘莹:《内生的环境规制:"污染天堂假说"在中国的再检验》,《中国人口·资源与环境》2013 年第 1 期。

[④] 陈红敏:《我国对外贸易的能源环境影响》,博士学位论文,复旦大学,2009 年。

[⑤] 王玉:《辽宁省对外贸易隐含碳的测算及影响因素研究》,硕士学位论文,沈阳工业大学,2014 年。

配之间的关系可以用一个倒"U"形曲线来表示。① 在借鉴这种分析方法后,格罗斯曼和克鲁格(Grossman and Krueger,1991)发现,环境恶化和人均收入变动之间有一定的规律,经过分析和整理得到两者之间的关系,这种关系可以通过一个呈倒"U"形的曲线表示。② 该发现表明,一般经济发展在早期会对环境造成破坏,而这种破坏会随着经济的增长而逐渐得到弥补。经济对环境的影响性质以及程度取决于经济活动水平的高低。随着经济发展,会加大对环境的开发程度,以及资源的使用数量,也会增加废弃物的排放量,随着经济的进一步发展,经济结构会向信息密集型产业和服务业转型,与此同时,人们的环境意识会随着收入水平的增加而提升,国家环境保护方面的法律法规不断完善和落实以及环境保护支出的增加,相关领域科学技术的进步都将会使环境恶化程度逐渐降低(Panayotou,1993)。③ 格罗斯曼和克鲁格曼(1991)提出了经济增长影响环境质量的三种方式:(1)规模效应。一般可以从两方面分析经济增长所带来的负面影响:一是经济增长往往伴随着资源投入量的增加;二是经济增长往往会造成污染排放量的增加(张荣艳,2013;何枫等,2016)。④⑤(2)技术效应。一般来说,收入水平越高,环境保护技术越好、效率越高。在经济增长过程中,科技研发费用的增加往往意味着技术进步,这会带来两方面的影响:一是随着技术进步,生产率和资源的利用率会得到相应的提升,资源的需求量会随之减少,从而间接地削弱了经济活动对生态环境造成的负面影响。二是技术进步会产生一些清洁技术,从而污染性技术被取代,进而直接降低了经济活动对生态环境造成的负面

---

① Kuznets, S., "Economic Growth and Income Inequality", *The American Economic Review*, Vol. XLV, No. 1, 1955, pp. 1–28.

② Grossman G. M. and Krueger, A. B., "Environmental Impacts of a North American Free Trade Agreement", *Social Science Electronic Publishing*, Vol. 8, No. 2, 1991, pp. 223–250.

③ Panayotou, T., *Empirical Tests and Policy Analysis of Environmental Degradation at Different Stages of Economic Development*, International Labour Office, 1993.

④ 张荣艳:《河南省"三废"排放的库兹涅茨曲线特征及其成因的灰色关联度分析》,《数学的实践与认识》2013年第19期。

⑤ 何枫、马栋栋、祝丽云:《中国雾霾污染的环境库兹涅茨曲线研究——基于2001—2012年中国30个省市面板数据的分析》,《软科学》2016年第4期。

影响（郝宇等，2014；林寿富，2014；李佳佳、罗能生，2017）。①②③

（3）结构效应。产出结构和投入结构一般取决于人们的收入水平，随着经济增长，人们的收入水平会不断提高，产出结构和投入结构也会随之发生变化。根据经济发展史可以看出，初始经济结构的重点往往是农业，随着经济水平的不断提升，经济结构的重点逐渐变为能源密集型重工业，生产方式的转变将直接增加污染物排放量，随后经济进一步发展，其结构重心逐渐变为低污染的服务业和知识密集型产业，投入结构也随之变化，污染物排放量也随之下降（赵云君、文启湘，2004；郭嘉铭等，2015；黎明、熊伟，2017）。④⑤⑥

三 环境要素禀赋理论

（一）要素禀赋理论与环境要素

要素禀赋理论（H—O 理论），是由瑞典经济学家赫克歇尔和俄林（E. Hecksher and B. Onlin）提出的。该理论认为，国际贸易产生的原因是因为各国之间存在要素禀赋的差异。由于各国在从事生产时，要素的禀赋有所差异，因此，使各国在生产相同产品时，生产成本就会有所差异，显然，那些是用本国较为密集的生产要素生产商品时，成本就会较为便宜；相反，使用本国较稀缺的生产要素进行生产商品时，成本则较为昂贵，因为成本价格之间的差异，在利益的驱动下，各国就会产生交换，进而发展成较大规模的贸易。那么，我们现在将环境要素作为产品的一种生产要素来进行分析，首先，我们先假设有

---

① 郝宇、廖华、魏一鸣：《中国能源消费和电力消费的环境库兹涅茨曲线：基于面板数据空间计量模型的分析》，《中国软科学》2014 年第 1 期。

② 林寿富：《考虑多因素影响的二氧化碳排放环境库兹涅茨曲线检验——基于 ARDL 模型的实证分析》，《软科学》2014 年第 6 期。

③ 李佳佳、罗能生：《制度安排对中国环境库兹涅茨曲线的影响研究》，《管理学报》2017 年第 1 期。

④ 赵云君、文启湘：《环境库兹涅茨曲线及其我国的修正》，《经济学家》2004 年第 5 期。

⑤ 郭嘉铭、金良、董锁成：《呼和浩特市环境库兹涅茨曲线与环境影响因素分析》，《干旱区资源与环境》2015 年第 4 期。

⑥ 黎明、熊伟：《基于环境库兹涅茨曲线的武汉市碳排放分析》，《湖北大学学报》（哲学社会科学版）2017 年第 1 期。

两个国家：甲国和乙国，甲国环境要素相对乙国来说较为丰裕，$P_甲$和$P_乙$分别表示甲国和乙国环境的影子价格，那么显然可以得出：$P_甲 < P_乙$，即因为在产品生产中投入了环境这一要素，使环境要素较为丰裕的甲国生产污染产品的成本低于乙国，根据 H—O 理论，甲国就应该生产和出口污染密集型产品，而乙国则生产和出口清洁产品。其次，我们继续考虑环境保护政策因素造成的影响，假设甲国为了保护本国环境，对国内生产者征收一定金额的环境税，设为 t，如果 $P_甲 + t > P_乙$ 成立，显然，因为环境税的存在必然会使生产商的生产成本较之前有所提高，导致乙国在生产污染密集型产品时更具有优势，也就是说，因为环境税的征收使甲国和乙国之间在生产污染密集型产品的比较优势发生了反转，此时乙国会生产和出口污染产品，显然，这会使甲国环境质量有所提升，而乙国的环境质量将会下降。可见，国家通过环境政策的实施，可以改变一个国家在贸易环境中所处的不利位置。因此，为了保护本国的环境，即使一个国家的环境要素丰裕，也可以借助诸如开征环境税等政策来实现反转，从而避免本国专门生产污染密集型产品不良局面出现（李蕾，2011；邹庆，2014）。[1][2]

（二）基于环境因素的要素禀赋理论的修正

1. 放宽"生产技术相同"的前提假设

在传统 H—O 理论假设中，其假设条件之一就是两国的生产技术没有差别，如果去除技术相同这一假设，显然，就算两个国家的要素禀赋相同时，因为存在技术上的差异也会对两国之间的贸易模式产生影响。技术差别会产生以下两种结果：一是产品扩张。在投入相同的要素时，一国因为技术水平较高，会使该国在生产时的产出比其他国家要高。二是要素扩张。因为技术水平的不同，一国使用生产要素的效率均高于其他国家。技术差别引起的第二种结果使引入环境因素成为可能，例如，假设一国的劳动要素相对于其他国家来说较为稀缺，

---

[1] 李蕾：《基于碳排放视角的我国对外贸易的环境效应研究》，硕士学位论文，中国海洋大学，2011 年。

[2] 邹庆：《经济增长、国际贸易与我国碳排放关系研究》，博士学位论文，重庆大学，2014 年。

那么根据传统的 H—O 理论,该国将会避免生产和出口劳动密集型产品,可是,如果该国的技术水平相对较高,那么劳动的生产效率必然也会较高,则该国就会生产和出口劳动密集型产品,因此,在生产中,不仅仅要考虑资本和劳动,同时还要考虑效率。假设一国环境要素的效率比另一国要高,由于技术水平之间的差异,使该国在生产一单位产出时消耗的环境要素低于另一国家。显然,根据修正的 H—O 理论,环境要素效率更高的国家将会生产和出口污染密集型产品。

2. 放松"要素流动性"假设

在传统 H—O 理论假定中,规定各个国家之间的生产要素不能自由流动。我们知道,劳动力和资本等生产要素是可以流动的,但是,环境要素的流动性则很难发生。在 H—O 理论中,假设不流动要素的禀赋不会对其他生产要素的流动性产生任何影响,则当其他任何一种生产要素发生流动时,将会使不流动要素的价格在不同国家之间基本相等。环境质量显然会对劳动力生产要素的流动性产生一定的影响,例如,当工资水平一定时,在趋利原则下,劳动力更愿意流向环境质量好的国家,因为生产污染密集型产品会对人的健康造成一定的危害,那么劳动者就会要求更高的工资来弥补较低环境问题带来的风险,显然,劳动力会比之前昂贵。通过分析发现,通过放宽 H—O 理论的前提假设,就可以将环境因素引入到传统的贸易理论中,从而对传统理论加以完善(李邹庆,2014)。[①]

四 生态经济理论

广义的生态经济,是指人类在地球上进行的所有经济活动,并从生态、经济和社会三个理论角度进行阐述,重点研究制度、法律、人口、伦理以及技术等因素对经济发展的影响,从可持续发展角度来看,该理论是一种将经济活动和生态系统有机结合的经济发展模式。狭义上的生态经济,是指人类为保护生态环境而进行的所有活动,其

[①] 李邹庆:《经济增长、国际贸易与我国碳排放关系研究》,博士学位论文,重庆大学,2014 年。

经济意义仅仅是指对与生态产业有关经济理论的研究（王万山，2001）。① 而生态经济是美国经济学家肯尼恩·E. 鲍尔丁（Kenneth E. Boulding, 1966）② 在《一门科学——生态经济学》一书中正式指出来的，他认为，生态经济是研究如何运用市场机制对人口与社会的发展进行协调，如果该理论能够真正实现，可以满足人类当代与后代的双重利益需求。此后，对于生态经济不同的学者给出了不同的定义。著名生态经济学家科斯坦扎·罗伯特（Costanza Robert, 1989）③ 将生态经济定义为："生态经济学是通过研究分析经济发展和生态保护之间的关系，从而有效地解决当前环境恶化问题，而目前已有的理论不能很好地分析并阐述经济发展和生态保护之间的关系，从而无法有效地解决相关问题。"H. T. 奥杜姆（Odum, 1995）④ 站在全球生态系统的高度，从系统工程的角度对经济发展与能量、能源之间的关系进行了较为深刻的分析研究。莱斯特·R. 布朗（Lester R. Brown, 2001）⑤ 认为，自然资本会制约生态经济的发展，随着人力资本的积累，经济发展模式会实现从破坏生态的经济到持续发展的经济转变，经济思想也会发生类似于"哥白尼式变革"。世界上生态经济理论发端于20世纪60年代，而中国生态经济理论的发展在80年代刚刚起步，国内学者经过30多年的发展，对生态经济也基本达成共识：生态经济是有效运用生态经济学原理和系统工程方法来实现生产、消费方式的完善以及对资源潜力开发的经济理论。当然，前提是在生态系统承载能力的允许下进行的，如果超出了这个范围就毫无意义甚至还会有很多糟糕的后果。我们研究生态经济的出发点正是要发展一些经

---

① 王万山：《生态经济理论与生态经济发展走势探讨》，《生态经济》2001年第5期。
② Boulding, K. E., *The Impact of the Social Sciences*, New Brunswick, NJ: Rutgers University Press, 1966.
③ Robert Costanza, "What Is Ecological Economics?", *Ecological Economics*, Vol. 1, No. 1, 1989, pp. 1–7.
④ Odum, Howard T., *Environmental Accounting: Energy and Environmental Decision Making*, New York: John Wiley & Sons, Inc., 1995.
⑤ Brown, L. R. and Institute, E. P., *Eco-economy: Building an Economy for the Earth*, Earthscan, 2001.

济效益与生态效益都较高的产业,在社会上提倡同时兼顾合理体制与和谐社会的文化,营造健康生态、适合人类生存的环境,从而实现经济与环境共同发展、物质文明与精神文明共同进步、自然生态与人类生态共同改善,这也正是研究生态经济理论的意义所在(徐颖,2014)[1],将生态经济理论与碳排放联系起来,利用生态经济的发展模式,降低碳排放量,促进低碳经济快速发展。

五 低碳经济理论

英国政府于 2003 年 2 月 24 日发表了《能源白皮书》,其中,《我们未来的能源——创建低碳经济》一文首次引入了"低碳经济"这一概念并进行了相关解释。国内外学者普遍认为,低碳经济是以更少的自然资源消耗和更少的环境污染为代价,获得更多的经济产出;是提高生活标准和生活质量的有效途径和机会,也为先进技术的输出、应用和发展创造了机会,提供了相关途径,同时也有助于创造新的商机和更多的就业机会,为经济可持续发展提供了思路(刘宁,2014;田云,2015)。[2][3] 综观国内外的相关研究,在低碳经济理论领域,目前还没有一个普遍接受的描述。但是,国内外大多数学者普遍接受低碳经济是一种新的经济发展模式这一观点,其应包括以下五个部分:低碳政策、低碳技术、低碳产业、低碳城市与低碳生活(王则斌和钱轶洲,2016)。[4] 中国在节能减排这一重要社会课题面前,要充分运用低碳经济这一先进思想,随着能源、环境危机的爆发,由可持续发展理论逐渐延伸出生态经济、循环经济和绿色经济等新兴思想和理论,而低碳经济则是根据前面几种思想和理论演化而来的新型经济形态。从经济理念的角度看,绿色经济与循环经济实质上同属生态经济学的

---

[1] 徐颖:《生态经济发展模式研究——以霞浦县创建生态县为例》,硕士学位论文,福建农林大学,2014 年。

[2] 刘宁:《低碳经济视角下体育旅游产业发展研究》,硕士学位论文,中国海洋大学,2014 年。

[3] 田云:《中国低碳农业发展:生产效率、空间差异与影响因素研究》,博士学位论文,华中农业大学,2015 年。

[4] 王则斌、钱轶洲:《我国经济型连锁酒店低碳发展模式及策略研究——以"汉庭"发展模式为例》,《苏州大学学报》(哲学社会科学版)2016 年第 6 期。

一个分支，而循环经济的一个重要组成部分就是低碳经济，同时也为绿色经济和低碳经济提供了一种有效的生产方式。低碳经济在很大程度上是一种经济形态，而这也正是由循环经济衍生出来的发展模式所应该实现的重要目标，因此，按照循环经济思想来发展低碳经济是当今的主流趋势。在循环经济思想的指导下发展经济，不仅能减少能源消耗以及二氧化碳的排放量，还能有效地缓解甚至解决经济活动中所具有的高能耗、高污染、高排放等特征的发展问题，从而实现生态与经济协调发展，这也正是研究低碳经济理论的根本目标。综上可知，当今时代的发展趋势是根据低碳经济发展模式不断优化经济结构并由此来实现真正意义上的节能减排、解决生态环境保护方面的问题以及更好地构建和谐社会，在此过程中，不仅生产生活方式会发生重大转变，而且价值观念也会相应地发生改变（肖海平，2012）。[1] 随着对生态经济、循环经济、绿色经济以及低碳经济研究的深入，现代经济发展方式将会发生剧烈变化，也许有利于经济发展，也有可能会阻碍经济发展，但经济转型已经迫在眉睫，而低碳经济理论为其提供了一些基本途径，指明了进一步的发展方向，从而有利于更好地实现经济转型。

---

[1] 肖海平：《区域产业结构低碳转型研究》，博士学位论文，华东师范大学，2012年。

第三章 中国对外贸易、能源消耗与碳排放

第一节 中国对外贸易发展概况[①]

一 中国对外贸易的发展历程

中国经济社会发展可以明显地划分为新中国成立至改革开放之前和改革开放至今两个重大的历史分期,而这两个阶段紧密相连、贯穿前后的核心主线就是中国经济在实践中的变革与增长(裴长洪、王万山,2009;裴长洪,2014)。[②][③] 从新中国成立至今的发展历程中来看,变革与增长是中国对外贸易发展中一贯的历史实践(裴长洪,2009)。[④] 在新中国成立后的前30年,中国的对外贸易既是一个数量增长的过程,也是一个变革的过程,所不同的是,在改革开放后的30多年中,这种过程变得更加迅猛,规模与日俱增和质量显著提高的同时,内涵也变得更加丰富和多元(鉴于此,本章节所涉及的分析主要以改革开放后为主,下同)。中国对外贸易的发展情况与中国的外贸政策和外贸体制改革是密不可分的,外贸政策将引导对外贸易的发展方向,而外贸体制改革将会对外贸的结构进行规范。在此,我们可以将外贸政策初步划分为四个阶段,即计划经济体制下的国家有管制的

[①] 如无特别说明,本章中的对外贸易仅指货物贸易。
[②] 裴长洪、王万山:《共和国对外贸易60年》,人民出版社2009年版。
[③] 裴长洪:《中国对外贸易65年的基本线索:变革与增长》,《当代中国史研究》2014年第1期。
[④] 裴长洪:《中国对外贸易60年演进轨迹与前瞻》,《改革》2009年第7期。

对外贸易时期、有计划商品经济条件下的开放贸易时期、符合国际惯例规则的外贸体制改革时期和有管理的自由化国际贸易时期，各个阶段的特征如下：

（一）计划经济体制下的国家有管制的对外贸易时期（1949—1978年）

新中国成立之初，受多年战争的影响，中国国民经济处于一种半瘫痪的状态，亟待恢复和重建（裴长洪，2009；裴长洪，2014）。[①][②] 而此时以美国为首的西方帝国主义却对中国实行经济封锁和贸易禁运的歧视政策，致使中国只能全力以赴地同苏联、东欧等社会主义国家进行经贸往来。面对这种情况，实行统治贸易，废除不平等条约，是新中国政府必然的政治选择。1949年，中央人民政府政务院设立贸易部，部内设立国外贸易司；1950年，贸易部颁布《对外贸易暂行管理条例》和《暂行海关法》；1951年，中央政府将全国各口岸已成立的外贸管理局收归为中央统一领导；1952年，成立对外贸易部，实行对外贸易集中管理；1953年，国家开始对原有的外贸公司进行调整和改组，按照进出口产品的品种与类别划分经营分工，并成立了12个外贸专业公司（截至1978年年底，也仅有130多家）；1956年，对外贸易部集管理者、计划制订与执行者、经营者三个职能于一身；1958年，鉴于对外贸易管理与经营受"大跃进"影响而比较混乱，中央政府规定，除对外贸易部所属各总公司和各口岸对外贸易机构外，任何机构不得经营进出口业务；1971年，中国恢复在联合国的合法席位；1972年，中美建交；1975年，中国与欧共体正式建立经贸关系（裴长洪、王万山，2009）。[③] 在这个时期，由于受国内外种种因素的影响，中国的对外贸易带有强烈的计划经济体制下的国家管理色彩，该体制束缚了中国的对外贸易发展步伐，割裂了国内外市场的自然

[①] 裴长洪：《中国对外贸易60年演进轨迹与前瞻》，《改革》2009年第7期。
[②] 裴长洪：《中国对外贸易65年的基本线索：变革与增长》，《当代中国史研究》2014年第1期。
[③] 裴长洪、王万山：《共和国对外贸易60年》，人民出版社2009年版。

有机联系，对整个国民经济发展造成了极为不利的干扰（裴长洪，2009）。①

（二）有计划商品经济条件下的开放贸易时期（1979—1991年）

20世纪70年代末，党的十一届三中全会揭开了中国改革开放的序幕，中国实施了包括对外贸易在内的全面经济体制改革。在此阶段，中国对外贸易体制进行了重大调整，主要内容包括调整国家外贸管理机构、打破独家经营局面、下放外贸经营权、开展工贸结合试点、推行进出口代理制、加强外贸行政管理、改革外贸计划体制和财务体制等，具体可以划分为试点改革、推广改革和完善改革三个阶段：

（1）1979—1987年，中央政府根据政企分开、外贸实行代理制、工贸结合、技贸结合、进出口结合的原则，下放部分外贸经营权，开展工贸结合试点，简化外贸计划内容，实行出口承包经营责任制（邢学杰，2011）。②

（2）1988—1991年，全面推行对外贸易承包经营责任制，地方政府、外贸专业总公司和工贸总公司向中央承包出口收汇，上交外汇和经济效益指标，承包单位自负盈亏，出口收汇实行差别留成。

（3）1990年12月9日，外贸企业出口的财政补贴被取消，用以完善对外贸易承包经营责任制，为配合外贸企业改革，国家采取包括放宽外汇管制，实行出口退税政策等一系列相适应的配套改革措施（邢学杰，2011）③，从而有效地促使国家宏观调控的经济杠杆作用有所增强，自主经营和市场机制得到了充分发挥（王玉茹、马志光，1998；王笑天，2006）。④⑤

（三）符合国际惯例规则的外贸体制改革时期（1992—2001年）

随着改革的稳步推进，人们的认识不断得到深化和提升。1992

---

① 裴长洪：《中国对外贸易60年演进轨迹与前瞻》，《改革》2009年第7期。
② 邢学杰：《我国相机抉择的国际贸易政策及措施分析》，《企业经济》2011年第12期。
③ 同上。
④ 王玉茹、马志光：《中国对外贸易市场化进程研究》，《经济与管理研究》1998年第1期。
⑤ 王笑天：《中国外经贸理论与政策回顾》，《财富智慧》2006年第9期。

年，党的十四大确立了建立社会主义市场经济体制的改革目标，对外贸易体制改革的目标也被明确为"深化外贸体制改革，尽快建立适应社会主义市场经济发展的、符合国际贸易规范的新型外贸体制"（袁文祺，1992；王玉茹、马志光，1998）。①② 这一时期，为适应改革开放的要求，中国对外贸易政策进行了改革调整，实行了三大变动。

（1）1992—1994年，中央政府相继取消进口调节税、缩减配额及许可证管理的商品范围和贸易指令性计划，非关税壁垒措施被大幅度削减，外贸经营权进一步放开，由过去16家国营公司指定经营的外贸体制逐步转向对更多具备资质的私营公司授予外贸经营权。这将极大地促进私营公司自主经营的积极性，并丰富了中国外贸主体的结构，使中国的外贸市场更加活跃。

（2）外汇体制改革，即1994年由外汇双轨制向基于市场供求关系的有管理的浮动汇率体制转变，使汇率开始发挥对贸易及国际收支的调节功能。汇率的并轨标志着人民币汇率机制的完善，人民币经常账户有条件地开放，外汇留成及上交被取消，外汇交易市场初步构建。而外汇市场不仅是金融市场的重要组成部分，还是进行国际贸易的基础。随着外汇体制改革的不断深化，将会逐渐优化中国的外汇市场并会促进对外贸易的发展。

（3）中国外贸管理模式开始由行政管理逐渐过渡到法律和制度管理阶段，加强对外贸易法制化管理。外贸管理模式法制化深度可以作为一种衡量制度完善程度的标准。随着法制化深度的不断加深，将会逐渐对中国的对外贸易发展进行规范。1994年，我国第一部《中华人民共和国对外贸易法》及一些相应的实施细节正式颁布实施，这为确保外经贸领域的改革提供法律依据，这也与后来中国的法治政策遥相呼应。

---

① 袁文祺：《建立适应社会主义市场经济发展的新型外贸体制》，《开放导报》1992年第00期。

② 王玉茹、马志光：《中国对外贸易市场化进程研究》，《经济与管理研究》1998年第1期。

(四) 有管理的自由化国际贸易时期 (2002 年至今)

2001 年 12 月 11 日，中国正式加入世界贸易组织，成为其第 143 个成员。自此以后，中国全面参与世界贸易组织的各项工作，也全面享受世界贸易组织赋予其成员的各项权利，并严格遵守有关加入世界贸易组织承诺和世界贸易组织相应规则，较好地履行应尽义务，积极地在市场准入、服务贸易等领域有计划、有步骤地实施开放。2004 年，中国发布修订后的《中华人民共和国对外贸易法》，还颁布了《货物进出口管理条例》等对外贸易管理方面的其他法规；中国实施的最惠国关税税率从 2001 年的 15.6% 下降到 2005 年的 9.7%；中国已经开始简化检验检疫措施、应急措施等。到 2005 年，32% 的标准设立和国际标准接轨，而最近的研究显示，44% 的标准经过修改和国际接轨，11.6% 的标准已经被取消；中国在加强参与多边贸易体系的同时，与若干贸易伙伴洽谈签署区域自由贸易协议，并积极参与世界贸易组织多哈回合谈判。2006—2007 年，中国有两个自由贸易协议生效，即《中国—智利自由贸易协定》和《中国—巴基斯坦自由贸易协定》。在 2004—2009 年期间，中国出口退税政策进行了 6 次大幅度调整，如 2008 年 11 月 1 日实施的上调出口退税率政策，涉及 3486 项商品，约占海关税则中全部商品总数的 25.8% (陈阳生，2010 等)。[1][2] 中国仍旧持续采用一些贸易或与贸易相关的措施，以此提高透明度，例如，颁布《政府公开信息条例》，成立全国贪污防治局。截至 2010 年，中国加入世界贸易组织的所有承诺全部履行完毕，并分别于 2006 年、2008 年和 2010 年接受了世界贸易组织的三次贸易政策审议，此时中国已俨然成为世界贸易大国。2011 年以来，面对复杂多变的国际形势和国内经济运行出现的新情况、新问题，中国对外贸易着力于"稳增长、调结构、促平衡"，外贸政策保持基本稳定，进出口平稳较快发展，贸易结构继续优化，外贸发展更趋平衡，转变外

---

[1] 陈阳生：《出口退税率调整对我国外贸出口影响的实证研究》，《上海海关学院学报》2010 年第 9 期。

[2] 邢学杰：《我国相机抉择的国际贸易政策及措施分析》，《企业经济》2011 年第 12 期。

贸发展方式取得新进展。2012年，中国政府出台《关于加强进口促进对外贸易平衡发展的指导意见》，进一步完善了进口促进政策，拓宽了进口渠道，有力地促进了机械设备、工业原料和消费品进口增长（商务部，2013）。[1] 据世界贸易组织统计数据，2013年，中国超越美国成为货物贸易第一大国，进出口总额比美国高出2500亿美元。而仅仅在三年前的2010年，中国货物进出口总额还落后美国2700多亿美元（商务部，2014）。[2] 2015年3月28日，国家发展改革委、外交部、商务部联合发布《推动共建"丝绸之路经济带"和"21世纪丝绸之路"的愿景与行动》，这表明"一带一路"正在从倡议逐步走向落实。实际上，在此之前，中国与"一带一路"沿线国家的合作具有较好的基础。2014年，中国与沿线国家的货物贸易额达到1.12万亿美元，占中国货物贸易总额的26%（商务部，2015）。[3] 2015年，中国与相关国家积极推进共建"一带一路"建设，取得一系列阶段性成果。中国与"一带一路"沿线建设国家双边贸易总额达9955亿美元，占对外贸易总额的25.1%。中国已经与相关国家合作建设了50多个境外经贸合作区。中国企业对"一带一路"沿线国家直接投资148亿美元，增长18.2%；新签对外承包工程合同额926亿美元，增长7.4%（商务部，2016）。[4] 这个阶段，中国的对外贸易体制基本上已经实现了与国际接轨，外贸发展与国际具有了明显的同步性，外贸政策的制定和实施更加关注内外的互补性和协调性。中国外贸体制与国际的成功对接能够使国际贸易更加顺畅，外贸政策的日趋合理化能够保障国际贸易的有效进行。

二 中国对外贸易发展的总体情况

与上述阶段相对应的是，改革开放前后，中国的对外贸易无论是

---

[1] 商务部：《中国对外贸易形势报告（2013年春季）》，http://zhs.mofcom.gov.cn/article/cbw/201304/20130400107526.shtml，2013年4月28日。

[2] 商务部：《中国对外贸易形势报告（2014年春季）》，http://zhs.mofcom.gov.cn/article/cbw/201405/20140500570673.shtml，2014年5月4日。

[3] 商务部：《中国对外贸易形势报告（2015年春季）》，http://zhs.mofcom.gov.cn/article/cbw/201505/20150500961584.shtml，2015年5月5日。

[4] 商务部：《中国对外贸易形势报告（2016年春季）》，http://zhs.mofcom.gov.cn/article/cbw/201605/20160501314656.shtml，2016年5月11日。

从数量、规模上来讲,还是从质量、内涵等方面来讲,都存在明显的差异性。

(一)改革开放前中国的对外贸易发展概况(1949—1978年)

1950—1952年国民经济恢复时期,中国的进出口总额从1950年的11.35亿美元上升到1952年的19.41亿美元,年均增长率为30.8%;进口额由5.83亿美元增加到11.18亿美元,年均增长率为38%(裴长洪,2009;2014)。①②出口额由5.52亿美元提升到8.23亿美元,年均增长率为20%(裴长洪、王万山,2009)。③从1956年起,中国扭转了几十年来中国对外贸易长期逆差的格局。1957年,中国进出口总额达到31.03亿美元,比1950年增长1.73倍,占全球贸易总额的比重则由1950年的0.91%增长到1957年的1.85%,"一五"时期,年平均增长率达为9.8%。其中,进口额为15.06亿美元,增长1.58倍;出口额为15.97亿美元,增长1.89倍(裴长洪、王万山,2009)。④在1958—1965年的"大跃进"、三年自然灾害、中苏关系恶化和国民经济调整时期,中国的对外贸易出现了大幅度波动,1959年的对外贸易进出口总额猛增到43.81亿美元,较1957年增长了41.2%;而自1960年起又连年大幅度下降,降至1962年的26.63亿美元,较1957年下降了14.18%。1963—1965年,中国的对外贸易又迅速回升,年均增长率为14.7%;1965年,中国对外贸易进出口总额达到42.45亿美元,并且与100多个国家和地区建立了贸易关系(何继华,2009;王菲,2010)。⑤⑥"文化大革命"时期,中国长达十年的对外贸易被迫处于停滞状态,中国的对外贸易总额从1966

---

① 裴长洪:《中国对外贸易60年演进轨迹与前瞻》,《改革》2009年第7期。
② 裴长洪:《中国对外贸易65年的基本线索:变革与增长》,《当代中国史研究》2014年第1期。
③ 裴长洪、王万山:《共和国对外贸易60年》,人民出版社2009年版。
④ 同上。
⑤ 何继华:《改革开放前新中国对外贸易发展简述》,http://www.chinavalue.net/Finance/Blog/2009-11-30/245439.aspx,2009年11月30日。
⑥ 王菲:《中国对外贸易结构与产业结构的关系研究》,博士学位论文,华中科技大学,2010年。

第三章　中国对外贸易、能源消耗与碳排放 | 91

年的46.15亿美元降至1969年的40.29亿美元，下降率为12.7%（裴长洪，2014）①；从1970年开始，中国的对外贸易总额才逐步得到回升；1973年，中国对外贸易总额达到109.7亿美元，较1970年增长1.4倍（何继华，2009）②；1975年，全国对外贸易总额高达147.5亿美元，创新中国成立以来的最高水平，而且在自1970年以来的5年间年平均增长速度高达26.3%（裴长洪，2014）③，但是，由于1976年政局的反复动摇以及严重的自然灾害，中国的对外贸易份额又开始出现回落态势。1976年，中国的对外贸易总额仅为134.33亿美元，较1975年下降8.9%。1977年，对外贸易总额较上年有所提升，达到157.51亿美元，增加23.18亿美元（何继华，2009；王菲，2010）。④⑤ 在1950—1978年的29年间，中国对外贸易中的出口额和进口额在全球的排名跌宕起伏（见表3-1）。从表3-1中我们可以发现，中国对外贸易中的出口额和进口额在全球的排名次序变化趋势基本相同，若以1960年为界限划分为两个阶段，则大致可分为1950—1959年对外贸易的稳步提升时期和1960—1978年对外贸易的逐渐恶化时期。前一阶段：中国出口额在全球的排名由1950年的第29位提升到1958年和1959年的第10位，进口额则由1950年的第27位上升到1958年和1959年的第11位；后一阶段：中国出口额在世界的排名由1960年的第11位下降到1978年的第31位，进口额在世界的排名由1960年的第13位降至1978年的第29位。

尽管改革开放以前中国的对外贸易受到"左"的政治运动、自然灾害、经济计划（"大跃进"）等的严重干扰，但并没有从根本上阻

---

① 裴长洪：《中国对外贸易65年的基本线索：变革与增长》，《当代中国史研究》2014年第1期。
② 何继华：《改革开放前新中国对外贸易发展简述》，http://www.chinavalue.net/Finance/Blog/2009-11-30/245439.aspx，2009年11月30日。
③ 裴长洪：《中国对外贸易65年的基本线索：变革与增长》，《当代中国史研究》2014年第1期。
④ 何继华：《改革开放前新中国对外贸易发展简述》，http://www.chinavalue.net/Finance/Blog/2009-11-30/245439.aspx，2009年11月30日。
⑤ 王菲：《中国对外贸易结构与产业结构的关系研究》，博士学位论文，华中科技大学，2010年。

碍中国对外贸易进出口总额增长的态势（见表3-2）。1950—1978年，中国对外贸易进出口总额由11.35亿美元上升到206.38亿美元，年均增长率为10.91%；进口贸易由5.83亿美元提升到108.93亿美元，年均增长率为11.02%；出口贸易由5.52亿美元上升到97.45亿美元，年均增长率为10.79%（裴长洪、王万山，2009；裴长洪，2009；裴长洪，2013）。①②③

表3-1　中国对外贸易进出口额在全球的排名（1950—1978年）

年份	出口额排名	进口额排名	年份	出口额排名	进口额排名
1950	29	27	1965	16	21
1951	29	19	1966	17	20
1952	23	19	1967	20	23
1953	19	13	1968	20	24
1954	19	15	1969	20	30
1955	16	13	1970	29	29
1956	15	13	1971	26	33
1957	13	12	1972	23	28
1958	10	11	1973	21	23
1959	10	11	1974	27	23
1960	11	13	1975	27	25
1961	18	18	1976	35	33
1962	18	24	1977	37	33
1963	18	24	1978	31	29
1964	18	23			

资料来源：根据世界贸易组织数据库整理所得。

---

① 裴长洪、王万山：《共和国对外贸易60年》，人民出版社2009年版。
② 裴长洪：《中国对外贸易60年演进轨迹与前瞻》，《改革》2009年第7期。
③ 裴长洪：《中国对外贸易65年的基本线索：变革与增长》，《中国经济史研究》2013年第3期。

表 3-2　　　　中国进出口贸易额（1950—1978 年）　　单位：亿美元、%

年份	出口额	同比增速	进口额	同比增速	进出口总额	同比增速	进出口差额	同比增速
1950	5.52	—	5.83	—	11.35	—	-0.3	—
1951	7.6	38.2	12	106.9	19.6	73.5	-4.4	1366.7
1952	8.2	7.9	11.2	-6.7	19.4	-1.0	-3	-31.8
1953	10.2	24.4	13.5	20.5	23.7	22.2	-3.3	10.0
1954	11.5	12.7	12.9	-4.4	24.4	3.0	-1.4	-57.6
1955	14.1	22.6	17.3	34.1	31.4	28.7	-3.2	128.6
1956	16.5	17.0	15.6	-9.8	32.1	2.2	0.9	-128.1
1957	16	-3.0	15	-3.8	31	-3.4	1	11.1
1958	19.8	23.8	18.9	26.0	38.7	24.8	0.9	-10.0
1959	22.6	14.1	21.2	12.2	43.8	13.2	1.4	55.6
1960	18.6	-17.7	19.5	-8.0	38.1	-13.0	-0.9	-164.3
1961	14.9	-19.9	14.5	-25.6	29.4	-22.8	0.4	-144.4
1962	14.9	0.0	11.7	-19.3	26.6	-9.5	3.2	700.0
1963	16.5	10.7	12.7	8.5	29.2	9.8	3.8	18.8
1964	19.2	16.4	15.5	22.0	34.7	18.8	3.7	-2.6
1965	22.3	16.1	20.2	30.3	42.5	22.5	2.1	-43.2
1966	23.7	6.3	22.5	11.4	46.2	8.7	1.2	-42.9
1967	21.4	-9.7	20.2	-10.2	41.6	-10.0	1.2	0.0
1968	21	-1.9	19.5	-3.5	40.5	-2.6	1.5	25.0
1969	22	4.8	18.3	-6.2	40.3	-0.5	3.7	146.7
1970	22.6	2.7	23.3	27.3	45.9	13.9	-0.7	-118.9
1971	26.4	16.8	22	-5.6	48.4	5.4	4.4	-728.6
1972	34.4	30.3	28.6	30.0	63	30.2	5.8	31.8
1973	58.2	69.2	51.6	80.4	109.8	74.3	6.6	13.8
1974	69.5	19.4	76.2	47.7	145.7	32.7	-6.7	-201.5
1975	72.6	4.5	74.9	-1.7	147.5	1.2	-2.3	-65.7
1976	68.5	-5.6	65.8	-12.1	134.3	-8.9	1.7	-173.9
1977	75.9	10.8	72.14	9.6	148.04	10.2	3.76	121.2
1978	97.45	28.4	108.93	51.0	206.38	39.4	-11.48	-405.3

资料来源：根据《中国对外经济贸易年鉴》（1984—1986）、世界贸易组织数据库、《新中国五十年统计资料汇编》《中国统计年鉴》（1949—1984）中的数据整理所得。

随着国家工业化、城市化进程的不断推进和加快，比较优势在国内不同部门间发生了显著变化，并有效地推动了中国对外贸易进出口产品结构的改变和优化提升（见表3-3和表3-4）。从表3-3中可以看出，自1965年开始，中国工业生产出口产品的比较优势开始逐渐显现，工业制成品与矿产品出口产品的比重呈现较为明显的上升态势，初级产品特别是农产品出口的比重开始呈现逐步下降态势，出口贸易产品结构发生重大变化并逐步得到优化提升（裴长洪，2009；裴长洪，2013）。[1][2] 从表3-4中，我们也可以发现，进口产品的贸易结构在不同时期有明显的改变，且其进口产品结构变化主要受到是否有条件进口国外技术设备与能否处理好国内生产和消费关系这两个方面的影响而动态波动（裴长洪，2009；裴长洪，2013）[3][4]，其中，机械设备进口出现较大波动，"一五"时期，国家工业化才刚刚萌芽，亟须进口大量的机械设备，以致其在进口总额中占有较大份额；1961—1962年，受自然灾害影响，加之苏联停止对中国的项目援建，机械设备进口比重呈现下降趋势（裴长洪，2013）[5]；1974—1976年，机械设备进口比重迅速回升到30%以上，但到1977—1978年该比重又下降到20%左右；工业原料在进口占比中一直占据重要地位，没有出现太大的起伏波动（裴长洪，2009）。[6] 农用物资进口仅在1963—1970年间呈现快速增长态势，比重有所提高（裴长洪，2009）。[7] 消费品进口出现较大起伏，在1963—1966年间，该比重高达36%，但此后十几年却又下降并保持在18%—20%的比重。

---

[1] 裴长洪：《中国对外贸易60年演进轨迹与前瞻》，《改革》2009年第7期。
[2] 裴长洪：《中国对外贸易65年的基本线索：变革与增长》，《中国经济史研究》2013年第3期。
[3] 裴长洪：《中国对外贸易60年演进轨迹与前瞻》，《改革》2009年第7期。
[4] 裴长洪：《中国对外贸易65年的基本线索：变革与增长》，《中国经济史研究》2013年第3期。
[5] 同上。
[6] 裴长洪：《中国对外贸易60年演进轨迹与前瞻》，《改革》2009年第7期。
[7] 同上。

表3–3　　中国主要出口产品贸易结构（1953—1978年）　单位：亿美元

出口产品	1953年	1957年	1965年	1966年	1970年	1975年	1976年	1977年	1978年
农产品	8.03	9.97	10.73	13.59	11.47	30.05	28.08	29.97	38.71
矿产品	0.08	0.18	0.68	0.68	0.63	10.93	9.42	10.68	13.45
工业制成品	2.11	5.82	10.87	9.39	10.50	31.66	31.11	35.25	45.29

资料来源：根据《中国对外经济贸易年鉴（1988）》中的数据整理所得。

表3–4　　中国主要进口产品贸易结构（1953—1979年）

单位：亿美元、%

时期	项目	机械设备	工业原料	农用物资	消费品	进口额
1953—1957年	贸易额	36.74	23.63	2.84	5.64	74.35
	比重	49.4	31.8	3.8	7.6	
1958—1962年	贸易额	34.42	33.19	4.35	5.25	85.81
	比重	40.1	38.7	5.1	6.1	
1963—1966年	贸易额	11.51	27.93	5.89	25.45	70.78
	比重	16.3	39.4	8.3	36.0	
1967—1970年	贸易额	12.95	42.57	9.15	16.46	81.16
	比重	16.0	52.5	11.3	20.2	
1971—1975年	贸易额	58.2	121.63	17.36	51.07	248.3
	比重	23.4	49.0	7.0	20.0	
1976—1979年	贸易额	91.74	211.0	24.8	75.4	403.65
	比重	23.0	52.3	6.1	18.7	

资料来源：根据《中国对外经济贸易年鉴（1988）》中的数据整理所得。

（二）改革开放后中国对外贸易发展概况（1979年至今）

1978年，党的十一届三中全会做出了实行改革开放的重大决策，中共中央在总结历史经验和研究当代世界经济特点的基础上，将对外开放作为中国的一项基本国策，提出要"在自力更生的基础上，积极发展同世界各国平等互利的经济合作,努力采用世界先进技术和先进设备"(宋元明,1999;巫云山,2009;蒋勇,2010;刘勇,2010)①②③④;其后,又提出,在经济建设中要利用"两种资源、开发两个市场、学会组织国内经济建设和发展对外经济关系两套本领",从而有效地确立了对外贸易在新的历史时期的重要战略地位(宋元明,1999;阎志军,2011)。⑤⑥ 改革开放30多年来,对外贸易体制的改革向外不断深化、向内不断延伸,经历了外贸企业两轮承包经营责任制改革、设立沿海开放城市和经济特区、设立经济技术开发区、沿江和沿边对外开放、加入世界贸易组织的配套改革、建立和完善开放型经济体制的改革等在不同时期、不同阶段、不同内涵的深刻改革,初步建立了社会主义开放型经济体制的制度框架,强有力地支撑了对外贸易的迅猛发展(裴长洪,2009;裴长洪,2013)。⑦⑧ 据世界贸易组织统计资料,自改革开放以来,中国的对外贸易量30年增长105倍,2009年更是超越德国,成为世界最大的出口国。目前,全球进出口前三强的国家分别是美国、中国和德国。2010年,中国的贸易总量相当于改革开放前30年总和的17倍,是1950年的2630倍,2013年成为世界第一贸易大国。据国际货币基金组织(IMF)数据,中国经济总量占世界经济的份额从1978年的1.8%(全球第10位)上升到2010年的9.3%左右(世界第2位),中国经济总量相当于美

---

① 宋元明:《对外贸易迅速发展,外贸体制改革步步深入——纪念改革开放20周年》,《国际贸易问题》1999年第1期。
② 巫云山:《改革开放以来我国引进和利用外资政策的历史演进》,《中国党史研究》2009年第7期。
③ 蒋勇:《中国特色社会主义建设进程中思想政治工作的作用》,《社会科学家》2010年第11期。
④ 刘勇:《罗马尼亚经验与中国改革开放的起步》,《中国青年政治学院学报》2010年第5期。
⑤ 宋元明:《对外贸易迅速发展,外贸体制改革步步深入——纪念改革开放20周年》,《国际贸易问题》1999年第1期。
⑥ 阎志军:《中国对外贸易概论》,科学出版社2011年版。
⑦ 裴长洪:《中国对外贸易60年演进轨迹与前瞻》,《改革》2009年第7期。
⑧ 裴长洪:《中国对外贸易65年的基本线索:变革与增长》,《中国经济史研究》2013年第3期。

国经济的比重,从1978年的6.5%提高到2010年的约40%,中国进出口总额占世界贸易总量的比重也从1950年的0.9%增加到了2010年的9%以上。到2020年,中国则可能超越美国,成为全球最大经济体(杨洋,2011)。① 在此期间,中国的对外贸易额从千亿美元跨越到万亿美元仅用了16年时间,而同样是该项数字,日本用了30年,德国用了25年,美国用了20年。因此说,改革开放后,中国对外贸易的发展创造了世界贸易史上的奇迹并不为过。

改革开放以来,中国的对外贸易总体发展呈现良好的发展势头(见表3-5)。1979年,中国的对外贸易总额仅为293.3亿美元,其中,出口额为136.6亿美元,进口额为156.7亿美元,占全球进出口总额33530亿美元的比重为0.87%;但是,到了2014年,中国进出口再创历史新高,总额超过4万亿美元,高达43015.2亿美元,较上年同比增长3.4%。其中,出口额为23422.9亿美元,较上年增长6.0%(课题组,2011)②,占全球出口总额的13.48%;进口额19592.3亿美元,增长0.5%,占世界进口总额的11.17%。2015年中国的进出口总额出现了下降的趋势,其中,出口额和进口额分别下降了2.94%和14.27%。与此同时,中国的进出口差额却以55.04%的速度扩大,这说明中国的贸易顺差将进一步扩大。而贸易顺差的进一步扩大将可能会导致人民币在国际市场上贬值,这可能不仅会进一步扩大贸易顺差,而且还影响国内利率的稳定。从表3-5中我们可以清晰地看出改革开放以后中国对外贸易的成长历程,若以2002年为界划分,则可以将中国外贸发展分为缓慢增长和快速提升两个阶段:

(1)2002年以前,中国的外贸从总量上看是增长速度较为缓慢的,且改革开放后的10次外贸逆差均出现在这个阶段,分别为1979—1981年、1984—1989年和1993年。出口贸易额虽然呈现逐年增长态势,但是,出口增长率却呈现出波浪起伏的变化特点,1979—1981年是中国改革开放初期,外贸发展较为迅速,出口增长率年均达

---

① 杨洋:《从中美GDP的比较看中国经济的发展》,《中国外资》2011年第21期。
② 课题组:《中国对外贸易形势2011年春季报告》,《国际贸易》2011年第5期。

到 31.5%；1982—1986 年增长幅度变小，甚至于 1982 年出现了负增长；1987—1992 年增长率幅度有所回升，年均增长率达到 18.5%；1993—2001 年，出口增长率很不稳定，时高时低。

表 3-5　　　　中国进出口贸易额（1979—2015 年）　　单位：亿美元、%

年份	出口额	同比增长	进口额	同比增长	进出口总额	同比增长	贸易差额	同比增长
1979	136.6	40.2	156.7	43.9	293.3	42.1	-20.1	75.1
1980	181.2	32.7	200.2	27.8	381.4	30.0	-19	-5.5
1981	220.1	21.5	220.2	10.0	440.3	15.4	-0.1	-99.5
1982	223.2	1.4	192.9	-12.4	416.1	-5.5	30.3	-30400
1983	222.3	-0.4	213.9	10.9	436.2	4.8	8.4	-72.3
1984	261.4	17.6	274.1	28.1	535.5	22.8	-12.7	-251.2
1985	273.5	4.6	422.5	54.1	696	30.0	-149	1073.2
1986	309.4	13.1	429.1	1.6	738.5	6.1	-119.7	-19.7
1987	394.4	27.5	432.1	0.7	826.5	11.9	-37.7	-68.5
1988	475.2	20.5	552.7	27.9	1027.9	24.4	-77.5	105.6
1989	525.4	10.6	591.4	7.0	1116.8	8.6	-66	-14.8
1990	620.9	18.2	533.5	-9.8	1154.4	3.4	87.4	-232.4
1991	719.1	15.8	637.9	19.6	1357	17.6	81.2	-7.1
1992	849.4	18.1	805.9	26.3	1655.3	22.0	43.5	-46.4
1993	917.4	8.0	1039.6	29.0	1957	18.2	-122.2	-380.9
1994	1210.1	31.9	1156.1	11.2	2366.2	20.9	54	-144.2
1995	1487.8	22.9	1320.8	14.2	2808.6	18.7	167	209.3
1996	1510.5	1.5	1388.3	5.1	2898.8	3.2	122.2	-26.8
1997	1827.9	21.0	1423.7	2.5	3251.6	12.2	404.2	230.8
1998	1837.1	0.5	1402.4	-1.5	3239.5	-0.4	434.7	7.5
1999	1949.3	6.1	1657	18.2	3606.3	11.3	292.3	-32.8
2000	2492	27.8	2250.9	35.8	4742.9	31.5	241.1	-17.5
2001	2661	6.8	2435.5	8.2	5096.5	7.5	225.5	-6.5
2002	3256	22.4	2951.7	21.2	6207.7	21.8	304.2	34.9
2003	4382.3	34.6	4127.6	39.8	8509.9	37.1	254.7	-16.3

续表

年份	出口额	同比增长	进口额	同比增长	进出口总额	同比增长	贸易差额	同比增长
2004	5933.2	35.4	5612.3	36.0	11545.5	35.7	320.9	26.0
2005	7619.5	28.4	6599.5	17.6	14219.1	23.2	1020	217.9
2006	9689.4	27.2	7914.6	19.9	17604	23.8	1774.8	74.0
2007	12177.8	25.7	9559.5	20.8	21737.3	23.5	2618.3	47.5
2008	14306.9	17.5	11325.6	18.5	25632.6	17.9	2981.3	13.9
2009	12016.6	-16.0	10055.6	-11.2	22072.2	-13.9	1961	-34.2
2010	15779.3	31.3	13948.3	38.7	29727.6	34.7	1831	-6.6
2011	18983.8	20.3	17434.8	25.0	36418.6	22.5	1549	-15.4
2012	20487.1	7.9	18184.1	4.3	38671.2	6.2	2303.1	48.7
2013	22090.0	7.8	19499.9	7.2	41589.9	7.5	2590.3	12.5
2014	23422.9	6.0	19592.3	0.5	43015.2	3.4	3830.6	47.9
2015	22734.7	-2.94	16795.6	-14.27	39530.3	-8.1	5939.3	55.04

资料来源：根据历年《中国统计年鉴》《中国海关统计年鉴》、世界贸易组织数据库、《新中国五十年统计资料汇编》和国研网中的数据整理所得。

（2）2002年以后，随着中国加入世界贸易组织积极效应的显现，中国的对外贸易量开始步入高速发展阶段，出口贸易规模迅速扩大，以年均高于23%的增长率快速发展，直至2012年增长速度才开始逐渐放缓显示出强劲的发展动力；平均关税水平由2002年的15.3%下降到2010年的9.8%。其中，农产品平均税率由18.8%调整到15.2%，工业品平均税率由14.7%下降至8.9%；外贸顺差不断刷新纪录，并在2015年达到峰值为5939.3亿美元。2008年，由于国际金融风暴的席卷，致使中国外贸受到一定冲击，进出口差额同比出现了负增长，面对这一严峻复杂形势，中国政府及时出台一系列符合国际惯例的政策措施，2009年中国进出口总额虽然降至13.9%，但中国依然是全球对外贸易表现最好的国家之一，降幅远低于全球贸易降幅，且出口占全球出口比重由上年的8.9%提升到9.6%，已经超过德国，成为世界第一出口大国，进口总额上升至世界第2位，并在

2010年得以保持；随着中国出台积极扩大内需和鼓励增加进口政策作用的逐渐凸显，2010年，中国经受住了国际金融风暴席卷的严峻考验，有效地遏制了对外经贸持续大幅下滑的局面并实现较好的恢复性发展（课题组，2011）。① 2011年，由于出口退税和加工贸易政策保持稳定，出口信贷和信用保险支持力度加大，跨境贸易人民币结算全面推广，贸易便利化水平不断提高，企业在巩固传统市场的同时积极开拓新兴市场，从贸易量看，中国货物贸易出口量增长20.3%，位居全球第二，高出全球增速4.3个百分点；进口量增长25.0%，位居全球第一，高出全球增速4.8个百分点。这充分说明，中国外贸的发展对国内经济"十二五"良好开局发挥了重要作用（商务部，2012）。② 中国政府坚持出口和进口并重，2012年出台《关于加强进口促进对外贸易平衡发展的指导意见》，进一步完善了进口促进政策，拓宽了进口渠道，有力地促进了机械设备、工业原料和消费品进口增长。全年贸易顺差2303.1亿美元，占国内生产总值的2.8%，仍处于国际公认的合理区间（商务部，2013）。③ 新一届政府大力推进简政放权，取消和下放大量行政审批事项，激发了广大民营企业开展对外贸易的活力。2013年，民营企业进出口1.49万亿美元，增长22.3%，高出外贸总体增速14.7%，占进出口总额的35.9%，较上年提高4.3个百分点。与之形成鲜明对比的是，国有企业进出口0.75万亿美元，下降0.6%；外资企业进出口1.92万亿美元，仅增长1.3%（商务部，2014）。④ 在全球大宗商品价格普遍下跌的背景下，2014年，中国铁矿砂、大豆和原油进口数量分别增长了13.8%、12.7%和9.5%，进口价格分别下降22.5%、5.9%和5%。全年进口商品价格指数下降3.3%，而出口商品价格指数仅下降0.7%，贸易条件连续

---

① 课题组：《中国对外贸易形势2011年春季报告》，《国际贸易》2011年第5期。
② 商务部：《中国对外贸易形势报告（2012年春季）》，http：//zhs. mofcom. gov. cn/aarticle/cbw/201204/20120408093758. html，2012年4月27日。
③ 商务部：《中国对外贸易形势报告（2013年春季）》，http：//zhs. mofcom. gov. cn/article/cbw/201304/20130400107526. shtml，2013年4月28日。
④ 商务部：《中国对外贸易形势报告（2014年春季）》，http：//zhs. mofcom. gov. cn/article/cbw/201405/20140500570673. shtml，2014年5月4日。

三年改善（商务部，2015）。① 2015 年，在国际市场不景气、世界贸易深度下滑的背景下，中国货物贸易进出口和出口额稳居世界第一，国际市场份额进一步扩大，贸易结构持续优化，质量效益继续提高。同年，中国货物贸易进出口总值 24.55 万亿元人民币，比 2014 年下降 7.0%（商务部，2016）。②

中国出口贸易的迅速增长，使对外贸易顺差越来越显著。从表 3-5 中的"贸易差额"一栏可知，1979—1989 年中国的对外贸易整体呈逆差局面，逆差最高的年份为 1985 年，逆差额为 149 亿美元，顺差最高年份为 1982 年的 30.3 亿美元；1990—2000 年，除 1993 年存在逆差，具体逆差额为 -122.2 亿美元，其他年份均为顺差状态；进入 21 世纪后，中国的贸易顺差的增加态势日趋明显，2001—2010 年，贸易顺差累计达到 13291.8 亿美元，其中，2008 年一年的贸易顺差就接近 3000 亿美元。到 2015 年，中国贸易顺差达到 5939.3 亿美元，保持了贸易顺差继续扩大的势头。中国的贸易顺差基本上来自加工贸易特别是其中的进料加工业务，一般贸易和其他贸易方式则大体处于逆差状态。贸易顺差的大幅度增加，为中国的外汇积累发挥了决定性作用。2006 年，中国已经超过日本成为全球外汇储备最多的国家，截至 2011 年 3 月末，我国的外汇储备余额已经首次突破 3 万亿美元③，而截至 2016 年 6 月末，中国的外汇储备余额已经达到 32051.62 亿美元。

三 中国对外贸易结构的变化

国际贸易结构主要包括进出口商品结构、贸易方式结构、进出口国家（地区）结构、贸易经营主体结构、国内各地区进出口结构等。

（一）中国进出口商品结构的变化

对外贸易商品结构④的变化主要包括出口产品结构变化和进口产

---

① 商务部：《中国对外贸易形势报告（2015 年春季）》，http：//zhs.mofcom.gov.cn/article/cbw/201505/20150500961584.shtml，2015 年 5 月 5 日。
② 商务部：《中国对外贸易形势报告（2016 年春季）》，http：//zhs.mofcom.gov.cn/article/cbw/201605/20160501314656.shtml，2016 年 5 月 11 日。
③ 阎志军：《中国对外贸易概论》，科学出版社 2011 年版。
④ 对外贸易商品结构，即进出口商品结构，是指一定时期内一国对外贸易中各类商品的组成，即某类商品的进出口贸易额与进出口贸易总额的比值。它可以反映一国的经济发展水平、产业结构状况及第三产业的发展水平。

品结构变化两个方面,具体细分又包括初级产品与工业制成品进出口比重的变化,初级产品和工业制成品内部自然资源密集型产品、劳动密集型产品与资本技术密集型产品进出口比重变化(范杨,2010)。[①] 为了便于分析和对照,我们主要采用国际通行的《国际贸易标准分类》(Standard International Trade Classification,SITC)规定的产品分类方法,对中国1980—2015年进出口产品的变化情况进行了考察。

1. 初级产品和工业制成品出口结构变化

外汇储备对一国的外贸具有重要影响,而创汇能力的高低是决定一国外汇储备丰富程度的重要因素。由于初级出口产品附加值低,创汇能力较弱,而工业制成出口产品附加值高,具有较强的创汇能力,因此,工业制成品在出口产品总额中所占的比重就成为衡量一个国家工业化发展程度和出口商品结构优化程度的重要指标,可以用出口商品结构转化率[②]来表示。从表3-6中我们可以根据初级产品和工业制成品所占比重变化大小将其大致分为两个阶段。

表3-6　　　　中国出口商品结构及比重(1980—2015年)

单位:亿美元、%

年份	初级产品		工业制成品	
	出口额	比重	出口额	比重
1980	91.14	50.30	90.05	49.70
1981	102.48	46.56	117.59	53.43
1982	100.50	45.03	122.71	54.98
1983	96.20	43.27	126.06	56.71
1984	119.34	45.65	142.05	54.34
1985	138.28	50.56	135.22	49.44

---

① 范杨:《美国次贷危机对中国出口贸易的影响分析》,硕士学位论文,西南财经大学,2010年。

② 出口商品结构转化率是用来分析出口商品竞争力发展趋势、反映一国或地区对外贸易质量的重要指标。该指标可以用工业制成品出口额占全部出口商品总额的比重大小变化来表示,也可以用高科技产品出口额占工业制成品的出口总额的比重大小变化来表示。

续表

年份	初级产品 出口额	初级产品 比重	工业制成品 出口额	工业制成品 比重
1986	112.72	36.43	196.70	63.57
1987	132.31	33.55	262.06	66.45
1988	144.06	30.32	331.10	69.68
1989	150.78	28.70	374.60	71.30
1990	158.86	25.59	462.05	74.42
1991	161.45	22.45	556.98	77.46
1992	170.04	20.02	679.36	79.98
1993	166.66	18.17	750.78	81.84
1994	197.08	16.29	1012.98	83.71
1995	214.85	14.44	1272.95	85.56
1996	219.25	14.52	1291.23	85.48
1997	239.53	13.10	1588.39	86.90
1998	204.89	11.15	1632.20	88.85
1999	199.41	10.23	1749.90	89.77
2000	254.60	10.22	2237.43	89.78
2001	263.38	9.90	2397.60	90.10
2002	285.40	8.77	2970.56	91.23
2003	348.12	7.94	4034.16	92.06
2004	405.49	6.83	5527.77	93.17
2005	490.37	6.44	7129.16	93.56
2006	529.19	5.46	9160.17	94.54
2007	615.09	5.05	11562.67	94.95
2008	779.57	5.45	13527.40	94.55
2009	631.12	5.25	11384.83	94.74
2010	816.86	5.18	14960.69	94.81
2011	1005.50	5.30	17978.40	94.69
2012	1005.60	4.91	19481.60	95.08
2013	1072.70	4.86	21017.40	95.13
2014	1126.90	4.81	22296.00	95.18
2015	1039.27	4.57	21695.41	95.43

资料来源：根据历年《中国统计年鉴》和《中国海关统计年鉴》中的数据整理测算所得。

第一阶段（1980—1985 年）：总体来看，工业制成品出口比重大部分年份超过初级产品出口比重，但是变化幅度不大，但在此期间，有两个年份初级产品所占比重略微高于工业制成品，即 1980 年，初级产品出口额为 91.14 亿美元，工业制成品出口额为 90.05 亿美元，所占比重分别为 50.30% 和 49.70%；1985 年，初级产品出口额为 138.28 亿美元，工业制成品出口额为 135.22 亿美元，所占比重分别为 50.56% 和 49.44%。其原因在于，在 1980 年之前的相当长一段时间里，中国的工业制成品的生产能力与水平都相当落后，以致中国的出口产品结构主要以初级产品为主。1981 年，中国的工业制成品所占比重首次超过初级产品比重，扭转其劣势的原因主要归结于国务院于 1979 年开始批准加工贸易在沿海地区起步发展。

第二阶段（1986—2015 年）：20 世纪 80 年代中期，随着国际产业结构新一轮的调整与国际转移以及中国出口导向型战略的进一步实施，1986 年中国工业制成品出口额达到 196.70 亿美元，所占比重首次突破 60%，达到 63.57%，出口产品结构才真正实现了从初级产品为主向工业制成品为主的转变。至此，中国工业制成品出口额持续快速增长，所占比重开启了绝对主导地位的时代。与此同时，初级产品出口占比一路下降；1989 年，工业制成品出口额达到 374.60 亿美元，所占比重为 71.30%，初级产品出口占比下降首次突破 30%，为 28.70%；加入世界贸易组织的 2001 年，工业制成品出口额和所占比重再创新高，分别为 2397.60 亿美元和 90.10%，同时初级产品出口额和比重进一步下跌，分别达到 263.38 亿美元和 9.90%；从 2001 年开始，工业制成品出口占比一直始终在 90% 以上，并在 2015 年达到峰值，为 95.43%；1980—1985 年是初级产品出口和工业制成品出口相持阶段，双方的比重都维系在 50% 左右，几乎各占半壁江山，出口结构明显不够优化；而 1986—2015 年是初级产品出口和工业制成品出口分离阶段，且双方差距在迅速扩大，最终致使工业制成品成为中流砥柱的出口商品。若依照通行的初级产品、工业制成品两大分类法将中国出口结构与其他世界主要贸易国家进行比较分析，中国出口工业制成品的比重不仅高于同属发展中国家的巴西等国，而且高于美国等主要发达国家（阎志军，2011）。①

为了进一步考量出口产品的内部结构，本书遵循联合国《国际贸易标准分类》在 2008 年第四次修订版本（最新版）中根据外贸产品的产业来源与加工程度以及经济分类准则划分为 10 大类贸易产品的方法。这 10 大类商品分别为：SITC0——食品和活动物，SITC1——饮料及烟草，SITC2——非食用原料（不包括燃料），SITC3——矿物燃料、润滑油及有关原料，SITC4——动植物油、脂和蜡，SITC5——未另列明的化学品和有关产品，SITC6——主要按原料分类的制成品，SITC7——机械及运输设备，SITC8——杂项制品，SITC9——《国际贸易标准分类》未另分类的其他商品和交易（梁俊伟、代中强，2016）。② 在这些分类中，通常是将 SITC0—SITC4 类商品定义为初级产品或原始产品，即指未经加工或因销售习惯而略作加工的产品，如天然橡胶、原油、铁矿石等农林牧渔矿产品或指人们通过自我劳作，从自然界直接获取、有待进一步加工或已经进行简单加工完成的产品（胡奭何，2011；郑文，2013）；③④ 通常是将 SITC5—SITC9 类商品定义为工业制成品，即指经复杂加工的工业产品和商品。为了便于本书分析，我们将 SITC0—SITC4 类的出口原始产品定义为自然资源密集型产品（用 X^e_{nrip} 表示），将 SITC6 和 SITC8 类的出口工业制成品定义为劳动密集型产品（用 Y^e_{lip} 表示），将 SITC5 和 SITC7 类的出口工业制成品定义为资本技术密集型产品（用 Z^e_{ctip} 表示），由于 SITC9 较为复杂，为此，我们不将其归为上述三类中的任何一类（刘佳，2011）。⑤ 这样，通过相应计算整理我们可以得到表 3-7。由表 3-7 可知，1980—1985 年，总体来看，自然资源密集型出口产品占有较大比重，

---

① 阎志军：《中国对外贸易概论》，科学出版社 2011 年版。
② 梁俊伟、代中强：《金砖国家对华反倾销动因：事实与证据》，《国际贸易问题》2016 年第 1 期。
③ 胡奭何：《国际贸易结构对我国专利数量的影响》，硕士学位论文，重庆大学，2011 年。
④ 郑文：《中国进口贸易的结构分析》，《国际贸易》2013 年第 10 期。
⑤ 刘佳：《政治经济学视角下我国转型期贸易结构调整研究》，硕士学位论文，东北财经大学，2011 年。

表 3-7　中国出口商品内部结构构成（1980—2015 年）

单位：亿美元、%

年份	X^e_{nrip} 出口额	比重	Y^e_{lip} 出口额	比重	Z^e_{ctip} 出口额	比重
1980	91.14	50.30	68.35	37.72	19.63	10.83
1981	102.48	46.56	84.31	38.31	24.29	11.04
1982	100.50	45.03	80.07	35.87	24.59	11.02
1983	96.20	43.27	81.69	36.75	24.72	11.12
1984	119.34	45.65	97.51	37.30	28.57	10.93
1985	138.28	50.56	79.79	29.17	21.30	7.79
1986	112.72	36.43	108.34	35.02	28.27	9.14
1987	132.31	33.55	148.43	37.63	39.76	10.08
1988	144.06	30.32	187.57	39.47	56.66	11.92
1989	150.78	28.70	216.52	41.21	70.75	13.47
1990	158.86	25.59	252.62	40.69	93.18	15.01
1991	161.45	22.45	310.76	43.22	109.67	15.25
1992	170.04	20.02	503.69	59.30	175.67	20.68
1993	166.66	18.17	551.73	60.14	199.05	21.70
1994	197.08	16.29	731.55	60.45	281.31	23.25
1995	214.85	14.44	867.88	58.33	405.01	27.22
1996	219.25	14.52	849.22	56.22	441.89	29.25
1997	239.53	13.10	1048.99	57.39	539.36	29.51
1998	205.89	11.21	1026.77	55.89	605.38	32.95
1999	199.41	10.23	1057.72	54.26	692.09	35.50
2000	254.60	10.22	1288.24	51.70	946.98	38.00
2001	263.38	9.90	1309.23	49.20	1082.53	40.68
2002	285.40	8.77	1541.08	47.33	1423.01	43.70
2003	348.11	7.94	1951.06	44.52	2073.54	47.32

续表

年份	X^e_{nrip} 出口额	比重	Y^e_{lip} 出口额	比重	Z^e_{ctip} 出口额	比重
2004	405.49	6.83	2570.44	43.32	2946.20	49.66
2005	490.37	6.44	3233.04	42.43	3880.06	50.92
2006	529.19	5.46	4128.30	42.61	5008.73	51.69
2007	615.09	5.05	5167.22	42.43	6373.69	52.34
2008	779.57	5.45	5983.51	41.82	7526.76	52.61
2009	631.12	5.25	4845.63	40.32	6522.91	54.28
2010	816.86	5.18	6267.60	39.72	8678.41	55.00
2011	1005.45	5.30	7789.30	41.03	10165.62	53.54
2012	1005.58	4.91	8688.13	42.41	10779.26	52.61
2013	1072.68	5.31	9418.55	42.64	11581.52	52.42
2014	1126.92	4.81	10222.86	43.64	12050.47	51.45
2015	1039.27	4.57	9784.63	43.04	11886.98	52.29

资料来源：根据历年《中国统计年鉴》和《中国海关统计年鉴》中的数据整理测算所得。

处于绝对优势地位，虽然局部有所波动，但是相对较为稳定，并于1980年和1985年超过50%的份额，占据半壁江山，而劳动密集型出口产品和资本技术密集型出口产品分别于1981年和1983年达到此区间内的最大值，为38.31%和11.12%。1986—2015年，总体来看，自然资源密集型出口产品所占比重处于下降态势，并从2001年开始，比重一直处于10%以下；劳动密集型出口产品和资本技术密集型出口产品变化情况大致可以1994年为界来进行分析，1986—1994年，劳动密集型出口产品大致处于稳步上升的趋势，并于1994年达到峰值为60.45%，在此阶段，主要是从过去出口初级产品为主向轻纺等产品转变，产品具有技术含量较低、粗加工、简单加工等特点（蒋和平，2009）;[①] 从1995年开始，劳动密集型出口产品开始出现以较小

---

① 蒋和平：《金融危机下我国外贸竞争力提升研究》，《商业时代》2009年第25期。

幅度逐年下降趋势，资本技术密集型出口产品则持续稳步上扬（刘佳，2011）[①]，该阶段是以出口轻纺等产品为主向机电化工、高新技术产品等重化工产品转变，产品具备一定程度的附加值、一定程度的技术含量、精加工、深加工等特点（蒋和平，2008）；[②] 进入21世纪以来，资本技术密集型产品出口越来越显示出强大的生命力，正成为推动中国出口贸易发展的新亮点。2003年，资本技术密集型产品出口额为2073.54亿美元，出口占47.32%，首次超过劳动密集型出口产品所占比重。2010年，机电产品出口9334.3亿美元，同比增长30.9%。高新技术产品出口4924.1亿美元，增长30.7%（安江，2012）。[③] 船舶、汽车零部件出口保持较快增长，其中，船舶出口增长44.5%，汽车零部件出口增长44.1%。纺织、服装、鞋类、家具、箱包、玩具合计出口3032.4亿美元，增长25.9%，其中，纺织品出口770.5亿美元，同比增长28.4%；服装出口1294.8亿美元，同比增长20.9%；鞋类出口356.3亿美元，同比增长27.1%。家具出口329.9亿美元，同比增长30.3%（商务部，2011）。[④] 自2011年之后，资本技术密集型产品出口额均保持在1万亿美元以上，且其比重基本稳定在52%左右。与此同时，自然资源密集型产品的出口额保持在1000亿美元以上，但其比重在4.57%—5.31%之间波动。尽管目前资本技术密集型出口产品中的机械及运输设备等产品已经成为中国出口产品中最大的一个类别，但其附加值仍旧大大低于西方等发达国家的水平，且此类出口产品往往以简单的粗加工为主来赚取非常有限的加工费。总之，上述变化过程大致可以划分为三个阶段：1980—1985年的自然资源密集型出口产品主导阶段、1986—2002年的劳动密集型出口产品主导阶段和2003—2015年的资本和技术密集型出口

[①] 刘佳：《政治经济学视角下我国转型期贸易结构调整研究》，硕士学位论文，东北财经大学，2011年。

[②] 蒋和平：《中国对外贸易竞争力提升研究》，博士学位论文，湖南大学，2008年。

[③] 安江：《低碳经济对中国出口贸易发展的影响研究》，博士学位论文，辽宁大学，2012年。

[④] 商务部：《中国对外贸易形势报告》（2011年春季），http://www.mofcom.gov.cn/aarticle/ae/ai/201104/20110407512071.html? test, 2011年4月22日。

产品主导阶段。这三个阶段的变化规律和中国产业结构的变化趋势基本一致，同时也符合有关经济发展的基本原理。

总之，从出口产品结构来看，工业制成品的主导地位不断增强，而初级产品的地位在不断弱化，其中，劳动密集型出口产品在1987—2002年的16年间保持主导地位，虽然从2003年开始至今，资本技术密集型出口产品占据主导地位，但是，必须指出的是，这些产品大多是由外国直接投资利用加工贸易的方式完成的，从而实质上中国的要素禀赋优势并没有发生太大的改变（刘佳，2011）。[①] 因此，并不能根据中国现有的出口商品结构来简单判断中国产业在国际分工及全球产业链中的位置。

2. 初级产品和工业制成品进口结构变化

在中国出口产品结构得到不断优化提升的同时，我们的进口产品的结构也在发生着相应的变化，但其变化相对较小。从表3-8中可以看出，总体来看，初级产品进口额在12.5%—40%之间浮动，最大值为1982年的39.57%，最小值为1985年的12.52%；而工业制成品进口额占60%—88%，最大值为1985年的87.49%，最小值为1982年的60.40%。具体而言，1980年，初级产品进口额为69.59亿美元，占34.76%，工业制成品进口额为130.58亿美元，占65.22%（刘佳，2011）；[②] 在1983年之前，初级产品进口额占比保持在35%上下，工业制成品进口额占比保持在65%左右；1984—2007年，初级产品进口额占比一直保持在20%左右，工业制成品进口额占比一直保持在80%左右；受国际金融危机影响；2008—2015年，初级产品进口额占30%左右，工业制成品进口额占70%左右。从进口额增量来看，2001年以前，初级产品和工业制成品进口额增长较为缓慢，2001年我国加入世界贸易组织后，两者增速明显加快，到2015年，两者进口额分别达到4720.57亿美元和12075.07亿美元，占比分别

[①] 刘佳：《政治经济学视角下我国转型期贸易结构调整研究》，硕士学位论文，东北财经大学，2011年。

[②] 同上。

为 28.11% 和 71.89%。

表 3-8　　中国进口商品结构及比重（1980—2015 年）

单位：亿美元、%

年份	初级产品 进口额	初级产品 比重	工业制成品 进口额	工业制成品 比重
1980	69.59	34.76	130.58	65.22
1981	80.44	36.53	139.71	63.45
1982	76.34	39.57	116.51	60.40
1983	58.08	27.15	155.82	72.85
1984	52.08	19.00	222.02	81.00
1985	52.89	12.52	369.63	87.49
1986	56.49	13.16	372.55	86.82
1987	69.15	16.00	363.01	84.01
1988	100.68	18.22	452.07	81.79
1989	117.54	19.87	473.86	80.13
1990	98.53	18.47	434.92	81.52
1991	108.34	16.98	529.57	83.02
1992	132.55	16.45	673.30	83.55
1993	142.10	13.67	897.49	86.33
1994	164.86	14.26	991.28	85.74
1995	244.17	18.49	1076.67	81.52
1996	254.41	18.33	1133.92	81.68
1997	286.20	20.10	1137.50	79.90
1998	229.49	16.36	1172.88	83.63
1999	268.46	16.20	1388.53	83.80
2000	467.39	20.76	1783.55	79.24
2001	457.43	18.78	1978.10	81.22
2002	492.71	16.69	2458.99	83.31
2003	727.63	17.63	3399.96	82.37
2004	1172.67	20.89	4439.62	79.11
2005	1477.14	22.38	5122.39	77.62

续表

年份	初级产品 进口额	初级产品 比重	工业制成品 进口额	工业制成品 比重
2006	1871.29	23.64	6043.32	76.36
2007	2430.85	25.43	7128.65	74.57
2008	3623.95	32.00	7701.67	68.00
2009	2898.04	28.82	7161.19	71.22
2010	4338.50	31.10	9623.94	69.00
2011	6042.69	34.66	11392.15	65.34
2012	6349.34	34.91	11834.71	65.08
2013	6580.81	33.75	12919.09	66.25
2014	6469.40	33.02	13122.95	66.98
2015	4720.57	28.11	12075.07	71.89

资料来源：根据 1981—2011 年的《中国统计年鉴》以及《中国海关统计年鉴》中的数据整理测算所得。

参照上述刘佳的出口商品的分类方法，我们将 SITC0—SITC4 类的进口原始产品定义为自然资源密集型产品（用 X_{nrip}^i 表示），将 SITC6 和 SITC8 类的进口工业制成品定义为劳动密集型产品（用 Y_{lip}^i 表示），将 SITC5 和 SITC7 类的进口工业制成品定义为资本技术密集型产品（用 Z_{ctip}^i 表示），由于 SITC9 较为复杂，为此，我们不将其归为上述三类中的任何一类。从表 3-9 可知，1980—1983 年，自然资源密集型进口产品所占比重都在 25% 以上，劳动密集型进口产品所占比重在 20%—35% 之间浮动，而资本技术密集型进口产品所占比重都超过 30%；在 1984—2007 年的 24 年间，自然资源密集型进出口产品占比都在 12%—26% 之间波动，但是，由于国际金融风暴的影响，2008 年回升到 32.00%；从 1984 年开始，资本技术密集型进口产品所占比重就表现强劲的增长势头，处于主导地位，并于 2002 年达到顶峰为 59.64%；而同时，随着中国劳动密集型产品生产能力的不断提升以及对自然资源密集型产品需求规模的不断扩大，劳动密集型进口产品所占比重总体上在波动中表现为下降趋势，而自然资源密集型进口产

表 3-9　　中国进口商品内部结构构成（1980—2015 年）

单位：亿美元、%

年份	X_{nrip}^{i} 进口额	比重	Y_{lip}^{i} 进口额	比重	Z_{etip}^{i} 进口额	比重
1980	69.59	34.76	46.96	23.46	80.28	40.10
1981	80.44	36.53	45.93	20.86	84.72	38.47
1982	76.34	39.57	43.92	22.77	61.40	31.83
1983	58.08	27.15	70.71	33.06	71.71	33.53
1984	52.08	19.00	85.00	31.01	114.82	41.89
1985	52.89	12.52	138.00	32.66	207.08	49.01
1986	56.49	13.16	130.69	30.46	205.52	47.90
1987	69.15	16.00	116.08	26.86	196.15	45.39
1988	100.68	18.22	123.92	22.42	258.36	46.75
1989	117.54	19.87	144.08	24.36	257.63	43.56
1990	98.53	18.47	110.09	20.64	234.93	44.04
1991	108.34	16.98	129.32	20.27	288.78	45.27
1992	132.55	16.45	248.61	30.85	424.69	52.70
1993	142.10	13.67	350.22	33.69	547.27	52.64
1994	164.86	14.26	348.52	30.15	635.97	55.01
1995	244.17	18.49	370.33	28.04	699.41	52.95
1996	254.41	18.33	398.77	28.72	728.69	52.49
1997	286.20	20.10	407.70	28.64	720.71	50.62
1998	229.49	16.36	395.31	28.19	770.03	54.91
1999	268.46	16.20	440.18	26.56	934.83	56.42
2000	467.39	20.76	545.58	24.24	1221.44	54.26
2001	457.44	18.78	570.14	23.41	1391.19	57.12
2002	492.71	16.69	682.90	23.14	1760.46	59.64
2003	727.63	17.63	969.13	23.48	2418.01	58.58

续表

年份	X_{nrip}^i 进口额	比重	Y_{lip}^i 进口额	比重	Z_{ctip}^i 进口额	比重
2004	1172.67	20.89	1241.29	22.12	3183.03	56.72
2005	1477.14	22.38	1420.19	21.52	3682.12	55.79
2006	1871.29	23.64	1582.34	19.99	4440.68	56.11
2007	2430.85	25.43	1903.87	19.92	5200.13	54.40
2008	3623.95	32.00	2048.06	18.08	5609.53	49.53
2009	2898.04	28.82	1929.25	19.19	5198.87	51.70
2010	4338.50	31.10	2448.39	17.55	6991.20	50.12
2011	6042.69	34.66	2780.26	15.95	8116.76	46.55
2012	6349.34	34.92	2824.72	15.53	8322.28	45.77
2013	6580.81	33.75	2867.27	14.70	9004.45	46.18
2014	6469.40	33.02	3120.77	15.92	9174.53	46.83
2015	4720.57	28.11	2677.06	15.94	8536.84	50.83

资料来源：根据历年《中国统计年鉴》和《中国海关统计年鉴》中的数据整理测算所得。

品则在波动中稳中有升。从 2005 年开始，自然资源密集型进口产品占比再度超过劳动密集型进口产品，并一路上扬至 2015 年，达到 28.11%。2010 年，受国内投资增速有所放缓等因素影响，能源资源产品进口量增速逐步回落，但进口额因国际市场价格持续攀升而继续扩大（安江，2012）；[1] 全年铁矿砂进口量下降 1.4%，进口额增长 58.4%；原油进口量增长 17.5%，进口额增长 51.4%；初级形状的塑料进口量增长 0.4%，进口额增长 25.2%；大豆进口量增长

---

[1] 安江：《低碳经济对中国出口贸易发展的影响研究》，博士学位论文，辽宁大学，2012 年。

28.8%，进口额增长33.5%；国际市场需求回升带动加工贸易进口平稳增长，加上国内最终需求不断增加。机电产品进口额达到6603.1亿美元，增长34.4%；高新技术产品进口额达到4126.7亿美元，增长33.2%（商务部，2011；刘珅，2012）。[1][2] 截至2015年，自然资源密集型产品、劳动密集型产品及资本技术密集型产品分别占28.11%、15.94%、50.83%的比重，但是，进口额分别为4720.57亿美元、2677.06亿美元和8536.84亿美元，与近三年相比均有明显减少，其中，资本技术密集型产品的比重与近三年相比取得了进一步的突破。

总之，从进口产品结构来看，工业制成品进口一直处于绝对优势的地位，其中，在1980—1984年，劳动密集型进口产品与资本技术密集型进口产品并没有太大差距，但从1985年开始，后者就开始处于主导地位，其原因在于，中国快速发展的工业化进程急需这些进口产品来有效地实现中国的产业结构转型升级。与此同时，随着中国工业化进程的不断深入发展，对自然密集型产品的进口额度势必将不断增加，并和资本技术密集型进口产品一道，成为助推我们经济增长的"发动机"。

（二）中国贸易方式结构的变化

在20世纪80年代以前，中国的贸易方式比较单一，主要是借助函电成交和一年两届的中国出口商品交易会（广交会），失去了大量的贸易机会。改革开放以后，针对不同的交易对象和不同的商品，中国灵活地采用了国际上各种通行的贸易方式，实现了对外贸易方式的多元化。中国的进出口贸易得到了迅速发展，进出口贸易规模进一步扩大，进出口贸易结构得到提升完善，一般贸易[3]与加

---

[1] 商务部：《中国对外贸易形势报告》（2011年春季），http：//www.mofcom.gov.cn/aarticle/ae/ai/201104/20110407512071.html？test，2011年4月22日。
[2] 刘珅：《中国对外直接投资的贸易效应》，硕士学位论文，天津财经大学，2012年。
[3] 一般贸易指在我国有进出口经营权的公司、企业（包括外商投资企业）单位，进行单边进出口的贸易。一般是经过对外签订合同、协议、函电或当面洽谈而成交。包括按正常方式成交的进出口货物、易货贸易（边境地方易货贸易除外）、从保税仓库提取在我国境内销售的货物、货款援助的进出口货物、暂时进出口（不再复运、出口）的物品、外商投资企业用国产材料加工成品出口以及进口属于旅游饭店用的食品等货物。

工贸易①获得长足发展,极大地推动了中国经济社会的建设,但是,由于进出口企业加快转变增长方式,提高自主营销比重,一般贸易增长呈现快于加工贸易的态势(王卉,2011;刘珅,2012)。②③

1. 中国出口贸易方式结构的变化

表3-10显示了中国改革开放以后出口贸易方式结构的变化情况。从表3-10中可知,1980—1992年,中国一般贸易的出口占比都在50%以上,尤其是1987年之前,高达80%以上,而此时的加工贸易的出口占比总体上呈上升态势,最小值为1982年的0.24%,最大值为1992年的46.64%。1993年,加工贸易出口份额达到442.5亿美元,所占比重首次超过一般贸易出口占比,至此,加工贸易出口份额一路上扬,占据半壁江山,成为中国出口的主要贸易方式,但是,由于受国际经济危机影响,2008—2015年,其比重低于50%,并于2015年达到这8年中的最小值为35.1%。2015年,一般贸易出口增长0.99%,加工贸易出口减少9.78%。据统计,目前中国80%以上的加工贸易是由在华外国投资企业经营,在中国投资的数百家跨国公司中,许多都在从事加工贸易(阎志军,2011)。④

表3-10 中国出口贸易方式结构及占比(1980—2015年)

单位:亿美元、%

年份	一般贸易		加工贸易	
	出口额	比重	出口额	比重
1980	172	94.92	6.56	3.62
1981	208	94.50	11.31	5.14
1982	222.45	99.66	0.53	0.24
1983	201.6	90.69	19.44	8.74

---

① 加工贸易是一国或地区通过各种不同的方式,进口原料、材料或零件,利用本国的生产能力和技术,加工成成品后再出口,从而获得以外汇体现的附加价值。加工贸易是以加工为特征的再出口业务,其方式多种多样,主要包括来料加工装配贸易、进料加工贸易和补偿贸易,而前两者又是其最主要的贸易方式。
② 王卉:《中国对外贸易的发展与能源消费》,硕士学位论文,暨南大学,2011年。
③ 刘珅:《中国对外直接投资的贸易效应》,硕士学位论文,天津财经大学,2012年。
④ 阎志军:《中国对外贸易概论》,科学出版社2011年版。

续表

年份	一般贸易 出口额	一般贸易 比重	加工贸易 出口额	加工贸易 比重
1984	231.62	88.61	29.29	11.21
1985	237.3	86.76	33.16	12.12
1986	250.95	81.11	56.2	18.16
1987	296.43	75.16	89.94	22.80
1988	326.22	68.65	140.6	29.59
1989	315.52	60.05	197.85	37.66
1990	354.6	57.11	254.2	40.94
1991	381.2	53.01	324.3	45.10
1992	436.8	51.42	396.2	46.64
1993	432	47.09	442.5	48.23
1994	615.6	50.87	569.8	47.09
1995	713.7	47.97	737	49.54
1996	628.4	41.60	843.3	55.83
1997	779.74	42.66	996.02	54.49
1998	742.35	40.41	1044.54	56.86
1999	791.35	40.60	1108.82	56.88
2000	1051.81	42.21	1376.52	55.24
2001	1118.81	42.04	1474.33	55.41
2002	1361.87	41.83	1799.28	55.26
2003	1820.34	41.54	2418.51	55.19
2004	2436.062	41.06	3279.705	55.28
2005	3150.63	41.35	4164.67	54.66
2006	4162	42.95	5103.55	52.67
2007	5384.567	44.22	6175.603	50.71
2008	6628.624	46.33	6751.136	47.19
2009	5298.3	44.09	5869.8	48.85
2010	7207.3	45.68	7403.4	46.92
2011	9171.2	48.31	8354.2	44.00
2012	9880.1	48.22	8627.8	42.11
2013	10875.3	49.21	8608.2	38.95
2014	12038.0	51.39	8842.6	37.75
2015	12157.0	53.4	7977.9	35.1

资料来源：根据历年《中国统计年鉴》《中国海关统计年鉴》和《中国对外贸易形势报告》中的数据整理测算所得。

2. 中国进口贸易方式结构的变化

从表3-11中可知，1980年，一般贸易的进口额为187.8亿美元，占93.81%；加工贸易的进口额为10.1亿美元，占5.04%。一般贸易进口额占有绝对的优势，并延续到1993年，长达14年之久。1994年，加工贸易进口额为475.7亿美元，占41.15%，首次超过一般贸易，并一直保持到1999年。2000—2014年，一般贸易进口额再次超过加工贸易进口额，成为拉动进口的主导力量，到2014年，一般贸易进口额达到11099.7亿美元，占56.61%；加工贸易进口额达到5245.0亿美元，占26.75%。2014年，一般贸易进口较上年增长0.02%，加工贸易进口较上年增长5.54%。从进口额绝对量来讲，自2001年我国加入世界贸易组织后，一般贸易进口额表现出强劲的增长态势，而加工贸易增速相比较而言较为平稳。

表3-11　中国进口贸易方式结构及占比（1980—2015年）

单位：亿美元、%

年份	一般贸易 进口额	一般贸易 比重	加工贸易 进口额	加工贸易 比重
1980	187.8	93.81	10.1	5.04
1981	203.66	92.49	15.04	6.83
1982	188.85	97.90	2.76	1.43
1983	187.68	87.74	22.72	10.62
1984	238.49	87.01	31.47	11.48
1985	372.72	88.22	42.74	10.12
1986	352.07	82.05	67.03	15.62
1987	287.72	66.59	101.91	23.58
1988	352.04	63.69	151.05	27.33
1989	356.14	60.22	171.64	29.02
1990	262	49.11	187.6	35.16
1991	295.4	46.31	250.3	39.24
1992	336.2	41.72	315.4	39.14
1993	380.5	36.60	363.7	34.98

续表

年份	一般贸易 进口额	一般贸易 比重	加工贸易 进口额	加工贸易 比重
1994	355.2	30.72	475.7	41.15
1995	433.7	32.84	583.7	44.19
1996	393.6	28.35	622.7	44.85
1997	390.3	27.41	702.06	49.31
1998	436.8	31.15	685.99	48.92
1999	670.4	40.46	735.78	44.40
2000	1000.79	44.46	925.58	41.12
2001	1134.559	46.58	939.7351	38.58
2002	1291.11	43.74	1222.007	41.40
2003	1876.506	45.46	1629.042	39.47
2004	2481.449	44.21	2216.945	39.50
2005	2796.33	42.37	2740.12	41.52
2006	3330.74	42.08	3214.72	40.62
2007	4286.128	44.84	3684.753	38.55
2008	5720.93	50.51	3783.772	33.41
2009	5338.73	53.09	3223.4	32.06
2010	7679.8	55.06	4174.3	29.93
2011	10074.6	57.79	4698.0	26.95
2012	10218.2	56.21	4811.7	26.47
2013	11097.2	56.90	4969.9	25.48
2014	11099.7	56.61	5245.0	26.75
2015	9231.9	54.9	4470.0	26.6

资料来源：根据历年《中国统计年鉴》《中国海关统计年鉴》和《中国对外贸易形势报告》中的数据整理测算所得。

（三）中国进出口国家（地区）结构的变化

1. 我国进出口贸易洲别概况

2001年加入世界贸易组织以来，我国进出口贸易市场得到前所未有的迅猛发展，但是，市场分布仍旧主要相对集中在亚洲、欧洲和北美洲（见表3-12）。2002—2015年，亚洲市场仍旧占据了半壁江山，占比超过50%，但是，比重却在逐年下降，于2011年达到最小值并直至2015年均保持在53%附近；欧洲市场所占比重在17.5%—20%之间波动，并于2008年达到最大值为19.95%，在此之后基本处于下降趋势，并于2013年达到最小值，为17.55%；北美洲市场出现稳步下降的态势，所降幅度不大；拉丁美洲市场呈现稳步上升趋势，并于2012年达到最大值为6.76%；大洋洲及太平洋群岛市场一直处于较低状态，份额占比不到4%。总体而言，中国进出口贸易还是比较过分依赖亚洲、欧洲和北美市场，但是，近几年来，对其他地区的进出口规模在逐年扩大，市场多元化战略成效开始逐步得到显现。

2. 中国与主要贸易伙伴贸易情况

改革开放后，特别是20世纪90年代以来，全方位协调发展的国别地区政策使中国与世界各国和地区的经贸关系有了突飞猛进的发展（薛荣久，2008）。[①] 1980年，与中国存在贸易关系的国家和地区有180个左右。到了2001年，中国已经与世界220多个国家和地区建立了经贸关系，且进出口市场由主要集中于发达国家，并朝着全球化方向转变，正在形成多元化的市场格局（安江，2012）。[②] 从进出口总额来看，近些年来，中国十大贸易伙伴的关系情况见表3-13和表3-14。从表3-13中可知，2005—2015年，欧盟（EU）[③] 一直傲视群雄，稳居榜首，美国则紧随其后，位居第二，在2011年之前日本

[①] 薛荣久：《外贸30年的伟大意义》，《进出口经理人》2008年第12期。

[②] 安江：《低碳经济对中国出口贸易发展的影响研究》，博士学位论文，辽宁大学，2012年。

[③] 1994年以前称为欧共体，包括比利时、丹麦、英国、德国、法国、爱尔兰、意大利、卢森堡、荷兰、希腊、葡萄牙、西班牙12个国家，1995年增加了奥地利、芬兰和瑞典，自2004年5月起，统计范围增加到塞浦路斯、匈牙利、马耳他、波兰、爱沙尼亚、拉脱维亚、立陶宛、斯洛文尼亚、捷克和斯洛伐克，自2007年1月起，增加罗马尼亚和保加利亚。欧洲联盟（简称欧盟，European Union，EU）是由欧洲共同体发展而来的，是一个集政治实体和经济实体于一身、在世界上具有重要影响的区域一体化组织。

表 3-12　加入世界贸易组织后中国进出口贸易洲别情况（2002—2015 年）

单位：亿美元，%

年份		2002	2003	2004	2005	2006	2007	2008	2009	2010	2011	2012	2013	2014	2015
亚洲	进出口	3630.30	4954.78	6649.06	8078.87	9810.94	11878.01	13667.05	11721.71	15669.11	19031.23	20451.05	22240.08	22734.78	20944.09
	比重	58.48	58.22	57.59	56.82	55.73	54.64	53.32	53.11	52.71	52.26	52.88	53.47	52.85	52.98
欧洲	进出口	1102.46	1578.65	2113.86	2620.59	3302.27	4275.21	5114.81	4266.95	5730.58	7007.46	6830.89	7299.16	7749.56	6963.06
	比重	17.76	18.55	18.31	18.43	18.76	19.67	19.95	19.33	19.28	19.24	17.66	17.55	18.02	17.61
北美洲	进出口	1051.46	1363.94	1852.61	2308.31	2860.36	3325.23	3683.42	3281.12	4229.20	4944.22	5362.7.6	5754.67	6105.6.4	6131.15
	比重	16.94	16.03	16.05	16.23	16.25	15.30	14.37	14.87	14.23	13.58	13.87	13.84	14.19	15.51
非洲	进出口	123.88	185.42	294.59	397.44	554.60	736.57	1072.07	910.66	1270.46	1663.23	1985.61	2102.54	2216.66	1787.99
	比重	2.00	2.18	2.55	2.80	3.15	3.39	4.18	4.13	4.27	4.57	5.13	5.06	5.15	4.52
拉丁美洲	进出口	178.24	268.07	400.01	504.66	702.03	1026.50	1434.06	1218.63	1836.40	2413.88	2612.88	2613.90	2632.78	2358.93
	比重	2.87	3.15	3.46	3.55	3.99	4.72	5.59	5.52	6.18	6.63	6.76	6.28	6.12	5.97
大洋洲及太平洋群岛	进出口	121.23	158.90	235.04	309.01	373.33	495.15	661.14	675.91	990.35	1298.22	1365.34	1533.09	1560.39	1333.54
	比重	1.95	1.87	2.04	2.17	2.12	2.28	2.58	3.06	3.33	3.56	3.53	3.69	3.63	3.37

资料来源：根据历年《中国统计年鉴》和《中国海关统计年鉴》中的数据整理测算所得。

第三章 中国对外贸易、能源消耗与碳排放

表3-13 加入世界贸易组织后中国十大贸易伙伴占比情况（2005—2015年）

2005年		2006年		2007年		2008年		2009年		2010年		2011年		2012年		2013年		2014年		2015年	
国家和地区	比重(%)	国家和地区	比重(%)	国家和地区	比重(%)	国家和地区	比重(%)	国家和地区	比重(%)	国家和地区	比重(%)	国家和地区	比重(%)	国家和地区	比重(%)	国家和地区	比重(%)	国家和地区	比重(%)	国家和地区	比重(%)
欧盟	15.3	欧盟	15.5	欧盟	16.4	欧盟	16.6	欧盟	16.5	欧盟	16.08	欧盟	15.54	欧盟	14.09	欧盟	13.32	欧盟	14.13	欧盟	14.29
美国	14.9	美国	14.9	美国	13.9	美国	13	美国	13.5	美国	12.96	美国	12.26	美国	12.53	美国	12.52	美国	12.91	美国	14.09
日本	13	日本	11.8	日本	10.9	日本	10.4	日本	10.4	日本	10.01	东盟	9.97	东盟	10.35	东盟	10.67	东盟	11.17	东盟	11.94
中国香港	9.6	中国香港	9.4	东盟	9.3	东盟	9	东盟	9.7	东盟	9.85	日本	9.41	中国香港	8.83	中国香港	9.63	中国香港	8.73	中国香港	8.68
东盟	9.2	东盟	9.1	中国香港	9.1	中国香港	8	中国香港	7.9	中国香港	7.75	中国香港	7.78	日本	8.52	日本	7.51	日本	7.26	日本	7.05
韩国	7.9	韩国	7.6	韩国	7.4	韩国	7.3	韩国	7.1	韩国	6.96	韩国	6.74	韩国	6.63	韩国	6.59	韩国	6.75	韩国	6.98
中国台湾	6.4	中国台湾	6.1	中国台湾	5.7	中国台湾	5	中国台湾	4.8	中国台湾	4.89	中国台湾	4.39	中国台湾	4.37	中国台湾	4.74	中国台湾	4.61	中国台湾	4.76
俄罗斯	2	俄罗斯	1.9	俄罗斯	2.2	澳大利亚	2.3	澳大利亚	2.7	澳大利亚	2.97	澳大利亚	3.20	澳大利亚	3.16	澳大利亚	3.28	澳大利亚	3.18	澳大利亚	2.88
澳大利亚	1.9	澳大利亚	1.9	澳大利亚	2	俄罗斯	2.2	印度	2.2	巴西	2.10	巴西	2.31	俄罗斯	2.28	巴西	2.17	俄罗斯	2.21	印度	1.81
加拿大	1.3	印度	1.4	印度	1.8	印度	2	巴西	1.9	印度	2.08	俄罗斯	2.18	巴西	2.21	俄罗斯	2.15	巴西	2.01	巴西	1.81
小计	81.5	小计	79.6	小计	78.7	小计	75.8	小计	76.5	小计	75.7	小计	73.8	小计	73.0	小计	72.6	小计	73.0	小计	74.29

资料来源：根据历年《中国海关统计年鉴》《中国统计年鉴》中的数据整理测算所得。

表3-14　　中国加入世界贸易组织后前五大出口市场情况（2002—2015年）

年份	前五大出口市场国家和地区					累计占比（%）
2002	美国	中国香港	日本	欧盟	东盟	76.4
2003	美国	中国香港	欧盟	日本	东盟	75.6
2004	美国	欧盟	中国香港	日本	东盟	75.7
2005	美国	欧盟	中国香港	日本	东盟	74.9
2006	美国	欧盟	中国香港	日本	东盟	73.1
2007	欧盟	美国	中国香港	日本	东盟	70.5
2008	欧盟	美国	中国香港	日本	东盟	67.5
2009	欧盟	美国	中国香港	东盟	日本	68.9
2010	欧盟	美国	中国香港	东盟	日本	67.9
2011	欧盟	美国	中国香港	东盟	日本	66.7
2012	美国	欧盟	中国香港	东盟	日本	66.6
2013	中国香港	美国	欧盟	东盟	日本	67.1
2014	欧盟	美国	东盟	中国香港	日本	63.6
2015	欧盟	美国	东盟	中国香港	日本	56.0

资料来源：根据中国海关统计数据库中的数据整理测算所得。

一直位居第三名的位置，2011年之后则由东盟（ASEAN）[①]所替代，中国香港也一直处于前五的位置，而中国台湾历年均排在第7位名，位于韩国之后。澳大利亚自2008年代替俄罗斯排在第8位并保持至今。与此同时，从2008年至今加拿大、俄罗斯、印度和巴西交替排在第8—9位。中国前十大贸易伙伴总计占比由2005年的81.5%下降

---

① 东盟：东南亚国家联盟，简称东盟（ASEAN），前身是由马来西亚、菲律宾和泰国3国于1961年7月31日在曼谷成立的东南亚联盟。1967年8月8日，印度尼西亚、泰国、新加坡、菲律宾4国外长和马来西亚副总理在曼谷举行会议，发表了《东南亚国家联盟成立宣言》，即《曼谷宣言》，正式宣告东盟成立。20世纪八九十年代，文莱（1984年）、越南（1995年）、老挝（1997年）、缅甸（1997年）和柬埔寨（1999年）5国先后加入该组织，使东盟由最初成立时的5个成员国扩大到10个成员国。巴布亚新几内亚是东盟观察员国。东盟10国总面积444万平方千米，人口5.76亿，国内生产总值（GDP）达15062亿美元，是一个具有相当影响力的区域性组织。

到 2008 年的 75.8%，2009 年又反弹为 76.5%，紧接着从 2010 年开始呈现逐年下降的趋势并保持至今，且于 2013 年达到最小值 72.6%，而在 2014 年和 2015 年出现了反弹的趋势。

根据《2015 年中国对外贸易发展分析报告》中的数据测算可知，2015 年，欧盟、美国和东盟是中国前三大贸易伙伴（见图 3-1）。中欧贸易额达到 5647.5 亿美元，增长 14.3%；中美贸易额达到 5582.8 亿美元，增长 14.1%；东盟贸易额达到 4721.6 亿美元，增长 11.9%。除中国香港与中国台湾以及东盟之外，中国主要的贸易伙伴集中在亚太地区，其中，以日本、韩国、澳大利亚和印度为主。中日贸易额达到 2786.6 亿美元，同比增长 7%；中韩贸易额达到 2758.1 亿美元，同比增长 7%；中澳贸易额达到 1139.6 亿美元，同比增长 2.9%；中印贸易额达到 716.2 亿美元，同比增长 1.8%。

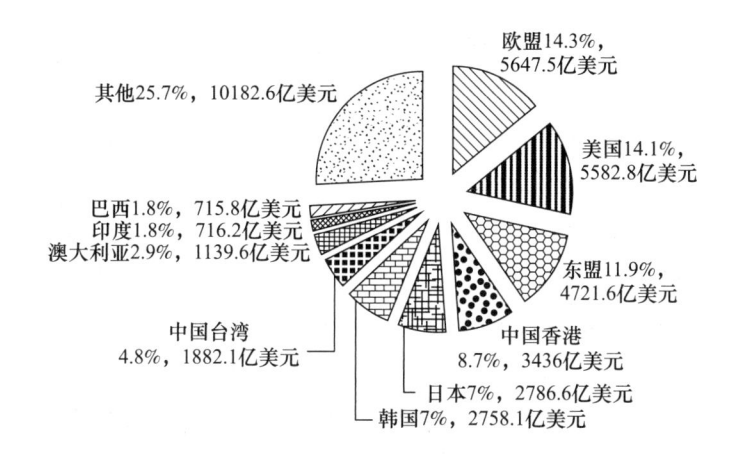

图 3-1　2015 年中国与主要贸易伙伴情况

资料来源：根据《2015 年中国对外贸易发展分析报告》中的数据测算整理所得。

从出口额角度来看，2002—2015 年位于中国前五大出口市场的国家和地区的情况如表 3-14 所示，从表 3-14 中可知，美国、欧盟、日本、中国香港、东盟一直是中国前五大出口市场，其中，2002—2006 年，美国一直位居榜首，但从 2007 年开始由欧盟取代其位置，除了在 2012 年代替欧盟再次成为榜首，其余年份全部排在第二的位置。在2002—2004年期间，欧盟呈现了上升的趋势，而在2005—2015年基本保持在榜首的地位。中国香港在2002—2015年基本处于第三位，值得注意的是，中国香港在2013年超过欧盟和美国占据榜首，这在本书所统计的年份中尚属首次。2002—2008年，东盟一直稳居第五位，直到2009年取代日本晋升为第四位，在2014年取代中国香港继而成为第三位。日本在2008年之前基本保持在第四位，而从2009年至今均保持在第五位。而中国五大出口国家和地区在总出口中所占比重呈现下降趋势，而在2015年此比重首次跌破60%，这可以间接说明中国的出口贸易结构日益多元化。

从进口额角度来看，2002—2015年位于中国前五大进口市场的国家和地区的情况如表3-15所示，从表3-15中可知，日本、欧盟、中国台湾、韩国、东盟一直是中国前五大进口市场，其中，2002—2010年，日本一直傲视群雄，稳固保持中国第一大进口来源地的席位，而在2011—2015年逐渐跌落到第五位；欧盟在2010年之前基本保持在第二位，从2011年开始超过日本成为榜首并保持至今；中国台湾在2004年之前保持在第三位，从2006年开始逐渐下滑至第五名并于2012年首次退出前五位，虽然在2013年再次杀进前五位，但在随后的两年里均未进入前五位；2002—2004年东盟保持在第四位，在随后的两年里超过韩国与中国台湾跃居第三位并保持至2011年，在2012年超过日本继而跃居第二位并保持至今；韩国在2004年之前一直处于第五位，从2007—2012年连续六年保持第四位，并从2013年开始连续三年保持前三位，但值得注意的是，韩国在2005年排在第二位；而美国于2012年首次杀入前五位并在时隔一年之后再次杀入前五位，2015年上升至第四位。

（四）中国进出口贸易经营主体结构的变化

1978年以前，由于中国的外经贸体制是在计划经济框架下的国家垄断对外贸易经营权，因此，在此期间的外经贸完全依靠国有企业来完成；1978—1993年，中国开始实施了经济体制改革，但由于其外汇机制仍未实现"双轨制"合并，致使市场调节作用不显著；1994年，实行汇率并轨之后，中国的市场机制才真正开始对贸易产生调控作用；1999 年后，国家在继赋予外商投资企业自营进出口权之后又赋予私营企业自营进出口权；2004 年，随着修订后的《中华人民共和国对外贸易法》的实施，任何企业、组织及个人均可依法从事对外贸易经营活动。目前，中国的对外贸易企业可以划分为国有企业、外商投资企业和其他企业（主要包括集体企业和私营企业）三类。

表 3 - 15　　　加入世界贸易组织后中国前五大进口市场情况（2002—2015 年）

年份	前五大出口市场国家和地区					累计占比（%）
2002	日本	欧盟	中国台湾	东盟	韩国	64.3
2003	日本	欧盟	中国台湾	东盟	韩国	64.7
2004	日本	欧盟	中国台湾	东盟	韩国	63.2
2005	日本	韩国	东盟	中国台湾	欧盟	60.7
2006	日本	欧盟	韩国	东盟	中国台湾	59.7
2007	日本	欧盟	东盟	韩国	中国台湾	58.4
2008	日本	欧盟	东盟	韩国	中国台湾	54.4
2009	日本	欧盟	东盟	韩国	中国台湾	55.1
2010	日本	欧盟	东盟	韩国	中国台湾	54.0
2011	欧盟	日本	东盟	韩国	中国台湾	50.8
2012	欧盟	东盟	日本	韩国	美国	48.8
2013	欧盟	东盟	韩国	日本	中国台湾	47.2
2014	欧盟	东盟	韩国	日本	美国	49.2
2015	欧盟	东盟	韩国	美国	日本	51.7

资料来源：根据中国海关统计数据库中的数据整理测算所得。

20 世纪 80 年代中期以后，外商投资企业的出口贸易增速一直领先于全国出口贸易的增速，外商投资企业出口占中国出口总额的比重不断提高。1995 年，外商投资企业出口比重为 31.5%，2001 年首次突破 50%，占据中国出口贸易的半壁江山。自 2001 年加入世界贸易组织之后，中国进出口贸易经营主体结构的变化表现得更加突出（见表 3 - 16 和表 3 - 17）。从表 3 - 16 中可知，国有企业、外商投资企业和民营企业的出口绝对额均表现出强劲的增长态势，就三者相比而言，国有企业的增速相对缓慢。2002—2015 年，国有企业出口占比一路呈现下降趋势，2006 年占比开始下降到至今的 20% 以下，并于 2015 年降到最小值为 10.7%。与此同时，外商投资企业 2012 年之前一直保持 50% 以上，在 55% 左右浮动，最大值为 2005 年的 58.3%，最小值为 2002 年的 52.2%，2012 年首次跌至 50% 以下，并呈现逐渐下降的趋势，且于 2015 年达到最小值 44.2%。民营企业总体上呈上升趋势，2006 年，民营企业出口额达到 2118.3 亿美元，占 21.9%，首次超过国有企业，并保持至今，且于 2015 年达到最大值 45.2%。受国

表 3-16　　加入世界贸易组织后中国出口贸易经营主体结构情况（2002—2015 年）①　　单位：亿美元、%

年份	国有企业 出口额	国有企业 比重	外商投资企业 出口额	外商投资企业 比重	民营企业 出口额	民营企业 比重
2002	1228.6	37.7	1699.4	52.2	326.4	10.0
2003	1380.3	31.5	2403.4	54.8	598.8	13.7
2004	1535.9	25.9	3386.1	57.1	1010.4	17.0
2005	1688.1	22.2	4442.1	58.3	1487.4	19.5
2006	1913.5	19.7	5638.4	58.2	2118.3	21.9
2007	2248.1	18.5	6955.2	57.1	2943.8	24.2
2008	2572.3	18.0	7906.2	55.3	3806.9	26.6
2009	1910	15.9	6722.3	55.9	3384.4	28.2
2010	2343.6	14.9	8623.1	54.6	4812.7	30.5
2011	2672.2	14.1	9953.3	52.4	6360.5	33.5
2012	2562.8	12.5	10227.2	49.9	7699.0	37.6
2013	2489.9	11.3	10442.6	47.3	9167.7	41.5
2014	2565.2	11.0	10744.6	45.9	10115.9	43.2
2015	2423.9	10.7	10047.3	44.2	10278.3	45.2

资料来源：根据中国海关统计数据库中的数据整理测算所得。

① 由于数据限制等原因，与 2002—2008 年民营企业出口额仅包括私营企业和集体企业出口额不同，2009 年和 2010 年的民营企业出口额还包括其他企业的出口额。

表3-17　　加入世界贸易组织后中国进口贸易经营主体结构情况（2002—2015年）① 　　单位：亿美元、%

年份	国有企业 进口额	国有企业 比重	外商投资企业 进口额	外商投资企业 比重	民营企业 进口额	民营企业 比重
2002	1144.9	38.8	1602.7	54.3	190.4	6.5
2003	1424.8	34.5	2319.1	56.2	378.1	9.2
2004	1764.5	31.4	3245.7	57.8	597	10.6
2005	1972	29.9	3875.2	58.7	745	11.3
2006	2252.4	28.5	4726.2	59.7	928	11.7
2007	2697.2	28.2	5594.1	58.5	1232.6	12.9
2008	3538.1	31.2	6199.6	54.7	1513.5	13.4
2009	2884.7	28.7	5452.1	54.2	1718.8	17.1
2010	3875.5	27.8	7380	52.9	2692.8	19.3
2011	4934.0	28.3	8643.3	49.6	3852.3	22.1
2012	4954.2	27.3	8712.5	47.9	4511.5	24.8
2013	4989.9	25.6	8748.5	44.9	5764.8	29.6
2014	4911.3	25.0	9095.2	46.4	5601.6	28.6
2015	4078.4	24.2	8298.9	49.3	4442.2	26.4

资料来源：根据《中国海关统计》数据库中的数据整理测算所得。

际金融危机影响，2009年，三类企业出口额绝对值均有所下降，降幅最大的为外商投资企业，较上年减少1183.9亿美元；其次是国有企业，较2008年减少金额达到662.3亿美元；最后是民营企业，较上年减少422.5亿美元。2015年，民营企业首次超过外商投资企业而跃居榜首地位，其出口额为10278.3亿美元，占45.2%；外商投资企业出口额为10047.3亿美元，占44.2%；国有企业出口额为2423.9亿美元，占10.7%。总体来看，这期间外商投资企业居于出口主导地

---

① 由于数据限制等原因，与2002—2008年民营企业进口额仅包括私营企业和集体企业进口额不同，2009年和2010年的民营企业进口额还包括其他企业的进口额。

位，其次是以 2006 年以前的国有企业和此后的民营企业。

从表 3-17 中可知，国有企业、外商投资企业和民营企业的进口绝对额均有不同程度的增长，尽管受经济危机影响，2009 年的国有企业和外商投资企业出口额较上年有所减少。这三类企业占比增速表现最为明显的是民营企业，2002—2015 年，其一直处于上升态势，并于 2013 年达到最大值为 29.6%；外商投资企业仍旧保持 50% 以上的占比优势，但是，此期间却表现出 2002—2006 年的上升趋势和 2007—2013 年的下降态势，而 2014 年出现了明显的反弹；国有企业占比处于 24%—39% 之间的波动状态，2002—2015 年大体呈现下降趋势，但 2008 年却出现反弹，此后又一路降低；2015 年，外商投资企业进口规模仍居榜首，进口减少 8.76%，国有企业进口同比减少 16.96%，民营企业进口减少 20.7%。总之，外商投资企业一直保持进口额的主导优势，其次是国有企业和民营企业。

（五）中国各地区进出口结构的变化

在开展对外贸易的地区构成上，改革开放以来，由于在地理位置、交通、通信以及利用外资和经济发展等方面的明显优势，沿海省份成为中国发展对外贸易的主要基地。1995 年，中国进出口额最大的 10 个省份依次是广东、北京、上海、江苏、福建、山东、辽宁、浙江、天津和河北，其进出口额合计为 2467 亿美元，占当年中国外贸总额的 87.8%，与 1990 年大体持平，其余 20 个省份仅占中国外贸总额的 12.2%。进入 21 世纪后，尤其是加入世界贸易组织之后，中国各省份及中西部地区的出口额占全国的比重虽表现出不同的发展趋势，但仍旧呈现出进一步集中沿海地区的态势（见表 3-18）。从单个省份来看，2002—2015 年，出口比重总体呈现趋于下降的地区有天津、辽宁、吉林、广东、海南、宁夏等地，总体呈现上升趋势的地区有江苏、浙江、江西、新疆等地，而其他省份在此期间有升有降；所占比重超过 10% 的省份有上海、江苏、浙江和广东，其中，广东作为改革开放的前沿阵地，一直排在出口的第一位，所占比重超过 20%，某些年份超过 30%，而近些年所占份额却有所下降。从东部、中部、西部地区角度来看，东部地区①一直处于绝对优势的地位，年均占比超过90%，中西部地区②各年加总占比不到10%，其中，中部地区占比在5%左右，而西部地区③所占份额虽然较小，但近些年却表现出上升的态势。2010年，中西部地区出口增长速度高于东部，中部和西部地区出口占全国出口比重比"十五"期末分别提高1.0个和1.2个百分点（商务部，2011）。④ 2011年，东部所占比重达到最大值94.15%，而在随后的四年里呈现了下降的趋势，并于2014年达到最小值85.99%；中部地区则在2002—2015年整个区间中基本保持了持续增长势头，并于2015年达到最大值7.60%；在东部所占比重达到最大值的2011年，西部地区出口所占比重在随后的四年里保持了连续增长势头，并于2014年达到了最大值6.87%。

表3-18 加入世界贸易组织后中国各省份及中西部出口占全国出口比重（2002—2015年）　　　　单位:%

地区	2002年	2003年	2004年	2005年	2006年	2007年	2008年	2009年	2010年	2011年	2012年	2013年	2014年	2015年
北京	2.57	2.27	2.21	2.41	2.57	2.48	2.43	4.03	3.51	1.67	1.53	1.50	1.35	1.28
天津	3.39	3.16	3.45	3.42	3.37	3.14	2.9	2.49	2.38	2.37	2.39	2.22	2.22	2.13
河北	1.28	1.36	1.64	1.58	1.57	1.79	2.04	1.31	1.43	1.89	1.82	1.85	2.10	2.10
山西	0.84	0.85	1.21	0.83	0.68	0.79	1.00	0.24	0.30	0.40	0.41	0.44	0.50	0.50
内蒙古	0.31	0.35	0.32	0.30	0.28	0.31	0.32	0.19	0.21	0.32	0.26	0.24	0.27	0.27
辽宁	3.71	3.43	3.30	3.24	2.93	2.93	2.95	2.78	2.73	2.69	2.56	2.42	2.38	2.25
吉林	0.57	0.55	0.32	0.36	0.32	0.33	0.34	0.26	0.28	0.29	0.29	0.26	0.27	0.24

---

① 东部地区包括北京、上海、天津、广东、浙江、江苏、山东、福建、辽宁、河北、海南。
② 中部地区包括江西、安徽、黑龙江、吉林、河南、湖北、湖南、山西。
③ 西部地区包括青海、重庆、四川、广西、宁夏、云南、陕西、贵州、甘肃、新疆、内蒙古、西藏。
④ 商务部《中国对外贸易形势报告》（2011年春季），http：//www.mofcom.gov.cn/aarticle/ae/ai/201104/20110407512071.html？test，2011年4月22日。

续表

地区	2002年	2003年	2004年	2005年	2006年	2007年	2008年	2009年	2010年	2011年	2012年	2013年	2014年	2015年
黑龙江	0.74	0.85	0.63	0.76	0.72	0.83	0.65	0.84	1.03	0.49	0.48	0.55	0.52	0.28
上海	9.53	10.46	11.75	11.36	11.19	11.28	11.24	11.80	11.45	10.46	9.45	8.55	8.19	7.86
江苏	11.99	13.59	14.84	16.35	16.82	17.05	17.17	16.58	17.15	17.09	16.31	15.11	14.97	15.34
浙江	9.70	10.13	10.31	10.7	11.1	11.25	11.62	11.07	11.44	12.59	11.94	11.88	12.00	12.45
安徽	0.71	0.63	0.60	0.67	0.68	0.70	0.75	0.74	0.79	0.83	1.01	1.02	1.13	1.22
福建	5.65	5.36	5.15	4.72	4.31	4.04	3.92	4.44	4.53	4.25	4.34	4.27	4.17	4.13
江西	0.33	0.32	0.44	0.35	0.41	0.45	0.55	0.61	0.85	0.88	0.98	1.02	1.16	1.33
山东	6.60	6.32	6.27	6.26	6.23	6.42	6.77	6.62	6.61	7.08	6.64	6.41	6.62	6.53
河南	0.72	0.76	0.74	0.74	0.75	0.75	0.87	0.61	0.67	1.14	1.56	1.75	1.82	2.01
湖北	0.64	0.59	0.55	0.55	0.61	0.66	0.80	0.83	0.92	1.00	0.92	0.95	1.02	1.19
湖南	0.55	0.49	0.53	0.51	0.53	0.54	0.62	0.46	0.50	0.58	0.60	0.65	0.73	0.84
广东	36.58	35.09	32.42	31.62	31.52	30.65	28.78	29.87	28.72	29.67	31.05	33.13	31.82	32.12
广西	0.45	0.41	0.39	0.38	0.40	0.40	0.48	0.70	0.61	0.45	0.45	0.43	0.56	0.62
海南	0.21	0.15	0.14	0.11	0.11	0.14	0.12	0.11	0.15	0.12	0.14	0.14	0.18	0.19
重庆	0.34	0.34	0.32	0.31	0.32	0.35	0.37	0.36	0.47	0.79	1.52	1.73	2.22	1.76
四川	0.81	0.69	0.59	0.54	0.59	0.6	0.75	1.18	1.19	1.14	1.52	1.48	1.57	1.25
贵州	0.17	0.19	0.21	0.15	0.14	0.17	0.19	0.11	0.12	0.14	0.15	0.15	0.15	0.24
云南	0.40	0.34	0.34	0.37	0.32	0.35	0.31	0.30	0.48	0.33	0.26	0.40	0.45	0.47
西藏	0.02	0.02	0.02	0.01	0.02	0.02	0.02	0.03	0.05	0.05	0.10	0.09	0.09	0.02
陕西	0.48	0.44	0.44	0.50	0.45	0.44	0.48	0.33	0.39	0.36	0.41	0.46	0.60	0.64
甘肃	0.16	0.17	0.17	0.15	0.17	0.14	0.12	0.06	0.10	0.08	0.09	0.06	0.09	0.09
青海	0.05	0.05	0.08	0.04	0.05	0.05	0.04	0.02	0.03	0.03	0.02	0.02	0.01	0.02
宁夏	0.11	0.12	0.12	0.11	0.11	0.11	0.12	0.06	0.07	0.11	0.09	0.08	0.11	0.10
新疆	0.40	0.54	0.49	0.66	0.72	0.88	1.29	0.91	0.82	0.73	0.70	0.72	0.75	0.55
东部	91.21	91.32	91.48	91.77	91.72	91.17	89.94	91.08	90.10	94.15	88.17	87.47	85.99	86.36
中部	5.1	5.04	5.02	4.77	4.7	5.05	5.58	4.59	5.34	5.61	6.25	6.67	7.14	7.60
西部	3.7	3.66	3.49	3.46	3.57	3.79	4.48	4.33	4.56	0.24	5.58	5.86	6.87	6.04

资料来源：根据历年《中国统计年鉴》、中国海关统计数据库、中经网统计数据库中的数据整理测算所得。

综上所述,加入世界贸易组织后中国各省份及中西部地区的进口占比也呈现出不同的变化格局(见表3-19)。从单个省份来看,2002—2015年,进口占比总体呈现趋于下降的地区有辽宁、福建、广东等地,总体呈现上升趋势的地区有江西等地,而其他省份在此期间表现出不同程度的波动;所占比重超过10%的省份有上海、江苏和广东,其中,广东作为改革开放的桥头堡,一直名列前茅,赢得首位的桂冠,所占比重超过20%,某些年份超过30%,而近些年所占份额却有所下降。从东部、中部、西部地区角度来看,东部地区一直占据绝对优势的席位,但从2010年开始呈现了下降的趋势并于2015年达到其最小值85.94%,中西部地区则处于劣势地位,其中中部地区所占比重在4.5%—7%之间,而西部地区所占比重仅在3%—7.5%上下波动。纵观数据可知,中西部地区所占比重虽小,但却呈现了增长的势头,分别于2015年达到各自的最大值6.84%和7.22%。

表3-19　加入世界贸易组织后中国各省份及中西部进口占全国进口比重(2002—2015年)　　　　　　单位:%

地区	2002年	2003年	2004年	2005年	2006年	2007年	2008年	2009年	2010年	2011年	2012年	2013年	2014年	2015年
北京	6.22	5.18	5.30	5.32	5.76	5.42	5.32	16.54	17.64	5.60	5.36	5.04	5.69	6.06
天津	3.99	3.92	4.05	4.34	4.37	3.91	4.01	3.37	3.20	3.82	4.06	4.39	4.72	4.20
河北	0.91	0.91	0.99	1.10	1.05	1.32	1.92	1.39	1.40	2.77	2.48	2.53	2.30	1.94
山西	0.29	0.35	0.33	0.43	0.39	0.59	0.51	0.57	0.56	0.49	0.45	0.38	0.35	0.36
内蒙古	0.56	0.41	0.44	0.46	0.46	0.42	0.47	0.41	0.46	0.47	0.47	0.45	0.45	0.46
辽宁	3.85	3.59	3.63	3.39	3.04	3.09	3.53	2.93	2.69	3.55	3.62	3.48	3.56	3.33
吉林	0.75	1.06	0.99	0.70	0.71	0.76	0.77	0.86	0.89	1.01	1.01	1.00	1.06	0.87
黑龙江	0.77	0.60	0.62	0.71	0.89	0.88	0.98	0.61	0.66	0.97	1.01	0.78	0.88	0.60
上海	13.97	15.67	15.51	14.38	14.24	14.29	13.54	13.51	13.48	13.46	13.23	12.59	13.30	14.55
江苏	12.02	14.94	16.30	17.25	17.19	17.22	16.35	13.87	13.98	14.73	13.99	13.31	13.20	13.82
浙江	5.01	5.31	5.97	6.40	6.63	6.51	6.74	5.44	5.23	6.45	5.69	5.29	4.96	4.53
安徽	0.64	0.70	0.61	0.63	0.71	0.76	0.80	0.68	0.85	0.84	0.84	0.84	0.85	0.88
福建	4.05	3.66	3.44	3.16	2.93	2.74	2.92	2.62	2.67	3.09	3.15	3.09	3.42	3.20

续表

地区	2002年	2003年	2004年	2005年	2006年	2007年	2008年	2009年	2010年	2011年	2012年	2013年	2014年	2015年
江西	0.32	0.37	0.39	0.35	0.42	0.51	0.65	0.54	0.59	0.65	0.56	5.31	0.61	0.63
山东	5.38	5.26	5.74	6.27	6.35	6.55	8.03	5.92	6.08	8.61	8.84	8.89	8.85	7.73
河南	0.47	0.55	0.53	0.52	0.48	0.53	0.66	0.61	0.52	0.80	1.23	1.24	1.32	1.86
湖北	0.83	0.79	0.77	0.88	0.78	0.76	0.87	0.72	0.82	0.84	0.75	0.75	0.86	1.04
湖南	0.50	0.61	0.52	0.47	0.35	0.38	0.42	0.46	0.48	0.52	0.50	0.51	0.57	0.61
广东	36.03	32.83	30.45	30.03	29.86	29.19	27.04	25.07	23.76	25.44	26.35	28.18	25.35	25.90
广西	0.38	0.35	0.45	0.44	0.48	0.58	0.71	0.58	0.58	1.36	1.74	1.50	1.63	1.91
海南	0.38	0.31	0.37	0.19	0.29	0.57	0.70	0.36	0.45	0.64	0.65	0.59	0.65	0.67
重庆	0.31	0.26	0.33	0.28	0.27	0.31	0.33	0.34	0.35	0.55	0.78	1.06	1.56	1.12
四川	0.62	0.67	0.57	0.54	0.63	0.66	0.81	0.99	1.06	1.13	1.15	1.25	1.10	1.10
贵州	0.14	0.18	0.20	0.14	0.11	0.12	0.18	0.09	0.09	0.13	0.10	0.08	0.08	0.14
云南	0.35	0.34	0.34	0.34	0.35	0.37	0.45	0.38	0.42	0.35	0.31	0.37	0.48	0.50
西藏	0.02	0.01	0.00	0.00	0.00	0.00	0.00	0.00	0.00	0.00	0.00	0.00	0.00	0.00
陕西	0.41	0.40	0.34	0.35	0.32	0.30	0.33	0.44	0.42	0.42	0.37	0.51	0.69	0.91
甘肃	0.18	0.13	0.17	0.28	0.36	0.43	0.42	0.31	0.41	0.36	0.29	0.28	0.16	0.13
青海	0.02	0.03	0.03	0.03	0.04	0.03	0.04	0.03	0.04	0.03	0.03	0.02	0.03	0.19
宁夏	0.05	0.05	0.07	0.06	0.07	0.06	0.08	0.05	0.06	0.05	0.04	0.04	0.07	0.06
新疆	0.61	0.60	0.55	0.50	0.47	0.40	0.29	0.57	0.30	0.30	0.91	1.07	1.11	1.09	0.87
东部	91.81	91.58	91.75	91.83	91.71	90.81	90.10	91.01	90.59	89.83	87.41	87.38	86.70	85.94
中部	4.57	5.03	4.76	4.69	4.73	5.17	5.66	5.05	5.37	6.12	6.19	6.03	6.52	6.84
西部	3.65	3.39	3.46	3.48	3.55	4.01	4.42	3.94	4.04	4.05	6.40	6.59	6.78	7.22

资料来源：根据历年《中国统计年鉴》、中国海关统计数据库和中经网统计数据库中的数据整理测算所得。

四 中国对外贸易对经济增长的贡献

（一）中国对外贸易的依存度

作为推动经济发展的"三驾马车"之一，中国对外贸易的发展对于整个经济社会的发展产生了无可替代的重大影响。由于经济体制等诸多原因，我们将重点讨论分析改革开放之后中国对外贸易对于中国经济社会的贡献作用。1979年，中国的GDP为1755.7亿美元，人均GDP为269美元；1998年，中国GDP首次突破万亿美元大关，达到10195亿美元，人均GDP为821美元；加入世界贸易组织的2001年，中国GDP达到13248亿美元，人均GDP第一次突破1000美元，达到1042美元；2006年、2008年和2010年中国GDP分别为27130亿美元、45218亿美元和58786亿美元，人均GDP分别突破2000美元、3000美元和4000美元，分别达到2052美元、3414美元和4393美元；虽然遭受世界经济危机的冲击，2009年，中国的GDP仍旧实现了8.7%的增长率，总额较2008年增长4695亿美元，达到49913亿美元。在中国经济高速发展的同时，对外贸易也获得快速发展，对外贸易依存度不断刷新纪录（见表3-20）。1979—2015年，中国的外贸依存度、出口依存度和进口依存度分别从1979年的16.7%、7.8%和8.9%飙升到2015年的35.9%、20.7%和15.3%。虽然在此期间，对外贸易依存度有所起伏波动，但通过表3-20我们发现，在1996年以前其波动幅度较小，在此后出现了较大起伏，特别是受1997年东南亚金融危机和2008年国际金融风暴的影响，外贸依存度出现不同程度的下降，表现最为明显的是从2006年的64.9%下降到2015年的35.9%。但是，从长期发展的角度来考量，中国的对外贸易依存度总体表现为先上升后下降的趋势。从进口、出口依存度观察，1979—2015年出口依存度处于7%—36%区间内，并于2006年达到峰值为35.7%；进口依存度处于8%—30%之间，在2005年和2006年达到峰值为29.2%，并在2006年之后大致呈现出了下降的趋势，但都与外贸依存度表现出相似的发展态势。对于中国这样一个发展中的大国，过高的外贸依存度既表明经济开放度高，对外贸易对国民经济发展的促进作用大，同时也表明中国经济发展过于依赖国际市场，容易受到国际环境中不利因素的冲击，2008年的国际金融危机的影响就印证了这一点。而自2006年至今中国的对外依存度逐渐下降表明，中国经济发展对于国际市场的依赖程度在下降，从某种程度上讲，这是抵抗国际环境中不利因素冲击能力的增强。

表 3-20　中国 GDP 及对外贸易依存度（1979—2015 年）

单位：亿美元、%

年份	GDP	人均 GDP（美元）	进出口总额	依存度	出口额	依存度	进口额	依存度
1979	1755.7	269	293.3	16.7	136.6	7.8	156.7	8.9
1980	1882.4	309	381.4	20.3	181.2	9.6	200.2	10.6
1981	1941.1	288	440.3	22.7	220.1	11.3	220.2	11.3
1982	2031.8	279	416.1	20.5	223.2	11.0	192.9	9.5
1983	2284.6	295	436.2	19.1	222.3	9.7	213.9	9.4
1984	2574.3	299	535.5	20.8	261.4	10.2	274.1	10.6
1985	3066.7	292	696	22.7	273.5	8.9	422.5	13.8
1986	2978.3	279	738.5	24.8	309.4	10.4	429.1	14.4
1987	2703.7	299	826.5	30.6	394.4	14.6	432.1	16.0
1988	3095.2	367	1027.9	33.2	475.2	15.4	552.7	17.9
1989	3439.7	403	1116.8	32.5	525.4	15.3	591.4	17.2
1990	3569.4	343	1154.4	32.3	620.9	17.4	533.5	14.9
1991	3794.7	355	1357	35.8	719.1	19.0	637.9	16.8
1992	4226.6	419	1655.3	39.2	849.4	20.1	805.9	19.1
1993	4405	520	1957	44.4	917.4	20.8	1039.6	23.6
1994	5592.2	469	2366.2	42.3	1210.1	21.6	1156.1	20.7
1995	7280.1	604	2808.6	38.6	1487.8	20.4	1320.8	18.1
1996	8560.8	703	2898.8	33.9	1510.5	17.6	1388.3	16.2
1997	9526.5	775	3251.6	34.1	1827.9	19.2	1423.7	14.9
1998	10195	821	3239.5	31.8	1837.1	18.0	1402.4	13.8
1999	10833	864	3606.3	33.3	1949.3	18.0	1657	15.3
2000	11985	945	4742.9	39.6	2492	20.8	2250.9	18.8
2001	13248	1042	5096.5	38.5	2661	20.1	2435.5	18.4
2002	14538	1135	6207.7	42.7	3256	22.4	2951.7	20.3
2003	16410	1274	8509.9	51.9	4382.3	26.7	4127.6	25.2
2004	19316	1490	11545.5	59.8	5933.2	30.7	5612.3	29.1
2005	22569	1731	14219.1	63.0	7619.5	33.8	6599.5	29.2
2006	27130	2052	17604	64.9	9689.4	35.7	7914.6	29.2
2007	34941	2553	21737.3	62.2	12177.8	34.9	9559.5	27.4

续表

年份	GDP	人均GDP（美元）	进出口总额	依存度	出口额	依存度	进口额	依存度
2008	45218	3414	25632.6	56.7	14306.9	31.6	11325.6	25.0
2009	49913	3749	22072.2	44.2	12016.6	24.1	10055.6	20.1
2010	58786	4393	29727.6	50.6	15779.3	26.8	13948.3	23.7
2011	74956	5577	36418.6	48.6	18963.8	25.3	17434.8	23.3
2012	84614	6264	38617.6	45.7	20467.1	24.2	18184.1	21.5
2013	94946	6995	41589.9	43.8	22090	23.3	19499.9	20.5
2014	103558	7591	43015.3	41.5	23422.9	22.6	19592.3	18.9
2015	110080	8006	39530.3	35.9	22734.7	20.7	16795.6	15.3

资料来源：根据历年《中国统计年鉴》、《中国海关统计年鉴》、世界贸易组织数据库、《新中国五十年统计资料汇编》、世界银行WDI数据库和国研网中的数据整理所得。

（二）中国对外贸易对经济增长的贡献率和拉动度

我们也可以用对外贸易对中国经济增长的贡献率和拉动度两个指标来分析改革开放以后对外经济贸易发展对中国GDP增长的促进作用。其中：对外贸易对经济增长的贡献率被定义为中国对外贸易增量与中国GDP增量之比，即贡献率＝进出口增量/GDP增量，具体而言，又包括出口贡献率、进口贡献率和净出口贡献率；对外贸易对经济增长的拉动度被定义为中国对外贸易贡献率和GDP增速之积，即拉动度＝贡献率×GDP的增长速度，具体细分又包括出口拉动度、进口拉动度和净出口拉动度。中国对外贸易对中国经济增长的贡献率和拉动度见表3-21和表3-22。从表3-21中可知，1979—2015年，中国的出口贡献率在多数年份都是正向的，并且整体波动不是太大；进口贡献率在多数年份也是正向的，并且整体起伏也不大，除在1990年处于波谷降到－44.64％和1993年达到波峰上升到131％外；净出口对经济增长的正向贡献率年数为19年，负向贡献率年数为18年，且整体波动幅度仍旧不大，除了1990年为118.27％。在2010—2015年间，出口贡献率和进口贡献率基本呈现了下降的趋势，与此同时，净出口贡献率却呈现了上升的趋势，这说明在此期间里出口贡献率的下降幅度要小于进口贡献率。也就是说,与出口所带来的效用相比,进口所带来的效用正在以更快的速度逐渐减弱。

表3-21　　中国对外贸易贡献率(1979—2015年)　　　单位:%

年份	出口贡献率	进口贡献率	净出口贡献率
1979	30.83	37.61	-6.79
1980	35.20	34.33	0.87
1981	66.27	34.07	32.20
1982	3.42	-30.10	33.52
1983	-0.36	8.31	-8.66
1984	13.50	20.78	-7.28
1985	2.46	30.14	-27.68
1986	-40.61	-7.47	-33.14
1987	-30.95	-1.09	-29.86
1988	20.64	30.80	-10.17
1989	14.57	11.23	3.34
1990	73.63	-44.64	118.27
1991	43.59	46.34	-2.75
1992	30.17	38.90	-8.73
1993	38.12	131.00	-92.88
1994	24.65	9.81	14.84
1995	16.45	9.76	6.69
1996	1.77	5.27	-3.50
1997	32.87	3.67	29.20
1998	1.38	-3.19	4.56
1999	17.59	39.91	-22.32
2000	47.11	51.55	-4.44
2001	13.38	14.62	-1.24
2002	46.12	40.02	6.11
2003	60.17	62.82	-2.65
2004	53.37	51.09	2.28

续表

年份	出口贡献率	进口贡献率	净出口贡献率
2005	51.84	30.35	21.49
2006	45.38	28.83	16.55
2007	31.86	21.06	10.80
2008	20.72	17.18	3.53
2009	-48.78	-27.05	-21.73
2010	42.41	43.87	-1.47
2011	20.00	24.54	-2.98
2012	12.24	3.28	8.96
2013	14.42	11.57	2.85
2014	14.03	-1.41	15.44
2015	-6.54	-38.58	32.04

资料来源：根据历年《中国统计年鉴》和《中国海关统计年鉴》、世界贸易组织数据库、国研网中的数据整理测算所得。

从表3-22中可知，中国的出口拉动度和进口拉动度在1979—2015年中多数年份是正向的，其中，2009年因受国际金融危机影响致使出口拉动度出现较大负向为-5.07%，最大正向为2004年，达到9.45%；而进口拉动度主要在1982年、1990年、1998年、2009年、2014年和2015年出现负值，其余年份均为正向，最高值为2004年的9.05%；净出口拉动度在改革开放后整体波动不是很大，除了在1985年、1993年和2009年出现稍微较大幅度负向波动，在此期间，正向拉动度的年数有21年，负向拉动度的年数为16年。在2010—2015年期间，出口拉动度与进口拉动度基本呈现了下降的趋势。与此同时，净出口拉动度却呈现了上升的趋势。这说明在此期间出口拉动度的下降幅度要小于进口拉动度的下降幅度。也就是说，与出口所形成的拉动作用相比，进口所形成的拉动作用正在以更快的速度逐渐减弱。

表 3-22　　中国对外贸易拉动度（1979—2015 年）　　　　单位:%

年份	出口拉动度	进口拉动度	净出口拉动度
1979	2.40	2.93	-0.53
1980	2.54	2.48	0.06
1981	2.07	1.06	1.00
1982	0.16	-1.41	1.57
1983	-0.04	1.03	-1.08
1984	1.71	2.64	-0.92
1985	0.47	5.76	-5.29
1986	1.17	0.22	0.96
1987	2.85	0.10	2.75
1988	2.99	4.46	-1.47
1989	1.62	1.25	0.37
1990	2.78	-1.68	4.46
1991	2.75	2.92	-0.17
1992	3.43	4.43	-0.99
1993	1.61	5.53	-3.92
1994	6.64	2.64	4.00
1995	4.97	2.95	2.02
1996	0.31	0.93	-0.62
1997	3.71	0.41	3.29
1998	0.10	-0.22	0.32
1999	1.10	2.50	-1.40
2000	5.01	5.48	-0.47
2001	1.41	1.54	-0.13
2002	4.49	3.90	0.59
2003	7.75	8.09	-0.34
2004	9.45	9.05	0.40
2005	8.73	5.11	3.62
2006	9.17	5.83	3.34
2007	9.17	6.06	3.11
2008	6.09	5.05	1.04
2009	-5.07	-2.81	-2.26

续表

年份	出口拉动度	进口拉动度	净出口拉动度
2010	7.54	7.80	-0.26
2011	3.68	4.51	-0.55
2012	1.26	0.34	0.93
2013	1.46	1.17	0.29
2014	1.15	-0.12	1.26
2015	-0.41	-2.43	2.02

资料来源：根据历年《中国统计年鉴》《中国海关统计年鉴》、世界贸易组织数据库和国研网中的数据整理测算所得。

第二节 中国产业结构及能源消耗特点

一 中国产业组成结构[①]

(一) 中国三次产业结构总体情况

自1978年改革开放以来，中国国民经济得到了突飞猛进的发展，其方式从传统的计划经济方式逐渐向社会主义市场经济方式过渡以及从粗放型经济增长方式逐渐向集约型经济增长方式转变。根据配第—克拉克定理（Petty, 1691；Colin Clark, 1940)[②][③]，在产业结构的演进过程，产业结构的发展朝向一般是按照从农业产出为主→工业产出

---

① 根据《国民经济行业分类》（GB/T4754—2002）标准，中国三次产业划分范围为：第一产业是指农林牧渔业；第二产业是指采矿业，制造业，电力、燃气及水的生产和供应业，建筑业；第三产业是指除第一、第二产业以外的其他行业。第三产业是指交通运输、仓储和邮政业，信息传输、计算机服务和软件业，批发和零售业，住宿和餐饮业，金融业，房地产业，租赁和商务服务业，科学研究、技术服务和地质勘查业，水利、环境和公共设施管理业，居民服务和其他服务业，教育，卫生、社会保障和社会福利业，文化、体育和娱乐业，公共管理和社会组织，国际组织。
② [英]威廉·配第：《政治算术》，马妍译，中国社会科学出版社2010年版。
③ Colin Clark, *The Conditions of Economic Progress*, London: Macmillan & Co., Ltd., 1940.

为主→第三产业产出为主的脉络循序演进的。中国产业结构的演进路径也基本上是按照这样的发展模式进行的，产业结构得到调整并取得初步成效，国民经济发展取得了巨大的成绩。1978 年，中国的 GDP 仅为 3645.2 亿元，2013 年达到 570018.7 亿元，较 1978 年增长 156.38 倍，实际金额增加 566373.5 亿元，年均增长率为 4.32% 左右。[①] 表 3-23 显示，中国第一、第二、第三产业产值由 1978 年的 1027.5 亿元、1745.2 亿元和 872.5 亿元分别增加到 2013 年的 55321.7 亿元、256810 亿元和 257887 亿元，结构比重由 28.2%、47.9% 和 23.9% 调整到 9.4%、43.7% 和 46.9%，较为成功地实现了三次产业从"二一三"向"二三一"的升级转型。其中，第一产业的占比在大幅度下降，所降幅度高达 18.8 个百分点，第二产业始终维系在 40% 以上的比重，第三产业呈现较快增长态势，提高 23 个百分点。2012 年，第三产业比重首次超过第二产业且其比重差距呈扩大趋势；2015 年，第三产业所占比重首次突破 50%，并且仍保持着呈较高的增长速度，截至目前，中国产业结构中第三产业的主导作用日益体现。总体而言，中国的产业结构格局渐进向合理和优化状态靠拢，其基本符合现代经济发展规律。

表 3-23　中国三次产业 GDP 及比重和增长率变化（1978—2015 年）

年份	GDP（亿元） 第一产业	第二产业	第三产业	比重（%） 第一产业	第二产业	第三产业	增长率（%） 第一产业	第二产业	第三产业
1978	1027.5	1745.2	872.5	28.2	47.9	23.9	4.1	15	13.8
1979	1270.2	1913.5	878.9	31.3	47.1	21.6	6.1	8.2	7.9
1980	1371.6	2192	982	30.2	48.2	21.6	-1.5	13.6	6
1981	1559.5	2255.5	1076.6	31.9	46.1	22	7	1.9	10.4
1982	1777.4	2383	1163	33.4	44.8	21.8	11.5	5.6	13
1983	1978.4	2646.2	1138.1	33.2	44.4	22.4	8.3	10.4	15.2

① 按照不变价格计算所得。

续表

年份	GDP（亿元） 第一产业	第二产业	第三产业	比重（%） 第一产业	第二产业	第三产业	增长率（%） 第一产业	第二产业	第三产业
1984	2316.1	3105.7	1786.3	32.1	43.1	24.8	12.9	14.5	19.3
1985	2564.4	3866.6	2585	28.4	42.9	28.7	1.8	18.6	18.2
1986	2788.7	4492.7	2993.8	27.2	43.7	29.1	3.3	10.2	12
1987	3233	5251.6	3574	26.8	43.6	29.6	4.7	13.7	14.4
1988	3865.4	6587.2	4590.3	25.7	43.8	30.5	2.5	14.5	13.2
1989	4265.9	7278	5448.4	25.1	42.8	32.1	3.1	3.8	5.4
1990	5062	7717.4	5888.4	27.1	41.3	31.6	7.3	3.2	2.3
1991	5342.2	9102.2	7337.1	24.5	41.8	33.7	2.4	13.9	8.9
1992	5866.6	11699.5	9357.4	21.8	43.4	34.8	4.7	21.2	12.4
1993	6963.8	16454.4	11915.7	19.7	46.6	33.7	4.7	19.9	12.2
1994	9572.7	22445.4	16179.8	19.8	46.6	33.6	4	18.4	11.1
1995	12135.8	28679.5	19978.5	19.9	47.2	32.9	5	13.9	9.8
1996	14015.4	33835	23326.2	19.7	47.5	32.8	5.1	12.1	9.4
1997	14441.9	37543	26988.1	18.3	47.5	34.2	3.5	10.5	10.7
1998	14817.6	39004.2	30580.5	17.6	46.2	36.2	3.5	8.9	8.4
1999	14770	41033.6	33873.4	16.5	45.8	37.7	2.8	8.1	9.3
2000	14944.7	45555.9	38714	15.1	45.9	39	2.4	9.4	9.7
2001	15781.3	49512.3	44361.6	14.4	45.1	40.5	2.8	8.4	10.3
2002	16537	53896.8	49898.9	13.7	44.8	41.5	2.9	9.8	10.4
2003	17381.7	62436.3	56004.7	12.8	46	41.2	2.5	12.7	9.5
2004	21412.7	73904.3	64561.3	13.4	46.2	40.4	6.3	11.1	10.1
2005	22420	87364.6	73432.9	12.2	47.7	40.1	5.2	12.1	12.2
2006	24040	103162	84721.4	11.3	48.7	40	5	13.4	14.1
2007	28627	124799	103879.6	11.1	48.5	40.4	3.7	15.1	16
2008	33702	149003.4	131340	10.7	47.4	41.8	5.4	9.9	10.4
2009	35226	157638.78	148038.04	10.3	46.3	43.4	4.2	9.9	9.3
2010	40533.6	187581.42	173087.01	10.1	46.8	43.1	4.3	12.2	9.5
2011	46153.3	223390.3	214579.9	9.5	46.1	44.3	4.2	10.6	9.5
2012	50892.7	240220.4	243030.0	9.5	45.0	45.5	4.5	8.2	8.0

续表

年份	GDP（亿元）			比重（%）			增长率（%）		
	第一产业	第二产业	第三产业	第一产业	第二产业	第三产业	第一产业	第二产业	第三产业
2013	55321.7	256810.0	257887.0	9.4	43.7	46.9	3.8	7.9	8.3
2014	58343.5	277571.8	308058.6	9.1	43.1	47.8	4.1	7.4	7.8
2015	60870.5	280560.3	344075.0	8.9	40.9	50.2	3.9	6.1	8.3

注：本表中的 GDP 和比重按当年价格计算，增长率则按不变价格计算。

资料来源：根据历年《中国统计年鉴》、2010 年国民经济和社会发展统计公报数据整理测算所得。

（二）三次产业对中国经济的贡献率与拉动度

中国产业结构的逐步优化升级推动了中国经济的快速发展。表 3-24 和表 3-25 分别显示了 1990—2015 年中国三次产业对 GDP 的贡献率和拉动度。通过表 3-14 和表 3-25，我们可知，就贡献率而言，除了在 1990 年第一产业贡献率高于第二、第三产业贡献率，在所统计的其他年份里均远低于后两者；而第二产业贡献率一直占据着重要地位，从长期来看，具有先上升后下降的趋势，并于 1994 年达到历史最大值 67.93%，截至 2015 年，其贡献率接近历史最低值，其中，工业也具有相似的趋势并分别于 1994 年和 2015 年达到最大值和最小值；第三产业贡献率于 2001 年首次超过第二产业贡献率并于 2015 年再次超过第二产业贡献率，从长期来看，第三产业贡献率具有明显的上升趋势。就拉动度而言，1990 年第一产业拉动度超过第二、第三产业拉动度，但却呈现了明显的下降趋势并于 2015 年达到历史最小值 0.32%；从长期来看，第二产业拉动度具有先上升后下降的趋势并于 1993 年达到历史最大值 9.24%，截至 2015 年，其拉动度接近历史最低值，其中，工业也具有相似的趋势并分别于 1993 年和 1990 年达到最大值和最小值；第三产业拉动度于 2001 年首次超过第二产业拉动度并于 2015 年再次超过第二产业拉动度。从长期来看，第二产业拉动度具有明显的上升趋势。第二产业贡献率和拉动度先上升后下降的趋势与第三产业贡献率和拉动度明显的上升势头说明中国的产业结构正在进行逐步优化，这样的结果与中国工业化的发展过程基本相吻合。

表 3-24　中国三次产业对 GDP 的贡献率（1990—2015 年）　　单位：%

年份	第一产业	第二产业 总额	第二产业 工业	第三产业
1990	41.74	41.04	39.75	17.32
1991	7.14	62.80	57.97	30.06
1992	8.45	64.45	57.59	27.10
1993	7.90	65.46	59.11	26.64
1994	6.59	67.93	62.60	25.48
1995	9.07	64.34	58.52	26.59
1996	9.56	62.91	58.49	27.53
1997	6.76	59.73	58.29	33.52
1998	7.58	60.94	55.40	31.48
1999	5.99	57.77	55.04	36.24
2000	4.43	60.80	57.63	34.77
2001	5.08	46.70	42.15	48.22
2002	4.57	49.66	44.45	45.68
2003	3.36	58.51	51.91	38.13
2004	7.85	52.23	47.74	40.00
2005	5.61	51.11	43.37	43.27
2006	4.78	50.04	42.42	45.18
2007	2.99	50.70	44.03	46.31
2008	5.73	49.25	43.40	45.02
2009	4.53	52.52	40.45	42.95
2010	3.57	57.41	49.62	39.02
2011	4.17	51.99	45.87	43.84
2012	5.16	49.91	41.87	44.94
2013	4.32	48.49	40.47	47.19
2014	4.70	47.84	39.15	47.45
2015	4.63	41.63	35.01	53.73

注：（1）三次产业的贡献率是指各个产业的增加值增量与 GDP 的增量之比；（2）按不变价格计算。

资料来源：根据历年《中国统计年鉴》、2010 年国民经济和社会发展统计公报数据整理测算所得。

表 3-25　　中国三次产业对 GDP 的拉动度（1990—2015 年）　　单位:%

年份	第一产业	第二产业 总额	第二产业 工业	第三产业
1990	1.60	1.58	1.53	0.56
1991	0.64	5.76	5.32	2.76
1992	1.20	9.18	8.20	3.76
1993	1.10	9.24	8.25	3.72
1994	0.86	8.89	8.19	3.33
1995	0.99	7.03	6.39	2.90
1996	0.96	6.30	5.85	2.75
1997	0.63	5.55	5.42	3.12
1998	0.59	4.77	4.34	2.37
1999	0.36	4.40	4.19	2.76
2000	0.37	5.13	4.86	2.93
2001	0.42	3.88	3.50	4.00
2002	0.41	4.52	4.04	4.16
2003	0.34	5.87	5.20	3.82
2004	0.79	5.27	4.81	4.03
2005	0.63	5.78	4.91	4.89
2006	0.61	6.34	5.38	5.73
2007	0.42	7.18	6.24	6.56
2008	0.55	4.75	4.18	4.34
2009	0.41	4.79	3.69	3.91
2010	0.38	6.11	5.28	4.15
2011	0.40	4.96	4.38	4.18
2012	0.41	3.92	3.29	3.53
2013	0.33	3.76	3.14	3.66
2014	0.34	3.49	2.86	3.46
2015	0.32	3.43	2.88	3.72

注：(1) 三次产业的拉动率是指 GDP 的增长速度与各产业的贡献率的乘积；(2) 按不变价格计算。

资料来源：根据历年《中国统计年鉴》、2010 年国民经济和社会发展统计公报数据整理测算所得。

二 中国能源储量分布及消耗特点

(一) 中国化石能源资源储量及分布情况

在中国现有的化石能源资源探明储量中，96%是煤炭，油气资源仅占4%。[①]

(1) 煤炭资源（见表3-26）。据1992—1997年中国第三次全国煤炭资源预测结果，除中国台湾地区外，中国垂直深度在2000米以内的煤炭地质理论资源总量为55697.49亿吨，其中，探明保有资源量为10176.45亿吨，预测资源量为45521.04亿吨（张扬健，2011）；[②] 垂直在1000米以内的储量为28616亿吨；截至2007年，中国探明的煤炭资源为11804亿吨，其中，已经精查资源储量为1908.45亿吨，现有生产矿井已占用1146.55亿吨；虽然中国煤炭资源量大，但是，经济可采资源量不足，优质资源量少，人均拥有量只相当于世界平均水平的50%（林伯强，2010）。[③]

表3-26　　　全国煤炭资源区划及资源储量分布　　　单位：亿吨、%

区域	规划区	矿区数	储量	基础储量	资源量	查明资源量
一区	北京、天津、河北	274	42.27	97.71	81.32	179.03
	辽宁、吉林、黑龙江	641	68.32	159.4	155.09	314.49
	江苏、安徽、山东、河南	781	174.41	370.43	415.62	786.05
二区	陕西、山西、内蒙古、宁夏	1208	1267.32	2133.78	4726.18	6859.56
	甘肃、青海、新疆	538	72.6	166.53	950.71	1117.24
三区	贵州、云南、四川、重庆	1051	243.83	367.65	494.79	862.44
四区	浙江、福建、江西、湖北、湖南、广东、广西、海南	1618	23.94	46.54	44.82	91.36
	全国总计	6111	1892.68	3342.03	6868.53	10210.56

资料来源：中国工程院：《中国可持续发展煤炭资源战略研究》，2005年。

[①] 国家发展改革委能源研究所课题组：《中国2050年低碳之路：能源需求暨碳排放情景分析》，科学出版社2009年版。

[②] 张扬健：《我国发展煤制油的可行性和前景分析》，《中国石化》2011年第1期。

[③] 林伯强：《2010中国能源发展报告》，清华大学出版社2010年版。

(2) 石油资源。2006年，全国石油勘查新增探明地质储量9.49亿吨，新增探明技术可采储量1.95亿吨，新增探明经济可采储量1.72亿吨（国文，2007）；① 截至2007年年底，中国石油剩余经济可采储量20.95亿吨；全国有6大盆地石油新增探明经济可采储量大于1000万吨，分别是渤海湾、松辽、鄂尔多斯、塔里木、准噶尔、柴达木等盆地（崔民选，2009）；② 据中国最近的油气资源评价，中国陆上石油为826.7亿吨，其中，东部480.7亿吨，中西部336.9亿吨，其他地区9.1亿吨，海洋石油246亿吨；剩余石油可采资源量为127.54亿吨，而待探明石油储量为322.75亿吨，其中，东部122.13亿吨，西部95.33亿吨，中部18.9亿吨，海洋86.31亿吨（见表3-27）。

表3-27　　　　　　　　全国石油资源分布情况　　　　　　单位：亿吨、%

地区	总资源量	可转化 资源量	可转化 转化率	已探明 储量	已探明 探明率	待探明 储量	可采储量 总计
陆上	826.7	430	52	193.56	45	236.44	106
东部	480.7	277.4	57.70	155.27	56	122.13	72.98
中部	77.5	30.5	39.40	11.6	38	18.9	5.36
西部	259.4	122	47	26.67	21.90	95.33	27.43
其他	9.1	0.1	1.10	0.02	19	0.08	0.02
海洋	246	98.4	40	12.09	12.30	86.31	21.75
全国	1072.7	528.4	49.30	205.65	38.90	322.75	127.54

资料来源：2009年《中国能源发展报告》。

(3) 天然气资源。2005年，中国新查明天然气基础储量为5777亿立方米。2006年，全国天然气勘查新增探明地质储量为5815.97亿

---

① 国文：《我国去年新增探明石油地质储量9.49亿吨》，《中国化石报》2007年4月2日。
② 崔民选：《中国能源发展报告》，社会科学文献出版社2009年版。

立方米（国文，2007）①，新增探明经济可采储量为2935.71亿立方米，中国天然气新增探明经济可采储量大于100亿立方米的盆地主要有四川、塔里木、鄂尔多斯3个盆地。截至2007年年底，全国剩余天然气经济可采储量为25633亿立方米（国家发展改革委能源研究所课题组，2009）；② 中国天然气资源主要集中在西北、西南和华北地区（见图3-2），2009年，中国天然气基础储量达到37074.2亿立方米，西北、西南、华北分别占41.96%、22.83%和19.76%。

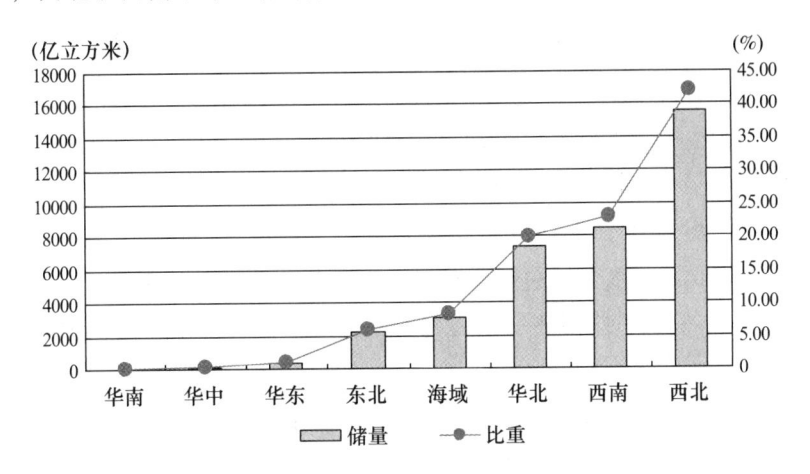

图 3-2 中国天然气基础储备地区分布（2009年）

资料来源：《中国统计年鉴》（2010）。

（二）中国主要能源消耗情况

改革开放40年来，中国经济社会发展取得了巨大的成就，国内生产总值由1978年的3645亿元一路飙升到2010年的401202亿元。③ 粗放式的经济增长方式使经济总量快速扩张，但资源、环境代价严重。煤炭是世界三大能源之一，而在中国，煤炭的地位更加突出。中国是全球第一大煤炭生产国，同时也是世界第一大煤炭消费国，是以

---

① 国文：《我国去年新增探明石油地质储量9.49亿吨》，《中国化石报》2007年4月2日。
② 国家发展改革委能源研究所课题组：《中国2050年低碳之路：能源需求暨碳排放情景分析》，科学出版社2009年版。
③ 资料来源于IMF数据库，http://www.imf.org/external/data.htm。

煤炭为主要能源的少数国家之一。1978 年中国仅消耗 5.71 亿吨标煤[①]，到 2015 年，能源消费总量达到 43 亿吨标煤，较 2009 年增长 40.23%。其中，工业能耗占绝大部分，而工业能耗中又以建材、化工、钢铁、石油化工、有色金属等产品为主。与 20 世纪 90 年代相比，2001—2015 年，中国煤炭的消费量总体呈现下降态势，但平均煤炭消费量仍在一次能源消费结构中维持 68.61% 的比重；其他类型的能源加总所占比重与煤炭消费量相比仍旧偏低，不到总消费量的 1/3。近年来，石油、天然气、水电、核电和风电消费量的比重较以往相比有所增加，但是，增加幅度不大。2010 年，煤炭消费量为 22.1 亿吨标煤，占一次能源消费量的 68%；石油和天然气消费量为 6.17 亿吨标煤和 1.43 亿吨标煤，分别占总量的 19% 和 4.4%；水电、核电和风电为 2.79 亿吨标煤，占总量的 8.6%（见表 3-28）。"十五"期间，中国能源消费增量超过改革开放 20 年（1981—2000 年）的总和（国家发展改革委能源研究所课题组，2009）；[②]"十一五"期间，中国能源消费总量为 140 多亿吨标煤，与"十五"期间相比，增长量超过 50 亿吨标煤。而进入"十二五"之后，截至 2015 年，煤炭、石油所占比重变动幅度较小，分别在 64% 和 18% 左右波动，而天然气所占比重从 2011 年的 4.6% 增加到 2015 年的 5.9%，水电、核电和风电消费量的份额则继续保持上升势头并于 2015 年达到最大值 12%。

表 3-28　　　　　　1978—2015 年中国能源消费结构　　单位：万吨标煤、%

年份	能源消费总量	占能源消费总量的比重			
^	^	煤炭	石油	天然气	水电、核电和风电
1978	57144	70.7	22.7	3.2	3.4
1980	60275	72.2	20.7	3.1	4.0

---

① 标煤（或标准煤）的定义是凡能产生 29.27MJ（相当于 7000 千卡）热量的任何数量的燃料折合为 1 千克标准煤。1 千克标准煤可以发 3 千瓦时（kWh）的电。1 千克标准煤 = 29274 千焦（kJ）= 7000 千卡（kcal）。

② 国家发展改革委能源研究所课题组：《中国 2050 年低碳之路：能源需求暨碳排放情景分析》，科学出版社 2009 年版。

续表

年份	能源消费总量	占能源消费总量的比重			
		煤炭	石油	天然气	水电、核电和风电
1985	76682	75.8	17.1	2.2	4.9
1990	98703	76.2	16.6	2.1	5.1
1991	103783	76.1	17.1	2.0	4.8
1992	109170	75.7	17.5	1.9	4.9
1993	115993	74.7	18.2	1.9	5.2
1994	122737	75.0	17.4	1.9	5.7
1995	131176	74.6	17.5	1.8	6.1
1996	135192	74.7	18.0	1.8	5.5
1997	135909	71.7	20.4	1.7	6.2
1998	136184	69.6	21.5	2.2	6.7
1999	140569	69.1	22.6	2.1	6.2
2000	145531	67.8	23.2	2.4	6.7
2001	150406	66.7	22.9	2.6	7.9
2002	159431	66.3	23.4	2.6	7.7
2003	183792	68.4	22.2	2.6	6.8
2004	213456	68.0	22.3	2.6	7.1
2005	235997	69.1	21.0	2.8	7.1
2006	258676	69.4	20.4	3.0	7.2
2007	280508	69.5	19.7	3.5	7.3
2008	291448	70.3	18.3	3.7	7.7
2009	306647	70.4	17.9	3.9	7.8
2010	324939	68.0	19.0	4.4	8.6
2011	387043	70.2	16.8	4.6	8.4
2012	402138	68.5	17.0	4.8	9.7
2013	416913	67.4	17.1	5.3	10.2
2014	426000	66.0	17.1	5.7	11.2
2015	430000	64.0	18.1	5.9	12.0

资料来源：历年《中国统计年鉴》。

2008年，在全球能源消耗结构中，各种能源所占比重分别为：原油占34.8%，天然气占24.1%，煤炭占29.2%，水电占6.4%，核电占5.5%（BP，2009）[①]，而中国的能源消费结构中煤炭比重高达70.3%，石油占18.3%，水电、核电和风电占7.7%，天然气占3.7%[②]，与世界主要国家能源消费相比，中国煤炭的重要性不言而喻（见表3-29）。根据2011年 BP Statistical Review of World Enegy 的数据，2010年，中国（能源消费量占全球的20.3%）已超过美国（能源消费量占全球19%）成为世界上最大的能源消费国，全球能源消费增长5.6%，其增速达到1973年以来的最高水平；OECD国家能源需求增长3.5%，非OECD国家能源消费量增长7.5%，比2000年的水平高出63%；能源消费增速超过经济增速，能源强度[③]是1970年以来增长速度最快的一年。根据2011年 BP World Energy Outlook 2030 的资料，未来20年，全球93%的能源消费增长将来自非OECD国家，特别是一些正在经历快速工业化的国家，诸如巴西、印度和中国。目前，中国占全球煤消费量的47%，2030年将上升到53%，1990—2010年，中国占世界煤炭需求增长的80%，预计到2030年占全球需求增长的77%；石油仍旧是全球消费量最大的燃料。2010年，石油占全球能源消费量的33.6%，但其比重已连续11年在下降；中国作为目前石油消费量增长最大的国家，预计每天消费量将增长800万桶，到2030年将达到1750万桶/天，从而超越美国成为世界上最大的石油消费国。

（三）中国主要高耗能产品能耗国际比较

当前，由于中国经济发展方式较为粗放，能源利用效率较低，导致资源、能源浪费严重。据有关专家估算，若不考虑资源开发环节，2005年，中国能源系统效率大概为34.1%，比1995年提高两个百分点，相当于全球主要发达国家20世纪70年代的水平。高耗能工业能

[①] 资料来源于 BP Statistical Review of World Enegy（2009）。
[②] 资料来源于《中国统计年鉴（2009）》。
[③] 即单位GDP的能耗量。

源利用效率与国际先进水平相比还存在较大差距,按照能耗加权平均粗略估算,中国单位工业品能耗国内平均水平比国际先进水平高15%左右(见表3-30)。如"十五"期间的钢铁行业,新增近两亿吨的炼铁能力中只有不到10%来自2000立方米以上的低能耗大型高炉,有接近1亿吨的生产能力来自高耗能、重污染的450立方米以下的高炉。

表3-29　　　　　2008年全球主要国家能源消耗情况

单位:百万吨油当量

国家	石油	天然气	煤炭	核能	水力
美国	884.5	500.7	565	192	56.7
日本	221.8	84.4	128.7	57	15.7
德国	118.3	73.8	80.9	33.7	4.4
英国	78.7	84.5	35.4	11.9	1.1
印度	135	37.2	231.4	3.5	26.2
中国	375.7	72.6	1406.3	15.5	132.4
俄罗斯	130.4	378.2	101.3	36.9	37.8

资料来源:根据 *BP Statistical Review of World Enegy* (2009) 中的数据计算所得。

表3-30　　　　　中国几种主要高耗能产品能耗国际比较

主要指标	2000年		2005年		2007年	
	中国	国际	中国	国际	中国	国际
火电供电煤耗 (gce/kWh)	392	316	370	314	356	312
钢可比能耗 (kgce/t)	784	646	714	610	668	610
水泥综合能耗 (kgce/t)	181	126	167	127	158	127
乙烯综合能耗 (kgce/t)	1125	714	1073	629	984	629

注:gce 为克标煤;kgce 为千克标煤;t 为吨;kWh 为千瓦时。

资料来源:国家发改委课题组:《中国2050年低碳发展之路:能源需求暨碳排放情景分析》,科学出版社2009年版。

(四)中国"十二五"期间节能目标

由前文可知,中国的能源消耗量在国际范围内一直处于较高水平,因此,在"十二五"规划中,中国制定了一系列涉及节能领域的相关目标。中国"十二五"期间各地区节能目标总结如表3-31所示,与"十一五"时期相比,在"十二五"期间,除新疆外,其余省份所制定的节能目标均低于"十一五"时期,这是由于随着节能深度的不断加深,节能的成本与难度也随之上升,故而"十二五"时期所制定的节能目标要低于"十一五"时期所制定的节能目标。而纵观国内各省份制定的"十二五"时期节能目标,天津、上海、江苏、浙江、广东位于前五名的位置;而若结合"十一五"时期的节能目标来看,则在2006—2015年单位国内生产总值降低率累计前五排名为北京、辽宁、山东、天津、山西,其中,北京单位国内生产总值能耗降低率高达39.07%。

表3-31　　　　"十二五"期间各地区节能目标　　　　单位:%

地区	单位国内生产总值能耗降低率		
	"十一五"时期	"十二五"时期	2006—2015年累计
北京	26.59	17	39.07
天津	21.00	18	35.22
河北	20.11	17	33.69
山西	22.66	16	35.03
内蒙古	22.62	15	34.23
辽宁	20.01	17	35.61
吉林	22.04	16	34.51
黑龙江	20.79	16	33.46
上海	20.00	18	34.4
江苏	20.45	18	34.77
浙江	20.01	18	34.41
安徽	20.36	16	33.1
福建	16.45	16	29.82
江西	20.04	16	32.83
山东	22.09	17	35.33

续表

地区	单位国内生产总值能耗降低率		
	"十一五"时期	"十二五"时期	2006—2015年累计
河南	20.12	16	32.9
湖北	21.67	16	34.2
湖南	20.43	16	33.16
广东	16.42	18	31.46
广西	15.22	15	27.94
海南	12.14	10	20.93
重庆	20.95	16	33.6
四川	20.31	16	33.06
贵州	20.06	15	32.05
云南	17.41	15	29.8
西藏	12.00	10	20.8
陕西	20.25	16	33.01
甘肃	20.26	15	32.22
青海	17.04	10	25.34
宁夏	20.09	15	32.08
新疆	8.91	10	18.02
全国	19.06	16	32.01

注:"十一五"各地区单位国内生产总值能耗降低率（除新疆外）均为国家统计局最终公布的数据，新疆为初步核实数据。

资料来源:《"十二五"节能减排综合性工作方案》（国发〔2011〕26号）。

第三节 中国二氧化碳排放现状

由于中国工业化、城市化进程的不断加快，能源资源需求量日益增加，潜在的碳排放系数高的煤炭一直是构成中国能源消费结构的主体,人均生活水平的迅速提高,特别是自 2003 年以来中国重化工业的加快发展等实际情况,导致中国温室气体排放增长越来越快。在中国所有人为活动所引起的温室气体排放中,二氧化碳的排放量最大,而在全部二氧化碳排放量中,能源活动所引起的排放量超过90%。

一 中国二氧化碳排放总量概况

从全球二氧化碳排放总量来看,美国一直是世界最主要的二氧化碳排放国,1979—2009 年,美国二氧化碳排放占世界排放总量的份额为 25%;欧盟二氧化碳排放总额虽然近几年来出现下滑,但其近 30 年来的平均二氧化碳排放比重仍旧保持着 20% 左右;中国自 1978 年改革开放以来,其资源能源消耗和碳排放量随着中国经济的快速增长呈现出显著增加态势,在世界二氧化碳排放总量中的份额日益扩大(见表 3 – 32)。中国二氧化碳排放总量由 1979 年的 15.23 亿吨飙升到 2014 年的 91.35 亿吨,增长 76.12 亿吨,其增长速度从长期来看具有较大波动,其中有 7 年出现了负增长,并分别在 1991 年达到最小值 – 2.03% 和 2004 年达到最大值 19.33%,近五年的增长速度呈现放缓趋势。2007 年,中国化石燃料消费排放的二氧化碳为 60.83 亿吨,占世界排放总量 293.55 亿吨的 20.72%,首次超过美国的 58.52 亿吨二氧化碳,成为全球第一大温室气体排放国。虽然该数据还有待进一步观察和核实,但毫无疑问,中国经济迅速增长而引起资源能源消耗的不断增加,从而导致二氧化碳等温室气体呈现不断提高的态势。据 2011 年 *BP World Energy Outlook* 2030 估算,未来的 20 年,与世界能源相关的二氧化碳排放量平均年增长 1.2% (1990—2010 年的年均增长速度为 1.9%),到 2030 年,碳排放量将比当前高出 27%;由于非 OECD 国家能源消费的持续增加,尤其是煤炭消费的强劲增长,将导致全球二氧化碳排放量的持续增长,当前,非 OECD 国家二氧化碳排放年均增长 2.2%,到 2030 年,将比目前增长 53%;在参考情景下,中国的二氧化碳排放年增长率到 2030 年将会降低到 2.9%,即使按照这种较低的增长率;到 2030 年,中国的二氧化碳排放总量也将是 2007 年的两倍多。

表3-32 全球与中国二氧化碳排放量及增长率（1979—2014年）

单位：亿吨、%

年份	世界二氧化碳排放总量	增长率	中国二氧化碳排放总量	增长率
1979	187.87	3.02	15.23	1.61
1980	186.40	-0.78	15.04	-1.25
1981	183.56	-1.52	14.84	-1.28
1982	182.77	-0.44	15.48	4.26
1983	183.55	0.43	16.30	5.32
1984	189.01	2.98	17.71	8.66
1985	192.99	2.10	18.17	2.63
1986	196.20	1.67	19.03	4.72
1987	202.93	3.43	20.27	6.51
1988	209.61	3.29	21.67	6.90
1989	212.45	1.36	22.10	1.97
1990	215.36	1.37	24.02	8.70
1991	215.32	-0.02	23.53	-2.03
1992	213.88	-0.67	24.56	4.35
1993	215.39	0.71	26.31	7.16
1994	216.27	0.41	27.63	4.99
1995	221.11	2.24	29.93	8.32
1996	226.78	2.57	31.13	4.01
1997	228.35	0.69	30.86	-0.85
1998	228.67	0.14	30.84	-0.08
1999	233.10	1.94	30.98	0.47
2000	237.64	1.95	30.91	-0.22
2001	238.44	0.34	30.50	-1.33
2002	244.30	2.46	33.60	10.14
2003	254.94	4.35	39.42	17.33
2004	269.44	5.69	47.04	19.33

续表

年份	世界二氧化碳排放总量	增长率	中国二氧化碳排放总量	增长率
2005	277.09	2.84	51.65	9.81
2006	286.05	3.24	57.21	10.77
2007	293.55	2.62	60.83	6.32
2008	299.67	2.09	66.03	8.54
2009	295.49	-1.39	70.85	7.31
2010	304.50	3.05	77.50	9.39
2011	313.54	2.97	84.65	9.23
2012	315.93	0.76	86.21	1.84
2013	321.29	1.70	90.26	4.70
2014	323.81	0.78	91.35	1.21

资料来源：通过国际能源署数据库整理测算所得。

二 中国二氧化碳排放结构构成

1979—2014 年，中国因一次能源消耗排放的二氧化碳总体上呈现持续上扬的态势，并在加入世界贸易组织后出现排放量陡增现象。1979—2001 年，中国二氧化碳排放总量年均增长仅为 3.20%，而 2002—2009 年，二氧化碳总排放量年均增速高达 11.19%，因煤炭消耗引起的二氧化碳排放量是其主要贡献者。通过表 3－33 我们可知，1979—2014 年，因一次能源消耗所引起的世界二氧化碳排放量的增加主要归功于煤炭和石油消费；而这其中中国煤炭消耗所产生的二氧化碳排放量一路猛增，1979 年为 11.23 亿吨，占世界因煤炭消费排放二氧化碳总量的 17.45%，到 2014 年就飙升到 75.36 亿吨，占 50.68%，占据世界因煤炭消耗排放二氧化碳总量的半壁江山；虽然中国因石油和天然气消耗所排放的二氧化碳在总排放量中的份额较小，但却呈现递增态势，增幅较煤炭相比略小，但在世界因消费石油和天然气而排放的二氧化碳总量中的比重呈上升趋势。

表 3-33　　世界及中国一次能源产生的二氧化碳

排放量（1979—2014 年）　　　　　　单位：亿吨、%

年份	煤炭 世界	煤炭 中国	煤炭 比重	石油 世界	石油 中国	石油 比重	天然气 世界	天然气 中国	天然气 比重
1979	64.34	11.23	17.45	90.57	2.80	3.09	27.10	0.28	1.05
1980	65.56	11.25	17.16	87.23	2.67	3.06	27.67	0.28	1.00
1981	66.07	11.29	17.09	83.98	2.54	3.02	28.09	0.25	0.88
1982	66.43	11.94	17.97	81.52	2.48	3.05	28.18	0.24	0.84
1983	68.14	12.66	18.58	80.62	2.50	3.11	28.52	0.24	0.84
1984	71.19	13.98	19.63	81.24	2.56	3.15	30.66	0.25	0.82
1985	73.68	14.48	19.65	80.89	2.57	3.18	31.63	0.22	0.69
1986	74.48	15.30	20.54	83.17	2.78	3.34	32.20	0.24	0.73
1987	77.70	16.55	21.29	84.59	2.90	3.43	34.00	0.24	0.72
1988	80.35	17.82	22.18	87.41	3.11	3.56	35.47	0.25	0.69
1989	81.47	18.54	22.75	88.46	3.19	3.61	37.26	0.26	0.70
1990	83.04	19.14	23.05	88.18	3.05	3.45	38.03	0.26	0.68
1991	82.63	20.03	24.24	88.75	3.30	3.72	39.24	0.27	0.69
1992	81.69	20.87	25.54	88.85	3.54	3.99	39.10	0.27	0.70
1993	81.92	22.39	27.33	88.78	4.01	4.52	39.66	0.30	0.75
1994	82.28	23.53	28.60	89.52	3.98	4.44	39.87	0.30	0.76
1995	85.39	25.63	30.02	90.81	4.27	4.70	40.99	0.32	0.78
1996	88.07	27.02	30.69	93.19	4.58	4.91	42.78	0.35	0.82
1997	87.30	26.02	29.81	95.23	4.89	5.14	43.34	0.41	0.95
1998	87.28	26.41	30.27	95.96	5.15	5.36	43.71	0.41	0.94
1999	85.53	24.94	29.15	97.77	5.53	5.65	45.33	0.44	0.98
2000	88.18	24.51	27.79	98.80	5.77	5.84	47.00	0.49	1.05
2001	89.05	24.81	27.86	99.39	5.89	5.93	47.33	0.54	1.15
2002	90.51	26.64	29.44	100.10	6.26	6.26	49.07	0.57	1.17
2003	97.33	31.21	32.06	101.93	6.85	6.72	50.97	0.64	1.26
2004	104.56	37.26	35.63	105.76	7.91	7.48	52.43	0.76	1.45
2005	110.03	41.97	38.14	107.16	8.18	7.64	53.77	0.88	1.64
2006	116.77	46.66	39.96	107.95	8.72	8.08	55.24	1.06	1.93
2007	122.28	50.33	41.16	109.66	9.06	8.26	57.48	1.34	2.32

续表

年份	煤炭 世界	煤炭 中国	煤炭 比重	石油 世界	石油 中国	石油 比重	天然气 世界	天然气 中国	天然气 比重
2008	125.92	54.60	43.37	108.67	9.35	8.60	58.90	1.54	2.61
2009	124.93	57.51	46.03	106.31	9.58	9.01	57.62	1.69	2.93
2010	137.39	64.90	47.24	105.38	10.07	9.56	60.27	1.88	3.12
2011	144.24	71.67	49.69	106.46	10.39	9.76	61.22	2.33	3.81
2012	144.10	72.36	50.22	107.70	10.98	10.19	62.47	2.58	4.13
2013	147.52	74.97	50.82	108.51	11.52	10.62	63.56	2.99	4.70
2014	148.71	75.36	50.68	109.73	11.87	10.82	63.63	3.31	5.20

资料来源：通过国际能源署数据库和历年《中国统计年鉴》整理所得。

若不考虑与居住有关的二氧化碳排放量，将 2014 年中国因化石能源资源燃料释放的二氧化碳排放总量分解到五个主要生产生活部门，通过图 3-3 我们可知，电力和热力生产行业是二氧化碳排放量的主要来源，占 42%；其次是运输业，占 24%；制造业和建筑业以 19% 的份额占据第三名；而其他两个行业的比重加总仍不足 20%。国际能源署（International Energy Agency，IEA）统计资料显示，2008 年，中国电力新增供应量为 900 亿瓦特，相当于意大利电力总供应量。从 1990 年开始，中国电力和热力生产部门的二氧化碳排放量迅速飙升，到 2007 年，该部门的二氧化碳排放量占据中国总排放量的半壁江山。中国运输部门的二氧化碳排放量增速也很快，其占总能源需求的比重将由 2007 年的 7% 提升到 2030 年的 12%（BP，2011）。[①] 与 1990 年相比，2014 年电力与热力生产行业的二氧化碳排放量所占比重大幅度增加，运输行业也有较为明显的增加，而其他行业则有明显的下降。

三　中国人均二氧化碳排放情况

人类工业化进程是与二氧化碳排放的快速增长紧密联系的。从既有的工业化国家和地区历史二氧化碳排放上看，无论是英国、美国、

---

① 资料来源于 *BP Statistical Review of World Enegy*（2011）。

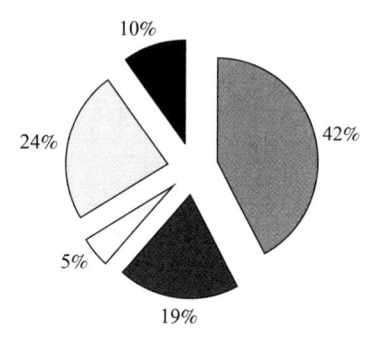

图 3-3 2014 年中国二氧化碳排放量部门构成

资料来源：通过国际能源署数据库整理所得。

欧盟等先进工业化国家和地区，还是日本、韩国等 20 世纪中叶以后才启动工业化进程的国家，其工业化进程都伴随着人均二氧化碳排放的迅速增加。特别是后发的工业化国家，其工业化进程比先行工业化国家和地区在时间上大大压缩，其人均二氧化碳排放增速也更快。以中国为例，从世界及中国人均二氧化碳排放量来看，1850—2008 年，中国人均二氧化碳历史累计排放量较小，仅为 29 吨，相当于世界平均水平的 31.18%、发达国家的 11.28%，而此时的美国是中国的 18.72 倍、英国是 14.97 倍、加拿大是 12.86 倍、德国是 10.97 倍、法国是 6.72 倍和日本是 4.52 倍（IEA，2009）。[1] 1979 年，世界人均二氧化碳排放量为 4.17 吨，中国仅为 1.47 吨，占世界的 35.25%；1979—2014 年，世界二氧化碳排放量总体上出现下降再上升的趋势，但其波动幅度不是很大，而中国人均二氧化碳排放量却处于稳定增长态势，特别是自 2001 年以来，其增长速度更加迅猛，2004 年突破 3 吨/人，2006 年超过 4 吨/人，2007 年首次超过世界人均二氧化碳排放量，到 2014 年，中国二氧化碳排放量达到历史最高峰，为 6.66 吨/人，比世界的 4.47 吨/人多出 2.19 吨（见表 3-34）。

---

[1] 资料来源于 *World Energy Statistics*（2009）。

表 3-34　　世界及中国人均二氧化碳排放量
（1979—2014 年）　　单位：吨/人、%

年份	世界人均排放量	增长率	中国人均排放量	增长率
1979	4.17	1.33	1.47	0.15
1980	4.07	-2.55	1.44	-2.06
1981	3.95	-2.95	1.41	-2.16
1982	3.83	-2.82	1.45	2.66
1983	3.79	-1.07	1.50	3.60
1984	3.85	1.54	1.61	7.54
1985	3.85	-0.01	1.63	1.47
1986	3.86	0.22	1.71	4.46
1987	3.92	1.62	1.81	5.85
1988	3.99	1.77	1.91	5.84
1989	4.00	0.27	1.96	2.25
1990	3.98	-0.53	1.97	0.57
1991	3.95	-0.90	2.04	3.77
1992	3.87	-1.92	2.11	3.30
1993	3.82	-1.18	2.25	6.91
1994	3.79	-0.82	2.32	3.00
1995	3.84	1.15	2.50	7.48
1996	3.90	1.68	2.61	4.62
1997	3.88	-0.54	2.53	-2.95
1998	3.85	-0.86	2.56	1.07
1999	3.83	-0.54	2.45	-4.17
2000	3.87	1.08	2.42	-1.21
2001	3.85	-0.50	2.44	0.80
2002	3.86	0.41	2.60	6.44
2003	3.98	3.11	2.99	14.88
2004	4.13	3.74	3.53	17.98

续表

年份	世界人均排放量	增长率	中国人均排放量	增长率
2005	4.21	1.92	3.89	10.46
2006	4.30	2.14	4.28	10.00
2007	4.40	2.20	4.58	7.00
2008	4.41	0.23	4.92	7.31
2009	4.29	-2.66	5.14	4.48
2010	4.40	2.56	5.76	12.06
2011	4.48	1.82	6.30	9.38
2012	4.40	-1.79	6.38	1.27
2013	4.49	2.04	6.61	3.61
2014	4.47	-0.45	6.66	0.76

资料来源：通过国际能源署数据库整理测算所得。

经济合作与发展组织（OECD）在世界贸易中占据着重要地位。因而，有必要分析 OECD 国家的二氧化碳排放情况。如表 3-35 所示，OECD 国家的人均二氧化碳排放量在 1971—2014 年期间基本呈现了下降的趋势，并于 2014 年达到历史最小值 9.30 吨/人；与此相反，非 OECD 国家的人均二氧化碳排放量在 1971—2014 年期间基本呈现上升的趋势，并于 2013 年达到历史最大值 3.25 吨/人；而亚洲在此期间的人均二氧化碳排放量发展趋势与非 OECD 国家基本相同，并于 2013 年达到历史最大值 1.54 吨/人。在 OECD 国家中，美国、澳大利亚、日本的人均二氧化碳排放量均远远超过其他国家，其中，美国人均二氧化碳排放量接近其他国家的两倍；澳大利亚与其余 OECD 国家的人均二氧化碳排放量基本持平。虽然根据表 3-25 不难看出，中国在其中所占比重较小，但并不能由此断定中国的二氧化碳排放水平比美国和澳大利亚低。因为中国拥有世界上最大的人口基数，这将会造成上述现象。实际上，中国的二氧化碳排放水平并不低。

表 3-35　　　世界主要国家及地区历年人均二氧化碳排放量（1971—2014 年）　　　单位：吨/人

年份	美国	澳大利亚	OECD 国家	日本	非 OECD 国家	中国	亚洲
1971	20.65	10.86	10.4	7.15	1.44	0.99	0.4
1972	21.56	11.07	10.74	7.41	1.49	1.03	0.41
1973	22.13	11.59	11.19	8.24	1.55	1.04	0.42
1974	21.22	12.47	10.84	8.02	1.59	1.04	0.43
1975	20.16	12.85	10.39	7.6	1.69	1.19	0.44
1976	21.17	12.89	10.88	7.75	1.73	1.21	0.46
1977	21.7	13.72	11.02	7.89	1.8	1.35	0.47
1978	21.43	13.24	11.05	7.77	1.88	1.52	0.48
1979	21.32	13.52	11.2	7.9	1.91	1.52	0.51
1980	20.18	13.96	10.75	7.43	1.92	1.46	0.53
1981	19.71	13.78	10.38	7.18	1.9	1.43	0.54
1982	18.6	13.98	9.97	6.91	1.91	1.46	0.55
1983	18.32	13.03	9.82	6.91	1.93	1.52	0.57
1984	18.97	13.27	10.06	7.37	1.96	1.63	0.59
1985	18.92	13.85	10.08	7.15	1.95	1.62	0.6
1986	18.6	13.73	10.01	7.12	1.99	1.67	0.63
1987	19.08	14.14	10.17	7.13	2.05	1.78	0.65
1988	19.76	14.43	10.39	7.63	2.08	1.88	0.68
1989	19.82	15.01	10.46	7.83	2.09	1.91	0.71
1990	19.2	15.12	10.29	8.49	2.14	1.92	0.75
1991	18.8	15.04	10.23	8.51	2.12	2	0.78
1992	18.83	15.11	10.18	8.54	2.05	2.07	0.79
1993	19.03	15.2	10.17	8.47	2.02	2.22	0.82
1994	19.07	15.38	10.25	8.86	1.97	2.29	0.85
1995	19.03	15.77	10.31	8.95	2.03	2.5	0.9
1996	19.39	16.13	10.57	9.04	2.02	2.48	0.94
1997	19.77	16.39	10.64	8.97	2	2.46	0.97

续表

年份	美国	澳大利亚	OECD国家	日本	非OECD国家	中国	亚洲
1998	19.61	17.27	10.55	8.71	2	2.51	0.97
1999	19.47	17.4	10.55	9.01	1.97	2.42	1.01
2000	19.98	17.51	10.78	9.12	2.03	2.59	1.03
2001	19.65	17.61	10.72	9	2.06	2.63	1.05
2002	19.22	17.82	10.61	9.26	2.1	2.77	1.06
2003	19.3	17.85	10.73	9.3	2.23	3.19	1.09
2004	19.39	18.35	10.76	9.31	2.38	3.68	1.15
2005	19.26	18.31	10.72	9.36	2.5	4.12	1.18
2006	18.75	18.28	10.58	9.25	2.63	4.49	1.22
2007	18.85	18.41	10.64	9.54	2.72	4.75	1.28
2008	18.1	18.15	10.28	8.88	2.77	4.8	1.31
2009	16.66	18.07	9.6	8.41	2.78	4.98	1.36
2010	17.29	17.39	9.93	8.79	2.91	5.3	1.42
2011	16.73	17.15	9.73	9.21	3.16	6.28	1.43
2012	16.01	16.91	9.56	9.54	3.18	6.31	1.49
2013	16.18	16.7	9.55	9.7	3.25	6.6	1.54
2014	16.23	16.26	9.3	9.36	3.19	6.63	1.27

资料来源：通过国际能源署数据库整理测算所得。

若将人均二氧化碳排放量细分到中国的各省份，总体上看，各省份的人均二氧化碳排放量近几年都出现递增态势，但增长率却出现了不同程度的递减趋势，有的甚至出现了负的增长率（见表3-36）；从实际人均二氧化碳排放量来看，在2005—2012年期间，内蒙古一直稳居榜首，直到2013年由宁夏代替其成为榜首。截至2014年，宁夏在此之前基本居第2位、第3位；上海在2009年之前一直保持在第2位，于2010年开始逐渐下滑并于2013年跌至第8位；在2005—2014年期间天津基本处于第4位；而在2005—2014年期间排名前十的省份主要有青海、北京、辽宁、山西、河北、山东、新疆等（见表3-36）。

表 3-36　中国各省份人均二氧化碳排放量（2005—2014 年）

单位：吨/人，%

	人均二氧化碳排放量										增长率									
	2005年	2006年	2007年	2008年	2009年	2010年	2011年	2012年	2013年	2014年	2006年	2007年	2008年	2009年	2010年	2011年	2012年	2013年	2014年
北京	8.82(3)	9.17(5)	9.46(7)	9.17(8)	9.20(12)	8.71(13)	8.51(13)	8.52(13)	8.54(13)	7.80(14)	4.01	3.06	-3.01	0.29	-5.32	-2.23	0.01	0.25	-8.72
天津	9.12(4)	9.76(4)	10.39(4)	10.78(4)	11.31(4)	12.89(3)	13.78(4)	14.27(4)	14.72(5)	13.19(6)	7.02	6.45	3.75	4.92	13.97	6.90	3.55	3.18	-10.41
河北	7.11(9)	7.76(9)	8.35(9)	8.55(9)	8.88(10)	9.40(8)	10.01(9)	10.20(9)	10.44(9)	9.76(9)	9.14	7.60	2.40	3.86	5.86	6.45	1.89	2.41	-6.59
山西	7.41(8)	8.15(8)	8.79(8)	8.98(8)	9.24(7)	9.50(7)	12.52(5)	13.16(5)	13.72(6)	13.38(5)	9.99	7.85	1.02	2.90	2.81	31.81	5.06	4.30	-2.51
内蒙古	11.06(1)	13.18(1)	15.02(1)	16.70(1)	17.72(1)	16.71(1)	18.55(1)	19.52(1)	17.39(2)	17.96(2)	19.17	13.96	11.19	6.11	-5.70	11.01	5.23	-10.92	3.25
辽宁	7.56(6)	8.30(7)	9.15(7)	9.79(6)	10.49(5)	11.47(5)	12.41(6)	12.91(7)	13.30(7)	12.20(7)	9.79	10.24	6.99	7.15	9.34	8.15	4.07	3.02	-8.31
吉林	5.48(14)	6.07(14)	6.70(14)	7.34(14)	6.82(15)	7.37(14)	8.01(14)	8.21(14)	7.84(14)	7.64(16)	10.76	10.38	8.72	-7.08	8.06	8.63	2.53	-4.53	-2.52
黑龙江	5.18(15)	5.63(15)	6.16(15)	6.89(16)	6.67(16)	7.14(15)	7.77(15)	8.17(15)	7.59(16)	7.66(15)	8.69	9.41	11.85	-3.19	7.05	8.77	5.28	-7.11	0.91

第三章 中国对外贸易、能源消耗与碳排放 | 165

续表

	人均二氧化碳排放量										增长率								
	2005年	2006年	2007年	2008年	2009年	2010年	2011年	2012年	2013年	2014年	2006年	2007年	2008年	2009年	2010年	2011年	2012年	2013年	2014年
上海	10.58 (2)	12.45 (2)	13.71 (2)	14.64 (2)	14.04 (2)	11.95 (4)	11.79 (7)	11.73 (8)	11.91 (8)	11.22 (8)	17.67	10.12	6.78	−4.10	−14.89	−1.30	−0.58	1.53	−5.71
江苏	5.54 (13)	6.21 (13)	7.04 (13)	7.84 (13)	8.24 (12)	8.05 (13)	8.58 (12)	8.95 (12)	9.37 (12)	9.21 (10)	12.09	13.36	11.36	5.10	−2.31	6.64	4.29	4.75	−1.68
浙江	6.42 (12)	7.01 (12)	7.66 (12)	7.92 (12)	8.11 (13)	8.73 (11)	9.16 (11)	9.25 (11)	9.58 (11)	8.40 (12)	9.19	9.27	3.39	2.40	7.64	4.97	1.02	3.52	−12.33
安徽	2.60 (27)	2.88 (27)	3.34 (27)	3.83 (26)	4.11 (26)	4.00 (27)	4.35 (28)	4.66 (28)	4.91 (27)	4.85 (29)	10.77	15.97	14.67	7.31	−2.67	8.70	7.09	5.45	−1.28
福建	4.27 (18)	4.71 (18)	5.21 (19)	5.63 (19)	6.04 (18)	6.52 (16)	7.04 (16)	7.33 (16)	7.77 (15)	7.82 (13)	10.30	10.62	8.06	7.28	7.95	7.82	4.22	6.04	0.54
江西	2.44 (29)	2.64 (30)	2.84 (30)	3.01 (30)	3.22 (30)	3.50 (30)	3.79 (30)	3.95 (30)	4.17 (30)	4.36 (30)	8.20	7.58	5.99	6.98	8.70	8.39	4.04	5.65	4.53
山东	6.82 (10)	7.61 (10)	8.81 (10)	8.38 (10)	8.96 (9)	9.31 (10)	9.82 (10)	10.15 (10)	10.31 (10)	9.16 (11)	11.58	15.77	−4.88	6.92	3.91	5.44	3.44	1.51	−11.10
河南	3.83 (21)	4.33 (21)	5.08 (20)	5.73 (18)	5.85 (19)	5.60 (20)	6.03 (20)	6.18 (21)	6.46 (21)	5.96 (24)	13.05	17.32	12.80	2.09	−4.27	7.77	2.34	4.61	−7.76

续表

	人均二氧化碳排放量										增长率								
	2005年	2006年	2007年	2008年	2009年	2010年	2011年	2012年	2013年	2014年	2006年	2007年	2008年	2009年	2010年	2011年	2012年	2013年	2014年
湖北	4.28 (17)	4.80 (17)	5.63 (17)	6.38 (17)	6.85 (14)	4.85 (24)	5.26 (24)	5.14 (26)	5.64 (24)	6.89 (20)	12.15	17.29	13.32	7.37	-29.20	8.37	-2.34	9.77	22.25
湖南	3.54 (23)	3.84 (23)	4.20 (24)	4.43 (25)	4.75 (25)	5.15 (22)	5.56 (22)	5.73 (22)	6.04 (22)	5.59 (25)	8.47	9.38	5.48	7.22	8.42	8.11	2.97	5.36	-7.47
广东	4.07 (20)	4.66 (19)	5.22 (18)	5.25 (20)	5.78 (20)	5.13 (23)	5.51 (23)	5.46 (24)	5.78 (23)	6.78 (22)	14.50	12.01	0.57	10.10	-11.25	7.47	-0.90	5.85	17.22
广西	2.43 (30)	2.67 (29)	2.95 (29)	3.16 (29)	3.41 (29)	3.77 (29)	4.06 (29)	4.29 (29)	4.54 (29)	4.92 (28)	9.88	10.49	7.12	7.91	10.56	7.66	5.72	5.83	8.25
海南	2.47 (28)	2.71 (28)	3.06 (28)	3.23 (28)	3.44 (28)	3.84 (28)	4.48 (27)	4.68 (27)	4.88 (28)	4.95 (27)	9.72	12.92	5.56	6.50	11.63	16.64	4.37	4.26	1.53
重庆	3.46 (24)	3.75 (24)	4.19 (25)	4.45 (24)	4.82 (24)	6.06 (17)	6.69 (17)	6.91 (18)	7.38 (18)	7.06 (19)	8.34	11.73	6.21	8.31	25.73	10.40	3.28	6.76	-4.34
四川	2.71 (26)	3.02 (26)	3.39 (26)	3.57 (27)	4.00 (27)	4.59 (26)	4.87 (26)	5.14 (25)	5.39 (25)	6.00 (23)	11.44	12.25	5.31	12.04	14.75	6.18	5.54	4.79	11.38
贵州	4.29 (16)	4.97 (16)	5.97 (16)	7.01 (15)	6.39 (17)	5.21 (21)	5.92 (21)	6.46 (20)	6.89 (20)	6.80 (21)	15.85	20.12	17.42	-8.85	-18.47	13.71	9.05	6.71	-1.31

第三章　中国对外贸易、能源消耗与碳排放

续表

	\multicolumn{10}{c	}{人均二氧化碳排放量}	\multicolumn{9}{c}{增长率}
	2005年	2006年	2007年	2008年	2009年	2010年	2011年	2012年	2013年	2014年	2006年	2007年	2008年	2009年	2010年	2011年	2012年	2013年	2014年
云南	3.31 (25)	3.74 (25)	4.26 (23)	4.80 (23)	4.97 (23)	4.63 (25)	5.06 (25)	5.50 (23)	5.28 (26)	5.45 (26)	12.99	13.90	12.68	3.54	-6.84	9.29	8.71	-4.03	3.20
陕西	3.67 (22)	4.06 (22)	4.59 (22)	4.99 (22)	5.38 (21)	5.83 (18)	6.39 (18)	6.96 (17)	7.42 (17)	7.30 (17)	10.63	13.05	8.71	7.82	8.36	9.59	8.86	6.72	-1.61
甘肃	4.22 (19)	4.58 (20)	4.93 (21)	5.15 (21)	5.27 (22)	5.68 (19)	6.22 (19)	6.68 (19)	7.05 (19)	7.13 (18)	8.53	7.64	4.46	2.33	7.78	9.49	7.31	5.52	1.20
青海	7.55 (7)	8.54 (6)	9.33 (6)	10.10 (5)	10.35 (6)	11.20 (6)	13.79 (3)	15.10 (3)	16.24 (3)	16.82 (3)	13.11	9.25	8.25	2.48	8.21	23.14	9.54	7.54	3.55
宁夏	10.33 (3)	11.41 (3)	12.31 (3)	12.85 (3)	13.19 (3)	14.49 (2)	18.37 (2)	18.83 (2)	19.75 (1)	18.36 (1)	10.46	7.89	4.39	2.65	9.86	26.78	2.50	4.89	-7.08
新疆	6.73 (11)	7.25 (11)	7.71 (11)	8.15 (11)	8.56 (11)	9.34 (9)	11.04 (8)	13.02 (6)	14.79 (4)	15.96 (4)	7.73	6.34	5.71	5.03	9.11	18.27	17.91	13.61	7.89

注：（1）由于西藏的人均二氧化碳排放量较小，因此未在此表中列出；（2）括号中的数字表示该年各省份人均二氧化碳排放量的排序。
资料来源：根据中国城市能效碳效数据库整理所得。

四 中国二氧化碳排放强度的变化

就中国与世界二氧化碳排放强度对比而言,我们不难发现,无论是基于市场汇率(MER)的方法,还是基于购买力平价(PPP)调整后的统计,中国单位 GDP 的二氧化碳排放量都高于世界平均水平,1978—2009 年为全球平均水平的 3—6 倍,若与发达国家相比较,则差更加显著。例如,在此期间,中国各年的单位 GDP 的二氧化碳排放强度高出日本 7—15 倍,即使使用 PPP 法所测算的统计指标也高出 2.5—5.5 倍。就中国本身而言,改革开放以前,中国的二氧化碳排放强度处于上升趋势,但自此以后,中国的二氧化碳排放强度总体上呈现下降趋势,特别是以汇率法表示的单位美元二氧化碳排放量下降程度显得尤为突出(见表 3-37)。1978—2002 年,无论是以汇率法还是以 PPP 法计算的中国二氧化碳排放强度,均处于稳定下降态势,但 2003—2004 年,由于大型基础设施投资的加大、重工业部门的扩张、国内消费和出口产品需求的增加以及化石燃料消费的加快,致使中国二氧化碳排放强度出现了反弹,此后,经中国政府采取一系列调控措施,取得初步成效。2005—2014 年,中国的二氧化碳排放强度开始出现下降趋势,到 2014 年其二氧化碳排放强度分别降低到 1.1 千克/美元(MER 法)和 0.54 千克/美元(PPP 法),并分别实现各自的最低值。据 2011 年 *BP World Energy Outlook* 2030 预测,非 OECD 国家到 2030 年,单位 GDP 的二氧化碳排放强度将下降 42%,且下降速度还将进一步加快,中国的二氧化碳排放强度也将逐步加快下降。

表 3-37 全球及中国二氧化碳排放强度(1978—2014 年)

单位:千克/美元

年份	汇率(MER)方法($kg\ CO_2/USD$)		购买力平价(PPP)方法($kg\ CO_2/USD$)	
	世界排放强度	中国排放强度	世界排放强度	中国排放强度
1978	1.04	6.83	0.77	2.12
1979	1.03	6.38	0.77	2.00

续表

年份	汇率（MER）方法（kg CO_2/USD）		购买力平价（PPP）方法（kg CO_2/USD）	
	世界排放强度	中国排放强度	世界排放强度	中国排放强度
1980	1.00	5.84	0.75	1.83
1981	0.97	5.45	0.72	1.71
1982	0.96	5.28	0.71	1.64
1983	0.94	5.06	0.69	1.57
1984	0.93	4.84	0.68	1.48
1985	0.91	4.50	0.67	1.35
1986	0.90	4.37	0.66	1.30
1987	0.90	4.19	0.66	1.24
1988	0.89	4.07	0.65	1.19
1989	0.87	4.08	0.64	1.17
1990	0.86	4.01	0.65	1.22
1991	0.86	3.89	0.64	1.10
1992	0.84	3.61	0.62	1.01
1993	0.82	3.47	0.61	0.95
1994	0.80	3.23	0.59	0.89
1995	0.80	3.21	0.58	0.87
1996	0.80	3.11	0.58	0.82
1997	0.78	2.81	0.56	0.75
1998	0.76	2.71	0.54	0.70
1999	0.74	2.45	0.53	0.65
2000	0.73	2.25	0.52	0.6
2001	0.72	2.13	0.51	0.55
2002	0.72	2.11	0.50	0.55
2003	0.73	2.23	0.51	0.59
2004	0.74	2.41	0.51	0.64

续表

年份	汇率（MER）方法（kg CO$_2$/USD）		购买力平价（PPP）方法（kg CO$_2$/USD）	
	世界排放强度	中国排放强度	世界排放强度	中国排放强度
2005	0.74	2.41	0.50	0.63
2006	0.73	2.38	0.49	0.62
2007	0.73	2.26	0.47	0.58
2008	0.73	2.23	0.47	0.58
2009	0.73	2.17	0.46	0.57
2010	0.46	1.28	0.34	0.62
2011	0.46	1.28	0.34	0.63
2012	0.46	1.21	0.33	0.59
2013	0.45	1.17	0.33	0.57
2014	0.44	1.10	0.32	0.54

资料来源：通过国际能源署数据库整理测算所得。

从中国各省份单位GDP的二氧化碳排放量来看，总体上呈现下降态势，下降幅度较大的省份主要有北京、上海、贵州等，但有个别省份不降反升，比较典型的是山西和内蒙古，2010年，两者的二氧化碳排放强度分别为3.69吨/万元和3.54吨/万元，2011年分别上升到5.39吨/万元与4.54吨/万元（见表3-38）。从实际单位GDP的二氧化碳排放量排名来看，2005—2014年，位列前十位的省份分别是宁夏、贵州、内蒙古、山西、新疆、甘肃、青海、河北、云南和吉林，其中宁夏基本上一直高居榜首，贵州在2009年之前基本保持在第二的位置，其中在2008年首次超过宁夏成为榜首，从2010年开始逐渐下降并于2011年基本稳定在第五的位置；而在2005—2014年期间，除上海在2005年进入倒数前三位以及江苏在2014年进入倒数前三名以外，浙江、北京和广东稳居倒数前三名（见表3-38）。

表3-38　中国各省份二氧化碳排放强度（2005—2014年）

单位：吨/万元，%

省份	单位GDP的二氧化碳排放量										增长率								
	2005年	2006年	2007年	2008年	2009年	2010年	2011年	2012年	2013年	2014年	2006年	2007年	2008年	2009年	2010年	2011年	2012年	2013年	2014年
北京	1.95(29)	1.79(29)	1.57(29)	1.40(29)	1.33(29)	1.21(29)	1.32(29)	0.99(30)	0.93(30)	0.79(30)	-8.20	-12.24	-10.82	-5.03	-8.86	-11.28	-25.04	-6.47	-15.09
天津	2.43(23)	2.35(23)	2.20(22)	1.89(25)	1.85(24)	1.82(20)	2.07(21)	1.56(21)	1.51(21)	1.27(23)	-3.46	-6.22	-14.38	-2.19	-1.65	-12.52	-24.51	-3.61	-15.65
河北	4.87(8)	4.67(8)	4.26(8)	3.73(9)	3.62(9)	3.32(8)	3.60(8)	2.80(8)	2.71(7)	2.45(8)	-4.07	-8.80	-12.36	-2.91	-8.47	-9.18	-22.29	-3.24	-9.52
山西	5.88(5)	5.64(5)	4.95(5)	4.19(5)	4.30(6)	3.69(5)	5.39(3)	3.92(3)	3.95(3)	3.82(4)	-4.04	-12.23	-15.36	2.71	-14.23	11.90	-27.22	0.78	-3.25
内蒙古	6.93(4)	6.58(4)	5.88(4)	5.19(4)	4.43(4)	3.54(6)	4.54(6)	3.04(7)	2.56(8)	2.53(7)	-5.06	-10.63	-11.72	-14.79	-20.00	-1.39	-33.09	-15.96	-0.94
辽宁	3.93(11)	7.76(11)	3.47(10)	3.04(13)	3.18(12)	2.64(10)	3.02(10)	2.21(11)	2.08(10)	1.87(11)	-4.48	-7.70	-12.27	-3.53	-9.94	-9.10	-26.74	-5.87	-10.07
吉林	4.04(10)	3.81(10)	3.42(12)	3.10(12)	2.55(14)	2.32(13)	2.58(15)	1.86(14)	1.62(19)	1.52(15)	-5.87	-10.21	-9.40	-17.64	-9.14	-9.10	-28.01	-12.95	-5.80
黑龙江	3.59(14)	3.46(13)	3.32(13)	3.17(11)	2.97(11)	2.64(11)	2.95(11)	2.29(10)	1.97(11)	1.95(10)	-3.43	-4.26	-4.44	-6.20	-11.21	-10.95	-22.43	-14.05	-0.75

续表

省份	单位GDP的二氧化碳排放量										增长率								
	2005年	2006年	2007年	2008年	2009年	2010年	2011年	2012年	2013年	2014年	2006年	2007年	2008年	2009年	2010年	2011年	2012年	2013年	2014
上海	2.16 (28)	2.18 (26)	2.09 (24)	1.97 (23)	1.79 (26)	1.60 (26)	1.64 (27)	1.39 (24)	1.33 (24)	1.16 (26)	0.83	-4.11	-5.97	-8.75	-10.61	-14.32	-15.52	-4.15	-13.19
江苏	2.26 (25)	2.19 (25)	2.09 (25)	1.97 (22)	1.87 (22)	1.53 (27)	1.69 (26)	1.31 (27)	1.26 (27)	1.13 (28)	-3.26	-4.49	-5.88	-5.00	-18.14	-10.61	-22.45	-4.05	-10.40
浙江	2.20 (26)	2.07 (28)	1.90 (28)	1.73 (28)	1.66 (28)	1.49 (28)	1.62 (28)	1.28 (28)	1.23 (28)	1.15 (27)	-6.22	-7.91	-9.12	-3.80	-10.15	-11.08	-20.88	-4.10	-6.45
安徽	2.97 (21)	2.87 (19)	2.78 (19)	2.65 (15)	2.51 (16)	1.93 (21)	2.16 (20)	1.62 (20)	1.56 (20)	1.42 (20)	-3.31	-3.42	-4.43	-5.56	-23.00	-7.52	-25.09	-4.00	-9.05
福建	2.30 (24)	2.21 (24)	2.02 (27)	1.87 (26)	1.79 (27)	1.64 (25)	1.92 (25)	1.39 (23)	1.35 (23)	1.24 (25)	-3.91	-8.88	-7.04	-4.45	-8.66	-5.34	-27.51	-3.32	-8.29
江西	2.60 (22)	2.37 (22)	2.14 (23)	1.90 (24)	1.87 (23)	1.65 (22)	1.95 (24)	1.37 (25)	1.31 (26)	1.26 (24)	-8.50	-9.89	-11.35	-1.67	-11.45	-13.10	-29.66	-4.20	-4.21
山东	3.44 (16)	3.24 (16)	2.97 (17)	2.55 (18)	2.50 (17)	2.28 (17)	2.48 (17)	1.97 (12)	1.83 (13)	1.51 (16)	-8.50	-9.89	-11.35	-1.67	-11.45	-6.55	-20.66	-6.71	-17.73
河南	3.39 (17)	3.29 (15)	3.17 (14)	3.00 (14)	2.85 (13)	2.28 (16)	2.68 (13)	1.95 (13)	1.89 (12)	1.61 (13)	-2.90	-3.73	-5.43	-4.92	-19.97	0.25	-27.20	-2.94	-14.90

第三章 中国对外贸易、能源消耗与碳排放 | 173

续表

省份	单位GDP的二氧化碳排放量										增长率									
	2005年	2006年	2007年	2008年	2009年	2010年	2011年	2012年	2013年	2014年	2006年	2007年	2008年	2009年	2010年	2011年	2012年	2013年	2014年
湖北	3.71(12)	3.59(8)	3.44(8)	3.22(9)	3.02(9)	1.74(8)	1.96(8)	1.33(8)	1.33(7)	1.46(8)	-3.31	-4.11	-6.43	-6.11	-42.42	-9.25	-31.92	-0.65	10.47
湖南	3.62(13)	3.38(14)	3.03(15)	2.63(16)	2.51(15)	2.28(14)	2.64(14)	1.86(15)	1.76(14)	1.39(21)	-6.51	-10.48	-13.21	-4.53	-9.28	-6.30	-29.72	-5.17	-20.96
广东	1.43(30)	1.41(30)	1.34(30)	1.18(30)	1.22(30)	1.19(30)	1.30(30)	1.04(29)	1.01(29)	1.07(29)	-0.93	-5.03	-11.97	3.67	-2.63	-10.50	-20.20	-2.23	5.79
广西	3.00(20)	2.79(21)	2.53(21)	2.27(21)	2.24(21)	2.03(19)	2.31(19)	1.73(19)	1.67(17)	1.49(17)	-7.06	-9.32	-10.15	-1.47	-9.25	-6.29	-25.18	-3.31	-10.62
海南	2.20(27)	2.12(27)	2.07(26)	1.86(27)	1.83(25)	1.61(24)	1.95(23)	1.45(22)	1.39(22)	1.28(22)	-3.48	-2.42	-10.38	-1.36	-11.68	-6.29	-25.61	-4.46	-7.96
重庆	3.16(18)	3.07(18)	2.90(18)	2.50(19)	2.42(19)	2.21(12)	2.70(12)	1.78(17)	1.73(16)	1.48(18)	-2.96	-5.65	-13.69	-3.20	-8.82	-7.26	-34.26	-2.53	-14.51
四川	3.02(19)	2.84(20)	2.61(20)	2.31(20)	2.31(20)	2.15(18)	2.52(16)	1.74(18)	1.66(18)	1.71(12)	-6.01	-7.98	-11.66	0.28	-7.20	-4.07	-30.89	-4.47	2.92
贵州	7.98(2)	7.84(2)	7.52(2)	7.08(1)	5.77(2)	3.94(4)	4.81(5)	3.46(5)	3.01(5)	2.57(6)	-1.85	-4.08	-5.88	-18.40	-31.83	-2.84	-28.01	-12.89	-14.58

续表

省份	单位GDP的二氧化碳排放量											增长率								
	2005年	2006年	2007年	2008年	2009年	2010年	2011年	2012年	2013年	2014年	2006年	2007年	2008年	2009年	2010年	2011年	2012年	2013年	2014年
云南	4.25 (9)	4.20 (9)	4.03 (9)	3.83 (8)	3.69 (8)	2.95 (9)	3.35 (9)	2.49 (9)	2.11 (9)	2.00 (9)	-1.16	-4.09	-4.88	-3.85	-19.95	-2.95	-25.72	-15.09	-5.06
陕西	3.47 (15)	3.20 (17)	2.99 (16)	2.57 (17)	2.48 (18)	2.16 (15)	2.40 (18)	1.81 (16)	1.74 (15)	1.56 (14)	-7.93	-6.42	-14.21	-3.25	-13.17	-14.86	-24.62	-5.20	-10.49
甘肃	5.55 (6)	5.12 (6)	4.64 (6)	4.15 (7)	3.98 (7)	3.53 (7)	4.02 (7)	3.05 (6)	2.89 (6)	2.70 (5)	-7.78	-9.28	-10.65	-4.15	-11.17	-6.80	-24.21	-5.20	-6.43
青海	7.55 (3)	7.21 (3)	6.45 (3)	5.50 (3)	5.34 (3)	4.67 (2)	5.84 (2)	4.59 (2)	4.46 (2)	4.26 (2)	-4.53	-10.48	-14.84	-2.94	-12.43	-6.30	-29.55	-5.12	-4.60
宁夏	10.05 (1)	9.49 (1)	8.18 (1)	6.59 (1)	6.09 (1)	5.43 (1)	7.44 (1)	5.24 (1)	4.97 (1)	4.42 (1)	-5.63	-13.82	-19.39	-7.56	-10.91	-2.86	-29.55	-5.12	-11.17
新疆	5.19 (7)	4.88 (7)	4.59 (7)	4.15 (6)	4.32 (5)	3.75 (3)	4.85 (4)	3.89 (4)	3.94 (4)	3.95 (3)	-6.09	-6.01	-9.46	4.12	-13.35	-4.58	-19.77	1.08	0.48

注：(1) 由于西藏的人均二氧化碳排放量较小，因此未在此列表中列出；(2) 括号中的数值表示该年各省份碳排放强度的排名。

资料来源：根据中国城市能效碳效数据库中的数据整理所得。

第四章　中国对外贸易中的隐含碳排放测算

第一节　投入产出法

一　投入产出法

投入产出法（或称产业部门间分析）是由瓦西利·列昂剔夫（Wassily Leontief）于 1936 年研究并创立的一种分析方法（Leontief, 1936）[1]，其理论基础是新古典学派瓦尔拉斯（Walras）的一般均衡理论，它是分析特定经济系统内投入和产出之间数量依存关系的原理和方法，也是一种有效的、从宏观尺度评价嵌入商品和服务中的资源或污染量的工具，自 20 世纪 60 年代后期开始，一些专家学者就将投入产出法从经济学领域广泛地转入并应用于能源和环境领域问题的研究，其中就包括贸易隐含碳排放的研究，并且这种方法在 20 世纪七八十年代就已经被证明是一种非常有效的研究能源发展和环境污染的分析工具（Leontief, 1936; Lenzen, 2001; Machado et al., 2001; Lenzen et al., 2004; Peters and Hertwich, 2006、2008; Mongelli et al., 2006; Ackerman et al., 2007; Tang Zhipeng et al., 2015; Ke Li

---

[1] Leontief, "Quantitative Input – output Relations in the Economic System of the United States", *Review of Economic Statistics*, Vol. 18, No. 3, 1936, pp. 105 – 125.

et al. , 2016；Matteo V. Rocco et al. , 2016)。[1][2][3][4][5][6][7][8][9][10][11] 投入产出分析是通过编制投入产出表（也称部门联系平衡表或产业关联表）来实现的，它以矩阵形式描述国民经济各部门在一定时期（通常为一年）生产活动的投入来源和产出使用去向，揭示国民经济各部门之间相互依存、相互制约的数量关系，是国民经济核算体系的重要组成部分（刘敬青，2008）。[12] 投入产出表的分类主要包括以下几种：根据编表数据性质和资料内容的不同，可以分为报告期投入产出表和计划期（或预测期）投入产出表；根据数据覆盖范围的不同，可以分为多区域或国家投入产出表和单区域或国家投入产出表（含全国投入产出表、省级投入产出表、企业投入产出表等）；根据分析时期的不同，

---

[1] Leontief, W. , "Environmental Repercussions and the Economic Structure: An Input-output Approach", *The Review of Economic and Statistics*, No. 52, 1970, pp. 262-271.

[2] Lenzen, M. , "A Generalized Input-output Multiplier Calculus for Australia", *Economics Systems Research*, Vol. 13, No. 1, 2001b, pp. 65-92.

[3] Machado, G. et al. , "Energy and Carbon Embodied in the International Trade of Brazil: An Input-output Approach", *Ecological Economics*, No. 39, 2001, pp. 409-424.

[4] Lenzen, M. , Pade, L. and Munksgaard, J. , "CO_2 Multipliers in Multiregional Input-output Models", *Economic System Research*, Vol. 16, No. 4, 2004, pp. 391-412.

[5] Peters, G. P. and Hertwich, E. G. , "Pollution Embodied in Trade: The Norwegian Case", *Global Environmental Change*, No. 16, 2006, pp. 379-387.

[6] Peters, G. P. and Hertwich, E. G. , "Post-Kyoto Greenhouse Gas Inventories: Production Versus Consumption", *Climate Change*, No. 86, 2008, pp. 51-66.

[7] Mongelli, I. et al. , "Global Warming Agreements, International Trade and Energy Carbon Embodiments: An Input-output Approach to the Italian Case", *Energy Policy*, No. 34, 2006, pp. 88-100.

[8] Ackerman, F. and Ishikawa, M. et al. , "The Carbon Content of Japan-US Trade", *Energy Policy*, Vol. 35, No. 9, 2007, pp. 4455-4462.

[9] Tang Zhipeng, Gong Peiping, Liu Weidong and Li Jiangsu, "Sensitivity of Chinese Industrial Wastewater Discharge Reduction to Direct Input Coefficients in an Input-output Context", *Chinese Geographical Science*, No. 1, 2015, pp. 85-97.

[10] Ke Li and Zhujun Jiang, "The Impacts of Removing Energy Subsidies on Economy-wide Rebound Effects in China: An Input-output Analysis", *Energy Policy*, No. 11, 2016, pp. 62-72.

[11] Matteo V. Rocco and Emanuela Colombo, "Internalization of Human Labor in Embodied Energy Analysis: Definition and Application of a Novel Approach Based on Environmentally Extended Input-output Analysis", *Applied Energy*, No. 11, 2016, pp. 590-601.

[12] 刘敬青：《基于投入产出法的货物运输需求预测方法研究》，《铁道货运》2008年第4期。

可以分为静态投入产出表和动态投入产出表以及平衡投入产出表和优化投入产出表；根据计量单位的不同，可以划分为价值型投入产出表和实物型投入产出表；根据研究对象和特定用途的不同，可以分为产品、固定资产、生产能力、劳动、价格、财务、环境保护投入产出表等（董承章，2000）。[①]

由于投入产出分析的科学性、先进性和实用性，自20世纪50年代以来，世界各国纷纷研究投入产出分析，编制和应用投入产出表，不仅美国、英国、法国、德国和日本等发达国家编制和应用投入产出表，而且苏联和东欧等国家也在编制和应用投入产出表，就连印度、埃及、哥伦比亚和秘鲁等发展中国家都在编制和应用投入产出表（何其祥，1999）。[②] 据统计，目前全世界已经有100多个国家和地区编制了投入产出表。联合国于1950年成立国际投入产出学会，至今已召开十多次世界范围内的投入产出分析国际研讨会（廖明球，2009）。[③] 联合国经济社会事务部将投入产出核算纳入1968年版本的国民经济账户体系（SNA），使其成为国民经济核算体系的重要组成部分，并制定和编制了部分分类目录、指标解释、计价标准、计算方法等（向蓉美，2013）。[④] 1993年版SNA及其修订版中仍旧强调"将投入产出法纳入国民经济核算体系是SNA的一个重要特点"。中国是应用投入产出分析较晚的国家之一，但是，传播普及迅速，应用领域广泛，模型种类多样，参与人员众多。[⑤] 20世纪60年代初期，中国科学院成立了专门的小组研究投入产出分析，并进行这方面的宣传和理论探讨工作，在个别高等院校开设投入产出分析课程，但都仅限于理论研究（何其祥，1999）。[⑥] 1974—1976年，在国家统计局和国家计委组织下，由国家统计局、国家计委、中国科学院和中国人民大学等单位联

[①] 董承章：《投入产出分析》，中国财政经济出版社2000年版。
[②] 何其祥：《投入产出分析》，科学出版社1999年版。
[③] 廖明球：《投入产出及其扩展分析》，首都经济贸易大学出版社2009年版。
[④] 向蓉美：《投入产出法》，西南财经大学出版社2013年版。
[⑤] 廖明球：《投入产出及其扩展分析》，首都经济贸易大学出版社2009年版。
[⑥] 何其祥：《投入产出分析》，科学出版社1999年版。

合编制了中国第一张全国性实物型投入产出表，即1973年的61种产品的实物表，它标志中国正式引入了投入产出分析（廖明球，2009）；[①] 1982年，国家统计局、国家计委及有关部门编制了1981年全国投入产出价值表和实物表；1984年，在1981年全国投入产出价值表的基础上，国家统计局编制了1983年全国投入产出延长表；1987年，国务院办公厅发出《关于进行全国投入产出调查的通知》，明确规定，从1987年开始，每逢尾数是7和2的年份进行一次全国投入产出调查，编制基本投入产出表，每逢尾数是0和5的年份编制延长投入产出表，于是，从1987年起，中国就已经编制了1987年、1992年、1997年、2002年、2007年和2012年的基本投入产出表和1990年、1995年、2000年2005年和2010年的投入产出延长表。迄今为止，中国编制的主要是价值型和实物型投入产出表两种类型，在正式公布的全国投入产出表中，包含6张全国投入产出调查表和5张投入产出延长表（见表4-1）。

表4-1　　　　　　中国投入产出表编制（1987—2012年）

年份	部门数量（个）	类型	备注
1987	33	价值型	第1张投入产出调查表
	118		
1990	33	价值型	投入产出延长表（1987）
1992	33	价值型	第2张投入产出调查表
	118		
	151	实物型	
1995	33	价值型	投入产出延长表（1992）
1997	40	价值型	第3张投入产出调查表
	124		
2000	17	价值型	投入产出延长表（1997）
2002	42	价值型	第4张投入产出调查表
	122		
2005	42	价值型	投入产出延长表（2002）

[①] 廖明球：《投入产出及其扩展分析》，首都经济贸易大学出版社2009年版。

续表

年份	部门数量（个）	类型	备注
2007	42	价值型	第5张投入产出调查表
	135		
2010	41	价值型	投入产出延长表（2007）
2012	42	价值型	第6张投入产出调查表
	139		

资料来源：根据相关资料整理所得。

本书主要以中国投入产出价值表为基础进行相关研究，简化的投入产出表（价值型）的结构形式如表4-2所示，其主要由4个部分组成（第Ⅰ、第Ⅱ、第Ⅲ、第Ⅳ象限），包括产出列（宾栏）和投入列（主栏），它们交叉又生成4个象限，各象限的经济含义为：（1）第Ⅰ象限是一个由n个经济部门交叉形成的棋盘式表，各元素 x_{ij} 用货币形态计量。每个 x_{ij} 都有双重含义，其中，i表示横向部门，j表示纵向部门。从横向来看，它表示i产品用于j部门做生产消耗的产品数量，反映某产品部门生产的货物或服务提供给各产品部门使用的价值量，被称为中间使用；从纵向来看，它表示j部门在生产中对i产品的消耗量，反映某产品部门在生产过程中消耗各产品部门生产的货物或服务的价值量，被称为中间投入。第Ⅰ象限完整地反映了经济部门之间投入和产出的数量关系（国家统计局国民经济核算司，2015）。[①]（2）第Ⅱ象限是第Ⅰ象限在水平方向上的延伸，主栏的部门分组与第Ⅰ象限相同；宾栏由最终消费、资本形成总额、出口等最终使用项目组成。从横向来看，它反映某产品部门生产的货物或服务用于各种最终使用的价值量；从纵向来看，它反映最终使用的消费、资本、出口等规模及其构成。第Ⅰ象限和第Ⅱ象限连接组成的横表，反映出国民经济各产品部门生产的货物或服务的使用去向，即各产品部门的中间使用和最终使用数量（李成刚，2008；国家统计局国民经

[①] 廖明球：《投入产出及其扩展分析》，首都经济贸易大学出版社2009年版。

济核算司，2015）。①② （3）第Ⅲ象限是第Ⅰ象限在垂直方向的延伸，主栏由劳动者报酬、生产税净额、固定资产折旧、营业盈余等各种增加值项目组成；宾栏的部门分组与第Ⅰ象限相同。该象限主要反映GDP 的初次分配。第Ⅰ象限和第Ⅲ象限连接组成的竖表，反映出国民经济各产品部门在生产经营过程中的各种投入来源以及产品价值构成，即各产品部门总投入及其所包含的中间投入和增加值的数量（国家统计局国民经济核算司，2015）。③ （4）第Ⅳ象限是第Ⅱ象限和第Ⅲ象限共同延伸形成的，反映出 GDP 的再分配，由于尚处于理论探索阶段，故正式编表时都是空着的。

表 4-2　　　　　　　　　　价值型投入产出表

投入 \ 产出		中间使用				最终使用				总产出
		部门1	部门2	…	部门n	中间使用合计	最终消费	资本形成总额	出口	最终使用合计	
中间投入	部门1	x_{ij} 第Ⅰ象限					Y_i 第Ⅱ象限				X_i
	部门2										
	…										
	部门n										
	中间投入合计										
增加值	劳动者报酬	N_{ij} 第Ⅲ象限					第Ⅳ象限				
	生产税净额										
	固定资产折旧										
	营业盈余										
	增加值合计										
	总投入										

资料来源：2012 年《中国投入产出表》。

---

① 李成刚：《FDI 对我国技术创新的溢出效应研究》，博士学位论文，浙江大学，2008 年。

② 国家统计局国民经济核算司：《2012 年中国投入产出表》，中国统计出版社 2015 年版。

③ 同上。

根据全国投入产出表的平衡关系，可以建立按行（产品分配流向）的投入产出数学模型，即：中间使用 + 最终使用 = 总产出，用数学符号来表达为：

$$\sum_{j=1}^{n} x_{ij} + Y_j = X_i \quad (i, j = 1, 2, \cdots, n) \tag{4.1}$$

式中，$\sum_{j=1}^{n} x_{ij}$ 表示第 i 产品部门中间投入的合计；Y_i 表示第 i 产品部门在本期产品中提供的最终使用的价值量；X_i 表示第 i 产品部门的总产出。

二 直接消耗系数

为了反映出产业部门之间的相互联系程度，引入直接消耗系数或称投入系数，记为 $a_{ij}(i, j = 1, 2, \cdots, n)$，它是指在生产经营过程中第 j 产品或产业部门的单位总产出直接消耗的第 i 产品部门货物或服务的价值量，将各产品或产业部门的直接消耗系数用表的形式表现出来就是直接消耗系数表或直接消耗系数矩阵，用字母 A 表示（国家统计局国民经济核算司，2009；李锦驹，2016）[①][②]，其计算公式为：

$$a_{ij} = \frac{x_{ij}}{X_j} \quad (i, j = 1, 2, \cdots, n) \tag{4.2}$$

将式（4.2）改写为：

$$x_{ij} = a_{ij} X_j \tag{4.3}$$

将式（4.3）代入式（4.1）式中，可得：

$$\sum_{j=1}^{n} a_{ij} X_j + Y_i = X_i \tag{4.4}$$

式（4.4）可以看成是由 n 个线性方程所组成的线性方程组，根据矩阵和线性方程组一一对应的关系，若令 A 表示直接消耗系数矩阵，I 表示 n 阶单位矩阵，Y 表示各产品部门最终使用的列向量，X 表示各产品部门总产出的列向量，则有：

---

① 国家统计局国民经济核算司：《2007 年中国投入产出表》，中国统计出版社 2009 年版。
② 李锦驹：《基于投入产出分析的城市路桥项目宏观经济效益评价》，《工程技术》（全文版）2016 年第 10 期。

$$A = \begin{bmatrix} a_{11} & a_{12} & \cdots & a_{1,n-1} & a_{1,n} \\ a_{21} & a_{22} & \cdots & a_{2,n-1} & a_{2,n} \\ \vdots & \vdots & \vdots & \vdots & \vdots \\ a_{n-1,1} & a_{n-1,2} & \cdots & a_{n-1,n-1} & a_{n-1,n} \\ a_{n,1} & a_{n,2} & \cdots & a_{n,n-1} & a_{n,n} \end{bmatrix} \quad Y = \begin{bmatrix} Y_1 \\ Y_2 \\ \vdots \\ Y_{n-1} \\ Y_n \end{bmatrix}$$

$$I = \begin{bmatrix} 1 & 0 & \cdots & 0 & 0 \\ 0 & 1 & \cdots & 0 & 0 \\ \vdots & \vdots & \vdots & \vdots & \vdots \\ 0 & 0 & \cdots & 1 & 0 \\ 0 & 0 & \cdots & 0 & 1 \end{bmatrix} \quad X = \begin{bmatrix} X_1 \\ X_2 \\ \vdots \\ X_{n-1} \\ X_n \end{bmatrix}$$

那么，式（4.4）则可以写成：

$$A = \begin{bmatrix} a_{11} & a_{12} & \cdots & a_{1,n-1} & a_{1,n} \\ a_{21} & a_{22} & \cdots & a_{2,n-1} & a_{2,n} \\ \vdots & \vdots & \vdots & \vdots & \vdots \\ a_{n-1,1} & a_{n-1,2} & \cdots & a_{n-1,n-1} & a_{n-1,n} \\ a_{n,1} & a_{n,2} & \cdots & a_{n,n-1} & a_{n,n} \end{bmatrix} \times \begin{bmatrix} X_1 \\ X_2 \\ \vdots \\ X_{n-1} \\ X_n \end{bmatrix} +$$

$$\begin{bmatrix} Y_1 \\ Y_2 \\ \vdots \\ Y_{n-1} \\ Y_n \end{bmatrix} = \begin{bmatrix} X_1 \\ X_2 \\ \vdots \\ X_{n-1} \\ X_n \end{bmatrix}$$

$$AX + Y = X \tag{4.5}$$

对式（4.5）进行移项合并可得：

$$X = (I - A)^{-1} Y \tag{4.6}$$

式（4.6）建立了总产出和最终使用之间的关系，通过投入产出表中给出的直接消耗系数矩阵，并已知总产出列向量 X 或最终使用列向量 Y 中的一项，即可求出未知的另外一项，这就是投入产出的基本模型。

三　完全消耗系数和完全需求系数

完全消耗系数，记为 $b_{ij}(i, j = 1, 2, \cdots, n)$，它是指第 j 产品部

门每提供一个单位最终使用时，对第 i 产品部门货物或服务的直接消耗和间接消耗之和（黄小军等，2011；周慧，2011）[①][②]，即为了满足最终使用需求所直接和间接拉动整个经济体各部门产出的系数。其意义不仅直接反映出国民经济各部门之间的技术经济联系，还间接反映出国民经济各部门之间的技术经济联系，并通过线性关系，将国民经济各部门的总产出和最终使用联系在一起，更加全面地反映各部门之间相互联系依存的数量关系（国家统计局国民经济核算司，2009）[③]。若设完全消耗系数矩阵为 B，则有：

$$B = (I - A)^{-1} - I \qquad (4.7)$$

完全需求系数，记为 c_{ij}（i，j = 1，2，…，n），它是指第 j 产品部门增加一个单位最终使用对第 i 产品部门货物或服务的完全需求量，包括直接需求量和间接需求量（李成刚，2008）[④]，这个是从社会需求角度来求解的。若设完全需求系数矩阵为 W，则有：

$$W = (I - A)^{-1} \qquad (4.8)$$

式（4.8）中，(I - A) 称为列昂剔夫矩阵，$(I - A)^{-1}$ 称为列昂剔夫逆矩阵。

第二节 投入产出模型在贸易隐含碳排放测算中的应用

一 竞争型隐含碳排放模型构建

若将投入产出模型扩展到非经济领域，就可以用来衡量单位产出变化所产生的外部性。就环境领域而言，从理论上说，产品部门中二

[①] 黄小军、张仁寿、王朋：《从投入产出析文化产业对经济增长的影响》，《广州大学学报》（社会科学版）2011 年第 7 期。
[②] 周慧：《基于投入产出法的江苏省行业吸纳就业能力研究》，《现代商贸工业》2011 年第 19 期。
[③] 国家统计局国民经济核算司：《2007 年中国投入产出表》，中国统计出版社 2009 年版。
[④] 李成刚：《FDI 对我国技术创新的溢出效应研究》，博士学位论文，浙江大学，2008 年。

氧化碳排放量可表示为：

$$C_i = \sum_{k=1}^{n} C_{ik} = \sum_{k=1}^{n} (\theta_{ik} \times \phi_k) \quad (i,k = 1,2,\cdots,n) \tag{4.9}$$

式中，C_i 为第 i 产品部门直接消耗能源产生的二氧化碳量；C_{ik} 为第 i 产品部门使用第 k 种能源产生的二氧化碳量；$\sum_{k=1}^{n} C_{ik}$ 为第 i 产品部门消耗 $k=n$ 种能源的二氧化碳排放总量；θ_{ik} 为第 i 产品部门对第 k 种能源的消耗量；$\sum_{k=1}^{n} \theta_{ik}$ 为第 i 产品部门对 $k=n$ 种能源的消耗量；ϕ_k 为第 k 种能源的二氧化碳排放系数。

记二氧化碳的直接排放系数为 E_i(i, j = 1, 2, …, n)，它是指第 i 部门每单位产出直接排放的二氧化碳量，其计算公式为：

$$E_i = C_i/X_i = \sum_{k=1}^{n} C_{ik} \Big/ X_i = \sum_{k=1}^{n} (\theta_{ik} \times \phi_K) \Big/ X_i \tag{4.10}$$

若用行向量 E 来表示二氧化碳的直接排放系数矩阵，则为了满足最终需求 Y 而引起的一国隐含碳 C 的计算公式为：

$$C = EX = E(I - A)^{-1}Y \tag{4.11}$$

将式（4.11）移项，整理可得：

$$C/Y = E(I - A)^{-1} \tag{4.12}$$

在此，用 F_i(i = 1, 2, …, n) 表示各产品部门二氧化碳的隐含碳排放系数，即第 i 部门每单位产出的直接和间接二氧化碳排放量之和，记行向量 F 为隐含碳排放系数矩阵，则 F = C/Y，此时有：

$$F = E(I - A)^{-1} \tag{4.13}$$

通过上述公式的推导我们可以发现，求解商品中的隐含碳排放的基本思路是：用生产该类产品的二氧化碳排放系数乘以该商品的价值矩阵，但是，不能直接观察到每类商品的二氧化碳排放量，原因在于二氧化碳的排放不仅仅只是产生在产品的最终制造过程中，还存在于制造以及运输此类产品而使用的中间产品中，而投入产出法由于可以一目了然地反映国民经济各部门之间在生产过程中直接和间接的关系，因此，将此方法应用于估算商品直接和间接排放的二氧化碳再恰当不过了，这也是目前诸多学者将其作为研究贸易碳排放主流方法的原因所在（Machado et al.，2001；Peters and Hertwich，2005，2006；Mukhopadhyay，2006；Hae – Chun Rhee and Hyun – Sik Chung，2006；Wiedema，2008；陈迎等，2008；Hale Abdul Kander et al.，2010；方修琦等，2011；张云、赵捧莲，2011；马晶梅等，2016；马翠萍等，2016）。①②③④⑤⑥⑦⑧⑨⑩⑪

二 非竞争型隐含碳排放模型构建

竞争型 I—O 模型可以用 $X = (I - A)^{-1}Y$ 表示。其中，X 为产品部门的总产出；I 为单位矩阵；A 为直接消耗系数矩阵；$(I - A)^{-1}$ 为列昂惕夫逆矩阵；Y 为最终使用价值量。对于开放的经济系统而言，要明确区分出中间投入中国内生产和国外进口的部分，此时，竞争型 I—O 模型不区分中间投入中国内生产与国外进口的做法已不合适。因此，需要构建非竞争型 I—O 模型。此时，直接消耗系数矩阵为：A =

---

① Machado, G. et al., "Energy and Carbon Embodied in the International Trade of Brazil: An Input – output Approach", *Ecological Economics*, No. 39, 2001, pp. 409 – 424.

② Peters, G. P. and Hertwich, E. G., "Pollution Embodied in Trade: The Norwegian Case", *Global Environmental Change*, No. 16, 2006, pp. 379 – 387.

③ Mukhopadhyay, K., "Impact on the Environment of Thailand's Trade with OECD Countries", *Asia – Pacific Trade and Investment Review*, Vol. 2, No. 1, 2006, pp. 25 – 46.

④ Hae – Chun Rhee and Hyun – Sik Chung, "Change in CO_2 Emission and Its Transmissions between Korea and Japan Using International Input – output Analysi", *Ecological Economics*, Vol. 58, No. 4, 2006, pp. 788 – 800.

⑤ Wiedema, B. P. et al., "Carbon Footprint: A Catalyst for Life Cycle Assessment?" *Journal of Industrial Ecology*, Vol. 12, No. 1, 2008, pp. 3 – 6.

⑥ 陈迎、潘家华、谢来辉：《中国外贸进出口商品中的内涵能源及其政策含义》，《经济研究》2008 年第 7 期。

⑦ Hale Abdul Kander, Michael Adams, Lars Fredrik Andersson et al., "The Determinants of Reinsurance in the Swedish Property Fire Insurance Market during the Interwar Years, 1919 – 1939", *Business History*, Vol. 52, No. 2, 2010, pp. 268 – 284.

⑧ 方修琦、王媛、魏本勇等：《中国进出口贸易碳转移排放测算方法分析与评价》，《地球科学进展》2011 年第 10 期。

⑨ 张云、赵捧莲：《中国工业出口产品二氧化碳国内净排放的比较分析》，《中国流通经济》2011 年第 4 期。

⑩ 马晶梅、王新影、贾红宇：《中日贸易隐含碳失衡研究》，《资源科学》2016 年第 3 期。

⑪ 马翠萍、史丹：《贸易开放与碳排放转移：来自中国对外贸易的证据》，《数量经济技术经济研究》2016 年第 7 期。

$A^d + A^m$，其中，A^d 仍为竞争型投入产出表中的直接消耗系数矩阵；A^m 为进口产品部门直接消耗系数矩阵，对应元素 a_{ij}^m 为生产经营过程中第 j 产品或产品部门的单位总产出直接消耗的第 i 产品部门进口的货物或服务的价值量。借鉴李小平和卢现祥（2010）[1]，张根能、张珩月和董伟婷（2016）[2] 等学者将进口中间投入 A^m 剔除的方法，设 $A^m = M \times A$，其中，M 为进口系数矩阵，表示进口产品在产品部门中间投入中所占比重，并假设产品部门 i 对其他所有产品部门 j 的投入中所使用的进口中间投入比例相同，于是 $M = \begin{bmatrix} m_{11} & 0 & \cdots & 0 \\ 0 & m_{22} & \cdots & 0 \\ \vdots & \vdots & \ddots & \vdots \\ 0 & 0 & \cdots & m_{nn} \end{bmatrix}$ 为一个对角矩阵，对角矩阵元素 $m_{ij} = IM_i / (X_i + IM_i - EX_i)$（i, j = 1, 2, ..., n；且当 $i \neq j$ 时，$m_{ij} = 0$），其中，X_i 为第 i 产品部门的产出；IM_i 为第 i 产品部门的进口额；EX_i 为第 i 产品部门的出口额。因而得到国内直接消耗系数矩阵：$A^d = (I - M)A$。此时各产品部门的隐含碳排放系数为：

$$F = E(I - A^d)^{-1} \tag{4.14}$$

三 出口贸易隐含碳排放模型

根据各产品部门的完全碳排放系数行向量为 F，借助投入产出模型，我们就可以得出出口贸易中隐含碳排放的计算公式，即：

$$C_{ex} = E_{ex}(I - A^d)^{-1}T^{ex} \tag{4.15}$$

式中，C_{ex} 为中国出口贸易中的隐含碳排放量；E_{ex} 为中国出口商品中二氧化碳的直接排放系数矩阵；A^d 为中国国内投入的直接消耗系数矩阵；T^{ex} 为中国出口商品的价值列向量。

四 进口贸易隐含碳排放模型

同理，参照出口贸易隐含碳排放模型，我们就可以得出进口贸易

---

[1] 李小平、卢现祥：《国际贸易、污染产业转移和中国工业 CO_2 排放》，《经济研究》2010 年第 1 期。

[2] 张根能、张珩月、董伟婷：《陕西省工业行业碳排放实证研究——基于工业品贸易隐含碳视角》，《科技进步与对策》2016 年第 13 期。

中隐含碳排放的计算公式，即：

$$C_{im} = E_{im}(I - A^O)^{-1} T^{im} \tag{4.16}$$

式中，C_{im} 为中国进口贸易中的隐含碳排放量；E_{im} 为中国进口来源国商品中二氧化碳的直接排放系数矩阵；A^O 为中国进口来源国投入的直接消耗系数矩阵；T^{im} 为中国进口商品的价值列向量。

五 净出口贸易隐含碳排放模型

中国对外贸易中的净隐含碳排放量，即为出口贸易中的隐含碳排放量减去进口贸易中的隐含碳排放量，用计算公式表示为：

$$C_{net} = C_{ex} - C_{im} = E_{ex}(I - A^d)^{-1} T^{ex} - E_{im}(I - A^O)^{-1} T^{im} \tag{4.17}$$

六 相互替换贸易隐含碳排放及全球碳排放量净增加或减少模型

若将中国与其他国家进行互换，包含两层含义：一是如果中国的出口贸易产品不在中国生产，而是在他国生产，也就是其他国家从中国进口而使其国内减少的隐含碳排放量，记为 C^O；二是如果中国进口的贸易产品不在国外生产，而是在国内生产，也就是中国从其他国家进口而减少国内的隐含碳排放量，记为 C^d。同时，C_{ex} 和 C^O 的差值表示中国因出口贸易增加的全球碳排放量，C_{im} 和 C^d 的差值表示中国因进口贸易减少的全球碳排放量，则 C_{net}^w 表示中国因进出口贸易净增加或减少的全球碳排放量。相应的计算公式分别为：

$$C^O = E_{im}(I - A^O)^{-1} T^{ex} \tag{4.18}$$

$$C^d = E_{ex}(I - A^d)^{-1} T^{im} \tag{4.19}$$

$$C_{net}^w = (C_{ex} - C^O) + (C_{im} - C^d) \tag{4.20}$$

第三节 数据来源及处理

一 行业划分及调整

为了保证数据资料翔实、统一以及可靠，本书主要以 2002 年（42 部门）、2005 年（42 部门）、2007 年（42 部门）、2010 年（41 部门）、2012 年（42 部门）的全国投入产出调查表（价值型）和投入产出延长表（价值型）与 2002 年、2005 年、2007 年、2010 年和

2012年各行业部门能源消费量为基础，并辅以2002年、2005年、2007年、2010年和2012年进口部门数据，用于测算中国经济发展中产业部门隐含碳排放以及随时间变化的趋势，这些投入产出表和投入产出延长表来源于国家统计局国民经济核算司（2006年、2009年、2011年、2013年和2015年），《中国统计年鉴》来源于国家统计局（2003年、2006年、2008年、2011年和2014年）。《投入产出表》与《中国统计年鉴》均以国民经济行业分类标准为依据和基础对能源消耗的行业进行分类，但是，两者之间稍微存在一定偏差，为了使不同行业部门类型之间的口径统一以及达到方便处理数据的目的，本书最终将行业划分为28类，具体分类见表4-3。

表4-3　　　　　　　　行业部门分类划分及代码

代码	行业分类	代码	行业分类
1	农业	15	金属制品业
2	煤炭开采和洗选业	16	通用、专用设备制造业
3	石油和天然气开采业	17	交通运输设备制造业
4	金属矿采选业	18	电气机械及器材制造业
5	非金属矿及其他矿采选业	19	通信设备、计算机及其他电子设备制造业
6	食品制造及烟草加工业	20	仪器仪表及文化办公用机械制造业
7	纺织业	21	其他制造业
8	服装、皮革、羽绒及其制造业	22	电力、热力的生产和供应业
9	木材加工及家具制造业	23	燃气生产和供应业
10	造纸、印刷及文教体育用品制造业	24	水的生产和供应业
11	石油加工、炼焦及核燃料加工业	25	建筑业
12	化学工业	26	交通运输、仓储及邮电通信业
13	非金属矿物制品业	27	批发零售及餐饮业
14	金属冶炼及压延加工业	28	其他服务业

资料来源：根据2002—2012年《中国投入产出表（延长表）》及《中国能源统计年鉴》对应的行业部门整理归纳所得。

二　主要能源二氧化碳排放系数估算

一般而言，能源部门通常是温室气体排放清单中最重要的部门，在发达国家，其贡献一般占二氧化碳排放量的 90% 以上和二氧化碳温室气体排放总量的 75%，二氧化碳数量一般占能源部门排放量的 95%，其余为甲烷和一氧化二氮，同时，固定源燃烧通常造成能源部门温室气体排放的约 70%，这些排放的一半与能源工业中的燃烧有关，主要是发电厂和炼油厂（IPCC，2006）。① 由于本书主要分析温室气体的主要构成物二氧化碳的排放量以及二氧化碳排放主要源自化石燃料燃烧（IPCC，2007）②，因此，本书在借鉴世界上多数学者测算二氧化碳排放量时主要通过化石能源资源消费量来推算的基础上，根据中国实际消耗化石能源及燃料的情况，以煤炭、焦煤、原油、汽油、煤油、柴油、燃料油以及天然气八种消费较大的化石能源或燃料为基准来核实我国进出口贸易以及分行业的二氧化碳排放量。

根据 2006 年 IPCC 为 UNFCCC 以及《京都议定书》所制定的《国家温室气体清单指南》提供的参考方法，二氧化碳排放量可以由各种化石能源燃料消费导致的二氧化碳排放估算量求和得到，因此，各种化石能源所排放的二氧化碳系数公式为：

$$\phi_k = NCV_k \times CEF_k \times COF_k \times \left(\frac{44}{12}\right) (k = 1, 2, 3, \cdots, 8) \qquad (4.21)$$

式中，ϕ_k 为第 k 种能源消耗排放的二氧化碳的系数；NCV_k 为平均低位发热量（IPCC 称之为净发热值）；CEF_k 为碳排放系数；COF_k 表示碳氧化因子；44 和 12 分别为二氧化碳和碳的分子量；k 为所选取的八种消耗较大的化石燃料之一。

公式中的数据主要来自 2015 年《中国能源统计年鉴》、2006 年 IPCC《国家温室气体清单指南》以及通过整理所得，其中，源于 2015 年《中国能源统计年鉴》附录 4 提供的各种能源折标准煤参考系数、

---

[1] IPCC, *Gidelines for National Greenhouse Gas Inventories*, Intergovermental Panel on Climate Change, 2006.
[2] IPCC, *Climate Change 2007: The Physical Science Basis, Contribution of Working Group I to the Fourth Assessment Report of the Intergovernmental Panel on Climate Change*, New York: Cambridge University Press, 2007.

源于 IPCC2006①，具体数据及计算结果见表 4-4。将式（4.21）代入式（4.9）中，可得到更加具体的二氧化碳直接碳排放系数，即

$$E_i = \sum_{k=1}^{n} \left[\phi_{ik} \times NCV_k \times CEF_k \times COF_k \times \left(\frac{44}{12}\right) \right] \bigg/ X_i \quad (i = 1, 2, \cdots, 28; k = 1, 2, 3, \cdots, 8) \quad (4.22)$$

表 4-4　NCV、CEF、COF 取值及各种能源的二氧化碳排放系数

	煤炭	焦炭	原油	汽油	煤油	柴油	燃料油	天然气
NCV 取值	0.020908 GJ/kg	0.028435 GJ/kg	0.041816 GJ/kg	0.04307 GJ/kg	0.043070 GJ/kg	0.042652 GJ/kg	0.041816 GJ/kg	0.038931 GJ/m³
CEF 取值	26.0 kg/GJ	29.2 kg/GJ	20.0 kg/GJ	19.0 kg/GJ	19.6 kg/GJ	20.2 kg/GJ	21.1 kg/GJ	15.3 kg/GJ
COF 取值	1	1	1	1	1	1	1	1
二氧化碳排放系数	1.993 kg/kg	3.045 kg/kg	3.070 kg/kg	3.001 kg/kg	3.095 kg/kg	3.159 kg/kg	3.235 kg/kg	2.184 kg/m³

注：1GJ（吉焦）= 1000MJ（兆焦）= 1000000000 J（焦耳）；m³ 为立方米；kg 为千克。

资料来源：根据 2015 年《中国能源统计年鉴》和 2006 年 IPCC《国家温室气体清单指南》计算整理所得。

三　进出口贸易隐含碳排放模型中的数据处理

（一）出口隐含碳排放模型中的数据处理

出口隐含碳排放的计算公式为：$C_{ex} = E_{ex}(I - A^d)^{-1} T^{ex}$。其中，$A^d$ 为中国国内投入的直接消耗系数矩阵，可以通过投入产出表直接获取，对于不同的细分行业，其直接消耗系数不同，为此，本书利用直接消耗系数求解公式，将相应行业，中间使用价值量合并之和除以对应的合并的总投入价值量，其值即为对应合并行业的直接消耗系数。T^{ex} 为中国出口商品的价值列向量。E_{ex} 为中国出口商品中二氧化碳的

---

① 由于 IPCC 2006 没有直接提供煤炭的碳排放系数，对我国而言，原煤产量的分类比重近些年来一直变化不大，以烟煤为主，占 75%—80%，无烟煤仅占 20%—25%，为此，我们利用 IPCC 提供的烟煤和无烟煤的碳排放系数，通过加权平均的方法求得煤炭的碳排放系数，并设定烟煤为 80%，无烟煤为 20%；IPCC2006 中没有对应的汽油碳排放系数的选项，鉴于汽油和柴油含有相似的化学物质，在此，我们用柴油的碳排放系数来代替汽油的碳排放系数。

直接排放系数矩阵。

(二) 进口隐含碳排放模型中的数据处理

进口隐含碳排放的计算公式为：$C_{im} = E_{im}(I - A^o)^{-1} T^{im}$。$A^o$ 作为中国进口来源国投入的直接消耗系数矩阵，本应该通过中国所有进口来源国的投入产出表求得，但由于中国进口来源国有 200 多个，基础数据量相当庞大，且有的国家并没有公布投入产出表，即使部分国家公布了投入产出表，但其核算的时间以及相应行业部门的划分与中国的投入产出表都存在出入，无法保证时间和数据的统一性及协调性，因此，要逐一求取并加总的方法不太可取，为此，我们近似约定 $A^o = A^d$，即国外和中国具有相同的直接消耗系数。T^{im} 为中国进口商品的价值列向量。E_{im} 为中国进口来源国商品中二氧化碳的直接碳排放系数矩阵，理论上说，应通过所有进口国家的相关数据求得，但也同出口一样，限于数据不可获得等原因而不能按此类方法计算，但通过分析可知，2002 年、2005 年、2007 年、2010 年和 2012 年中国进口贸易额较大的主要 6 个国家和地区为日本、中国台湾、美国、韩国、德国和中国香港，为此，本书试图利用上述 6 个国家和地区的单位 GDP 碳排放强度作为基础，剩余的其他出口到中国的国家和地区的单位 GDP 碳排放强度用世界平均单位 GDP 碳排放强度表示，以各自当年占中国总进口贸易额的比重作为权重，综合权衡并通过加权平均法 (Machado et al., 2001)[①] 来求取对应当年的各行业部门平均二氧化碳直接排放系数，其结果见表 4-5。根据国际能源数据库的统计，我们知道，中国 2002 年、2005 年、2007 年、2010 年和 2012 年各行业部门平均二氧化碳直接排放系数分别为 2.38 吨/万元、2.70 吨/万元、2.67 吨/万元、2.60 吨/万元和 2.85 吨/万元。在求得中国和进口来源国各行业部门平均二氧化碳的直接排放系数之后，我们不妨假定中国和进口来源国各行业部门对应的二氧化碳的直接排放系数的比例与

---

① Machado, G., Schaeffer, R. and Worrell, E., "Energy and Carbon Embodied in the International Trade of Brazil: An Input-output Approach", *Ecological Economics*, Vol. 39, No. 3, 2001, pp. 409–424.

其平均二氧化碳的直接排放系数比例相同，因此可以求得 E_{ex}，那么根据上述相同比重也就可以间接地求得 E_{im}，通过公式我们即可知中国进口来源国商品中二氧化碳的隐含碳排放强度矩阵（见表4-6）。

表4-5 中国进口主要来源国和地区贸易量（比重）、碳强度及直接碳排放系数

年份	项目	日本	中国台湾	美国	韩国	德国	中国香港	世界	直接排放系数（吨/万元）
2002	碳强度（千克/美元）	0.27	0.72	0.47	0.54	0.29	0.27	0.57	0.60
	进口贸易量（亿美元）	534.66	380.61	272.38	285.68	164.16	107.26	1207.25	
	份额（%）	18.11	12.89	9.23	9.68	5.56	3.63	40.90	
2005	碳强度（千克/美元）	0.26	0.70	0.44	0.51	0.28	0.23	058	0.62
	进口贸易量（亿美元）	1004.08	746.08	486.22	786.20	307.23	122.25	3164.72	
	比重（%）	15.21	11.32	7.37	11.64	4.66	1.85	47.95	
2007	碳强度（千克/美元）	0.26	0.65	0.42	0.48	0.28	0.21	0.57	0.65
	进口贸易量（亿美元）	1339.42	1010.27	693.91	1037.52	453.83	128.04	4896.38	
	比重（%）	14.01	10.57	7.26	10.85	4.75	1.34	51.22	
2010	碳强度（千克/美元）	0.24	0.57	0.39	0.50	0.25	0.19	0.57	0.72
	进口贸易量（亿美元）	1767.36	1157.39	1020.99	1383.49	742.61	122.60	7767.96	
	比重（%）	12.66	8.29	7.31	9.91	5.32	0.88	55.63	
2012	碳强度（千克/美元）	0.26	0.52	0.36	0.49	0.24	0.19	0.57	0.78
	进口贸易量（亿美元）	1778.34	1322.04	1328.97	1687.38	919.21	178.80	10969.36	
	比重（%）	9.78	7.27	7.31	9.28	5.06	0.98	60.32	

资料来源：根据国际能源署数据库中各国碳排放强度以及历年《中国统计年鉴》中的进口贸易量整理测算所得。

表 4-6   2002—2012 年中国和国外产品部门隐含碳排放强度

单位：吨/万元

编号	行业部门	2002年 进口隐含碳排放强度	2002年 出口隐含碳排放强度	2005年 进口隐含碳排放强度	2005年 出口隐含碳排放强度	2007年 进口隐含碳排放强度	2007年 出口隐含碳排放强度	2010年 进口隐含碳排放强度	2010年 出口隐含碳排放强度	2012年 进口隐含碳排放强度	2012年 出口隐含碳排放强度
1	农业	0.4191	1.6623	0.3327	1.4487	0.2790	1.1461	0.2561	0.9248	0.2318	0.8472
2	煤炭开采和洗选业	1.8634	7.3914	1.7752	7.7308	1.5983	6.5654	1.2109	4.3727	1.1275	4.1197
3	石油和天然气开采业	1.7263	6.8478	0.7486	3.2601	0.7558	3.1047	0.7191	2.5966	0.5538	2.0235
4	金属矿采选业	1.3795	5.4720	1.1225	4.8882	1.0097	4.1476	0.9269	3.3472	0.6944	2.5372
5	非金属矿及其他矿采选业	1.1073	4.3921	1.0148	4.4193	0.8300	3.4095	0.8716	3.1475	0.6547	2.3923
6	食品制造及烟草加工业	0.5823	2.3098	0.4302	1.8734	0.3784	1.5544	0.3453	1.2470	0.2702	0.9874
7	纺织业	0.7564	3.0003	0.6356	2.7678	0.5940	2.4401	0.4922	1.7774	0.4207	1.5373
8	服装、皮革、羽绒及其他制造业	0.5661	2.2453	0.4608	2.0066	0.4590	1.8853	0.4222	1.5245	0.3416	1.2481
9	木材加工及家具制造业	0.7749	3.0736	0.6741	2.9356	0.5665	2.3268	0.5886	2.1255	0.4361	1.5934
10	造纸、印刷及文教体育用品制造业	0.8535	3.3857	0.8142	3.5457	0.7175	2.9473	0.6885	2.4861	0.5820	2.1266
11	石油加工、炼焦及核燃料加工业	4.2440	16.8350	3.0673	13.3580	2.3185	9.5237	2.2257	8.0371	1.8722	6.8406
12	化学工业	1.5633	6.2011	1.2135	5.2845	1.0853	4.4580	0.9508	3.4333	0.8395	3.0674
13	非金属矿物制品业	2.2793	9.0411	1.6829	7.3285	1.3955	5.7324	1.2621	4.5576	1.0863	3.9692
14	金属冶炼及压延加工业	2.4253	9.6204	2.0773	9.0463	1.5126	6.2134	1.4739	5.3224	1.2695	4.6386
15	金属制品业	1.4088	5.5883	1.2002	5.2266	1.0008	4.1109	1.0021	3.6188	0.8276	3.0238

续表

编号	行业部门	2002年 进口隐含碳排放强度	2002年 出口隐含碳排放强度	2005年 进口隐含碳排放强度	2005年 出口隐含碳排放强度	2007年 进口隐含碳排放强度	2007年 出口隐含碳排放强度	2010年 进口隐含碳排放强度	2010年 出口隐含碳排放强度	2012年 进口隐含碳排放强度	2012年 出口隐含碳排放强度
16	通用、专用设备制造业	1.0209	4.0495	0.9687	4.2185	0.7698	3.1621	0.7514	2.7134	0.5805	2.1211
17	交通运输设备制造业	0.8912	3.5353	0.8372	3.6459	0.6425	2.6391	0.6026	2.1761	0.5021	1.8346
18	电气机械及器材制造业	1.0394	4.1229	0.9182	3.9988	0.7998	3.2853	0.7704	2.7821	0.6661	2.4340
19	通信设备、计算机及其他电子设备制造业	0.5481	2.1741	0.4935	2.1491	0.3837	1.5762	0.4093	1.4780	0.3066	1.1203
20	仪器仪表及文化办公用机械制造业	0.7096	2.8147	0.6182	2.6919	0.4550	1.8690	0.4615	1.6665	0.3874	1.4154
21	其他制造业	0.6262	2.4839	0.5529	2.4078	0.4310	1.7703	0.4120	1.4876	0.3818	1.3952
22	电力、热力的生产和供应业	5.4064	21.4450	3.4595	15.0660	3.8294	15.7300	3.4854	12.5860	3.4345	12.5490
23	燃气生产和供应业	3.2111	12.7380	2.1346	9.2957	1.3392	5.5011	0.8603	3.1064	0.6053	2.2118
24	水的生产和供应业	1.3233	5.2493	1.0600	4.6163	0.9934	4.0806	1.0354	3.7389	0.7412	2.7081
25	建筑业	1.0658	4.2279	0.8580	3.7366	0.8707	3.5764	0.7607	2.7468	0.6466	2.3626
26	交通运输、仓储及邮电通信业	1.2973	5.1459	1.0421	4.5380	0.9598	3.9427	0.9272	3.3481	0.7760	2.8354
27	批发零售及餐饮业	0.4701	1.8646	0.3304	1.4388	0.3233	1.3280	0.2432	0.8783	0.1674	0.6116
28	其他服务业	0.4368	1.7327	0.3985	1.7353	0.3251	1.3356	0.2871	1.0367	0.2247	0.8212

资料来源：根据前述相关公式及数据整理计算所得。

第四节 实证结果与分析

一 中国对外贸易隐含碳排放量：总体视角

（一）中国出口贸易中的隐含碳排放量

中国出口贸易隐含碳排放量 2002 年、2005 年、2007 年、2010 年和 2012 年呈现波动式增长，2002—2007 年一直是逐渐增加的，但是，2007—2010 年出现下降，2010—2012 年又出现小幅度上涨，分别达到 10.78 亿吨、23.01 亿吨、26.65 亿吨、25.08 亿吨和 25.45 亿吨，年均增长率为 8.97%。其中，2005 年较 2002 年出口贸易隐含碳排放增长 12.23 亿吨，增幅为 113.45%；2007 年较 2005 年出口隐含碳排放增长 3.64 亿吨，增幅为 15.82%，这两个阶段的增量和增幅相差甚远，主要是因为 2005 年较 2002 年出口贸易额增长较快，而 2007 年较 2005 年出口贸易额增长相对缓慢。2010 年较 2007 年出口贸易隐含碳排放减少了 1.57 亿吨，降幅为 5.89%，这主要是因为受国际金融危机的影响，中国出口贸易额在此期间涨幅较小，加之，在此期间，隐含碳排放强度又是减小的，因此，出口隐含碳排放量是负增长。2012 年较 2010 年出口贸易隐含碳排放增长 0.37 亿吨，增幅为 1.48%，隐含碳排放增幅不是很明显。

（二）中国进口贸易中的隐含碳排放量

除 2005—2007 年是减少的，其他年份呈现递增趋势，这 5 年进口隐含碳排放量依次分别为 2.96 亿吨、5.98 亿吨、5.44 亿吨、7.21 亿吨和 7.31 亿吨，年均增长率为 9.46%。2005 年较 2002 年进口贸易隐含碳排放增加了 3.02 亿吨，增幅为 102.03%，在整个研究期间增幅是最大的，主要是因为 2005 年较 2002 年的进口贸易额涨幅较大。2007 年较 2005 年进口贸易隐含碳排放减少了 0.54 亿吨，减幅为 9.03%，这两个阶段进口隐含碳排放增量和涨幅相差较大主要是受到进口贸易额的影响。2010 年较 2007 年进口贸易隐含碳排放增加了 1.77 亿吨，涨幅为 32.54%，2012 年较 2010 年进口贸易隐含碳排放增加了 0.10 亿吨，涨幅为 1.39%。对比进出口贸易中的隐含碳排放增量和增速，我们可以发现，出口贸易中的隐含碳排放量增加的绝对量始终高于进口贸易中的隐含碳排放增量，究其原因，除国外技术较国内技术先进致使国外碳排放强度较国内低外，中国出口规模远远大于进口规模，始终处于贸易顺差也是一个重要因素。

（三）中国净出口贸易中的隐含碳排放量

中国净出口隐含碳排放量从 2002 年的 7.82 亿吨增加到 2012 年的 18.14 亿吨，增量和增幅分别为 10.32 亿吨和 131.97%，这说明中国巨大贸易顺差的背后是巨大的隐含碳排放量顺差，即中国一直是国际贸易隐含碳排放的净出口国家（见图 4-1）。

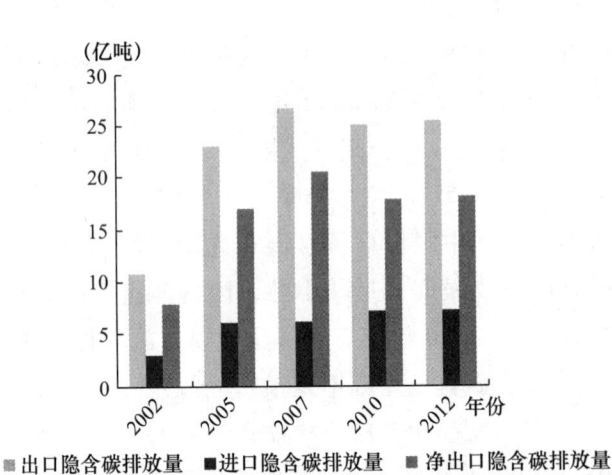

图 4-1 2002—2012 年中国出口、进口及净出口贸易中的隐含碳排放量
资料来源：根据前述相关公式及数据整理计算所得。

（四）进口来源国因从中国进口而减少的隐含碳排放量

根据前文式（4.18）和式（4.19）的计算模型，我们估算出这两个模型的结果（见图 4-2）。通过利用进口来源国的完全排放系数与中国对其他国家的出口贸易额相乘之积，我们可以知道进口来源国因从中国进口而减少的隐含碳排量。依此思路，2002 年、2005 年、

2007年、2010年和2012年进口来源国减少的隐含碳排放量分别为2.72亿吨、5.28亿吨、6.49亿吨、6.94亿吨和6.97亿吨（见图4-2），总计为28.40亿吨。可以得出进口来源国因从中国进口而减少的隐含碳排放量在逐渐增加，但增速却是在逐渐递减的。这些数据表明，进口来源国因从中国进口贸易商品从而使其在本土减少了大量的二氧化碳排放量，若这些出口的贸易产品在其本土生产的话，其国内的二氧化碳排放量将远远大于当前的二氧化碳排放量。但进一步深究我们发现，这些出口产品实际是在中国生产而产生的二氧化碳排放量，即使扣除因假设条件所产生的隐含碳排放量，其差值仍旧为正，得出的结论是：中国的出口贸易增加了全球的二氧化碳排放量，主要原因在于中国的能源利用效率和使用技术较国外相对落后，致使碳排放强度较高，从而使生产同一单位的产品而要排出更多的二氧化碳。在整个研究期间，全球增加的二氧化碳排放量依次分别为8.06亿吨、17.73亿吨、20.16亿吨、18.14亿吨和18.48亿吨，总共增加的碳排放量为82.57亿吨（见图4-2）。

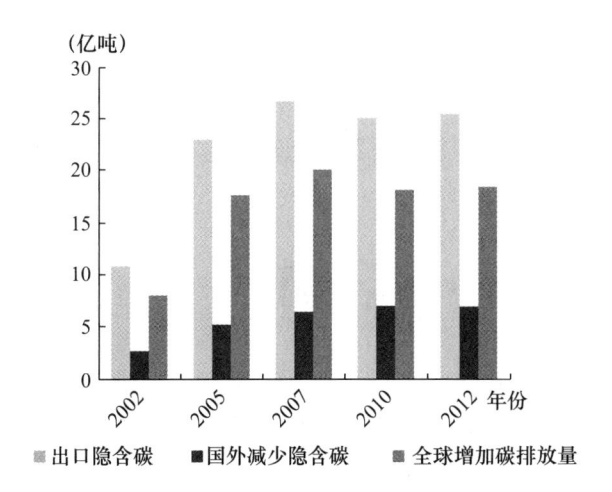

图4-2 2002—2012年中国出口及国外减少的隐含碳和全球增加的碳排放量

资料来源：根据前述相关公式及数据整理计算所得。

(五) 中国因从国外进口而减少的国内隐含碳排量

通过利用中国的完全碳排放系数与进口来源国的出口贸易额相乘之积，我们可以知道中国因从国外进口而减少的国内隐含碳排放量。2002年、2005年、2007年、2010年和2012年中国减少的隐含碳排放量分别为11.73亿吨、26.06亿吨、22.34亿吨、26.04亿吨和26.71亿吨，总计为112.88亿吨（见图4-3）。这些数据表明，中国因从国外进口贸易商品从而使其在国内减少了大量的二氧化碳排放量，若这些进口的贸易产品在中国生产的话，中国的二氧化碳排放量将远远大于当前的二氧化碳排放量。但进一步深究我们发现，这些进口产品实际是在国外生产而产生的二氧化碳排放量，若扣除因假设条件所产生的隐含碳排放量，其差值为负值，得出的结论是：中国的进口贸易减少了全球的二氧化碳排放，其主要原因在于国外的能源利用效率和使用技术较国内先进，致使碳排放强度较低，从而促使生产同一单位的产品而要排出相对较少的二氧化碳。在整个研究期间，全球减少的二氧化碳碳排放量依次分别为8.77亿吨、20.08亿吨、16.90亿吨、18.83亿吨和19.40亿吨，总共减少的碳排放量为83.98亿吨（见图4-3）。

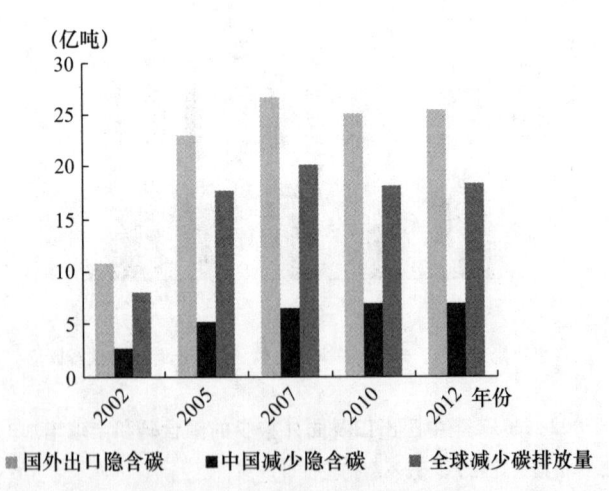

图4-3 2002—2012年国外出口及中国减少的隐含碳和全球减少的碳排放量

资料来源：根据前述相关公式及数据整理计算所得。

综上可知，中国的出口致使进口来源国减少了本土的二氧化碳排放量，但却增加全球的二氧化碳排放量，而中国的进口致使中国国内减少了二氧化碳排放量，同时也减少了全球的二氧化碳排放量，将两组数据相减，可知全球净增加或减少的碳排放量在2002年、2005年、2007年、2010年和2012年分别为-0.71亿吨、-2.35亿吨、3.26亿吨、-0.69亿吨和-0.92亿吨，5年数据加总之后，全球实际减少的碳排放量为1.41亿吨（见图4-4）。这也表明，中国的进口贸易对全球碳排放的减少存在积极意义，而中国的出口贸易对全球碳排放量存在消极影响。

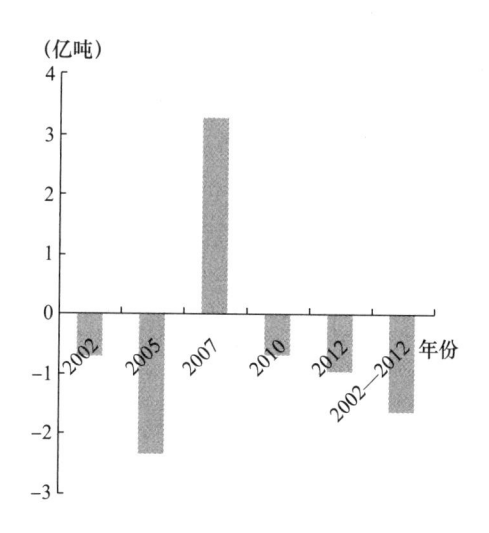

图4-4 2002—2012年全球净增加或减少的碳排放量

注："+"为全球净增加的碳排放量，"-"为全球净减少的碳排放量。
资料来源：根据前述相关公式及数据整理计算所得。

二 中国对外贸易隐含碳排放量：28个行业部门视角

通过归纳整理计算，我们可以得到各个产品进出口以及净出口中的隐含碳排放量，并通过纵向和横向比较来考量中国进出口以及净出口各产品部门的隐含碳排放情况。具体排放情况见表4-7。

表 4-7　2002—2012 年中国对外贸易隐含碳排放量

单位：万吨

行业部门	2002 年 C_{ex}	2002 年 C_{im}	2002 年 C_{net}	2005 年 C_{ex}	2005 年 C_{im}	2005 年 C_{net}	2007 年 C_{ex}	2007 年 C_{im}	2007 年 C_{net}	2010 年 C_{ex}	2010 年 C_{im}	2010 年 C_{net}	2012 年 C_{ex}	2012 年 C_{im}	2012 年 C_{net}
农业	788.26	285.45	502.81	869.47	573.01	296.46	763.28	649.52	113.76	781.14	1050.78	-269.64	662.19	1186.71	-524.52
煤炭开采和洗选业	1164.89	53.67	1111.22	2005.66	206.06	1799.60	1534.71	307.15	1227.56	617.25	1591.23	-973.98	376.00	2044.21	-1668.21
石油和天然气开采业	828.50	1891.47	-1062.97	326.85	832.82	-505.97	538.87	4359.83	-3820.96	411.77	6161.99	-5750.22	379.14	7912.05	-7532.91
金属矿采选业	102.21	505.69	-403.48	475.30	2435.47	-1960.17	341.30	4117.56	-3776.26	255.55	6846.56	-6591.01	150.44	5834.86	-5684.42
非金属矿及其他矿采选业	663.88	197.00	466.88	1158.81	382.80	776.01	512.93	249.37	263.56	498.09	271.19	226.90	306.86	258.06	48.80
食品制造及烟草加工业	2063.78	306.92	1756.86	2937.84	415.15	2522.69	2972.19	598.50	2373.69	2753.69	837.66	1916.03	2766.69	913.64	1853.05
纺织业	8160.61	909.51	7251.10	14707.41	926.74	13780.67	20047.60	486.08	19561.52	15978.28	473.94	15504.34	7956.45	395.38	7561.07
服装、皮革、羽绒及其他制造	6231.10	242.26	5988.84	9194.61	272.15	8922.46	10694.63	279.41	10415.22	8836.81	320.74	8516.07	13430.60	380.73	13049.87
木材加工及家具制造业	2048.15	148.03	1900.12	4661.59	176.44	4485.15	5641.25	153.22	5488.03	5735.78	272.22	5463.56	5762.95	221.07	5541.88
造纸、印刷及文教体育用品制造业	3341.97	484.04	2857.93	6905.47	812.32	6093.15	6673.93	594.56	6079.37	5641.75	711.47	4930.28	11890.28	856.58	11033.70
石油加工、炼焦及核燃料加工业	4427.66	2210.30	2217.36	10806.53	11839.24	-1032.71	7312.66	3362.17	3950.49	6570.08	4638.84	1931.24	8033.90	5395.08	2638.82
化学工业	13496.01	5609.38	7886.63	26311.68	9155.96	17155.72	32266.64	9881.84	22384.80	32417.31	11297.43	21119.88	30323.24	10331.48	19991.76
非金属矿物制品业	3776.70	451.10	3325.60	6618.59	491.46	6127.13	8505.12	526.52	7978.60	8669.52	725.70	7943.82	10611.21	763.27	9847.94
金属冶炼及压延加工业	4437.00	4186.67	250.33	16922.03	6816.20	10105.83	32033.12	6535.20	25497.92	19462.65	7557.48	11905.17	20675.49	11365.63	9309.86
金属制品业	5955.99	761.71	5194.28	15281.32	1146.52	14134.80	14628.71	585.16	14043.55	12497.44	719.40	11778.04	12966.53	672.11	12294.42

续表

行业部门	2002年 C_{ex}	2002年 C_{im}	2002年 C_{net}	2005年 C_{ex}	2005年 C_{im}	2005年 C_{net}	2007年 C_{ex}	2007年 C_{im}	2007年 C_{net}	2010年 C_{ex}	2010年 C_{im}	2010年 C_{net}	2012年 C_{ex}	2012年 C_{im}	2012年 C_{net}
通用、专用设备制造业	5293.79	3200.54	2093.25	14325.59	5243.96	9081.63	18140.50	5421.96	12718.54	19432.15	7265.32	12166.83	22584.58	5184.45	17400.13
交通运输设备制造业	2310.17	894.33	1415.84	6304.14	1409.68	4894.46	8661.94	1929.44	6732.50	11093.47	3591.34	7502.13	10719.71	3022.82	7696.89
电气机械及器材制造业	8381.25	1730.36	6650.89	16892.79	2955.70	13937.09	22424.34	2747.47	19676.87	25849.21	3280.71	22568.50	26107.67	2656.67	23451.00
通信设备、计算机及其他电子设备制造业	10800.29	3051.29	7749.00	32810.39	6554.34	26256.05	33695.23	6253.83	27441.40	35657.90	7229.16	28428.74	33708.98	7361.71	26347.27
仪器仪表及文化办公用机械制造业	4175.71	1143.39	3032.32	10921.85	3002.62	7919.23	6050.70	1788.11	4262.59	6025.08	2302.62	3722.46	2500.27	1124.88	1375.39
其他制造业	1060.14	81.12	979.02	1739.69	470.14	1269.55	2374.76	702.65	1672.11	2557.62	1464.89	1092.73	755.07	891.39	-136.32
电力、热力的生产和供应业	1099.65	57.40	1042.25	832.43	75.29	757.14	1024.23	68.87	955.36	996.76	64.73	932.03	976.45	76.20	900.25
燃气生产和供应业	0.00	0.00	0.00	0.00	0.00	0.00	0.00	0.00	0.00	0.00	0.00	0.00	0.00	0.00	0.00
水的生产和供应业	0.00	0.00	0.00	0.00	0.00	0.00	0.00	0.00	0.00	0.00	0.00	0.00	0.00	0.00	0.00
建筑业	442.20	85.02	357.18	793.68	113.82	679.86	1462.30	192.64	1269.66	2695.21	261.16	2434.05	1826.35	147.71	1678.64
交通运输、仓储及邮电通信业	7471.24	378.80	7092.44	14003.05	2109.53	11893.52	15895.17	1059.54	14835.63	12546.79	1606.93	10939.86	16146.54	2534.52	13612.02
批发零售及餐饮业	5384.74	1.79	5382.95	7351.53	322.60	7028.93	6300.15	169.21	6130.94	6538.44	183.61	6354.83	7546.31	192.91	7353.40
其他服务业	3860.91	701.26	3159.65	4913.67	1097.30	3816.37	5998.62	1365.90	4632.72	6255.61	1393.85	4861.76	5333.54	1367.29	3966.25
合计（亿吨）	10.78	2.96	7.82	23.01	5.98	17.03	26.65	5.44	21.21	25.08	7.21	17.87	25.45	7.31	18.14

资料来源：根据前述相关公式和数据整理计算所得。

(一) 中国各出口产品部门的隐含碳排放

在整个研究期间，出口贸易中隐含碳排放较高的前十个行业部门主要包括化学工业，通信设备、计算机及其他电子设备制造业，金属冶炼及压延加工业等，这十个部门的隐含碳排放量之和在出口隐含碳排放总量中占有较大份额，分别是2002年占70.13%（7.56亿吨）、2005年占75.18%（17.30亿吨）、2007年占78.24%（20.85亿吨）、2010年占77.27%（19.38亿吨）、2012年占77.99%（19.85亿吨），其中，通信设备、计算机及其他电子设备制造业从2002年第2位上升到2012年第1位，虽然该行业的隐含碳排放强度在所有行业中处于较低位置并一直处于下降趋势，但是，由于出口规模较大并处于较快上升态势（2002年出口贸易额占16.05%，排名第1位；2012年出口贸易额也处于第1位，占22.01%），从而致使该行业在出口贸易中的隐含碳排放量位居前列，与此类似的行业还有通用、专用设备制造业，电气机械及器材制造业等；化学行业在2002年出口贸易隐含碳排放处于第1位，之后的4年一直处于第2位，因为化学行业的碳排放强度较高，其出口贸易额排名也比较靠前，因此，出口贸易隐含碳排放也是高居不下。石油加工、炼焦及核燃料加工业具有较高的隐含碳排放强度，但由于其出口规模相对较小，因此，只有2007年该行业的出口贸易隐含碳处于第十名，其余年份都在十名之后；纺织业的隐含碳排放强度并不高并处于下降趋势。另外，出口规模总量总体上在减少（2002年出口贸易额占8.79%，2012年下降到3.79%），从而导致该行业的隐含碳排放量的排名逐渐靠后，2012年已经不在前十名之内。

(二) 中国各进口产品部门的隐含碳排放

进口贸易中隐含碳排放较高的前十个行业部门主要是化学工业，金属冶炼及压延加工业，通用、专用设备制造业等，这十个部门的隐含碳排放量之和在进口隐含碳排放总量中占有较大份额，分别是2002年占83.87%（24827.24万吨）、2005年占88.74%（51522.70万吨）、2007年占85.30%（46397.41万吨）、2010年84.41%（60171.45万吨）和2012年占87.10%（61599.27万吨）。其中，化学工业在这5年有3年是稳居第1位的,另外两年也是居于次席,虽然该行业的进口隐含碳排放强度在所有行业中处于中等位置,但是,由于较大的进口贸易额(2002年进口贸易额占13.32%,排名第二;2005年占比下降为12.39%,排名第二;2007年进口贸易额继续保持第二的席位,占12.30%,2010年为11.71%,排名第三,2012年为10.09%,比之前排名下降1位,排在第三),从而致使该行业独占鳌头,与此类似的还有金属冶炼及压延加工业,通用、专用设备制造业等;通信设备、计算机及其他电子设备制造业在这5年的排名比较稳定,只有2007年排在第3位,其他年份均排在第4位,虽然该行业的隐含碳排放强度处于中下游位置,但是,由于巨大的进口规模以及快速的上升速度(2002年进口贸易量占20.66%,排在首位;2005年以21.80%的占比继续排在首位,2007年进口贸易额继续保持第一的席位,占22.02%,2010年和2012年的进口贸易量占比虽有所下降,但仍居于首位,分别占17.40%和19.68%)导致该行业的隐含碳排放量巨大,与此类似的行业有金属矿采选业;石油加工、炼焦及核燃料加工业从2002年的第7位上升到2005年的第1位,但随后降到2007年的第7位,之后两年的排位分别是第七和第六,虽然该行业具有较高的隐含碳排放强度,但是,由于较小的进口贸易额规模以及速度自2007年不断下降(2002年进口占1.93%,2005年进口占6.34%,2007年则迅速下降为1.96%,剩下两年分别占2.05%和2.36%),从而导致该行业排名不是很靠前;电气机械及器材制造业这5年的进口贸易额占比呈现逐渐递减态势,与之对应,其进口隐含碳排放量的排名也基本呈现出下降的趋势。有的行业如石油和天然气开采业、仪器仪表及文化办公用机械制造业等,虽然其隐含碳排放强度都不高,且其进口贸易额规模不大,但是,由于三个阶段的贸易额进口占比存在起伏,从而致使其排名有高有低。

(三)中国各产品部门净出口贸易中的隐含碳排放

净出口贸易隐含碳排放较高的前十个行业部门为化学工业,通信设备、计算机及其他电子设备制造业,电气机械及器材制造业等,这10个部门的隐含碳排放量之和在净出口贸易隐含碳排放总量中占有较大份额,分别为2002年占76.34%(5.97亿吨)、2005年占78.21%

(13.32亿吨)、2007年占82.32%（17.46亿吨）、2010年占84.44%（15.09亿吨）和2012年占86.16%（15.63亿吨）。其中，通信设备、计算机及其他电子设备制造业从2002年第2位上升到2005年第1位，此后也一直排在第1位，原因除了净出口贸易额为正（2005年顺差为1985.17万元，占26.20%；2007年顺差为50787712万元，占23.60%；2010年的顺差为6463.96万元，占62.18%；2012年的顺差为6079.23万元，占41.53%），还有一个重要原因，就是该行业的出口隐含碳排放强度远远大于进口隐含碳排放强度（如2002年，贸易额即使为逆差，但出口隐含碳排放强度却是进口隐含碳排放强度的3.98倍，从而导致较大的净出口碳排放）；因出口隐含碳排放强度远远大于进口隐含碳排放强度，且行业部门一直表现为顺差，从而致使挤进前十的行业部门包括服装、皮革、羽绒及其他制造业，电气机械及器材制造业，纺织业，金属制品业，交通运输、仓储及邮政业等，而还有行业部门即使表现为贸易额逆差，仍旧呈现较大净出口碳排放量并挤进前十的有化学工业，金属冶炼及压延加工业，通用、专用设备制造业等。

（四）进口来源国因从中国进口而减少的隐含碳放排量

在整个研究期间，进口来源国因从中国进口而减少的隐含碳排放量每年都排名前十的行业有5个，分别是化学工业，通信设备、计算机及其他电子设备制造业，金属冶炼及压延加工业，金属制品业以及交通运输、仓储及邮电通信业。其中，通信设备、计算机及其他电子设备制造业从2002年的第2位上升到2005年的第1位，以后一直处于第1位，虽然该行业的进口完全碳排放强度在所有行业中处于较低位置并一直处于下降趋势，但是，由于出口规模较大并处于较快上升态势（2002年出口贸易额占16.05%，排名第一；2012年出口贸易额也处于第1位，占22.01%），从而致使进口来源国因从中国进口该产业而减少本国的隐含碳排放量一直居于前列，与此类似的行业还有通用、专用设备制造业；化学行业在2002年出口贸易隐含碳排放处于第1位，之后的4年一直处于第2位，因为化学行业的进口隐含碳排放强度较高，其出口贸易额排名也比较靠前，进口来源国因从中国进口该产业而减少本国的隐含碳排放量一直居于前列。

（五）中国因从国外进口而减少的国内隐含碳排放量

在整个研究期间，中国因从国外进口而减少的国内隐含碳排量每年都排名前十的行业有 7 个，分别是石油加工、炼焦和核燃料加工业，化学工业，金属冶炼及压延加工业等。其中，化学工业和金属冶炼及压延加工业这两个行业，中国因从国外进口而减少的国内隐含碳排放量一直处于前三位，因为这两个行业的出口隐含碳排放强度在所有行业中都是排在前十的，加之较大的进口贸易额（2002 年进口贸易额占 13.32%，排名第二；2005 年占 12.39%，排名第二；2007 年进口贸易额继续保持第二的席位，占 12.30%；2010 年占 11.71%，排名第二；2012 年占 10.09%，比之前排名下降一位，排名第三），从而这两个行业独占中国因从国外进口而减少的国内隐含碳排放量鳌头。中国因从国外进口这类产品会减少国内的碳排放量，从而减轻中国的碳减排压力，因此，在不影响国民经济正常发展的情况下，可以加大该类产品的进口。

综上可知，在整个研究期间，中国因进出口各产品部门引起的全球碳排放净减少量排在前三的行业是石油和天然气开采业，石油加工、炼焦及核燃料加工业以及金属矿采选业；中国因进出口各产品部门引起全球碳排放净增加排在前三位的是纺织业，电气机械及器材制造业以及金属制品业。农业的进出口造成的全球净碳排放量的减少量是逐渐增加的，由 2002 年的 0.03 亿吨增加到 2012 年的 0.27 亿吨；煤炭开采和洗选业因进出口引起的全球净碳排放量是增加的，后来就逐渐减少了全球净碳排放量，与此类似的行业还有其他制造业等。通信设备、计算机及其他电子设备制造业的进出口贸易刚开始引起全球净碳排放是减少的，随后却是增加的；建筑业的进出口贸易导致的全球净碳排放量呈现出波动式增加态势，与此类似的行业还有服装、皮革、羽绒及其他制造业等。因此，通过对各个行业部门进出口对全球碳排放的影响分析，中国可以在国际贸易正常发展的情况下，对进出口贸易产业进行调整，从而对减少全球碳排放起到积极作用。

表 4-8　2002—2012 年相互替换贸易隐含碳排放及全球碳排放量净增加或减少量

单位：万吨

行业部门	2002 年 C^o	2002 年 C^d	2002 年 C^w_{net}	2005 年 C^o	2005 年 C^d	2005 年 C^w_{net}	2007 年 C^o	2007 年 C^d	2007 年 C^w_{net}	2010 年 C^o	2010 年 C^d	2010 年 C^w_{net}	2012 年 C^o	2012 年 C^d	2012 年 C^w_{net}
农业	198.72	1132.29	-257.30	199.66	2495.34	-1252.51	185.81	2668.08	-1441.09	216.30	3794.77	-2179.15	181.21	4336.55	-2668.85
煤炭开采和洗选业	293.67	212.88	712.00	460.55	897.36	853.81	373.62	1261.68	206.57	170.93	5746.12	-3708.57	102.91	7469.22	-5151.92
石油和天然气开采业	208.86	7502.98	-4991.87	75.05	3626.81	-2542.20	131.19	17908.75	-13141.23	114.03	22251.26	-15791.54	103.76	28909.40	-20721.98
金属矿采选业	25.77	2005.89	-1423.76	109.14	10605.86	-7804.23	83.09	16913.91	-12538.14	70.77	24723.61	-17692.27	41.17	21320.03	-15375.91
非金属矿及其他矿采选业	167.37	781.38	-87.88	266.10	1667.03	-391.52	124.87	1024.34	-386.91	137.93	979.29	-347.95	83.98	942.89	-461.96
食品制造及烟草加工业	520.26	1217.49	632.95	674.63	1807.87	870.49	723.60	2458.32	388.76	762.58	3024.81	-196.04	757.18	3338.38	-415.23
纺织业	2057.30	3607.71	3405.11	3377.26	4035.80	8221.09	4880.40	1996.71	13656.56	4424.64	1711.48	10316.09	2177.58	1444.66	4729.60
服装、皮革、羽绒及其他制造业	1570.92	960.93	3941.52	2111.38	1185.15	6170.23	2603.57	1147.72	7222.75	2447.06	1158.26	5552.23	3675.79	1391.11	8744.43
木材加工及家具制造业	516.34	587.20	1092.65	1070.42	768.36	2999.25	1373.34	629.36	3791.76	1588.34	983.03	3436.63	1577.20	807.77	3599.05
造纸、印刷及文教体育用品制造业	842.51	1920.06	1063.45	1585.69	3537.54	2594.57	1624.77	2442.22	3201.50	1562.33	2569.19	2221.69	3254.20	3129.79	6362.87
石油加工、炼焦及核燃料加工业	1116.18	8767.76	-3245.99	2481.42	51559.53	-31395.19	1780.23	13810.76	-4916.17	1819.44	16751.04	-7361.57	2198.79	19712.41	-8482.22
化学工业	3402.35	22250.58	-6547.53	6042.05	39871.99	-10446.41	7855.31	40590.85	-6297.69	8977.20	40795.83	-6058.29	8299.00	37749.59	-5393.87
非金属矿物制品业	952.12	1789.34	1486.33	1519.88	2140.14	3450.02	2070.49	2162.83	4798.32	2400.78	2620.58	4373.85	2904.10	2788.87	5681.50
金属冶炼及压延加工业	1118.57	16607.18	-9102.08	3885.80	29663.43	-9831.00	7798.19	26845.03	3925.10	5389.67	27290.82	-5660.36	5658.50	41258.63	-15146.02
金属制品业	1501.50	3021.47	2194.74	3509.10	4992.85	7925.90	3561.36	2403.61	9248.90	3460.73	2597.90	7158.21	3548.75	2455.77	7634.11
通用、专用设备制造业	1334.59	12695.24	-5535.51	3289.57	22836.68	-6556.70	4416.23	22271.72	-3125.49	5381.04	26236.67	-4920.25	6181.03	18943.24	2644.77

续表

行业部门	2002年 C^o	2002年 C^d	2002年 C^w_{net}	2005年 C^o	2005年 C^d	2005年 C^w_{net}	2007年 C^o	2007年 C^d	2007年 C^w_{net}	2010年 C^o	2010年 C^d	2010年 C^w_{net}	2012年 C^o	2012年 C^d	2012年 C^w_{net}
交通运输设备制造业	582.38	3547.64	−925.51	1447.62	6138.89	127.31	2108.65	7925.76	556.97	3072.08	12968.56	−1355.83	2933.81	11044.93	−236.21
电气机械及器材制造业	2112.95	6863.68	1134.99	3879.07	12871.64	3097.78	5459.16	11285.66	8426.99	7158.27	11846.99	10124.67	7145.18	9707.15	11912.01
通信设备、计算机及其他电子设备制造业	2722.75	12103.49	−974.66	7533.98	28544.07	3286.69	8202.55	25690.07	6056.43	9874.92	26104.17	6907.97	9225.66	26898.42	4946.61
仪器仪表及文化办公用机械制造业	1052.70	4535.43	−269.03	2508.02	13075.70	−1659.25	1473.05	7344.83	−979.08	1668.48	8315.05	−1655.83	684.26	4110.29	−1169.39
其他制造业	267.27	321.78	552.22	399.50	2047.34	−237.00	578.10	2886.42	−387.10	708.26	5289.89	−1975.64	206.64	3257.21	−1817.39
电力、热力的生产和供应业	277.23	227.69	652.14	191.14	327.87	388.70	249.34	282.91	560.84	276.03	233.76	551.71	267.24	278.43	506.98
燃气生产和供应业	0.00	0.02	−0.01	0.00	0.00	0.00	0.00	0.00	0.00	0.00	0.00	0.00	0.00	0.00	0.00
水的生产和供应业	0.00	0.00	0.00	0.00	0.00	0.00	0.00	0.00	0.00	0.00	0.00	0.00	0.00	0.00	0.00
建筑业	111.47	337.25	78.50	182.25	495.68	229.57	355.99	791.32	507.63	746.36	943.08	1266.92	499.84	539.69	934.52
交通运输、仓储及邮电通信业	1883.53	1502.55	4463.96	3215.64	9186.31	3710.63	3869.56	4352.32	8732.84	3474.55	5802.71	4876.46	4418.92	9261.03	5001.12
批发零售及餐饮业	1357.50	7.08	4021.94	1688.17	1404.85	4581.11	1533.86	695.00	4240.50	1810.56	663.08	4248.42	2064.99	704.99	4969.24
其他服务业	973.33	2781.72	807.13	1128.39	4778.27	104.31	1460.31	5610.80	293.41	1732.35	5033.28	883.84	1459.64	4996.09	245.10
合计（亿吨）	2.72	11.73	−0.71	5.28	26.06	−2.35	6.49	22.34	3.26	6.94	26.04	−0.69	6.97	26.71	−0.92

注：C^w_{net}表示进出口贸易的全球净碳排放量；全球净增加的碳排放量直接用正数表示；全球净减少的碳排放量用"−"加数字表示。

资料来源：根据前述相关公式和数据整理计算所得。

三 中国对外贸易隐含碳排放量：三次产业的视角

按照《国民经济行业分类》（GB/T4754—2002）标准，把各个行业部门分别归属为第一产业（编号为1的行业部门）、第二产业（编号为从2—25的行业部门）和第三产业（编号为从26—28的行业部门），以此来考量三次产业进出口贸易中隐含碳排放量的变化情况。

（一）中国出口贸易中的隐含碳排放量

从出口角度的碳排放量占比来看（见表4-9），我们发现2002—2012年超过80%的中国出口隐含碳排放主要集中于中国第二产业的出口商品，其中，2002年、2005年、2007年、2010年和2012年的出口隐含碳排放量分别占当年总的出口隐含碳排放总量的83.76%、88.20%、89.13%、89.58%和88.33%，而此时对应的出口贸易额占比超过75%，分别达到77.24%、83.03%、85.42%、83.85%和81.48%。其次是第三产业的出口商品隐含碳，其占比超过10%，分别为15.51%、11.42%、10.58%、10.11%和11.41%。再次是第一产业，其出口商品隐含碳比重最低，不到1%，分别达到0.73%、0.38%、0.29%、0.31%和0.26%。从出口角度的隐含碳排放绝对量变化来看，第二产业处于快速增长态势，由2002年的9.03亿吨增加到2012年的22.48亿吨，年均增长率高达9.55%；第一产业由2002年的0.08亿吨下降为2012年的0.07亿吨；第三产业处于起伏状态，由2002年的1.67亿吨迅猛上升到2007年的2.82亿吨，并于2010年略微下降到2.53亿吨，2012年又上升到2.90亿吨。

表4-9　　　2002—2012年按三次产业划分的出口贸易中隐含碳排放量与贸易额及比重

		第一产业	第二产业	第三产业
2002年	出口隐含碳排放量（亿吨）	0.08	9.03	1.67
	出口隐含碳排放量占比（%）	0.73	83.76	15.51
	出口贸易额（万元）	4741964.90	239020973	65680236
	出口贸易额占比（%）	1.53	77.24	21.23

续表

		第一产业	第二产业	第三产业
2005 年	出口隐含碳排放量（亿吨）	0.09	20.29	2.63
	出口隐含碳排放量占比（%）	0.38	88.20	11.42
	出口贸易额（万元）	6001733.44	568682807	110268183
	出口贸易额占比（%）	0.88	83.03	16.09
2007 年	出口隐含碳排放量（亿吨）	0.08	23.75	2.82
	出口隐含碳排放量占比（%）	0.29	89.13	10.58
	出口贸易额（万元）	6659785.00	816080474	132669649
	出口贸易额占比（%）	0.70	85.42	13.88
2010 年	出口隐含碳排放量（亿吨）	0.08	22.47	2.53
	出口隐含碳排放量占比（%）	0.31	89.58	10.11
	出口贸易额（万元）	8446627.00	938401846	172260246
	出口贸易额占比（%）	0.75	83.85	15.40
2012 年	出口隐含碳排放量（亿吨）	0.07	22.48	2.90
	出口隐含碳排放量占比（%）	0.26	88.33	11.41
	出口贸易额（万元）	7816220.60	1113561617	245280687
	出口贸易额占比（%）	0.57	81.48	17.95

资料来源：根据前述相关公式和数据整理计算所得。

（二）中国进口贸易中的隐含碳排放量

从进口角度的隐含碳排放量占比来看（见表4-10），超过90%的中国进口隐含碳排放量主要来源于第二产业的进口商品，其中，2002年、2005年、2007年、2010年和2012年的进口隐含碳排放量分别占当年总进口隐含碳排放总量的95.38%、93.14%、94.03%、94.13%和92.77%，其占比呈现出波动递减的趋势，而此时对应的进口贸易额占比超过85%但也呈现出波动递减态势，分别达到90.42%、88.73%、88.98%、88.72%和87.20%。其次是第三产业的进口商品，其进口隐含碳比重分别为3.65%、5.90%、4.77%、4.41%和5.60%。再次是第一产业，其进口商品隐含碳比重最低，分别达到0.97%、0.96%、1.20%、1.46%和1.63%，占比总体上呈现出递增趋势。从进口角度的隐含碳排放绝对量变化来看，第一、第二和第三产业均处于增长态势，其中，第一产业由 2002 年的 0.03 亿吨增加到 2012 年的 0.12 亿吨；第二产业由 2002 年的 2.82 亿吨增加到 2002 年的 6.78 亿吨；第三产业由 2002 年的 0.11 亿吨增加到 2012 年的 0.41 亿吨。

表 4-10　　2002—2012 年按三次产业划分的进口贸易中隐含碳排放量与贸易额及比重

		第一产业	第二产业	第三产业
2002 年	进口隐含碳排放量（亿吨）	0.03	2.82	0.11
	进口隐含碳排放量占比（%）	0.97	95.38	3.65
	进口贸易额（万元）	6811579	243601116	19012115
	进口贸易额占比（%）	2.53	90.42	7.05
2005 年	进口隐含碳排放量（亿吨）	0.06	5.57	0.35
	进口隐含碳排放量占比（%）	0.96	93.14	5.90
	进口贸易额（万元）	17224666	534422748	57542860
	进口贸易额占比（%）	2.83	88.72	9.44
2007 年	进口隐含碳排放量（亿吨）	0.07	5.11	0.26
	进口隐含碳排放量占比（%）	1.20	94.03	4.77
	进口贸易额（万元）	23279609	658644008	58281931
	进口贸易额占比（%）	3.15	88.98	7.87
2010 年	进口隐含碳排放量（亿吨）	0.10	6.79	0.32
	进口隐含碳排放量占比（%）	1.46	94.13	4.41
	进口贸易额（万元）	41033459	900686430	73431916
	进口贸易额占比（%）	4.04	88.72	7.24
2012 年	进口隐含碳排放量（亿吨）	0.12	6.78	0.41
	进口隐含碳排放量占比（%）	1.63	92.77	5.60
	进口贸易额（万元）	51186806	1064055042	105027937
	进口贸易额占比（%）	4.19	87.20	8.61

资料来源：根据前述相关公式和数据整理计算所得。

(三) 中国净出口隐含碳排放量

从净出口角度的碳排量占比来看（见表 4-11），第二产业是主要的净出口隐含碳排放"创造者"，其中，2002 年、2005 年、2007 年、2010 年和 2012 年的净出口隐含碳排放量分别占当年总的净出口隐含碳排放总量的 79.36%、86.47%、87.87%、87.75% 和 86.55%。其次是第三产业的净出口商品，其比重分别为 20.00%、13.36%、15.08%、12.40% 和 13.75%。再次是第一产业，其净出口商品隐含碳比重最低，分别达到 0.64%、0.17%、0.05%、-0.15% 和 -0.30%，占比处于递减趋势。从净出口角度的隐含碳排放绝对量变化来看，第二产业处于波动式增长态势，其值由 2002 年的 3.21 亿吨增加到 2012 年的 15.70 亿吨；第一产业处于递减态势，其值由 2002 年的 0.05 亿吨减少到 2012 年的 -0.05 亿吨；第三产业处于波动增长状态，其值由 2002 年的 1.56 亿吨增加到 2012 年的 2.49 亿吨。

表 4-11　　2002—2012 年按三次产业划分的净出口贸易中隐含碳排放量与贸易额及比重

		第一产业	第二产业	第三产业
2002 年	净出口隐含碳排放量（亿吨）	0.05	3.21	1.56
	净出口隐含碳排放量占比（%）	0.64	79.36	20.00
	净出口贸易额（万元）	-2069614	-4580143	46668121
	净出口贸易额占比（%）	-5.17	-11.45	116.62
2005 年	净出口隐含碳排放量（亿吨）	0.03	14.72	2.27
	净出口隐含碳排放量占比（%）	0.17	86.47	13.36
	净出口贸易额（万元）	-11222932	34260060	52725322
	净出口贸易额占比（%）	-14.81	45.22	69.59
2007 年	净出口隐含碳排放量（亿吨）	0.01	18.64	2.56
	净出口隐含碳排放量占比（%）	0.05	87.87	15.08
	净出口贸易额（万元）	-16619824	157436466	74387718
	净出口贸易额占比（%）	-7.72	73.16	34.57

续表

		第一产业	第二产业	第三产业
2010 年	净出口隐含碳排放量（亿吨）	-0.03	15.68	2.22
	净出口隐含碳排放量占比（%）	-0.15	87.75	12.40
	净出口贸易额（万元）	-32586832	37715416	98828329
	净出口贸易额占比（%）	-31.35	36.28	95.07
2012 年	净出口隐含碳排放量（亿吨）	-0.05	15.70	2.49
	净出口隐含碳排放量占比（%）	-0.30	86.55	13.75
	净出口贸易额（万元）	-43370568	6135988	140252750
	净出口贸易额占比（%）	-29.63	33.82	95.81

资料来源：根据前述相关公式和数据整理计算所得。

（四）进口来源国因从中国进口而减少的隐含碳排放量

在整个研究期间，按三次产业划分的进口来源国因从中国进口而减少的隐含碳排放量（见表4-12），从第一产业来看，国外因从中国进口而减少的隐含碳基本保持不变，都是0.02亿吨左右，第一产业全球增加碳排放量随着中国出口贸易中隐含碳排放变动而变动；从第二产业来看，国外因从中国进口而减少的隐含碳在三次产业中所占比重最大，2002—2012年占比都在80%以上。除了2012年较2010年第二产业隐含碳是减少的，其他年份均是增加的，第二产业全球碳排放量呈现出波动式增长，由2002年的6.75亿吨增加到2012年的16.33亿吨，年均增长率高达9.24%；从第三产业的角度来看，国外因从中国进口而减少的隐含碳呈现出逐渐递增的态势，由2002年的0.42亿吨增加到2012年的0.80亿吨，涨幅为90.48%。除了2010年较2007年第三产业全球碳排放是减少的，其余年份均是增加的，主要是因为2010年较2007年第三产业的出口隐含碳排放是减少的。

表4-12 按三次产业划分的进口来源国因从中国进口而减少的隐含碳排放量　　单位：亿吨

		第一产业	第二产业	第三产业
2002年	出口隐含碳排放量	0.08	9.03	1.67
	国外减少隐含碳量	0.02	2.28	0.42
	全球增加碳排放量	0.06	6.75	1.25
2005年	出口隐含碳排放量	0.09	20.29	2.63
	国外减少隐含碳量	0.02	4.66	0.60
	全球增加碳排放量	0.07	15.63	2.03
2007年	出口隐含碳排放量	0.08	23.75	2.82
	国外减少隐含碳量	0.02	5.78	0.69
	全球增加碳排放量	0.06	17.97	2.13
2010年	出口隐含碳排放量	0.08	22.47	2.53
	国外减少隐含碳量	0.02	6.22	0.70
	全球增加碳排放量	0.06	16.25	1.83
2012年	出口隐含碳排放量	0.07	22.48	2.90
	国外减少隐含碳量	0.02	6.15	0.80
	全球增加碳排放量	0.05	16.33	2.10

资料来源：根据前述相关公式和数据整理计算所得。

（五）中国因从国外进口而减少的国内隐含碳排放量

2002—2012年，从第一产业的角度分析，中国因从国外进口而减少的国内隐含碳排放量是逐渐递增的，由2002年的0.11亿吨增加到2012年的0.43亿吨，年均增长率高达14.61%；全球因第一产业而减少的隐含碳排放也是逐渐增加的，由2002年的0.08亿吨增加到2012年的0.31亿吨，增长了将近3倍。从第二产业的角度分析，中国因从国外进口而减少的国内隐含碳排放量呈现出波动式增长态势，并且其在三次产业中所占比重是最高的，在整个研究期间都超过了90%，占据绝对地位。除了2007年较2005年的第二产业中国因从国外进口而减少的全球隐含碳排放量是减少的，其他年份均是增加的，主要是因为2007年较2005年中国隐含碳减少，2002—2012年，第二产业中国因从国外进口而减少的全球隐含碳排放量由2002年的8.37亿吨增加到2012年的18.00亿吨,涨幅为115.05%;从第三产业的角度分析,中国因从国外进口而减少的国内隐含碳排放量除了2007年较2005年出现降幅,其他年份均是增加的。第三产业中国因从国外进口而减少的全球隐含碳排放量由2002年的0.32亿吨增加到2012年的1.09亿吨,年均增长率为13.04%。

表4-13 按三次产业划分的中国因从国外进口而减少的国内隐含碳排放量 单位:亿吨

		第一产业	第二产业	第三产业
2002年	国外出口隐含碳排放量	0.03	2.82	0.11
	中国减少隐含碳量	0.11	11.19	0.43
	全球减少碳排放量	0.08	8.37	0.32
2005年	国外出口隐含碳排放量	0.06	5.57	0.35
	中国减少隐含碳量	0.25	24.27	1.54
	全球减少碳排放量	0.19	18.70	1.19
2007年	国外出口隐含碳排放量	0.07	5.11	0.26
	中国减少隐含碳量	0.27	21.00	1.07
	全球减少碳排放量	0.20	15.89	0.81
2010年	国外出口隐含碳排放量	0.11	6.79	0.32
	中国减少隐含碳量	0.38	24.51	1.16
	全球减少碳排放量	0.27	17.72	0.84
2012年	国外出口隐含碳排放量	0.12	6.78	0.41
	中国减少隐含碳量	0.43	24.78	1.50
	全球减少碳排放量	0.31	18.00	1.09

数据来源:根据前述相关公式和数据整理计算所得。

综上分析可知,中国因进口第一、第二产业而减少全球隐含碳排放量,2002—2012年的减少量分别为0.75亿吨、5.75亿吨,然而,中国因进口第三产业却会增加全球隐含碳排放量，在整个研究期间增加量为 5.09 亿吨，主要原因是第三产业的出口额大于进口额。总体来看，中国因进口可以减少全球碳排放量。通过上述分析，未来中国可以增加第一产业和第二产业的进口，这不仅有利于减轻中国的碳减排压力，同时也有利于减少全球的碳排放量。

第五章　中国对外贸易中的隐含碳排放驱动因素分解

第一节　指数分解法及研究方法选取

指数分解法的基本思想是：把一个目标变量（如能源消耗、二氧化碳排放量等）的变化分解为若干个影响因素变化的组合，从而可以辨别出各个驱动因素对目标变量变化的影响程度的大小，包括贡献值和贡献率，因此可以从客观角度出发，辨析出影响较大的驱动因素。当研究数据在可以获得的情况下，可以把目标变量变化的影响因素逐层分解下去，最终把各种驱动因素对目标变量变化的影响逐个区分开来（张明，2009）。[①] 因为假设不同，指数分解法也有不同的表达方式，而最为常见的两类方法是拉氏指数分解法和迪氏指数分解法。

一　指数分解法的基本形式

指数分解法若用数学语言来表达，其基本模型的思路是：假设目标变量 V 是 m 个部门之和，即 $V = \sum_{i=1}^{m} V_i$，在 n 维空间里，目标变量 V 可以分解成 n 个驱动因素的乘积，将其记为 $V_i = x_{1,i} \times x_{2,i} \times x_{3,i} \times \cdots \times x_{n,i}$，则有 $V = \sum_{i=1}^{m} x_{1,i} \times x_{2,i} \times x_{3,i} \times \cdots \times x_{n,i}$，在时间周期 $[0, t]$

[①] 张明：《基于指数分解的我国能源相关 CO_2 排放及交通能耗分析与预测》，博士学位论文，大连理工大学，2009 年。

内,目标变量 V 将从 $V^0 = \sum_{i=1}^{m} x_{1,i}^0 \times x_{2,i}^0 \times x_{3,i}^0 \times \cdots \times x_{n,i}^0$ 变化到 $V^t = \sum_{i=1}^{m} x_{1,i}^t \times x_{2,i}^t \times x_{3,i}^t \times \cdots \times x_{n,i}^t$,或者 $\Delta V = V^t - V^0$,则指数分解法的基本表达式(包括乘法和加法)如下:

加法表达式为:

$$\Delta V_{tot} = V^t - V^0 = \Delta V_{x_1} + \Delta V_{x_2} + \Delta V_{x_3} + \cdots + \Delta V_{x_n} + \Delta V_{rsd} \tag{5.1}$$

乘法表达式为:

$$D_{tot} = \frac{V^t}{V^0} = D_{x_1} \times D_{x_2} \times D_{x_3} \times \cdots \times D_{x_n} \times D_{rsd} \tag{5.2}$$

式中,下标 tot 表示总的变化;ΔV_{tot} 和 D_{tot} 分别表示目标变量的变化量;ΔV_{x_n}、D_{x_n} 分别表示第 n 个驱动因素 x_n 的变化量;ΔV_{rsd} 和 D_{rsd} 分别表示驱动因素分解的残差值。

二 拉氏指数分解法

拉氏指数分解法是由德国学者 Laspeyres 于 1864 年提出的,目的主要是解决当时的一些经济问题,如商品产量变化和价格变化对各自企业销售业绩变化的影响等(刘红光等,2010)。[1] 拉氏指数分解法的基本假设是:在保持其他因素不变的情况下,直接对相应的各个驱动因素进行微分,进而求得某一驱动因素的变化对目标变量变化的影响,鉴于法简单直观、易于理解、便于操作等优势,一度成为最为常见的一种指数分解方法,而于 20 世纪 70 年代末 80 年代初被广泛应用。拉氏指数分解法进一步细分,又包括 Paasche 指数分解法、马歇尔—埃吉沃思指数分解法、沙普利指数分解法、精炼拉氏指数分解法等。

拉氏指数分解法的基本表达式(包括乘法和加法)如下:

加法表达式为:

$$\Delta V_{x_k} = \sum_{i=1}^{m} x_{1,i}^0 + x_{2,i}^0 + x_{3,i}^0 + \cdots + (x_{k,i}^t - x_{k,i}^0) + \cdots + x_{n,i}^0$$

---

[1] 刘红光、刘卫东、范晓梅等:《全球 CO_2 排放研究趋势及其对我国的启示》,《中国人口·资源与环境》2010 年第 2 期。

$$= \sum_{i=1}^{m} \frac{V_i^0 x_{k,i}^t}{x_{k,i}^0} - V^0$$

(i = 1, 2, 3, …, m; k = 1, 2, 3, …, n) (5.3)

乘法表达式为：

$$D_{x_k} = \frac{\sum_{i=1}^{m} x_{1,i}^0 \times x_{2,i}^0 \times x_{3,i}^0 \times \cdots x_{k,i}^t \cdots \times x_{n,i}^0}{\sum_{i=1}^{m} x_{1,i}^0 \times x_{2,i}^0 \times x_{3,i}^0 \times \cdots x_{k,i}^0 \times x_{n,i}^0}$$

$$= \frac{\sum_{i=1}^{m} V_i^0 x_{k,i}^t / x_{k,i}^0}{V^0}$$

$$= \sum_{i=1}^{m} \psi_i^0 x_{k,i}^t / x_{k,i}^0 \quad (i = 1, 2, 3, \cdots, m;$$

$k = 1, 2, 3, \cdots, n; \psi_i = V_i/V$) (5.4)

但是，以上拉氏指数分解法存在较大缺陷，那就是其变化量分解不完全，可能存在严重的残差值，从而导致分析结果的不合理，为进一步提高该计算结果的精确度，Sun（1998）对拉氏指数分解法进行了相应拓展和完善，整理出没有残差值的精炼拉氏指数分解法，并将残差值中所被忽略的影响效应补充到计算结果当中（Sun, 1998）。[①] 鉴于精炼拉氏指数分解法的一般表达式较为复杂烦琐，尤其是当分解因素较多之时，计算公式将变得异常复杂，为应用带来了诸多不便，为此，本章选取的研究方法不涉及该方法，故在此不再赘述。

三 迪氏指数分解法

迪氏指数分解法是由法国数学家 Divisia 于 1924 年提出的，该方法的原理是：把目标变量分解出来的各个驱动因素都看成是时间 t 的连续可微函数，再对时间 t 进行微分，进而分解出各个驱动因素的变化对目标变量变化的影响（韩颖、马萍和刘璐，2010）。根据迪氏指数分解方法的相关思路，我们可以利用目标变量 V 对时间 t 进行微分，其表达式为：

[①] Sun, J. W., "Accounting for Energy Use in China: 1980 - 1994", *Energy*, No. 23, 1998, pp. 835 - 849.

$$\frac{dV^t}{dt} = \sum_{k=1}^{n}\sum_{i=1}^{m} x_{1,i}^t \times x_{2,i}^t \times x_{3,i}^t \times \cdots x_{k-1,i}^t \times x_{k+1,i}^t \cdots x_{n,i}^t \times \frac{dx_{k,i}^t}{dt}$$

$$= \sum_{k=1}^{n}\sum_{i=1}^{m} V_i^t \times \frac{d(\ln x_{k,i}^t)}{dt}$$

$$(i=1, 2, 3, \cdots, m; k=1, 2, 3, \cdots, n) \qquad (5.5)$$

对式（5.5）两边同时对时间 t 进行积分，则有：

$$\int_0^t \frac{dV^t}{dt} = V^t - V^0$$

$$= \sum_{k=1}^{n}\int_0^t \sum_{i=1}^{m} V_i^t \times d(\ln x_{k,i}^t)/dt \qquad (5.6)$$

根据指数分解法加法形式，则有：

$$\Delta V_{x_k} = \int_0^t \sum_{i=1}^{m} V_i^t \times d(\ln x_{k,i}^t)/dt \qquad (5.7)$$

同时，将式（5.5）的等式两边同时除以 V^t 之后，再对时间 t 进行积分，可得：

$$\int_0^t \frac{1}{V^t} \times \frac{dV^t}{dt} = \ln\left(\frac{V^t}{V^0}\right)$$

$$= \sum_{k=1}^{n}\int_0^t \sum_{i=1}^{m} \psi_i^t \times d(\ln x_{k,i}^t)/dt$$

$$(i=1, 2, 3, \cdots, m; k=1, 2, 3, \cdots, n; \psi_i^t = V_i^t/V^t) \qquad (5.8)$$

对式（5.8）两边同时对 e 的指数进行运算，根据指数分解法的乘法形式，可得：

$$D_{x_k} = \exp\left\{\int_0^t \sum_{i=1}^{m} \psi_i^t \times d(\ln x_{k,i}^t)/dt\right\} \qquad (5.9)$$

式（5.7）为迪氏指数分解法的加法形式，式（5.9）为迪氏指数分解法的乘数形式，由于这两个等式计算较为复杂，通常情况下采用近似来计算，但又由于所采取的近似方法不同而产生不同的分解结果，致使存在多种类型的迪氏指数分解方法，最为常见的是算术平均迪氏指数分解法和对数平均迪氏指数分解法。

（一）算术平均迪氏指数分解方法的分解模型

加法形式为：

$$\Delta Vxk = \frac{1}{2}\sum_{i=1}^{m}(Vi^0 + Vi^t)\ln\left(\frac{x^tk,i}{x^0k,i}\right) \qquad (5.10)$$

乘法形式为：

$$Dxk = \exp\left\{\frac{1}{2}\sum_{i=1}^{m}(\psi i^0 + \psi i^t)\ln\left(\frac{x^t k, i}{x^0 k, i}\right)\right\} \tag{5.11}$$

由于算术平均迪氏指数分解法同样受到分解过程中残差值的困扰，致使该方法应用有限，因此，为了有效消除残差值的影响，Ang（2004）等学者在算术平均迪氏指数分解法的基础之上，提出了无残差值的对数平均迪氏指数分解法，该方法是一种完全分解方法（Ang，2004）。[①]

（二）对数平均迪氏指数分解法的分解模型

加法形式为：

$$\Delta V_{x_k} = \sum_{i=1}^{m} L(V_i^t, V_i^0)\ln\left(\frac{x_{k,i}^t}{x_{k,i}^0}\right)$$

$$= \sum_{i=1}^{m} \frac{V_i^t - V_i^0}{\ln V_i^t - \ln V_i^0}\ln\left(\frac{x_{k,i}^t}{x_{k,i}^0}\right) \tag{5.12}$$

加法形式对应的总的分解表达式为：

$$\Delta V_{tot} = V^t - V^0 = \Delta V_{x_1} + \Delta V_{x_2} + \Delta V_{x_3} + \cdots + \Delta V_{x_n} \tag{5.13}$$

乘法形式为：

$$D_{x_k} = \exp\left\{\sum_{i=1}^{m} \frac{L(V_i^t, V_i^0)}{L(V^t, V^0)}\ln\left(\frac{x_{k,i}^t}{x_{k,i}^0}\right)\right\}$$

$$= \exp\left\{\sum_{i=1}^{m} \frac{V_i^t - V_i^0/\ln V_i^t - \ln V_i^0}{V^t - V^0/\ln V^t - \ln V^0} \times \ln\left(\frac{x_{k,i}^t}{x_{k,i}^0}\right)\right\} \tag{5.14}$$

乘法形式对应的总的分解表达式为：

$$Dtot = \frac{V^t}{V^0} = D_{x_1} \times D_{x_2} \times D_{x_3} \times \cdots \times D_{xn} \tag{5.15}$$

对数平均迪氏指数分解方法虽然有效地解决了残差值问题，但也有一个不容忽视的缺陷：如何有效处理 0 值问题，即对于像 $\Delta V_X = L(V^t, V^0)\ln\left(\frac{X^t}{X^0}\right)$ 中的变量 V^0、V^t、X^0、X^t 中的某一个变量为 0 或趋

[①] Ang, B. W., "Decomposition Aanalysis for Policy – making in Energy: Which Is the Prefered Method?", *Energy Policy*, No. 32, 2004, pp. 1131 – 1139.

向于 0 时，会导致对数运算出现趋向于无穷的情况。有关学者如 Ang 等（2007）[①]对该问题提出了 8 种处理 0 值的办法，具体参见表 5 – 1。

表 5 – 1　　　　　对数平均迪氏指数分解法中 0 值处理措施

8 种情况	V^0	V^t	X^0	X^t	$\Delta V_X = L(V^t, V^0) \ln\left(\dfrac{X^t}{X^0}\right)$
1	0	+	0	+	$\Delta V_X = V^t$
2	+	0	+	0	$\Delta V_X = -V^0$
3	0	0	0	0	0
4	0	+	+	+	0
5	+	0	+	+	0
6	0	0	+	+	0
7	0	0	+	0	0
8	+	+	0	+	0

资料来源：Ang, B. W. and Liu Na, "Handling Zero Values in the Logarithmic Mean Divisia Index Decomposition Approach", *Energy Policy*, 2007 (35), pp. 238 – 246。

四　研究方法选取

指数分解法自 20 世纪 70 年代开始就逐渐地被应用到能源消耗问题的研究之中，如贸易结构、部门能源消耗强度、技术进步等变化对能源消费变化的影响效应等（张炎治、聂锐，2008）[②]，并于 80 年代得到发展和逐步完善。同时，随着全球对生态环境污染和气候变暖等问题关注的日益提高，从 90 年代开始，指数分解法也逐渐被应用到温室气体、碳排放、二氧化碳等方面的研究之中（张明，2009）[③]。通过上述几节的讨论分析对比，我们可知只有拉氏完全指数分解法和对数平均迪氏指数分解法能够有效地解决残差值问题，但是，这两种

[①] Ang, B. W. and Liu Na, "Handling Zero Values in the Logarithmic Mean Divisia Index Decomposition Approach", *Energy Policy*, No. 33, 2007, pp. 238 – 246.
[②] 张炎治、聂锐：《能源强度的指数分解分析》，《管理学报》2008 年第 5 期。
[③] 张明：《基于指数分解的我国能源相关 CO_2 排放及交通能耗分析与预测》，博士学位论文，大连理工大学，2009 年。

方法究竟哪一种方法更好，截至目前，理论界并没有统一的答案。但有部分学者如 Ang（2004）在收集有关指数分解法的常用方法，在对比之后认为，无论是从理论背景、适用性、实用性、可操作性等角度观测，还是从最终结果简易的表达形式来考量，对数平均迪氏指数分解法都是一种极好的指数分解方法[①]；Ang（2005）认为，由于对数平均迪氏指数分解法没有残差，而且能够有效地处理出现 0 值的情况，因而不失为最好的一种方法。[②]

指数分解法就分析数据而言，具有时间序列分解方式和区间分解方式两种分解方式。时间序列分解方式是指按照 t 年和 t + 1 年进行分解，如 2002—2003 年、2003—2004 年、2004—2005 年、2005—2006 年、2006—2007 年。区间分解方式是在两个基准年之间的变化进行的，而不考虑中间年份的变化，如 2002—2005 年、2005—2008 年、2008—2011 年。通常而言，在可以获得时间序列数据的前提下，应该采用时间序列分解方式，原因在于驱动因素变化对目标变量变化的影响可以逐年反映出来，可以将潜在的变化机理表现得更加详尽，从而能够得到更多的详细信息，因此，时间序列分解方式优于区间分解方式（Ang、Lee，1994；Ang，1994）。[③][④]

结合上述有关拉氏完全指数分解法和对数平均迪氏指数分解法、时间序列分解方式和区间分解方式相比优劣之分以及第一章有关碳排放影响因素研究方法的文献综述之后，结合本书实际情况和数据可获得性等方面的综合考虑，本书拟采用对数平均迪氏指数分解模型和区间分解方式对中国经济发展中的隐含碳排放的影响因素进行研究讨论分析。同时，鉴于加法形式和乘法形式具有异曲同工之妙，本书随机

[①] Ang, B. W., "Decomposition Aanalysis for Policy – making in Energy: Which Is the Prefered Method?", *Energy Policy*, No. 32, 2004, pp. 1131 – 1139.

[②] Ang, B. W., "The LMDI Approach to Decomposition Analysis: A Practical Guide", *Energy Policy*, No. 33, 2005, pp. 867 – 871.

[③] Ang, B. W. and Lee, S. Y., "Decomposition of Industrial Energy Consumption: Some Methodological and Application Issues", *Energy Economics*, No. 16, 1994, pp. 83 – 92.

[④] Ang, B. W., "Decomposition of Industrial Energy Decomposition: The Energy Intensity Approach", *Energy Economics*, No. 16, 1994, pp. 163 – 174.

选取加法形式作为研究范式。

第二节 中国对外贸易中的隐含碳排放对数平均迪氏指数分解模型构建

20 世纪 70 年代以来,指数分解法在环境经济研究中得到广泛的应用。其主要思路是通过分解,定量分析各个因素对总排放量变化的影响程度,主要包括拉式指数分解法和迪氏指数分解法。本书根据 Kaya（1990）[1] 应用 IPAT 方程（Ehrlich, Holden, 1971, 1972）[2][3]提出的碳排放 Kaya 恒等式,结合对数平均迪氏指数分解模型,构建本书有关中国对外贸易隐含碳排放影响因素的相关模型,具体情况如下:

$$C = \sum_{i=1}^{n} C_i$$
$$= \sum_{i=1}^{n} T \times \frac{T_i}{T} \times \frac{C_i}{X_i} \quad (i = 1, 2, \cdots, n) \quad (5.16)$$

式中,C 表示中国进（出）口贸易中隐含碳排放总量;C_i 表示第 i 进（出）口部门的隐含碳排放量;T 表示中国进（出）口贸易量;T_i 表示第 i 进（出）口部门贸易量。

将式（5.16）表示为:

$$C = \sum_{i=1}^{n} Q \times S_i \times R_i \quad (i = 1, 2, \cdots, n) \quad (5.17)$$

式中,$Q = T$ 表示规模总量,即中国进（出）口贸易量;$S_i = \frac{T_i}{T}$

---

[1] Kaya, Y., *Impact of Carbon Dioxide Emission Control on GNP Growth: Interpretation of Proposed Scenarios*, Paper Presented at the IPCC Energy and Industry Subgroup, Response Strategies Working Group, Paris France, 1990.

[2] Ehrlich, P. R. and Holden, J. P., "Impact of Population Growth", *Science*, No. 171, 1971, pp. 1212 – 1217.

[3] Ehrlich, P. R. and Holden, J. P., "One Dimensional Economy", *Bulletin of Atomic Scientists*, No. 16, 1972, pp. 18 – 27.

表示进（出）口产品结构，即各进（出）口产品部门贸易量在总进（出）口产品部门贸易量中的占比；$R_i = \dfrac{C_i}{X_i}$ 表示隐含碳排放强度，即每单位进（出）口贸易量的隐含碳排放量。

式（5.17）的具体含义是：中国对外贸易隐含碳排放量 C 的变化来自于 Q 的变化（规模效应）、S_i 的变化（结构效应）以及 R_i 的变化（强度效应）。

根据对数平均迪氏指数分解法，我们定义从 0 年到 t 年的中国对外贸易隐含碳排放量的变化（总效应）为 ΔC，ΔC 由等式右边的三个影响因素的变化效应共同决定，即规模效应 ΔC_Q、结构效应 ΔC_S 和强度效应 ΔC_R，各个效应之间的关系可以用以下等式表示：

$$\begin{aligned}\Delta C &= C^t - C^0 \\ &= \sum_{i=1}^{n} Q^t S_i^t R_i^t - \sum_{i=1}^{n} Q^0 S_i^0 R_i^0 \\ &= \Delta C_Q + \Delta C_S + \Delta C_R\end{aligned} \tag{5.18}$$

同时，按照对数平均迪氏指数分解法对各驱动因素贡献值进行分解，我们可以得到：

$$\Delta C_Q = \sum_{i=1}^{n} \frac{C_i^t - C_i^0}{\ln C_i^t - \ln C_i^0} \ln\left(\frac{Q^t}{Q^0}\right) \tag{5.19}$$

$$\Delta C_S = \sum_{i=1}^{n} \frac{C_i^t - C_i^0}{\ln C_i^t - \ln C_i^0} \ln\left(\frac{S_i^t}{S_i^0}\right) \tag{5.20}$$

$$\Delta C_R = \sum_{i=1}^{n} \frac{C_i^t - C_i^0}{\ln C_i^t - \ln C_i^0} \ln\left(\frac{R_i^t}{R_i^0}\right) \tag{5.21}$$

鉴于本章涉及的是各因素变化对出口和进口贸易中的隐含碳排放量变化的贡献值，因此，需要将出口和进口的影响因素分别用不同的计算公式表示，具体表示如下：

中国出口贸易中的隐含碳排放量驱动因素分解模型为：

$$\Delta C_Q^{ex} = \sum_{i=1}^{n} \frac{C_i^{ex,t} - C_i^{ex,0}}{\ln C_i^{ex,t} - \ln C_i^{ex,0}} \ln\left(\frac{Q^{ex,t}}{Q^{ex,0}}\right) \tag{5.22}$$

$$\Delta C_S^{ex} = \sum_{i=1}^{n} \frac{C_i^{ex,t} - C_i^{ex,0}}{\ln C_i^{ex,t} - \ln C_i^{ex,0}} \ln\left(\frac{S_i^{ex,t}}{S_i^{ex,0}}\right) \tag{5.23}$$

$$\Delta C_R^{ex} = \sum_{i=1}^{n} \frac{C_i^{ex,t} - C_i^{ex,0}}{\ln C_i^{ex,t} - \ln C_i^{ex,0}} \ln\left(\frac{R_i^{ex,t}}{R_i^{ex,0}}\right) \tag{5.24}$$

$$\Delta C^{ex} = \Delta C_Q^{ex} + \Delta C_S^{ex} + \Delta C_R^{ex} \tag{5.25}$$

式中，ΔC_Q^{ex} 表示出口隐含碳排放的规模效应；ΔC_S^{ex} 表示出口隐含碳排放的结构效应；ΔC_R^{ex} 表示出口隐含碳排放的强度效应；ΔC^{ex} 表示出口隐含碳排放的总效应。

同理，中国进口贸易中的隐含碳排放量驱动因素分解模型为：

$$\Delta C_Q^{im} = \sum_{i=1}^{n} \frac{C_i^{im,t} - C_i^{im,0}}{\ln C_i^{im,t} - \ln C_i^{im,0}} \ln\left(\frac{Q_i^{im,t}}{Q_i^{im,0}}\right) \tag{5.26}$$

$$\Delta C_S^{im} = \sum_{i=1}^{n} \frac{C_i^{im,t} - C_i^{im,0}}{\ln C_i^{im,t} - \ln C_i^{im,0}} \ln\left(\frac{S_i^{im,t}}{S_i^{im,0}}\right) \tag{5.27}$$

$$\Delta C_R^{im} = \sum_{i=1}^{n} \frac{C_i^{im,t} - C_i^{im,0}}{\ln C_i^{im,t} - \ln C_i^{im,0}} \ln\left(\frac{R_i^{im,t}}{R_i^{im,0}}\right) \tag{5.28}$$

$$\Delta C^{im} = \Delta C_Q^{im} + \Delta C_S^{im} + \Delta C_R^{im} \tag{5.29}$$

式中，ΔC_Q^{im} 表示进口隐含碳排放的规模效应；ΔC_S^{im} 表示进口隐含碳排放的结构效应；ΔC_R^{im} 表示进口隐含碳排放的强度效应；ΔC^{im} 表示进口隐含碳排放的总效应。

第三节 数据来源及处理

本章节涉及的基础数据主要包括对外贸易总额及各行业部门的进出口贸易额、各进出口行业部门的隐含碳排放量等，这些基础数据主要来源于 2002 年、2005 年、2007 年、2010 年和 2012 年的《投入产出表》和《中国统计年鉴》以及第四章利用投入产出模型求得的总体及 28 个行业部门的隐含碳排放量。同时，根据本章节利用对数平均迪氏指数分解模型对进出口贸易隐含碳排放量驱动因素的分解同时，我们还需计算整理出 2002 年、2005 年、2007 年、2010 年和 2012 年中国出口贸易中的隐含碳排放的驱动因素数据，即 $Q^{ex} = T^{ex}$

(出口贸易规模总量)、$S_i^{ex} = \frac{T_i^{ex}}{T^{ex}}$（各出口行业部门贸易额对总出口的份额）和 $R_i^{ex} = \frac{C_i^{ex}}{T_i^{ex}}$（各出口行业部门隐含碳排放强度）；中国进口贸易中的隐含碳排放的驱动因素数据，即 $Q^{im} = T^{im}$（进口贸易规模总量）、$S_i^{im} = \frac{T_i^{im}}{T^{im}}$（各进口行业部门贸易额对总进口的份额）和 $R_i^{im} = \frac{C_i^{im}}{T_i^{im}}$（各进口行业部门隐含碳排放强度）；按三次产业划分的中国进出口贸易中的隐含碳排放的驱动因素数据，与上述相同，只是将 i 的取值划分为 3 个数值，其中，i = 1 表示第一产业，即本书 28 个行业部门中编号为 1 的农业；i = 2，…，25 表示第二产业，即本书 28 个行业部门中编号 2—25 的行业；i = 26，…，28 表示第三产业，即本书 28 个行业部门中编号 26—28 的行业。

第四节　实证结果与分析

根据本章第二节与第三节中国对外贸易隐含碳排放量对数平均迪氏指数分解模型以及相应的数据，我们即可求得进出口贸易中隐含碳排放对应的总效应、规模效应、结构效应以及碳排放强度效应的贡献值与贡献率，具体结果如下：

一　中国对外贸易隐含碳排放驱动因素分解：总体角度

经过计算整理，中国进出口贸易中的隐含碳排放从总体角度考察的驱动因素分解所对应的规模效应、结构效应、强度效应以及总效应的贡献值和贡献率如表 5 – 3 和表 5 – 4 所示。

（一）规模效应

就出口贸易而言，通过表 5 – 2 我们可知，在研究期间，中国产业部门出口贸易总额呈现出逐渐递增的态势，从 2002 年的 30944.32 亿元飙升至 2012 年的 136665.85 亿元，增量为 105721.53 亿元，年均增长率高达 16.01%。中国产业部门出口隐含碳排放从 2002 年的

10.78 亿吨一路攀升至 2012 年的 25.45 亿吨，增幅高达 136.09%，年均增长率为 8.97%。

表 5-2　2002—2012 年中国进出口贸易总额及其隐含碳排放情况

年份	2002 年	2005 年	2007 年	2010 年	2012 年
出口贸易总额（亿元）	30944.32	68495.27	95540.99	111910.87	136665.85
出口隐含碳（亿吨）	10.78	23.01	26.65	25.08	25.45
出口隐含碳强度（吨/万元）	3.48	3.36	2.79	2.24	1.86
进口贸易总额（亿元）	26942.48	60919.03	74020.55	101515.18	122026.98
进口隐含碳（亿吨）	2.96	5.98	5.44	7.21	7.31
进口隐含碳强度（吨/万元）	1.10	0.98	0.73	0.71	0.60

资料来源：根据历年《中国投入产出表》《中国投入产出延长表》《中国统计年鉴》和相应公式计算所得。

从产业部门出口贸易总额的变化以及中国产业部门出口隐含碳排放的变化可以看出，出口贸易总额与二氧化碳排放变化的方向基本一致，为碳排放的增长提供积极的正向作用，因此，规模效应对隐含碳排放的贡献值一直表现为正值，并且在所分解的所有影响因素当中，其贡献值和贡献率除个别时间段均最大。由表 5-3 可知，从贡献值的角度来看，在 2002—2005 年、2005—2007 年、2007—2010 年、2010—2012 年的四个时间段内，贡献值分别为 135799.84 万吨、94226.35 万吨、31614.55 万吨以及 50090.09 万吨，总体上看，规模效应除在 2010—2012 年的时间段有所上升外，其余时间段均表现为递减的趋势。

表 5-3　中国出口贸易中的隐含碳排放驱动因素分解　单位：万吨、%

效应	2002—2005 年		2005—2007 年		2007—2010 年		2010—2012 年		2002—2012 年	
	贡献值	贡献率	贡献值	贡献率	贡献值	贡献率	贡献值	贡献率	贡献值	贡献率
规模效应	135799.84	103.69	94226.35	193.65	31614.55	-127.22	50090.09	1364.91	259894.97	164.33

续表

效应	2002—2005 年		2005—2007 年		2007—2010 年		2010—2012 年		2002—2012 年	
	贡献值	贡献率	贡献值	贡献率	贡献值	贡献率	贡献值	贡献率	贡献值	贡献率
结构效应	8661.66	6.61	12234.90	25.14	-9131.47	36.74	-52.24	-1.42	11421.48	7.22
强度效应	-13494.67	-10.30	-57803.44	-118.80	-47334.08	190.47	-46368.00	-1263.48	-113164.33	-71.55
总效应	130966.83	100	48657.81	100	-24851.00	100	3669.85	100	158152.12	100

资料来源：根据历年《中国投入产出表》《中国投入产出延长表》《中国统计年鉴》和相应公式计算所得。

从贡献率的角度来看，在整个研究期间，除在 2007—2010 年表现为负值外，其余时间段均为正值，并且表现出不断递增的趋势，具体表现为 2002—2005 年的 103.69%、2005—2007 年的 193.65%、2007—2010 年的 -127.22% 以及 2010—2012 年的 1364.91%。2002—2012 年，规模效应贡献值累计为 259894.97 万吨，由此可以说明，出口的背后伴随着二氧化碳的大量排放，很大一部分原因源于加工贸易占据中国出口贸易的半壁江山。由于中国加工贸易主要以"大进大出、两头在外"的来料加工方式为主，国内加工企业从国外大量进口原材料进行组装后再出口，仅赚取少量的加工费，却在加工过程中耗费大量能源，因此，使大量二氧化碳被排放到大气中。

就进口贸易而言，通过表 5-2 我们可知，在研究期间，中国产业部门进口贸易总额呈现出逐渐递增的态势，从 2002 年的 26942.48 亿元飙升至 2012 年的 122026.98 亿元，增量为 95084.50 亿元，年均增长率高达 16.31%。中国产业部门进口隐含碳排放从 2002 年的 2.96 亿吨一路攀升至 2012 年的 7.31 亿吨，增幅高达 146.96%，年均增长率为 9.46%。由表 5-4 可知，从贡献值的角度来看，在 2002—2005 年、2005—2007 年、2007—2010 年、2010—2012 年的四个时间段内，贡献值分别为 38645.19 万吨、5504.92 万吨、21057.73 万吨以及 15263.47 万吨，总体来看，规模效应除在 2005—2007 年的时间段有所下降外，其余的时间段均表现为递增的趋势，与出口相比，在相同时间段内，进口贸易的规模效用远远小于出口贸易的规模效应，很重要的原因之一在于中国在这几个时间段内一直处于贸易顺差的局面。

从贡献率的角度来看，在整个研究期间，除在 2007—2010 年表现为负值外，其余时间段均为正值，具体表现为 2002—2005 年的 111.12%、2005—2007 年的 -51.20%、2007—2010 年的 110.69% 以及 2010—2012 年的 517.39%。2002—2012 年，规模效应贡献值累计为 74427.63 万吨，远远小于出口贸易的规模效应。

表 5-4　　中国进口贸易中的隐含碳排放驱动因素分解　单位：万吨、%

效应	2002—2005 年 贡献值	贡献率	2005—2007 年 贡献值	贡献率	2007—2010 年 贡献值	贡献率	2010—2012 年 贡献值	贡献率	2002—2012 年 贡献值	贡献率
规模效应	38645.19	111.12	5504.92	-51.20	21057.73	110.69	15263.47	517.39	74427.63	156.72
结构效应	4507.71	12.96	-5300.89	49.30	1288.01	6.77	1979.61	67.10	3969.28	8.36
强度效应	-8376.37	-24.09	-10956.53	101.90	-3322.49	-17.47	-14293.01	-484.50	-30904.72	-65.07
总效应	34776.53	100	-10752.50	100	19023.25	100	2950.07	100	47492.19	100

资料来源：根据历年《中国投入产出表》《中国投入产出延长表》《中国统计年鉴》和相应公式计算所得。

（二）结构效应

出口方面，通过表 5-3 可知，结构效应在 2002—2005 年、2005—2007 年促进碳排放的增加，当进入 2007—2010 年后，结构效应的贡献值开始转变为负值，说明产业结构效应开始抑制碳排放的增加。另外，在同一时间段内，结构效应无论是正的贡献值还是负的贡献值都是最小的，具体表现为：2002—2005 年，贡献值和贡献率依次为 8661.66 万吨、6.61%；2005—2007 年，贡献值和贡献率依次为 12234.90 万吨、25.14%；2007—2010 年，贡献值和贡献率依次为 -9131.47 万吨、36.74%；2010—2012 年，贡献值和贡献率依次为

-52.24万吨、-1.42%。在2002—2012年的整个研究期间，结构效应的累计贡献值为11421.48万吨，一方面，说明前部分时间内结构效应对碳排放增长的贡献值太大；另一方面，说明中国出口贸易结构调整作用还没有完全发挥出来，需要我们继续坚定不移地进行出口贸易结构优化升级和经济转型。

进口方面，2002—2005年，贡献值和贡献率依次为4507.71万吨、12.96%；2005—2007年，贡献值和贡献率依次为-5300.89万吨、49.30%；2007—2010年，贡献值和贡献率依次为1288.01万吨、6.77%；2010—2012年，贡献值和贡献率依次为1979.61万吨、67.10%。在2002—2012年的整个研究期间，结构效应的累计贡献值为3969.28万吨，远远小于出口贸易的结构效应。

（三）强度效应

就出口贸易而言，由表5-2看出，出口隐含碳排放强度在整个研究期间不断下降，2002年、2005年、2007年、2010年及2012年分别为3.48吨/万元、3.36吨/万元、2.79吨/万元、2.24吨/万元和1.86吨/万元，2002—2012年下降幅度高达46.55%，可以看出中国出口贸易在应对气候变化工作方面取得了显著的成效。在碳排放强度不断下降的影响下，其对碳排放起着明显的抑制作用（见表5-3）。具体表现为：2002—2005年、2005—2007年、2007—2010年以及2010—2012年碳排放强度的贡献值和贡献率分别为：-13494.67万吨和-10.30%、-57803.44万吨和-118.80%、-47334.08万吨和190.47%以及-46368.00万吨和-1263.48%。由于在前面的这4个时间段内，碳排放强度的贡献值均为负值，故在2002—2012年的整个研究期间，因碳排放强度效应减少了113164.33万吨二氧化碳排放量。

就进口贸易而言，由表5-2看出，进口隐含碳排放强度在整个研究期间不断下降，2002年、2005年、2007年、2010年及2012年分别为1.10吨/万元、0.98吨/万元、0.73吨/万元、0.71吨/万元和0.60吨/万元，2002—2012年下降幅度高达45.45%。在碳排放强度不断下降的影响下，其对碳排放起着明显的抑制作用（见表5-4），并且除了在2007—2010年抑制作用有所下降，其余时间段强度效应对碳排放的抑制作用不断增大。具体表现为：2002—2005 年、2005—2007 年、2007—2010 年以及 2010—2012 年碳排放强度的贡献值和贡献率分别为 -8376.37 万吨和 -24.09%、-10956.53 万吨和 101.90%、-3322.49 万吨和 -17.47% 以及 -14293.01 万吨和 -484.50%。由于在前面的这 4 个时间段内，碳排放强度的贡献值均为负值，故在 2002—2012 年的整个研究期间，因碳排放强度效应减少了 30904.72 万吨二氧化碳的排放。

（四）总效应

就出口贸易而言，由表 5-3 可知，总效应的贡献值除个别时间段外始终为正值，即总效应大体上助推了碳排放的增长，其主要原因在于总效应受规模效应、结构效应和强度效应三个方面的影响，而规模效应的正向作用远远大于结构效应和强度效应对碳排放的影响。具体来看，总效应在 2002—2005 年、2005—2007 年、2007—2010 年以及 2010—2012 年 4 个时间段内，对碳排放增长的贡献值分别为 130966.83 万吨、48657.81 万吨、-24851.00 万吨、3669.95 万吨，故由于这 4 个时间阶段的积累，以至于在 2002—2012 年整个研究期间，碳排放量增加了 158152.12 万吨，但值得高兴的是，总效应的正向作用在不断降低，从 2002—2005 年的 130966.83 万吨逐渐降低到 2010—2012 年的 3669.95 万吨，降幅高达 97.20%，2007—2010 年更是为负值，很明显地减少了碳排放，可以看到中国的出口贸易在低碳减排道路上所做的努力。

就进口贸易而言，由表 5-4 可知，总效应的贡献值除个别时间段外始终为正值，即总效应大体上助推碳排放的增长。具体来看，总效应在 2002—2005 年、2005—2007 年、2007—2010 年以及 2010—2012 年 4 个时间段内，对碳排放增长的贡献值分别为 34776.53 万吨、-10752.50 万吨、19023.25 万吨、2950.07 万吨，所以，由于这 4 个时间阶段的积累，以至于在 2002—2012 年整个研究期间，碳排放量增加了 47492.19 万吨，但值得高兴的是，总效应的正向作用在不断降低，从 2002—2005 年的 34776.53 万吨逐渐降低到 2010—2012 年的 2950.07 万吨，降幅高达 91.52%，2005—2007 年更是为负值，对二氧化碳排放明显起着抑制作用。

二 中国对外贸易隐含碳排放驱动因素分解：28个行业部门的角度

经过计算整理，中国进出口贸易中的隐含碳排放从28个行业部门角度考察的驱动因素分解所对应的规模效应、结构效应、强度效应以及总效应的贡献值和贡献率如表5-5、表5-6、表5-7和表5-8所示。

（一）规模效应

就出口贸易所对应的28个行业部门而言，通过表5-5和表5-6可知：

（1）2002—2005年、2005—2007年、2007—2010年以及2010—2012年4个时间段内，因规模效应导致碳排放量增加最大的前十位行业部门分别为通用、专用设备制造业，电气机械及器材制造业以及其他电子设备制造业等。在这4个时间段内跻身前十的行业部门变动不大，其中，2002—2005年，前十位行业部门的出口隐含碳排放量增加总和为10.91亿吨，占规模效应导致的总出口隐含碳排放的80.33%；2005—2007年贡献率最大为8.69亿吨，占92.22%；2007—2010年为3.89亿吨，占123.13%（占比大于100%的原因主要是因为有的部门规模效应的贡献值为负值）；2010—2012年为5.36亿吨，占106.96%（同理）。另外，规模效应导致的总出口隐含碳排放整体上呈现一种递减的趋势，具体表现为：2002—2005年为13.58亿吨，2005—2007年为9.42亿吨，2007—2010年为3.16亿吨，2010—2012年为5.01亿吨，在整个研究期间，即2002—2012年为25.99亿吨。

（2）2002—2005年贡献率最大的为批发零售业及餐饮业，其值为653.27%；2005—2007年贡献率最大的为通信设备、计算机及其他电子设备制造业，其值为1105.07%；2007—2010年贡献率最大的为电力、热力的生产和供应业，其值为1871.03%；2010—2012年贡献率最大的为食品制造及烟草加工业，其值为553.74%；2002—2012年贡献率最大的为金属矿采选业，其值为2050.70%。

对进口的28个行业部门而言，通过表5-7和表5-8可得：

（1）在2002—2005年、2005—2007年、2007—2010年以及2010—2012年4个时间段内，因规模效应导致碳排放量增加最大的前十位行业部门分别为金属矿采选业、化学工业以及金属冶炼及压延加工业等。在这4个时间段内，跻身前十的行业部门变动不大，其中，2002—2005年，前十位行业部门的出口隐含碳排放量增加总和为3.49亿吨，占规模效应导致的总出口隐含碳排放的90.40%；2005—2007年贡献率最大为1.40亿吨，占253.72%（占比大于100%的原因主要是因为有的部门规模效应的贡献值为负值）；2007—2010年贡献率最大为1.75亿吨，占83.07%；2010—2012年贡献率最大为1.63亿吨，占106.86%（同理）；在整个研究期间，即2002—2012年贡献率最大为7.44亿吨。

（2）2002—2005年贡献率最大的为食品制造及烟草加工业，其值为664.75%；2005—2007年贡献率最大的为金属冶炼及压延加工业，其值为719.45%；2007—2010年贡献率最大的为金属冶炼及压延加工业，其值为23692.14%，2010—2012年贡献率最大的为非金属矿及其他矿采选业，其值为8430.91%；2002—2012年贡献率最大的为造纸、印刷及文教体育用品制造业，其值为6867.33%。

（二）结构效应

出口方面，通过表5-5和表5-6可得：

（1）5个时间段所对应28个行业部门的结构效应有正有负（除燃气生产和供应业、水的生产和供应业为0外），其中，2002—2005年为正数的行业部门数量为10个，为负数的有16个；2005—2007年为正数的有13个，负数为13个；2007—2010年正数有11个，负数为15个；2010—2012年正数有11个，负数为15个；2002—2012年正数有11个，负数为15个。由此来看，出口的行业部门中，由于结构效应而减少碳排放的部门数量始终占有优势。

（2）因结构效应导致出口隐含碳排放量增加最大的前十位行业部门分别为通用、专用设备制造业，化学工业，非金属矿物制品业等，5个时间段中跻身前十位行业部门有一定变动，其中，2002—2005年，前十位行业部门的出口隐含碳排放量增加总和为2.13亿吨；2005—2007年为3.03亿吨；2007—2010年为1.63亿吨；2010—2012年为2.39亿吨。在整个研究期间，即2002—2012年为3.45亿吨。

(3) 2002—2005 年贡献率最大的为其他服务业，其值为 176.83%；2005—2007 年贡献率最大的为食品制造及烟草加工业，其值为 109.46%；2007—2010 年贡献率最大的为电力、热力的生产和供应业，其值为 359.79%；2010—2012 年贡献率最大的为电气机械及器材制造业，其值为 121.50%；2002—2012 年贡献率最大的为食品制造及烟草加工业，其值为 694.74%。

进口方面，通过表 5-7 和表 5-8 我们可得：

(1) 5 个时间段所对应 28 个行业部门的规模效应也是有正有负（除燃气生产和供应业、水的生产和供应业为 0 外），其中，2002—2005 年为正数的行业部门数量为 9 个，为负数的有 17 个；2005—2007 年为正数的有 13 个，负数为 13 个；2007—2010 年正数有 14 个，负数为 12 个；2010—2012 年正数有 14 个，负数为 12 个；2002—2012 年正数有 11 个，负数为 15 个。

(2) 因结构效应导致进口隐含碳排放量增加最大的前十位行业部门分别为煤炭开采和洗选业、石油和天然气开采业、金属矿采选业等，5 个时间段中跻身前十位行业部门有一定变动，其中，2002—2005 年，前十行业部门的进口隐含碳排放量增加总和为 1.06 亿吨；2005—2007 年为 0.69 亿吨；2007—2010 年为 0.54 亿吨；2010—2012 年为 0.89 亿吨。在整个研究期间，即 2002—2012 年为 1.36 亿吨。

(3) 2002—2005 年贡献率最大的为建筑业，其值为 1985.63%；2005—2007 年贡献率最大的为金属冶炼及压延加工业，其值为 210.08%；2007—2010 年贡献率最大的为通信设备、计算机及其他电子设备制造业，其值为 259.93%；2010—2012 年贡献率最大的为非金属矿及其他矿采选业，其值为 1869.41%；2002—2012 年贡献率最大的为服装皮革羽绒及其他制造业，其值为 546.37%。

(三) 强度效应

出口贸易部门，通过表 5-5 和表 5-6 我们可知：

(1) 5 个时间段所对应 28 个行业部门的强度效应基本上均为负数（除燃气生产和供应业、水的生产和供应业为 0 外）。具体情况为：2002—2005 年为正数的行业部门数量为 6 个，为负数的有 20 个；

2005—2007 年为正数的有 1 个，负数为 25 个；在剩余的时间段内为负数的均为 26 个。

（2）因强度效应导致出口隐含碳排放量减少最大的前十个行业部门分别为化学工业，金属冶炼及压延加工业，服装皮革羽绒及其他制造业等，5 个时间段内跻身前十位行业部门变动不大，其中，2002—2005 年，前十位行业部门的出口隐含碳排放量加总减少 1.22 亿吨，占强度效应导致的出口隐含碳排放减少总量的 90.70%；2005—2007 年减少 4.69 亿吨，占 81.07%；2007—2010 年减少 3.62 亿吨，占 76.37%；2010—2012 年减少 3.58 亿吨，占 77.20%；2002—2012 年减少 8.19 亿吨，占 72.41%。

（3）2002—2005 年贡献率最大的为石油和天然气开采业，其值为 38.80%；2005—2007 年贡献率最大的为食品制造及烟草加工业，其值为 151.92%；2007—2010 年贡献率最大的为木材加工及家具制造业，其值为 262.87%；2010—2012 年贡献率最大的为通信设备、计算机及其他电子设备制造业，其值为 788.19%；2002—2012 年贡献率最大的为食品制造及烟草加工业，其值为 1724.36%。

对进口的 28 个行业部门而言，通过表 5-7 和表 5-8 可得：

（1）5 个时间段所对应的 28 个行业部门的强度效应基本上均为负数（除燃气生产和供应业、水的生产和供应业为 0 外）。具体情况为：2005—2007 年贡献率最大的为正数的行业部门数量为 3 个，为负数的有 23 个；2007—2010 年贡献率最大的为正数的有 5 个，负数为 21 个。在剩余的时间段内为负数的均为 26 个。

（2）因强度效应导致进口隐含碳排放量减少最大的前十位行业部门分别为金属矿采选业，石油加工、炼焦及核燃料加工业，化学工业等，5 个时间段内跻身前十位行业部门变动不大，其中，2002—2005 年，前十位行业部门的出口隐含碳排放量加总减少 0.73 亿吨，占强度效应导致的进口隐含碳排放减少总量的 87.53%；2005—2007 年减少 1.00 亿吨，占 91.63%；2007—2010 年减少 0.33 亿吨，占 98.94%；2010—2012 年减少 1.24 亿吨，占 86.43%；2002—2012 年减少 2.65 亿吨，占 85.67%。

表 5-5　中国 28 个出口行业部门中的隐含碳排放驱动因素分解

单位：亿吨

行业部门	2002—2005 年 ΔC$_{iex}$Q	ΔC$_{iex}$S	ΔC$_{iex}$R	ΔC$_{iex}$	2005—2007 年 ΔC$_{iex}$Q	ΔC$_{iex}$S	ΔC$_{iex}$R	ΔC$_{iex}$	2007—2010 年 ΔC$_{iex}$Q	ΔC$_{iex}$S	ΔC$_{iex}$R	ΔC$_{iex}$	2010—2012 年 ΔC$_{iex}$Q	ΔC$_{iex}$S	ΔC$_{iex}$R	ΔC$_{iex}$	2002—2012 年 ΔC$_{iex}$Q	ΔC$_{iex}$S	ΔC$_{iex}$R	ΔC$_{iex}$
农业	0.02 (24)	-0.05 (18)	-0.01 (11)	-0.04 (24)	0.01 (20)	-0.02 (16)	-0.02 (6)	-0.03 (18)	0.02 (18)	0.01 (10)	-0.02 (5)	0.01 (11)	-0.01 (21)	-0.02 (17)	-0.01 (5)	-0.03 (16)	0.04 (21)	-0.07 (16)	-0.05 (5)	-0.08 (20)
煤炭开采和洗选业	0.08 (19)	-0.05 (17)	0.01 (4)	0.04 (18)	-0.02 (23)	-0.08 (20)	-0.03 (8)	-0.12 (21)	-0.05 (25)	-0.07 (20)	-0.04 (7)	-0.16 (21)	-0.02 (23)	-0.03 (19)	0.00 (3)	-0.06 (18)	-0.04 (27)	-0.14 (14)	-0.04 (4)	-0.22 (25)
石油和天然气开采业	-0.01 (27)	-0.05 (19)	-0.04 (17)	-0.10 (26)	0.02 (18)	0.01 (13)	0.00 (3)	0.03 (15)	0.00 (23)	-0.01 (16)	-0.01 (4)	-0.02 (17)	0.01 (17)	0.00 (13)	-0.01 (7)	0.00 (13)	0.03 (22)	-0.06 (15)	-0.07 (9)	-0.11 (21)
金属矿采选业	0.04 (23)	0.02 (10)	0.00 (8)	0.06 (16)	-0.01 (22)	-0.02 (17)	-0.01 (5)	-0.03 (19)	0.00 (22)	-0.01 (15)	0.00 (3)	-0.02 (15)	-0.01 (20)	-0.01 (15)	-0.01 (4)	-0.02 (14)	0.01 (24)	0.00 (13)	-0.01 (2)	0.00 (16)
非金属矿及其他矿采选业	0.05 (21)	-0.02 (14)	0.00 (6)	0.03 (22)	-0.04 (24)	-0.07 (19)	-0.02 (7)	-0.13 (22)	0.00 (19)	-0.01 (14)	0.00 (2)	-0.01 (14)	-0.01 (22)	-0.02 (16)	-0.01 (8)	-0.04 (17)	-0.01 (26)	-0.08 (17)	-0.03 (3)	-0.11 (22)
食品制造及烟草加工业	0.14 (17)	-0.06 (21)	-0.05 (18)	0.03 (20)	0.06 (17)	-0.04 (18)	-0.06 (10)	-0.04 (20)	0.04 (15)	-0.01 (13)	-0.06 (11)	-0.03 (18)	0.07 (15)	0.01 (11)	-0.06 (10)	0.01 (11)	0.27 (17)	-0.08 (18)	-0.20 (10)	-0.01 (18)
纺织业	0.74 (9)	-0.14 (24)	-0.09 (22)	0.52 (10)	0.75 (6)	0.18 (5)	-0.22 (18)	0.71 (4)	0.16 (10)	-0.12 (22)	-0.57 (26)	-0.53 (25)	-0.64 (27)	-0.87 (27)	-0.17 (17)	-1.67 (27)	0.52 (15)	-0.68 (27)	-0.54 (16)	-0.70 (27)
服装、皮革、羽绒及其他制造业	0.38 (13)	-0.22 (26)	-0.09 (21)	0.07 (15)	0.21 (13)	-0.12 (22)	-0.06 (11)	0.03 (14)	0.02 (16)	-0.13 (24)	-0.21 (19)	-0.32 (23)	0.68 (4)	0.46 (2)	-0.22 (19)	0.92 (2)	1.27 (7)	-0.12 (22)	-0.55 (19)	0.60 (11)
木材加工及家具制造业	0.28 (16)	0.02 (9)	-0.01 (12)	0.28 (13)	0.22 (12)	0.05 (10)	-0.12 (13)	0.14 (9)	0.06 (13)	-0.03 (18)	-0.05 (9)	-0.02 (16)	0.17 (12)	0.05 (11)	-0.17 (16)	0.06 (10)	0.61 (14)	0.07 (8)	-0.24 (12)	0.45 (12)
造纸、印刷及文教体育用品制造业	0.33 (15)	-0.06 (20)	0.02 (2)	0.30 (12)	0.10 (15)	-0.12 (23)	-0.13 (14)	-0.15 (23)	0.00 (20)	-0.10 (21)	-0.10 (13)	-0.20 (22)	0.76 (3)	0.59 (1)	-0.13 (13)	1.21 (1)	1.17 (11)	0.17 (7)	-0.31 (13)	1.02 (7)

续表

行业部门	2002—2005 年 $\Delta C_{iex}Q$	$\Delta C_{iex}S$	$\Delta C_{iex}R$	ΔC_{iex}	2005—2007 年 $\Delta C_{iex}Q$	$\Delta C_{iex}S$	$\Delta C_{iex}R$	ΔC_{iex}	2007—2010 年 $\Delta C_{iex}Q$	$\Delta C_{iex}S$	$\Delta C_{iex}R$	ΔC_{iex}	2010—2012 年 $\Delta C_{iex}Q$	$\Delta C_{iex}S$	$\Delta C_{iex}R$	ΔC_{iex}	2002—2012 年 $\Delta C_{iex}Q$	$\Delta C_{iex}S$	$\Delta C_{iex}R$	ΔC_{iex}
石油加工、炼焦及核燃料加工业	0.80 (7)	0.24 (3)	-0.17 (26)	0.87 (6)	-0.05 (25)	-0.34 (26)	-0.30 (21)	-0.69 (26)	0.04 (14)	-0.07 (19)	-0.12 (14)	-0.14 (20)	0.26 (11)	0.12 (7)	-0.12 (12)	0.26 (7)	0.91 (13)	0.01 (11)	-0.55 (18)	0.37 (13)
化学工业	1.59 (2)	0.06 (8)	-0.31 (27)	1.34 (3)	1.09 (3)	0.12 (7)	-0.50 (25)	0.72 (3)	0.86 (1)	0.35 (2)	-0.84 (27)	0.36 (3)	0.14 (14)	-0.48 (26)	-0.35 (25)	-0.69 (25)	3.15 (2)	0.06 (9)	-1.46 (27)	1.74 (5)
非金属矿物制品业	0.39 (11)	-0.01 (13)	-0.11 (23)	0.27 (14)	0.37 (9)	0.12 (6)	-0.18 (16)	0.31 (7)	0.21 (7)	0.08 (8)	-0.20 (18)	0.09 (8)	0.33 (9)	0.13 (6)	-0.13 (14)	0.33 (5)	1.23 (9)	0.25 (6)	-0.54 (17)	0.93 (8)
金属冶炼及压延加工业	1.31 (3)	0.56 (2)	-0.06 (19)	1.81 (2)	2.40 (1)	1.61 (1)	-0.89 (26)	3.12 (1)	-0.87 (27)	-1.27 (27)	-0.39 (24)	-2.52 (27)	0.40 (6)	0.00 (14)	-0.28 (23)	0.12 (8)	2.39 (5)	0.83 (1)	-0.77 (23)	2.45 (3)
金属制品业	1.00 (4)	0.21 (4)	-0.07 (20)	1.14 (4)	0.29 (10)	-0.20 (24)	-0.36 (22)	-0.27 (24)	-0.04 (24)	-0.25 (25)	-0.17 (16)	-0.47 (24)	0.28 (10)	0.02 (10)	-0.23 (20)	0.07 (9)	1.25 (8)	-0.08 (19)	-0.55 (20)	0.62 (10)
通用、专用设备制造业	0.87 (6)	0.15 (6)	0.04 (1)	1.05 (5)	0.85 (5)	0.31 (2)	-0.47 (24)	0.69 (5)	0.42 (5)	0.12 (6)	-0.29 (23)	0.25 (5)	0.83 (1)	0.41 (3)	-0.52 (26)	0.73 (3)	2.50 (4)	0.73 (2)	-0.77 (24)	2.46 (2)
交通运输设备制造业	0.39 (12)	0.07 (7)	0.01 (3)	0.47 (11)	0.48 (7)	0.23 (4)	-0.24 (19)	0.46 (6)	0.43 (3)	0.28 (3)	-0.19 (17)	0.52 (2)	0.15 (13)	-0.07 (20)	-0.19 (18)	-0.11 (19)	1.20 (10)	0.39 (4)	-0.36 (15)	1.23 (6)
电气机械及材制造业	0.89 (5)	-0.08 (23)	-0.04 (16)	0.77 (8)	0.94 (4)	0.29 (3)	-0.38 (23)	0.84 (2)	0.74 (2)	0.36 (1)	-0.40 (25)	0.70 (1)	0.37 (7)	-0.15 (23)	-0.35 (24)	-0.12 (20)	2.59 (3)	0.28 (5)	-0.82 (25)	2.05 (4)
通信设备、计算机及其他电子设备制造业	2.22 (1)	0.65 (1)	-0.02 (13)	2.85 (1)	1.12 (2)	0.01 (12)	-1.03 (27)	0.10 (12)	0.42 (4)	-0.13 (23)	-0.22 (20)	0.07 (9)	0.77 (2)	0.07 (8)	-0.96 (27)	-0.12 (21)	3.63 (1)	0.64 (3)	-1.33 (26)	2.93 (1)

第五章 中国对外贸易中的隐含碳排放驱动因素分解 | 237

续表

行业部门	2002—2005年					2005—2007年					2007—2010年					2010—2012年					2002—2012年			
	$\Delta C_{iex}Q$	$\Delta C_{iex}S$	$\Delta C_{iex}R$	ΔC_{iex}		$\Delta C_{iex}Q$	$\Delta C_{iex}S$	$\Delta C_{iex}R$	ΔC_{iex}		$\Delta C_{iex}Q$	$\Delta C_{iex}S$	$\Delta C_{iex}R$	ΔC_{iex}		$\Delta C_{iex}Q$	$\Delta C_{iex}S$	$\Delta C_{iex}R$	ΔC_{iex}		$\Delta C_{iex}Q$	$\Delta C_{iex}S$	$\Delta C_{iex}R$	ΔC_{iex}
仪器仪表及文化办公用机械制造业	0.71 (10)	0.15 (5)	-0.03 (14)	0.82 (7)		-0.19 (27)	-0.46 (27)	-0.30 (20)	-0.95 (27)		0.07 (11)	-0.03 (17)	-0.07 (12)	-0.03 (19)		-0.29 (26)	-0.37 (25)	-0.07 (11)	-0.72 (26)		0.06 (19)	-0.43 (26)	-0.22 (11)	-0.60 (26)
其他制造业	0.07 (20)	-0.04 (15)	0.00 (9)	0.03 (19)		0.13 (14)	0.06 (9)	-0.06 (12)	0.12 (10)		0.06 (12)	0.02 (9)	-0.04 (8)	0.04 (10)		-0.17 (25)	-0.20 (24)	-0.01 (6)	-0.38 (24)		0.02 (23)	-0.11 (21)	-0.05 (6)	-0.14 (24)
电力、热力的生产和供应业	0.01 (25)	-0.07 (22)	-0.03 (15)	-0.10 (25)		0.02 (19)	-0.02 (15)	0.00 (1)	0.00 (16)		0.02 (17)	0.00 (11)	-0.02 (6)	0.04 (12)		0.00 (19)	-0.02 (18)	0.00 (2)	-0.02 (15)		0.04 (20)	-0.11 (20)	-0.06 (7)	-0.12 (23)
燃气生产和供应业	0.00 (26)	0.00 (11)	0.00 (7)	0.00 (23)		0.00 (21)	0.00 (14)	0.00 (2)	0.00 (17)		0.00 (21)	0.00 (12)	0.00 (1)	0.00 (13)		0.00 (18)	0.00 (12)	0.00 (1)	0.00 (12)		0.00 (25)	0.00 (12)	0.00 (1)	0.00 (17)
水的生产和供应业	0.00 (26)	0.00 (11)	0.00 (7)	0.00 (23)		0.00 (21)	0.00 (14)	0.00 (2)	0.00 (17)		0.00 (21)	0.00 (12)	0.00 (1)	0.00 (13)		0.00 (18)	0.00 (12)	0.00 (1)	0.00 (12)		0.00 (25)	0.05 (10)	-0.06 (8)	0.19 (15)
建筑业	0.04 (22)	-0.01 (12)	-0.01 (10)	0.03 (21)		0.07 (16)	0.04 (11)	0.00 (4)	0.10 (11)		0.18 (9)	0.14 (5)	-0.05 (10)	0.27 (4)		-0.05 (24)	-0.10 (22)	-0.03 (9)	-0.18 (23)		0.20 (18)	0.05 (10)	-0.06 (8)	0.19 (15)
交通运输、仓储及邮政业	0.78 (8)	-0.04 (16)	-0.13 (24)	0.61 (9)		0.40 (8)	-0.10 (21)	-0.21 (17)	0.09 (13)		-0.10 (26)	-0.33 (26)	-0.23 (21)	-0.66 (26)		0.60 (5)	0.31 (4)	-0.24 (21)	0.67 (4)		1.54 (6)	-0.13 (23)	-0.67 (21)	0.73 (9)
批发零售业及餐饮业	0.36 (14)	-0.14 (25)	-0.16 (25)	0.06 (17)		-0.05 (26)	-0.28 (25)	-0.05 (9)	-0.38 (25)		0.29 (6)	0.19 (4)	-0.27 (22)	0.21 (6)		0.36 (8)	0.21 (5)	-0.25 (22)	0.32 (6)		0.93 (12)	-0.02 (14)	-0.71 (22)	0.19 (14)
其他服务业	0.10 (18)	-0.24 (27)	0.00 (5)	-0.14 (27)		0.25 (11)	0.07 (8)	-0.14 (15)	0.18 (8)		0.18 (8)	0.08 (7)	-0.16 (15)	0.11 (7)		0.04 (16)	-0.07 (21)	-0.13 (15)	-0.17 (22)		0.49 (16)	-0.19 (25)	-0.34 (14)	-0.04 (19)

注：括号中的数字代表排序，另外除了燃气生产和供应业以及水的生产和供应业所有效应的贡献值均为0以及排序相同外，表中其余的数据受取两位小数的限制，取值为0.00的，但其真实值不等于0，并且排序相同的其真实值并不相等。

资料来源：根据历年《中国投入产出表》《中国投入产出延长表》《中国统计年鉴》和相应公式计算所得。

表 5-6　中国 28 个出口行业部门中的隐含碳排放驱动因素分解的贡献率

单位:%

行业部门	2002—2005 年 ΔC_iex Q 贡献率	ΔC_iex S 贡献率	ΔC_iex R 贡献率	2005—2007 年 ΔC_iex Q 贡献率	ΔC_iex S 贡献率	ΔC_iex R 贡献率	2007—2010 年 ΔC_iex Q 贡献率	ΔC_iex S 贡献率	ΔC_iex R 贡献率	2010—2012 年 ΔC_iex Q 贡献率	ΔC_iex S 贡献率	ΔC_iex R 贡献率	2002—2012 年 ΔC_iex Q 贡献率	ΔC_iex S 贡献率	ΔC_iex R 贡献率
农业	-51.11 (26)	121.27 (2)	29.84 (3)	-28.98 (24)	63.72 (5)	65.26 (5)	231.52 (4)	77.47 (8)	-208.99 (23)	17.52 (19)	62.68 (8)	19.80 (9)	-43.09 (24)	84.97 (5)	58.11 (5)
煤炭开采和洗选业	201.62 (5)	-119.78 (24)	18.16 (4)	14.79 (20)	62.02 (6)	23.19 (8)	32.06 (14)	42.11 (22)	25.83 (13)	38.54 (14)	56.20 (10)	5.27 (13)	17.27 (17)	64.24 (9)	18.48 (10)
石油和天然气开采业	9.83 (23)	51.37 (4)	38.80 (1)	76.65 (15)	30.17 (20)	-6.82 (14)	17.45 (15)	48.01 (19)	34.54 (12)	-144.32 (25)	28.57 (24)	215.75 (3)	-23.91 (22)	57.28 (10)	66.63 (4)
金属矿采选业	68.97 (22)	35.75 (5)	-4.72 (14)	20.09 (18)	60.14 (7)	19.77 (9)	14.35 (17)	44.62 (21)	41.04 (9)	25.73 (17)	46.07 (18)	28.20 (8)	2050.70 (1)	-586.21 (27)	-1364.49 (27)
非金属矿及其他矿采选业	175.80 (6)	-77.77 (22)	1.97 (8)	32.62 (17)	52.15 (8)	15.23 (10)	-36.96 (24)	78.56 (7)	58.40 (7)	23.49 (18)	45.83 (19)	30.68 (7)	6.78 (18)	68.13 (8)	25.09 (9)
食品制造及烟草加工业	464.53 (3)	-191.61 (25)	-172.92 (26)	-161.38 (27)	109.46 (1)	151.92 (1)	-159.08 (25)	15.64 (25)	243.44 (2)	553.74 (1)	89.05 (4)	-542.78 (27)	-2319.10 (27)	694.74 (1)	1724.36 (1)
纺织业	144.28 (7)	-26.91 (21)	-17.38 (19)	105.58 (11)	24.95 (21)	-30.53 (16)	-30.51 (22)	23.10 (24)	107.41 (4)	38.10 (15)	51.89 (13)	10.01 (11)	-74.18 (25)	97.08 (3)	77.10 (3)
服装、皮革、羽绒及其他制造业	522.63 (2)	-305.49 (27)	-117.14 (25)	671.04 (2)	-375.04 (26)	-196.00 (25)	-6.60 (21)	41.71 (23)	64.89 (6)	73.88 (10)	50.01 (15)	-23.89 (18)	212.47 (4)	-20.41 (26)	-92.06 (24)
木材加工及家具制造业	96.89 (14)	8.23 (13)	-5.13 (16)	150.53 (6)	32.15 (19)	-82.67 (24)	-311.15 (27)	148.28 (2)	262.87 (1)	299.60 (4)	95.17 (2)	-294.76 (25)	136.34 (8)	16.62 (17)	-52.95 (19)
造纸、印刷及文教体育用品制造业	111.27 (13)	-18.83 (20)	7.56 (5)	-69.74 (25)	84.22 (2)	85.52 (4)	-0.67 (20)	48.14 (17)	52.52 (8)	62.30 (11)	48.49 (16)	-10.79 (17)	114.24 (12)	16.39 (18)	-30.63 (14)

续表

行业部门	2002—2005年 $\Delta C_{iex}Q$ 贡献率	$\Delta C_{iex}S$ 贡献率	$\Delta C_{iex}R$ 贡献率	2005—2007年 $\Delta C_{iex}Q$ 贡献率	$\Delta C_{iex}S$ 贡献率	$\Delta C_{iex}R$ 贡献率	2007—2010年 $\Delta C_{iex}Q$ 贡献率	$\Delta C_{iex}S$ 贡献率	$\Delta C_{iex}R$ 贡献率	2010—2012年 $\Delta C_{iex}Q$ 贡献率	$\Delta C_{iex}S$ 贡献率	$\Delta C_{iex}R$ 贡献率	2002—2012年 $\Delta C_{iex}Q$ 贡献率	$\Delta C_{iex}S$ 贡献率	$\Delta C_{iex}R$ 贡献率
石油加工、炼焦及核燃料加工业	92.00 (15)	26.94 (7)	-18.94 (20)	6.73 (22)	49.64 (10)	43.63 (6)	-30.92 (23)	47.15 (20)	83.77 (5)	99.64 (7)	44.69 (20)	-44.33 (21)	246.59 (3)	1.82 (21)	-148.41 (25)
化学工业	118.12 (11)	4.71 (14)	-22.83 (22)	152.49 (5)	16.84 (22)	-69.33 (22)	236.62 (4)	95.85 (3)	-232.47 (25)	-20.80 (22)	69.74 (5)	51.06 (6)	180.69 (7)	3.35 (20)	-84.04 (21)
非金属矿物制品业	143.45 (8)	-4.38 (16)	-39.07 (24)	119.79 (9)	39.48 (15)	-59.27 (20)	226.96 (5)	82.51 (6)	-209.48 (24)	99.34 (8)	41.01 (22)	-40.35 (20)	132.21 (9)	26.42 (15)	-58.63 (20)
金属冶炼及压延加工业	72.02 (21)	31.15 (6)	-3.16 (12)	76.85 (14)	51.62 (9)	-28.48 (15)	34.35 (13)	50.17 (15)	15.48 (14)	337.94 (3)	-3.20 (26)	-234.75 (24)	97.69 (16)	33.72 (11)	-31.41 (16)
金属制品业	87.24 (16)	18.55 (9)	-5.78 (17)	-109.17 (26)	75.75 (3)	133.43 (2)	8.67 (18)	54.43 (11)	36.90 (10)	404.73 (2)	31.11 (23)	-335.83 (26)	203.30 (6)	-13.61 (24)	-89.69 (22)
通用、专用设备制造业	82.61 (18)	13.85 (12)	3.54 (6)	122.61 (8)	44.79 (14)	-67.40 (21)	167.47 (6)	48.07 (18)	-115.54 (20)	114.26 (5)	56.69 (9)	-70.95 (22)	101.68 (14)	29.67 (13)	-31.35 (15)
交通运输设备制造业	82.30 (19)	15.10 (11)	2.61 (7)	102.41 (13)	49.23 (11)	-51.64 (19)	83.14 (11)	53.28 (13)	-36.42 (17)	-139.69 (24)	64.91 (7)	174.77 (4)	97.79 (15)	31.49 (12)	-29.28 (12)
电气机械及器材制造业	114.69 (12)	-9.90 (18)	-4.79 (15)	111.51 (10)	34.17 (18)	-45.68 (17)	105.48 (10)	51.39 (14)	-56.86 (18)	-310.41 (26)	121.50 (1)	288.90 (2)	126.57 (10)	13.54 (19)	-40.10 (17)
通信设备、计算机及其他电子设备制造业	78.00 (20)	22.80 (8)	-0.80 (11)	1105.07 (1)	12.65 (23)	-1017.71 (27)	623.13 (2)	-191.70 (27)	-331.44 (26)	-628.31 (27)	-59.88 (27)	788.19 (1)	123.88 (11)	21.72 (16)	-45.60 (18)

续表

行业部门	2002—2005年 $\Delta C_{iex}Q$ 贡献率	2002—2005年 $\Delta C_{iex}S$ 贡献率	2002—2005年 $\Delta C_{iex}R$ 贡献率	2005—2007年 $\Delta C_{iex}Q$ 贡献率	2005—2007年 $\Delta C_{iex}S$ 贡献率	2005—2007年 $\Delta C_{iex}R$ 贡献率	2007—2010年 $\Delta C_{iex}Q$ 贡献率	2007—2010年 $\Delta C_{iex}S$ 贡献率	2007—2010年 $\Delta C_{iex}R$ 贡献率	2010—2012年 $\Delta C_{iex}Q$ 贡献率	2010—2012年 $\Delta C_{iex}S$ 贡献率	2010—2012年 $\Delta C_{iex}R$ 贡献率	2002—2012年 $\Delta C_{iex}Q$ 贡献率	2002—2012年 $\Delta C_{iex}S$ 贡献率	2002—2012年 $\Delta C_{iex}R$ 贡献率
仪器仪表及文化办公用机械制造业	85.77 (17)	18.03 (10)	-3.80 (13)	19.65 (19)	48.61 (12)	31.75 (7)	-212.56 (26)	91.83 (4)	220.72 (3)	39.89 (13)	51.02 (14)	9.10 (12)	-9.57 (20)	71.88 (7)	37.70 (7)
其他制造业	231.75 (4)	-118.05 (23)	-13.70 (18)	103.62 (12)	47.89 (13)	-51.51 (18)	151.14 (8)	54.82 (10)	-105.96 (19)	44.88 (12)	52.63 (12)	2.49 (14)	-14.96 (21)	78.62 (6)	36.34 (8)
电力、热力的生产和供应业	-7.48 (25)	72.11 (3)	35.36 (2)	423.50 (4)	-434.71 (27)	111.21 (3)	1871.03 (1)	359.79 (1)	-2130.82 (27)	7.41 (20)	91.35 (3)	1.24 (15)	-35.13 (23)	89.99 (4)	45.14 (6)
燃气生产和供应业	0.00 (24)	0.00 (15)	0.00 (9)	0.00 (23)	0.00 (24)	0.00 (12)	0.00 (19)	0.00 (26)	0.00 (15)	0.00 (21)	0.00 (25)	0.00 (16)	0.00 (19)	0.00 (22)	0.00 (11)
水的生产和供应业	0.00 (24)	0.00 (15)	0.00 (9)	0.00 (23)	0.00 (24)	0.00 (12)	0.00 (19)	0.00 (26)	0.00 (15)	0.00 (21)	0.00 (25)	0.00 (16)	0.00 (19)	0.00 (22)	0.00 (11)
建筑业	142.03 (9)	-17.27 (19)	-24.76 (23)	70.18 (16)	34.52 (17)	-4.70 (13)	65.88 (12)	53.98 (12)	-19.86 (16)	28.82 (16)	52.97 (11)	18.21 (10)	103.47 (13)	26.63 (14)	-30.10 (13)
交通运输、仓储及邮政业	128.31 (10)	-6.92 (17)	-21.40 (21)	436.08 (3)	-106.72 (25)	-229.36 (26)	15.62 (16)	49.43 (16)	34.95 (11)	88.87 (9)	46.43 (17)	-35.30 (19)	209.62 (5)	-18.20 (25)	-91.42 (23)
批发零售业及餐饮业	653.27 (1)	-256.46 (26)	-296.81 (27)	13.22 (21)	72.51 (4)	14.28 (11)	136.72 (9)	88.73 (5)	-125.46 (21)	112.58 (6)	68.06 (6)	-80.64 (23)	477.15 (2)	-10.89 (23)	-366.26 (26)
其他服务业	-76.35 (27)	176.83 (1)	-0.48 (10)	140.63 (7)	39.18 (16)	-79.81 (23)	164.88 (7)	76.58 (9)	-141.46 (22)	-25.75 (23)	44.19 (18)	81.56 (5)	-1157.06 (26)	449.47 (2)	807.59 (2)

注：括号中的数字代表排序，除燃气生产和供应业以及水的生产和供应业的排序相同外，表中数据受取两位小数的限制，其余排序相同的其真实值并不相等。

资料来源：根据历年《中国投入产出表》《中国投入产出延长表》和《中国统计年鉴》和相应公式计算所得。

表 5-7　中国 28 个进口行业部门中的隐含碳排放驱动因素分解

单位：亿吨

行业部门	2002—2005 年 ΔC_iimQ	ΔC_iimS	ΔC_iimR	ΔC_iim	2005—2007 年 ΔC_iimQ	ΔC_iimS	ΔC_iimR	ΔC_iim	2007—2010 年 ΔC_iimQ	ΔC_iimS	ΔC_iimR	ΔC_iim	2010—2012 年 ΔC_iimQ	ΔC_iimS	ΔC_iimR	ΔC_iim	2002—2012 年 ΔC_iimQ	ΔC_iimS	ΔC_iimR	ΔC_iim
农业	0.04 (14)	0.00 (9)	-0.01 (13)	0.03 (12)	0.02 (12)	0.01 (10)	-0.01 (14)	0.01 (11)	0.05 (14)	0.02 (6)	-0.01 (16)	0.06 (10)	0.02 (12)	0.00 (12)	-0.01 (10)	0.02 (9)	0.13 (13)	0.03 (9)	-0.04 (12)	0.12 (11)
煤炭开采和洗选业	0.02 (21)	0.01 (8)	0.00 (2)	0.02 (13)	0.01 (14)	0.01 (9)	0.00 (7)	0.02 (10)	0.15 (6)	0.13 (2)	-0.02 (24)	0.25 (3)	0.06 (7)	0.02 (6)	-0.01 (12)	0.07 (6)	0.23 (10)	0.14 (3)	-0.03 (10)	0.34 (6)
石油和天然气开采业	0.00 (26)	-0.10 (26)	-0.11 (25)	-0.21 (27)	0.35 (1)	0.31 (1)	0.00 (1)	0.66 (1)	0.21 (3)	0.04 (5)	-0.03 (25)	0.22 (4)	0.36 (2)	0.23 (2)	-0.18 (26)	0.40 (2)	1.08 (2)	0.44 (1)	-0.48 (26)	1.05 (1)
金属矿采选业	0.22 (6)	0.12 (2)	-0.03 (20)	0.31 (3)	0.20 (2)	0.14 (2)	-0.03 (19)	0.31 (2)	0.32 (1)	0.15 (1)	-0.05 (26)	0.42 (1)	0.08 (6)	-0.03 (21)	-0.18 (25)	-0.14 (23)	0.68 (5)	0.35 (2)	-0.15 (21)	0.89 (2)
非金属矿及其他矿采选业	0.02 (18)	0.00 (12)	0.00 (6)	0.02 (16)	-0.01 (20)	-0.01 (19)	-0.01 (10)	-0.03 (19)	0.00 (25)	-0.01 (20)	0.00 (3)	-0.01 (24)	0.01 (17)	0.00 (13)	-0.01 (8)	0.00 (15)	0.02 (22)	-0.02 (17)	-0.01 (6)	-0.01 (23)
食品制造及烟草加工业	0.02 (17)	-0.01 (14)	-0.01 (14)	-0.01 (19)	0.02 (10)	-0.01 (8)	-0.01 (11)	0.03 (8)	0.03 (15)	-0.01 (9)	-0.01 (15)	0.03 (12)	0.03 (10)	0.01 (8)	-0.02 (15)	0.02 (8)	0.10 (14)	0.02 (10)	-0.04 (14)	0.08 (12)
纺织业	0.02 (20)	-0.06 (24)	-0.02 (17)	-0.06 (26)	-0.04 (23)	-0.05 (23)	0.00 (9)	-0.10 (23)	0.01 (22)	-0.01 (21)	-0.01 (17)	-0.01 (25)	0.00 (22)	-0.01 (19)	-0.01 (4)	-0.02 (19)	-0.02 (27)	-0.11 (24)	-0.04 (11)	-0.16 (27)
服装、皮革、羽绒及其他制造业	0.01 (22)	-0.01 (16)	-0.01 (10)	-0.01 (24)	0.00 (16)	0.00 (17)	0.00 (5)	-0.03 (19)	0.01 (23)	0.00 (17)	0.00 (8)	0.200 (20)	0.01 (14)	0.01 (9)	-0.01 (7)	0.01 (10)	0.03 (19)	-0.02 (18)	-0.01 (7)	0.00 (21)
木材加工及家具制造业	0.01 (23)	-0.01 (15)	0.00 (5)	-0.01 (23)	0.00 (17)	-0.01 (15)	-0.01 (8)	0.03 (8)	0.01 (20)	-0.01 (11)	0.00 (4)	0.02 (15)	0.00 (19)	0.01 (17)	-0.01 (6)	-0.01 (17)	0.02 (23)	-0.01 (15)	-0.01 (5)	0.00 (20)
造纸、印刷及文教体育用品制造业	0.04 (15)	-0.02 (17)	0.00 (9)	0.02 (15)	-0.01 (21)	-0.03 (21)	-0.01 (12)	-0.05 (21)	0.01 (18)	-0.01 (18)	0.00 (9)	0.01 (18)	0.03 (11)	0.01 (7)	-0.01 (13)	0.03 (7)	0.06 (18)	-0.04 (21)	-0.02 (9)	0.00 (18)

第五章 中国对外贸易中的隐含碳排放驱动因素分解 | 243

续表

行业部门	2002—2005年 $\Delta C_{iim}Q$	$\Delta C_{iim}S$	$\Delta C_{iim}R$	ΔC_{iim}	2005—2007年 $\Delta C_{iim}Q$	$\Delta C_{iim}S$	$\Delta C_{iim}R$	ΔC_{iim}	2007—2010年 $\Delta C_{iim}Q$	$\Delta C_{iim}S$	$\Delta C_{iim}R$	ΔC_{iim}	2010—2012年 $\Delta C_{iim}Q$	$\Delta C_{iim}S$	$\Delta C_{iim}R$	ΔC_{iim}	2002—2012年 $\Delta C_{iim}Q$	$\Delta C_{iim}S$	$\Delta C_{iim}R$	ΔC_{iim}
石油加工、炼焦及核燃料加工业	1.15 (1)	0.68 (1)	-0.19 (27)	1.64 (1)	-0.66 (27)	-0.79 (27)	-0.19 (26)	-1.64 (27)	0.14 (7)	0.02 (7)	-0.02 (20)	0.15 (6)	0.16 (4)	0.07 (5)	-0.09 (21)	0.15 (4)	0.61 (6)	0.07 (6)	-0.29 (24)	0.39 (5)
化学工业	0.54 (2)	-0.05 (23)	-0.18 (26)	0.30 (4)	0.18 (4)	-0.01 (18)	-0.11 (23)	0.07 (4)	0.28 (2)	-0.05 (25)	-0.14 (27)	0.09 (8)	0.04 (8)	-0.16 (26)	-0.13 (22)	-0.26 (26)	0.95 (3)	-0.21 (27)	-0.48 (27)	0.26 (9)
非金属矿物制品业	0.02 (19)	-0.02 (18)	-0.01 (15)	-0.02 (25)	0.01 (13)	0.00 (13)	-0.01 (13)	0.01 (13)	0.03 (16)	0.01 (10)	-0.01 (14)	0.03 (13)	0.01 (13)	0.00 (14)	-0.01 (11)	0.00 (12)	0.08 (16)	-0.01 (16)	-0.04 (15)	0.02 (15)
金属冶炼及延压加工业	0.35 (4)	-0.09 (25)	-0.08 (24)	0.17 (7)	0.18 (3)	0.05 (4)	-0.21 (27)	0.03 (9)	0.12 (8)	-0.10 (26)	-0.02 (23)	0.00 (21)	0.52 (1)	0.35 (1)	-0.14 (23)	0.73 (1)	1.18 (1)	0.10 (5)	-0.47 (25)	0.82 (3)
金属制品业	0.05 (11)	-0.02 (19)	-0.02 (16)	0.02 (17)	-0.04 (24)	-0.06 (24)	-0.02 (17)	-0.11 (24)	0.01 (19)	-0.01 (19)	0.00 (5)	0.01 (17)	0.01 (15)	0.00 (18)	-0.01 (14)	-0.01 (18)	0.03 (20)	-0.08 (22)	-0.04 (13)	-0.09 (25)
通用、专用设备制造业	0.23 (5)	-0.11 (27)	-0.02 (18)	0.09 (8)	0.14 (5)	0.04 (5)	-0.12 (24)	0.05 (6)	0.20 (4)	0.00 (14)	-0.02 (19)	0.18 (5)	-0.05 (26)	-0.16 (27)	-0.16 (24)	-0.37 (27)	0.43 (7)	-0.19 (26)	-0.23 (22)	0.01 (16)
交通运输设备制造业	0.06 (10)	-0.03 (21)	-0.01 (11)	0.02 (14)	0.10 (7)	0.06 (3)	-0.04 (21)	0.12 (3)	0.18 (5)	0.10 (3)	-0.02 (21)	0.27 (2)	0.00 (18)	-0.06 (22)	-0.06 (20)	-0.11 (21)	0.31 (8)	0.05 (7)	-0.10 (20)	0.26 (8)
电气机械及材制造业	0.15 (9)	-0.04 (22)	-0.03 (22)	0.09 (9)	0.02 (11)	-0.04 (22)	-0.04 (20)	-0.06 (22)	0.06 (10)	-0.03 (24)	-0.01 (18)	0.02 (14)	-0.02 (24)	-0.07 (24)	-0.04 (19)	-0.14 (24)	0.19 (11)	-0.14 (25)	-0.10 (19)	-0.04 (24)
通信设备、计算机及其他电子设备制造业	0.40 (3)	0.02 (6)	-0.05 (23)	0.37 (2)	0.13 (6)	0.01 (11)	-0.16 (25)	-0.02 (18)	0.05 (12)	-0.16 (27)	0.04 (1)	-0.06 (27)	0.22 (3)	0.09 (4)	-0.21 (27)	0.10 (5)	0.72 (4)	-0.02 (20)	-0.28 (23)	0.41 (4)
仪器仪表及文化办公用机械制造业	0.21 (7)	0.06 (4)	-0.03 (21)	0.24 (6)	-0.05 (25)	-0.10 (25)	-0.07 (22)	-0.22 (25)	0.05 (13)	-0.02 (22)	0.00 (2)	0.04 (11)	-0.09 (27)	-0.12 (25)	-0.03 (16)	-0.24 (25)	0.07 (17)	-0.10 (23)	-0.07 (18)	-0.11 (26)

续表

行业部门	2002—2005 年				2005—2007 年				2007—2010 年				2010—2012 年				2002—2012 年			
	$\Delta C_{iim}Q$	$\Delta C_{iim}S$	$\Delta C_{iim}R$	ΔC_{iim}	$\Delta C_{iim}Q$	$\Delta C_{iim}S$	$\Delta C_{iim}R$	ΔC_{iim}	$\Delta C_{iim}Q$	$\Delta C_{iim}S$	$\Delta C_{iim}R$	ΔC_{iim}	$\Delta C_{iim}Q$	$\Delta C_{iim}S$	$\Delta C_{iim}R$	ΔC_{iim}	$\Delta C_{iim}Q$	$\Delta C_{iim}S$	$\Delta C_{iim}R$	ΔC_{iim}
其他制造业	0.04 (13)	0.02 (7)	0.00 (7)	0.06 (10)	0.04 (9)	0.03 (7)	-0.01 (16)	0.05 (7)	0.08 (9)	0.05 (4)	0.00 (12)	0.12 (7)	-0.05 (25)	-0.07 (23)	-0.01 (9)	-0.13 (22)	0.10 (15)	0.05 (8)	-0.02 (8)	0.13 (10)
电力、热力的生产和供应业	0.00 (25)	0.00 (11)	0.00 (8)	0.00 (20)	0.00 (19)	0.00 (16)	0.00 (2)	0.00 (15)	0.00 (26)	0.00 (16)	0.00 (7)	0.00 (23)	0.00 (20)	0.00 (16)	0.00 (2)	0.00 (14)	0.00 (25)	-0.01 (13)	0.00 (2)	0.00 (22)
燃气生产和供应业	0.00 (27)	0.00 (10)	0.00 (1)	0.00 (21)	0.00 (18)	0.00 (14)	0.00 (4)	0.00 (14)	0.00 (27)	0.00 (15)	0.00 (6)	0.00 (22)	0.00 (21)	0.00 (15)	0.00 (1)	0.00 (16)	0.00 (26)	0.00 (12)	0.00 (1)	0.00 (19)
水的生产和供应业	0.00 (27)	0.00 (10)	0.00 (1)	0.00 (21)	0.00 (18)	0.00 (14)	0.00 (4)	0.00 (14)	0.00 (27)	0.00 (15)	0.00 (6)	0.00 (22)	0.00 (21)	0.00 (15)	0.00 (1)	0.00 (16)	0.00 (26)	0.00 (12)	0.00 (1)	0.00 (19)
建筑业	0.01 (24)	0.00 (13)	0.00 (3)	0.00 (22)	0.01 (15)	0.00 (12)	0.00 (3)	0.01 (12)	0.01 (21)	0.00 (12)	0.00 (10)	0.01 (16)	-0.01 (23)	-0.01 (20)	0.00 (3)	-0.02 (20)	0.01 (24)	-0.01 (14)	0.00 (4)	0.00 (17)
交通运输、仓储及邮政业	0.20 (8)	0.11 (3)	-0.02 (19)	0.29 (5)	-0.09 (26)	-0.12 (26)	-0.01 (15)	-0.23 (26)	0.06 (11)	0.02 (8)	0.00 (11)	0.07 (9)	0.13 (5)	0.09 (3)	-0.04 (18)	0.18 (3)	0.27 (9)	0.10 (4)	-0.06 (16)	0.32 (7)
批发零售业及餐饮业	0.03 (16)	0.03 (5)	0.00 (4)	0.06 (11)	0.00 (22)	-0.02 (20)	0.00 (7)	-0.03 (20)	0.01 (24)	-0.02 (13)	-0.01 (13)	0.00 (19)	0.01 (16)	0.00 (11)	-0.01 (5)	0.01 (11)	0.02 (21)	0.02 (11)	0.00 (3)	0.04 (14)
其他服务业	0.05 (12)	-0.02 (20)	-0.01 (12)	0.02 (18)	0.05 (8)	0.03 (6)	-0.02 (18)	0.05 (5)	0.02 (17)	-0.02 (23)	-0.02 (22)	-0.02 (26)	0.03 (9)	0.01 (10)	-0.03 (17)	0.00 (13)	0.13 (12)	-0.02 (19)	-0.07 (17)	0.05 (13)

注：括号中的数字代表排序，另外除了燃气生产和供应业以及水的生产和供应业所有效应的生产和供应业所有效应的贡献值均为 0.00 的，取值为 0.00，但其真实值不等于 0，并且排序相同的真实值并不相等。表中其余数据受取两位小数的限制，表中其余数据受取两位小数的限制，并且排序相同。

资料来源：根据历年《中国投入产出表》《中国投入产出延长表》《中国统计年鉴》和相应公式计算所得。

表 5-8　中国28个进口行业部门中的隐含碳排放驱动因素分解的贡献率

单位：%

行业部门	2002—2005年 $\Delta C_{iim}Q$ 贡献率	$\Delta C_{iim}S$ 贡献率	$\Delta C_{iim}R$ 贡献率	2005—2007年 $\Delta C_{iim}Q$ 贡献率	$\Delta C_{iim}S$ 贡献率	$\Delta C_{iim}R$ 贡献率	2007—2010年 $\Delta C_{iim}Q$ 贡献率	$\Delta C_{iim}S$ 贡献率	$\Delta C_{iim}R$ 贡献率	2010—2012年 $\Delta C_{iim}Q$ 贡献率	$\Delta C_{iim}S$ 贡献率	$\Delta C_{iim}R$ 贡献率	2002—2012年 $\Delta C_{iim}Q$ 贡献率	$\Delta C_{iim}S$ 贡献率	$\Delta C_{iim}R$ 贡献率
农业	114.72 (12)	13.83 (14)	-28.55 (19)	129.97 (5)	45.92 (19)	-75.90 (23)	77.43 (16)	34.28 (11)	-11.72 (16)	139.30 (7)	23.35 (25)	-62.66 (21)	104.44 (12)	26.22 (15)	-30.65 (15)
煤炭开采和洗选业	72.47 (15)	30.05 (12)	-2.52 (8)	71.15 (10)	43.66 (23)	-14.82 (17)	59.13 (21)	49.41 (6)	-8.54 (12)	82.88 (13)	35.49 (21)	-18.38 (14)	66.05 (17)	41.96 (11)	-8.01 (10)
石油和天然气开采业	-0.94 (22)	49.39 (6)	51.55 (4)	52.98 (13)	46.71 (18)	0.31 (14)	92.93 (14)	18.77 (17)	-11.71 (15)	88.57 (12)	56.68 (7)	-45.25 (17)	103.19 (13)	42.49 (10)	-45.69 (17)
金属矿采选业	70.16 (16)	37.97 (10)	-8.14 (12)	65.64 (11)	45.38 (20)	-11.02 (16)	75.51 (17)	35.36 (10)	-10.87 (13)	-59.98 (26)	25.62 (23)	134.36 (2)	77.01 (15)	39.87 (12)	-16.88 (13)
非金属矿及其他矿采选业	125.25 (11)	-10.71 (17)	-14.54 (16)	26.74 (21)	49.64 (15)	23.62 (5)	-17.76 (24)	142.58 (2)	-24.82 (19)	8430.91 (1)	1869.41 (1)	-10200.33 (27)	-178.70 (24)	160.66 (4)	118.05 (4)
食品制造及烟草加工业	664.75 (1)	-232.01 (27)	-332.74 (27)	74.29 (9)	44.99 (21)	-19.28 (18)	95.46 (13)	24.96 (14)	-20.43 (17)	141.39 (6)	63.03 (5)	-104.42 (22)	129.17 (10)	24.19 (16)	-53.35 (18)
纺织业	-31.90 (23)	103.11 (5)	28.80 (6)	40.75 (15)	54.49 (9)	4.77 (10)	-91.22 (26)	85.82 (4)	105.40 (1)	6.25 (21)	53.49 (11)	40.26 (7)	9.52 (19)	67.84 (8)	22.65 (8)
服装、皮革、羽绒及其他纤维制品业	-85.36 (24)	130.83 (3)	54.53 (3)	-21.89 (25)	119.05 (2)	2.85 (11)	507.56 (2)	-216.01 (26)	-191.55 (25)	103.39 (10)	53.74 (10)	-57.13 (19)	-945.08 (27)	546.37 (1)	498.72 (1)
木材加工及家具制造业	-96.74 (25)	153.95 (2)	42.580 (5)	-10.84 (24)	53.44 (11)	57.41 (3)	67.45 (19)	27.73 (13)	4.82 (5)	-30.55 (25)	30.71 (22)	99.84 (3)	-730.59 (26)	400.25 (2)	430.34 (2)
造纸、印刷及文教体育用品制造业	211.74 (7)	-94.06 (22)	-17.68 (17)	26.81 (20)	54.94 (8)	18.25 (6)	261.35 (6)	-112.43 (23)	-48.93 (21)	99.55 (11)	47.74 (18)	-47.29 (18)	6867.33 (1)	-4010.27 (27)	-2757.06 (26)

续表

行业部门	2002—2005 年 ΔC$_{iim}$Q 贡献率	ΔC$_{iim}$S 贡献率	ΔC$_{iim}$R 贡献率	2005—2007 年 ΔC$_{iim}$Q 贡献率	ΔC$_{iim}$S 贡献率	ΔC$_{iim}$R 贡献率	2007—2010 年 ΔC$_{iim}$Q 贡献率	ΔC$_{iim}$S 贡献率	ΔC$_{iim}$R 贡献率	2010—2012 年 ΔC$_{iim}$Q 贡献率	ΔC$_{iim}$S 贡献率	ΔC$_{iim}$R 贡献率	2002—2012 年 ΔC$_{iim}$Q 贡献率	ΔC$_{iim}$S 贡献率	ΔC$_{iim}$R 贡献率
石油加工、炼焦及核燃料加工业	69.90 (17)	41.43 (8)	-11.33 (14)	40.24 (17)	48.25 (16)	11.51 (8)	98.37 (12)	12.71 (18)	-11.08 (14)	111.35 (9)	48.10 (16)	-59.44 (20)	156.58 (8)	18.32 (18)	-74.91 (21)
化学工业	178.08 (9)	-17.39 (18)	-60.69 (24)	270.65 (2)	-9.87 (26)	-160.78 (25)	316.07 (3)	-58.95 (22)	-157.12 (24)	-14.72 (24)	62.50 (6)	52.22 (5)	370.43 (5)	-83.56 (23)	-186.87 (23)
非金属矿物制品业	-114.05 (26)	125.12 (4)	88.93 (2)	196.62 (4)	47.11 (17)	-143.73 (24)	98.83 (11)	24.74 (15)	-23.57 (18)	299.60 (3)	24.57 (24)	-224.17 (25)	448.67 (4)	-86.24 (24)	-262.43 (24)
金属冶炼及压延加工业	204.65 (8)	-55.30 (20)	-49.35 (22)	719.45 (1)	210.08 (1)	-829.53 (27)	23692.14 (1)	-20006.41 (27)	-3585.73 (27)	71.33 (14)	47.78 (17)	-19.11 (15)	145.13 (9)	11.95 (19)	-57.08 (19)
金属制品业	350.79 (3)	-152.02 (24)	-98.77 (25)	36.14 (19)	50.48 (14)	13.38 (7)	214.01 (7)	-115.36 (24)	1.35 (6)	-95.88 (27)	47.15 (19)	148.73 (1)	-33.11 (21)	89.82 (7)	43.29 (7)
通用、专用设备制造业	243.68 (6)	-120.26 (23)	-23.42 (18)	258.60 (3)	67.20 (4)	-225.80 (26)	107.90 (9)	0.34 (19)	-8.25 (11)	13.22 (20)	43.85 (20)	42.93 (6)	5602.86 (2)	-2481.49 (26)	-3021.37 (27)
交通运输设备制造业	330.16 (4)	-190.29 (26)	-39.88 (21)	82.93 (7)	55.01 (7)	-37.95 (21)	69.17 (18)	37.29 (9)	-6.46 (10)	-2.93 (23)	50.22 (14)	52.71 (4)	119.52 (11)	18.75 (17)	-38.28 (16)
电气机械及器材制造业	174.01 (10)	-41.30 (19)	-32.71 (20)	-32.07 (26)	63.98 (5)	68.09 (2)	281.49 (4)	-132.46 (25)	-49.03 (22)	14.23 (19)	54.19 (9)	31.58 (8)	-419.71 (25)	305.98 (3)	213.74 (3)
通信设备、计算机及其他电子设备制造业	106.27 (13)	6.56 (15)	-12.83 (15)	-552.57 (27)	-26.70 (27)	679.27 (1)	-88.63 (25)	259.93 (1)	-71.30 (23)	217.47 (4)	87.13 (3)	-204.60 (24)	175.72 (7)	-5.88 (21)	-69.83 (20)

第五章　中国对外贸易中的隐含碳排放驱动因素分解 | 247

续表

行业部门	2002—2005年 ΔC_iim Q 贡献率	2002—2005年 ΔC_iim S 贡献率	2002—2005年 ΔC_iim R 贡献率	2005—2007年 ΔC_iim Q 贡献率	2005—2007年 ΔC_iim S 贡献率	2005—2007年 ΔC_iim R 贡献率	2007—2010年 ΔC_iim Q 贡献率	2007—2010年 ΔC_iim S 贡献率	2007—2010年 ΔC_iim R 贡献率	2010—2012年 ΔC_iim Q 贡献率	2010—2012年 ΔC_iim S 贡献率	2010—2012年 ΔC_iim R 贡献率	2002—2012年 ΔC_iim Q 贡献率	2002—2012年 ΔC_iim S 贡献率	2002—2012年 ΔC_iim R 贡献率
仪器仪表及文化办公用机械制造业	88.06 (14)	22.95 (13)	-11.01 (13)	22.91 (22)	43.97 (22)	33.12 (4)	135.83 (8)	-43.87 (21)	8.04 (4)	37.54 (17)	50.31 (13)	12.15 (10)	-62.81 (22)	98.26 (6)	64.55 (6)
其他制造业	66.66 (19)	37.75 (11)	-4.41 (10)	75.87 (8)	53.17 (12)	-29.04 (20)	65.06 (20)	38.70 (7)	-3.76 (8)	38.20 (16)	54.91 (8)	6.89 (11)	76.54 (16)	36.56 (13)	-13.09 (12)
电力、热力的生产和供应业	414.50 (2)	-56.69 (21)	-257.81 (26)	40.17 (18)	81.22 (3)	-21.38 (19)	-9.29 (23)	82.07 (5)	27.22 (3)	113.32 (8)	-3.96 (27)	-9.36 (13)	-150.36 (23)	157.80 (5)	92.56 (5)
燃气生产和供应业	0.00 (21)	0.00 (16)	0.00 (7)	0.00 (23)	0.00 (25)	0.00 (15)	0.00 (22)	0.00 (20)	0.00 (7)	0.00 (22)	0.00 (26)	0.00 (12)	0.00 (20)	0.00 (20)	0.00 (9)
水的生产和供应业	0.00 (21)	0.00 (16)	0.00 (7)	0.00 (23)	0.00 (25)	0.00 (15)	0.00 (22)	0.00 (20)	0.00 (7)	0.00 (22)	0.00 (26)	0.00 (12)	0.00 (20)	0.00 (20)	0.00 (9)
建筑业	-3287.63 (27)	1985.63 (1)	1401.99 (1)	60.69 (12)	37.58 (24)	1.73 (12)	102.70 (10)	28.87 (12)	-31.57 (20)	35.09 (18)	50.93 (12)	13.98 (9)	1119.91 (3)	-487.96 (25)	-531.96 (25)
交通运输、仓储及邮政业	68.24 (18)	39.48 (9)	-7.72 (11)	40.70 (16)	53.78 (10)	5.52 (9)	81.76 (15)	24.51 (16)	-6.27 (9)	70.00 (15)	49.67 (15)	-19.66 (16)	86.09 (14)	32.23 (14)	-18.32 (14)
批发零售业及餐饮业	55.90 (20)	47.68 (7)	-3.58 (9)	42.61 (14)	55.92 (6)	1.48 (13)	277.11 (5)	38.23 (8)	-215.35 (26)	146.65 (5)	82.88 (4)	-129.53 (23)	64.33 (18)	47.33 (9)	-11.65 (11)
其他服务业	314.77 (5)	-161.22 (25)	-53.55 (23)	94.59 (6)	50.97 (13)	-45.56 (22)	-95.91 (3)	113.42 (3)	82.48 (3)	1009.85 (5)	186.11 (4)	-1095.96 (26)	272.21 (3)	-36.43 (22)	-135.78 (22)

注：括号中的数字代表排序，除燃气生产和供应业以及水的生产和供应业的排序相同外，表中数据受取两位小数的限制，其余排序相同的真实值并不相等。

资料来源：根据历年《中国投入产出表》《中国投入产出延长表》《中国统计年鉴》和相应公式计算所得。

(3) 2002—2005 年，贡献率最大的为建筑业，其值为 1401.99%；2005—2007 年为通信设备、计算机及其他电子设备制造业，其值为 679.27%；2007—2010 年为纺织业，其值为 105.40%；2010—2012 年为金属制品业，其值为 148.73%；2002—2012 年为服装皮革、羽绒及其他制造业，其值为 498.72%。

（四）总效应

从出口的角度考察，在前两个时间段内，绝大部分行业部门的总效应为正值，随着国家对低碳出口贸易的愈加重视，越来越多的部门对碳排放增长的总效应不断趋向负值（除燃气生产和供应业、水的生产和供应业为 0 外），使碳排放的增速得到一定的抑制。由表 5－5 可知，2002—2005 年总效应为正数的行业有 22 个，负数有 4 个；2005—2007 年为正数的行业有 16 个，负数有 10 个；2007—2010 年，总效应为负数的部门不断增加，具体为 14 个，正数的行业为 12 个，此时，有一半的行业部门促使隐含碳排放不断减少。2010—2012 年，总效应为负数的部门继续增加，具体为 15 个，正数的行业为 11 个，此时，有超过一半的行业部门促使隐含碳排放不断减少。在 2002—2012 年的整个研究期间，正数的行业有 16 个，负数有 10 个。

从进口的角度考察，在所有时间段内，绝大部分行业部门的总效应为正值（除燃气生产和供应业、水的生产和供应业为 0 外）。具体情况由表 5－7 可知，2002—2005 年总效应为正数的行业有 20 个，负数有 6 个，说明促使进口行业部门的隐含碳排放量增加的行业占 70%以上，具有减排效果的行业部门仅为石油和天然气开采业，纺织业，服装、皮革、羽绒及其他制造业，木材加工及家具制造业，非金属矿物制品业和建筑业共 6 个行业部门；2005—2007 年为正数的行业有 13 个，负数有 13 个；2007—2010 年总效应为正数的行业有 21 个，负数有 5 个，说明促使进口行业部门的隐含碳排放量增加的行业占 75%，具有减排效果的行业部门仅为非金属矿及其他矿采选业，纺织业，通信设备、计算机及其他电子设备制造业，电力、热力的生产和供应业与其他服务业共 5 个行业部门；2010—2012 年为正数的行业有 15 个，负数有 11 个。在 2002—2012 年的整个研究期间，正数的行业有 18 个，负数有 8 个。

三 中国对外贸易隐含碳排放驱动因素分解：三次产业角度

经过计算整理，中国进出口贸易中的隐含碳排放按三次产业划分的驱动因素分解所对应的规模效应、结构效应、强度效应以及总效应的贡献值和贡献率如表 5-9 和表 5-10 所示。

表 5-9　中国三次产业出口贸易中的隐含碳排放驱动因素分解

单位：亿吨、%

区间	效应	第一产业 贡献值	第一产业 贡献率	第二产业 贡献值	第二产业 贡献率	第三产业 贡献值	第三产业 贡献率
2002—2005 年	规模效应	0.02	-51.11	12.31	97.67	-0.43	37.18
	结构效应	-0.05	121.27	1.34	10.62	-0.43	37.18
	强度效应	-0.01	29.84	-1.04	-8.28	-0.29	25.64
	总效应	-0.04	100	12.61	100	-1.15	100
2005—2007 年	规模效应	0.01	-28.98	8.81	176.03	0.60	-532.96
	结构效应	-0.02	63.72	1.55	30.90	-0.31	271.21
	强度效应	-0.02	65.26	-5.35	-106.93	-0.41	361.76
	总效应	-0.03	100	5.01	100	-0.11	100
2007—2010 年	规模效应	0.02	231.52	2.78	-129.01	0.37	-107.55
	结构效应	0.01	77.47	-0.86	40.13	-0.06	16.31
	强度效应	-0.02	-208.99	-4.06	188.88	-0.65	191.25
	总效应	0.01	100	-2.15	100	-0.34	100
2010—2012 年	规模效应	-0.01	17.52	4.02	-949.37	0.99	121.00
	结构效应	-0.02	62.68	-0.44	103.67	0.45	55.18
	强度效应	-0.01	19.80	-4.00	945.69	-0.63	-76.18
	总效应	-0.03	100	-0.42	100	0.82	100
2002—2012 年	规模效应	0.04	-43.09	23.00	153.19	2.96	333.38
	结构效应	-0.07	84.97	1.56	10.38	-0.34	-38.82
	强度效应	-0.05	58.11	-9.54	-63.56	-1.73	-194.56
	总效应	-0.08	100	15.01	100	0.89	100

资料来源：根据历年《中国投入产出表》《中国投入产出延长表》《中国统计年鉴》和相应公式计算所得。

表 5-10　中国三次产业进口贸易中的隐含碳排放驱动因素分解

单位：亿吨、%

区间	效应	第一产业 贡献值	第一产业 贡献率	第二产业 贡献值	第二产业 贡献率	第三产业 贡献值	第三产业 贡献率
2002—2005 年	规模效应	0.04	114.72	3.55	115.16	0.28	76.46
	结构效应	0.01	13.83	0.33	10.66	0.12	32.48
	强度效应	-0.01	-28.55	-0.80	-25.82	-0.03	-8.94
	总效应	0.03	100	3.08	100	0.36	100
2005—2007 年	规模效应	0.02	129.97	0.59	-66.60	-0.06	26.77
	结构效应	0.01	45.92	-0.42	47.93	-0.11	54.88
	强度效应	-0.01	-75.90	-1.05	118.67	-0.04	18.35
	总效应	0.01	100	-0.88	100	-0.21	100
2007—2010 年	规模效应	0.05	77.43	1.97	110.38	0.09	158.67
	结构效应	0.02	34.28	0.11	6.31	0.00	-9.17
	强度效应	-0.01	-11.72	-0.30	-16.69	-0.03	-49.50
	总效应	0.06	100	1.79	100	0.05	100
2010—2012 年	规模效应	0.02	139.30	1.33	1578.83	0.17	87.19
	结构效应	0.00	23.35	0.09	108.97	0.10	52.79
	强度效应	-0.01	-62.66	-1.34	-1587.80	-0.08	-39.98
	总效应	0.02	100	0.08	100	0.19	100
2002—2012 年	规模效应	0.13	104.44	6.89	163.01	0.43	106.66
	结构效应	0.03	26.22	0.26	6.23	0.10	25.28
	强度效应	-0.04	-30.65	-2.92	-69.23	-0.13	-31.94
	总效应	0.12	100	4.22	100	0.40	100

注：受取两位小数的限制，表中取值为 0.00 的数据真实值不等于 0。

资料来源：根据历年中国《投入产出表》《中国统计年鉴》和相应公式计算所得。

（一）规模效应

就出口贸易所对应的三次产业而言，通过表 5-9 可知，因规模效应导致出口贸易隐含碳排放量增加最大的产业是第二产业，其中，2002—2005 年，第二产业因规模效应引起隐含碳排放量增加 12.31 亿吨，占规模效应导致的出口隐含碳排放的 103.42%（占比大于

100%，主要是因为其他两个产业规模效应的贡献值有负数），在同时间段内，第一、第三产业规模效应的贡献值分别为 0.02 亿吨（0.16%）和 -0.43 亿吨（-3.58%）；2005—2007 年，第二产业因规模效应引起隐含碳排放量增加 8.81 亿吨，占规模效应导致的出口隐含碳排放的 93.55%，在同时间段内，第一、第三产业规模效应的贡献值分别为 0.01 亿吨（0.09%）和 0.60 亿吨（6.36%）；2007—2010 年，第二产业因规模效应引起隐含碳排放量增加 2.78 亿吨，占规模效应导致的出口隐含碳排放的 87.82%，在同时间段内，第一、第三产业规模效应的贡献值分别为 0.02 亿吨（0.58%）和 0.37 吨（11.60%）；2010—2012 年，第二产业因规模效应引起隐含碳排放量增加 4.02 亿吨，占规模效应导致的出口隐含碳排放的 80.25%，在同时间段内，第一、第三产业规模效应的贡献值分别为 -0.01 亿吨（-0.11%）和 0.99 吨（19.86%）；2002—2012 年，第二产业因规模效应引起隐含碳排放量增加 23.00 亿吨，占规模效应导致的出口隐含碳排放的 88.49%，在同时间段内，第一、第三产业规模效应的贡献值分别为 0.04 亿吨（0.14%）和 2.96 亿吨（11.37%）。

就进口贸易所对应的三次产业而言，通过表 5-10 可知，因规模效应导致进口贸易隐含碳排放量增加最大的产业是第二产业，其中，2002—2005 年，第二产业因规模效应引起隐含碳排放量增加 3.55 亿吨，占规模效应导致的出口隐含碳排放的 91.84%，在同时间段内，第一、第三产业规模效应的贡献值分别为 0.04 亿吨（0.99%）和 0.28 亿吨（7.17%）；2005—2007 年，第二产业因规模效应引起隐含碳排放量增加 0.59 亿吨，占规模效应导致的进口隐含碳排放的 106.74%（占比大于 100%，主要是因为其他两个产业规模效应的贡献值有负数），在同时间段内，第一、第三产业规模效应的贡献值分别为 0.02 亿吨（3.34%）和 -0.06 亿吨（-10.08%）；2007—2010 年，第二产业因规模效应引起隐含碳排放量增加 1.97 亿吨，占规模效应导致的进口隐含碳排放的 93.68%，在同时间段内，第一、第三产业规模效应的贡献值分别为 0.05 亿吨（2.25%）和 0.09 亿吨（4.07%）；2010—2012 年，第二产业因规模效应引起隐含碳排放量增加 1.33 亿吨，占规模效应导致的进口隐含碳排放的 87.37%，在同一时间段内，第一、第三产业规模效应的贡献值分别为 0.02 亿吨（1.62%）和 0.17 亿吨（11.01%）；2002—2012 年，第二产业因规模效应引起隐含碳排放量增加 6.89 亿吨，占规模效应导致的进口隐含碳排放的 92.51%，在同一时间段内，第一、第三产业规模效应的贡献值分别为 0.13 亿吨（1.71%）和 0.43 亿吨（5.78%）。

（二）结构效应

出口对应的三次产业而言，通过表 5-9 可知：

（1）三次产业在 5 个时间段内所对应的结构效应有正有负，其中，2002—2005 年为正数的是第二产业，其余两个产业为负；2005—2007 年为正数的是第二产业，其余两个产业为负；2007—2010 年为正数的是第一产业，其余两个产业为负；2010—2012 年为正数的是第三产业，其余两个产业为负；2002—2012 年为正数的是第二产业，其余两个产业为负；

（2）2002—2005 年，因结构效应导致出口贸易隐含碳排放量增加的产业是第二产业，其出口隐含碳排放量增加 1.34 亿吨，占结构效应导致的出口隐含碳排放的 154.54%，而导致出口贸易隐含碳排放量减少的是第一产业和第三产业，其值分别为 -0.05 亿吨（-5.34%）和 -0.43 亿吨（-49.19%）；2005—2007 年，因结构效应导致出口贸易隐含碳排放量增加的产业是第二产业，其出口隐含碳排放量增加 1.55 亿吨，占结构效应导致的出口隐含碳排放的 126.46%，而导致出口贸易隐含碳排放量减少的是第一产业和第三产业，其值分别为 -0.02 亿吨（-1.52%）和 -0.31 亿吨（-24.93%）；2007—2010 年，因结构效应导致出口贸易隐含碳排放量增加的产业是第一产业，其出口隐含碳排放量增加 0.01 亿吨，占结构效应导致的出口隐含碳排放的 0.67%，而导致出口贸易隐含碳排放量减少的是第二产业和第三产业，其值分别为 -0.86 亿吨（94.58%）和 -0.06 亿吨（6.09%）；2010—2012 年，因结构效应导致出口贸易隐含碳排放量增加的产业是第三产业，其出口隐含碳排放量增加 0.45 亿吨，占结构效应导致的出口隐含碳排放的 -8685.36%（占比的绝对值大于

100%，主要是因为第一和第二产业结构效应的贡献值为负数），而导致出口贸易隐含碳排放量减少的是第一产业和第二产业，其值分别为 -0.02 亿吨（382.36%，同理）和 -0.44 亿吨（8403.00%，同理）；2002—2012 年，因结构效应导致出口贸易隐含碳排放量增加的产业是第二产业，其出口隐含碳排放量增加 1.56 亿吨，占结构效应导致的出口隐含碳排放的 136.38%，而导致出口贸易隐含碳排放量减少的是第一产业和第三产业，其值分别为 -0.07 亿吨（-6.24%）和 -0.34 亿吨（-30.14%）。

进口对应的三次产业而言，通过表 5-10 可知：

（1）三次产业在 3 个时间段内所对应的结构效应全为正，在两个时间段内所对应的结构效应有正有负，具体情况为：2002—2005 年三次产业全为正；2002—2005 年为正数的是第一产业，其余两个产业为负；2007—2010 年为正数的是第一产业和第二产业，第三产业为负；剩余两个时间段，三次产业均为正。

（2）2002—2005 年，三次产业均因结构效应导致出口贸易隐含碳排放量增加，具体情况为，第一产业导致进口隐含碳排放量增加 0.01 亿吨，占结构效应导致的进口隐含碳排放的 1.02%；第二产业增加 0.33 亿吨，占 72.86%；第三产业增加 0.12 亿吨，占 26.11%；2005—2007 年，因结构效应导致出口贸易隐含碳排放量增加的产业是第一产业，其进口隐含碳排放量增加 0.006 亿吨，占结构效应导致的进口隐含碳排放的 -1.23%，而导致进口贸易隐含碳排放量减少的是第二产业和第三产业，其值分别为 -0.42 亿吨（79.78%）和 -0.11 亿吨（21.45%）；2007—2010 年，因结构效应导致进口贸易隐含碳排放量减少的产业是第三产业，其进口隐含碳排放量减少 0.01 亿吨，占结构效应导致的进口隐含碳排放的 -3.84%，而导致进口贸易隐含碳排放量增加的是第一产业和第二产业，其值分别为 0.02 亿吨（16.25%）和 0.11 亿吨（87.59%）；2010—2012 年，三次产业均因结构效应导致进口贸易隐含碳排放量增加，具体情况为：第一产业导致进口隐含碳排放量增加 0.004 亿吨，占结构效应导致的进口隐含碳排放的 2.09%；第二产业增加 0.09 亿吨，占 46.50%；第三产业增加 0.10 亿吨，占 51.41%；2002—2012 年，三次产业均因结构效应导致进口贸易隐含碳排放量增加，具体情况为：第一产业导致进口隐含碳排放量增加 0.03 亿吨，占结构效应导致的进口隐含碳排放的 8.07%；第二产业增加 0.26 亿吨，占 66.25%；第三产业增加 0.10 亿吨，占 25.68%。

（三）强度效应

出口方面，通过表 5-9 可知：

（1）三次产业在 5 个时间段所对应的强度效应均为负数，表明按三次产业分类所对应的出口完全碳排放系数处于递减状态。

（2）因强度效应导致出口贸易隐含碳排放量减少最大的产业是第二产业，其中，2002—2005 年，第二产业的出口隐含碳排放量减少 1.04 亿吨，占强度效应导致的总出口隐含碳排放的 77.38%，其次是第三产业和第一产业，分别减少 0.29 亿吨（21.77%）和 0.01 亿吨（0.84%）；2005—2007 年，第二产业减少碳排放量为 5.35 亿吨，占 92.63%，其次是第三产业和第一产业，分别减少 0.41 亿吨（7.04%）和 0.02 亿吨（0.33%）；2007—2010 年，第二产业减少碳排放量为 4.06 亿吨，占 85.88%，其次是第三产业和第一产业，分别减少 0.65 亿吨（13.77%）和 0.02 亿吨（0.35%）；2010—2012 年，第二产业减少碳排放量为 4.00 亿吨，占 86.36%，其次是第三产业和第一产业，分别减少 0.63 亿吨（13.51%）和 0.01 亿吨（0.14%）；2002—2012 年，第二产业减少碳排放量为 9.54 亿吨，占 84.32%，其次是第三产业和第一产业，分别减少 1.73 亿吨（15.25%）和 0.05 亿吨（0.43%）。

进口方面，通过表 5-10 可知：

（1）三次产业在 5 个时间段所对应的强度效应均为负数，表明按三次产业分类所对应的出口完全碳排放系数处于递减状态。

（2）因强度效应导致进口贸易隐含碳排放量减少最大的产业是第二产业，其中，2002—2005 年，第二产业的进口隐含碳排放量减少 0.80 亿吨，占强度效应导致的总进口隐含碳排放的 95%，其次是第三产业和第一产业，分别减少 0.03 亿吨（3.87%）和 0.01 亿吨

(1.14%);2005—2007 年,第二产业减少碳排放量为 1.05 亿吨,占 95.55%,其次是第三产业和第一产业,分别减少 0.04 亿吨 (3.47%)和 0.01 亿吨(0.98%);2007—2010 年,第二产业减少碳 排放量为 0.30 亿吨,占比 89.80%,其次是第三产业和第一产业,分 别减少 0.03 亿吨(8.05%)和 0.01 亿吨(2.15%);2010—2012 年,第二产业减少碳排放量为 1.34 亿吨,占 93.83%,其次是第三产 业和第一产业,分别减少 0.08 亿吨(5.39%)和 0.01 亿吨(占比 0.78%);2002—2012 年,第二产业减少碳排放量为 2.92 亿吨,占 比 94.62%,其次是第三产业和第一产业,分别减少 0.13 亿吨 (4.17%)和 0.04 亿吨(1.21%)。

(四)总效应

从出口的角度考察,由表 5-9 可知:

(1)三次产业在 5 个时间段所对应的总效应有正有负,具体情况 为:2002—2005 年,第二产业为正,其余两个产业为负;2005—2007 年,第二产业为正,其余两个产业为负;2007—2010 年,第一产业为 正,其余两个产业为负;2010—2012 年,第三产业为正,其余两个产 业为负;2002—2012 年,第一产业为负,其余两个产业为正。

(2)由于规模效应、结构效应和强度效应的共同作用,2002— 2005 年,第二产业增加 12.61 亿吨碳排放量,占因总效应而导致出口 隐含碳排放增量的 110.37%(占比超过 100%,主要是因为第一和第 二产业总效用的贡献值有负数);第一产业和第三产业均减少碳排放 量,减少量和占比分别为 0.04 亿吨、-0.33% 和 1.15 亿吨、 -10.03%;2005—2007 年,第二产业增加 5.01 亿吨碳排放量,占因 总效应而导致出口隐含碳排放增量的 102.91%(同理);第一产业和第三 产业均减少碳排放量,减少量和占比分别为 0.03 亿吨、-0.60% 和 0.11 亿吨、-2.31%;2007—2010 年,第一产业增加 0.01 亿吨碳排放量, 占因总效应而导致出口隐含碳排放增量的 -0.32%;第二产业和第三 产业均减少碳排放量,减少量和占比分别为 2.15 亿吨、86.60% 和 0.34 亿吨、13.72%;2010—2012 年,第三产业增加 0.82 亿吨碳排 放量,占因总效应而导致出口隐含碳排放增量的 224.06%(同理);

第一产业和第二产业均减少碳排放量,减少量和占比分别为 0.03 亿吨、-8.68% 和 0.42 亿吨、-115.37% (同理);2002—2012 年,第一产业减少 0.08 亿吨碳排放量,占因总效应而导致出口隐含碳排放增量的 -0.53%;第二产业和第三产业均增加碳排放量,增加量和占比分别为 15.01 亿吨、94.92% 和 0.89 亿吨、5.61%。

从进口的角度考察,由表 5-10 可知:

(1) 三次产业除在 2005—2007 年时间段所对应的总效应有正有负外,其余时间段均为正,说明大体上所有产业总的效果都是增加了进口贸易中的隐含碳排放量。

(2) 由于规模效应、结构效应和强度效应的共同作用。2002—2005 年,三次产业由于总效应而导致碳排放的增量以及占比分别为 0.03 亿吨、0.96%,3.08 亿吨、88.62% 和 0.36 亿吨、10.42%;2005—2007 年,第一产业增加 0.01 亿吨碳排放量,占因总效应而导致出口隐含碳排放增量的 -1.32%;第二产业和第三产业均减少碳排放量,减少量和占比分别为 0.88 亿吨、82.05% 和 0.21 亿吨、19.27%;2007—2010 年,三次产业由于总效应而导致碳排放的增量以及占比分别为 0.06 亿吨、3.21%,1.79 亿吨、93.95% 和 0.05 亿吨、2.84%;2010—2012 年,三次产业由于总效应而导致碳排放的增量以及占比分别为 0.02 亿吨、6.01%,0.08 亿吨、28.63% 和 0.19 亿吨、65.36%;2002—2012 年,三次产业由于总效应而导致碳排放的增量以及占比分别为 0.12 亿吨、2.57%,4.22 亿吨、88.94% 和 0.40 亿吨、8.49%。

第六章 结论与不足

第一节 主要结论

投入产出法是一种非常有效地研究能源发展与环境污染的常用方法，也是研究碳排放的常用工具，本书将投入产出模型运用到中国对外贸易的隐含碳排放量测算之中，基于相关数据，运用 Matlab 7.0 计量软件，最终求得中国进出口贸易中的隐含碳排放量。同时，鉴于对数平均迪氏指数分解法具有简单直观、易于理解、便于操作、无残差值等众多优点，本书兼顾实际情况和数据可获得性等方面的综合考虑，采用对数平均迪氏指数分解模型和区间分解方式对中国对外贸易中的隐含碳排放的影响因素进行研究讨论分析。相关研究的主要结论如下：

一 中国对外贸易中各行业部门的碳排放强度总体上呈现改善趋势

近些年来，随着国内以及国际社会对自然资源和生态环境重视程度的不断提高以及各国企业的生产技术水平不断进步，碳排放强度得到了有效改善，在整个研究期间，无论是进口隐含碳排放强度还是出口隐含碳排放强度大体上呈现出逐渐递减的态势，这说明全球节能减排取得了一定成效。但是，中国各行业部门的出口碳排放强度均大于对应的进口碳排放强度，其比值，有的行业部门高达几十倍，说明中国的能源利用效率和生产技术水平总体上落后于国外。就进口和出口碳排放强度来说，石油加工、炼焦及核燃料加工业，电力、热力的生产和供应业以及金属冶炼加工及压延业在整个研究期间一直居于前五位，这些产业部门全部属于第二产业，其中，电力、热力的生产和供应业在这5年中无论是出口贸易隐含碳排放系数还是进口隐含碳排放系数一直居于首位。按照三次产业进行划分，总的来说，第二产业的碳排放强度最大，其次是第三产业，最后是第一产业。

二 中国是对外贸易中隐含碳排放的净出口国家，且净出口隐含碳排放量呈现波动式递增趋势

中国出口贸易中的隐含碳排放量在2002年、2005年、2007年、2010年和2012年呈现波动式增长。2002—2007年一直是逐渐增加的，但2007—2010年出现下降，2010—2012年又出现小幅度上涨，分别达到10.78亿吨、23.01亿吨、26.65亿吨、25.08亿吨和25.45亿吨，年均增长率为8.97%。中国进口贸易中的隐含碳排放量除2005—2007年是减少的，其他年份均呈现递增趋势，在这5年中，进口隐含碳排放量依次分别为2.96亿吨、5.98亿吨、5.44亿吨、7.21亿吨和7.31亿吨，年均增长率为9.46%。由于中国出口隐含碳排放量高于进口的隐含碳排放量，致使中国对外贸易中的净隐含碳排放量始终为正，其中，中国净出口隐含碳排放量从2002年的7.82亿吨增加到2012年的18.14亿吨，增量和增幅分别为10.32亿吨和131.97%，这说明中国巨大贸易顺差的背后是巨大的隐含碳排放量顺差，即中国一直是国际贸易隐含碳排放的净出口国家。同时也说明当前国际社会实行以"污染者付费原则"来计算的碳排放量，存在很大的缺陷和不合理性，中国因出口扩大而带来的本土二氧化碳排放量的增加正是源于西方发达国家进口消费上升拉动所致，因而进口国家的消费者同样对中国出口贸易导致二氧化碳排放量的增加具有不可推卸的责任，故消费引致的二氧化碳排放也亟须纳入各国核算碳排放量的框架之中。虽然对外贸易的快速增长极大地推动了中国经济的高速增长，但这种以数量扩张为主的粗放型外贸增长方式是以国内能源、资源消耗，环境污染和温室气体排放为代价的，其严重威胁着中国对外贸易的可持续发展。同时，中国2002年、2005年、2007年、2010年和2012年的出口贸易中的隐含碳排放量分别占对应当年中国二氧化碳排放总量的 32.08%、44.55%、43.81%、32.36% 和 29.52% 和全球二氧化碳排放总量的 4.41%、8.30%、9.08%、8.24% 和 8.06%，这也说明国际贸易是全球二氧化碳增加的重要排放源，其影响不容忽视，加强这方面的相关研究迫在眉睫。

三 中国进出口隐含碳排放排名前十位产业多属于第二产业，且以制造业为主，这主要是因为第二产业的碳排放强度较大，加之第二产业的进出口额相对较高，使其隐含碳排放较大

化学工业无论是从进口、出口还是从替换的角度分析，其隐含碳排放在整个研究期间都名列前茅。中国因进出口贸易造成全球碳排放量净增加最多的产品部门是纺织业，总量为 4.03 亿吨，中国因进出口贸易造成全球碳排放量净减少最多的产品部门是石油和天然气开采业，总量为 5.72 亿吨。从三次产业视角来看，出口角度的隐含碳排放量情况：这 5 年超过 80% 以上的中国出口隐含碳排放主要集中于第二产业的出口商品，其次是第三产业的出口商品，其比重超过 10%；再次是第一产业，其出口商品隐含碳所占比重最低，不到 1%。进口角度的隐含碳排放量情况是：超过 90% 的中国进口隐含碳排放量主要来源于第二产业的进口商品，其次是第三产业的进口商品，再次是第一产业，其进口商品隐含碳所占比重最低。净出口角度的隐含碳排量情况是：第二产业是主要的净出口隐含碳排放"创造者"，并且在整个研究期间中国因进口第一产业和第二产业减少全球隐含碳排放量，而进口第三产业却增加了全球隐含碳排放量。因此，通过对各个产业部门进出口对全球碳排放的影响分析，中国可以在国际贸易正常发展的情况下，对进出口贸易产业进行调整，从而对减少全球碳排放起到积极作用。

四 中国出口规模的扩大增加了全球二氧化碳排放，而进口贸易却可以减少世界碳排放量

若用进口来源国或地区的完全排放系数与中国对其他国家的出口贸易额相乘，我们可知，进口来源国或地区因从中国进口而减少的隐含碳排放量。2002 年、2005 年、2007 年、2010 年以及 2012 年进口来源国减少的隐含碳排放量分别为 2.72 亿吨、5.28 亿吨、6.49 亿吨、6.94 亿吨和 6.97 亿吨，总计为 28.40 亿吨。可以得出，进口来源国因从中国进口而减少的隐含碳排放量在逐渐增加，但增速却是在逐渐递减的。这些数据表明，进口来源国因从中国进口贸易商品从而使其在本土减少了大量的二氧化碳排放量，若我国这些出口的贸易产品在进口国来源国本土生产的话，进口国来源国国内的二氧化碳排放量将远远大于当前的二氧化碳排放量。通过利用中国的完全碳排放系数与进口来源国的出口贸易额相乘之积，我们可以知道，中国因从国外进口而减少的国内隐含碳排放量。2002 年、2005 年、2007 年、2010 年以及 2012 年中国减少的隐含碳排放量分别为 11.73 亿吨、26.06 亿吨、22.34 亿吨、26.04 亿吨和 26.71 亿吨，总计为 112.88 亿吨。这些数据表明，中国因从国外进口贸易商品从而使其在国内减少了大量的二氧化碳排放量，若这些进口的贸易产品在中国生产的话，中国的二氧化碳排放量将远远大于当前的二氧化碳排放量。中国的出口致使进口来源国减少了本土的二氧化碳排放量，但却增加了全球的二氧化碳排放量，而中国的进口致使中国国内减少了二氧化碳排放量，同时也减少了全球的二氧化碳排放量，将两组数据相减可知，全球净增加或减少的碳排放量在这 5 年分别为 -0.71 亿吨、-2.35 亿吨、3.26 亿吨、-0.69 亿吨和 -0.92 亿吨，5 年数据加总之后实际全球减少的碳排放量为 1.41 亿吨。这也表明，中国的进口贸易对全球碳排放的减少存在积极意义，而中国的出口贸易对全球碳排放量存在消极影响。

五 规模效应对隐含碳排放量的正向影响大，即贸易额的扩大导致隐含碳排放量的增加，具有增排作用；强度效应对隐含碳变动的负向作用大，即能源利用效率的提高和生产技术的进步促使隐含碳排放量的减少，具有减排作用；结构效应对隐含碳排放量的影响不是很明显

通过对数平均迪氏指数分解模型得出的结果分析发现：

第一，出口和进口贸易中的隐含碳排放的规模效应的贡献值和贡献率分别是 2002—2005 年的 135799.84 万吨（103.69%）和 38645.19 万吨（111.12%）、2005—2007 年的 94226.35 万吨

(193.65%) 和 5504.92 万吨 (-51.20%)、2007—2010 年的 31614.55 万吨 (-127.22%) 和 21057.73 万吨 (110.69%)、2010—2012 年的 50090.09 万吨 (1364.91%) 和 15263.47 万吨 (517.39%) 以及 2002—2012 年的 259894.97 万吨 (164.33%) 和 74427.63 万吨 (156.72%)。说明规模效应对国际贸易中的隐含碳排放的变化具有正向作用,即进出口贸易额的增加是推动中国对外贸易中隐含碳排放量上升的主要因素,且其影响在逐渐加大。

第二,出口和进口贸易中的隐含碳排放的结构效应的贡献值和贡献率分别是 2002—2005 年的 8661.66 万吨 (6.61%) 和 4507.71 万吨 (12.96%)、2005—2007 年的 12234.90 万吨 (25.14%) 和 -5300.89 万吨 (49.30%)、2007—2010 年的 -9131.47 万吨 (36.74%) 和 1288.01 万吨 (6.77%)、2010—2012 年的 -52.24 万吨 (-1.42%) 和 1979.61 万吨 (67.10%) 以及 2002—2012 年的 11421.48 万吨 (7.22%) 和 3969.28 万吨 (8.36%)。说明结构效应对国际贸易中的隐含碳排放的变化具有负向作用,即能源利用效率的提高和生产技术的进步有利于中国对外贸易中隐含碳排放量的减少。

第三,强度效应对隐含碳排放量的影响不是很明显。出口和进口贸易中的隐含碳排放的强度效应的贡献值和贡献率分别是 2002—2005 年的 -13494.67 万吨 (-10.30%) 和 -8376.37 万吨 (-24.09%)、2005—2007 年的 -57803.44 万吨 (-118.80%) 和 -10956.53 万吨 (101.90%)、2007—2010 年的 -47334.08 万吨 (190.47%) 和 -3322.49 万吨 (-17.47%)、2010—2012 年的 -46368.00 万吨 (-1263.48%) 和 -14293.01 万吨 (-484.50%) 以及 2002—2012 年的 -113164.33 万吨 (-71.55%) 和 -30904.72 万吨 (-65.07%)。

第四,出口和进口贸易中的隐含碳排放的总效应贡献值分别为 2002—2005 年的 130966.83 万吨和 34766.53 万吨、2005—2007 年的 48657.81 万吨和 -10752.50 万吨、2007—2010 年的 -24851.00 万吨和 19023.25 万吨、2010—2012 年的 3669.85 万吨和 2950.07 万吨以及 2002—2012 年的 158152.12 万吨和 47492.19 万吨。说明三种效应

综合之后，对外贸易中的隐含碳排放量的变化呈现正向递增态势。进一步研究分析可得：一是进出口贸易额增长速度较生产技术进步过快，从而致使影响隐含碳排放的规模效应大于强度效应，导致对外贸易中的二氧化碳排放量持续增长；二是进出口的贸易结构总体上并未得到改善，并有恶化趋势，原因在于结构效应对国际贸易中的二氧化碳排放变化由负向影响转变为正向影响；三是因贸易顺差的扩大和增速过快而导致出口规模效应大于进口规模效应，致使出口对二氧化碳排放的增量大于进口；四是国内生产技术进步快于国外，致使出口强度效应高于进口强度效应，从而导致出口贸易减少的二氧化碳排放量高于进口。

第二节　政策含义

在确保经济发展的同时，将温室气体排放减少到最低限度是世界各国不遗余力追求的最为理想的一种发展模式。作为同为贸易大国和排放大国的中国而言，这种模式显得尤为重要和迫切，既要保持经济较快增长态势，又要有效地控制二氧化碳排放，这也是中国需要长期研究和探索的课题。通过本书的论证，我们不难看出，中国的对外贸易是二氧化碳排放的一个重要来源，虽然近些年中国在不断调整优化产业结构、加强控制"三高一资"产品出口等措施以实现经济增长方式的转型，但是，由于中国进出口贸易额巨大、人口众多、能源消耗以煤为主以及对能源依赖度日益加深等客观条件的现实存在，致使二氧化碳排放居高不下且愈演愈烈，优化效果大打折扣。如何完善提升政策，在经济持续高速增长、环境压力不断增大的背景下，促进资源节约型、环境友好型社会建设，是一个有待于进一步探讨的问题。为此，本书提出以下政策建议：

一　加强气候变化宣传和教育力度，支持和引导低碳经济发展

目前，中国在气候变化与环境问题上公众参与薄弱，基本上是由中央政府承担各种国际压力。与中央对环境问题的高度重视相比，民

众和地方政府的认知和关心不够，企业在减缓气候变化和环境问题的动力明显不足。中国应进一步加强全社会对气候变化的科学理解和认识，提高各级政府部门领导干部、企事业单位决策者的气候变化意识；充分发挥社会各界力量，积极宣传我国应对气候变化的各项方针政策，提高公众环境保护意识（孙桂娟等，2010）[1]；利用图书、报刊、音像等大众传播媒介，对社会各阶层公众进行气候变化方面的宣传活动，鼓励和倡导低碳的生活方式，将环境保护的理念深入传播到生产者、消费者的观念之中（王永龙，2010）[2]；适当下放政府的部分压力给企业，通过研究征收"碳税"、张贴"碳标签"等推动其承担更多的社会责任，成为低碳经济发展的重要推动力；可以在国内尝试GHG排放贸易制度，调动企业积极性，促使企业抓住应对气候变化带来的技术、资金等商机；建立公众和企业界参与的鼓励机制，发挥企业在应对气候变化方面的主体作用和公众监督的导向作用（国家发改委，2007）[3]。

二　客观评价全球化对中国环境的影响，鼓励低碳外国投资

低碳外国投资，就是跨国公司通过股权（直接外资）和非股权参与方式，向东道国转让技术、做法或产品，从而大大降低这些国家的自身活动和相关活动及其产品与服务的使用所产生的温室气体排放量（World Investment Report，2010）[4]。但是，当前由于经济全球化进程中国际产业的转移，发达国家将高污染、高能耗及资源型行业转移到中国，再从中国进口低附加值产品或半成品来替代本国生产，实际上是减少了自身的能源消耗和温室气体排放，是主要的受益方（李丽平等，2008）[5]。这样，虽然可以减少发达国家自己的排放量，实现它

---

[1]　孙桂娟等：《低碳经济概论》，山东人民出版社2010年版。
[2]　王永龙：《我国低碳经济发展政策创新分析》，《经济学家》2010年第11期。
[3]　国家发改委：《中国应对气候变化国家方案》，http：//www.ccchina.gov.cn/Detail.aspx？newsId=28013，2007年。
[4]　World Investment Report 2010：Investment in a Low–carbon Economy. 184p. Sales No. E. 10. II. D. 2 www.unctad.org/en/docs/wir2010_en.pdf.
[5]　李丽平、任勇、田春秀：《国际贸易视角下的中国碳排放责任分析》，《环境保护》2008年第6期。

们单个的排放目标，但无疑会导致全球碳排放总量的增加，产生"碳泄漏"问题，由于国际贸易的存在，一个国家的碳足迹是世界性的（高静、黄繁华，2011）。[①] 中国由于贸易顺差致使自己成为二氧化碳排放的净出口国，并独自承担了生产和加工这些贸易出口产品的全部排放成本，包括能源燃料排放成本、加工过程排放成本以及交通运输排放成本。因此，中国承担着经济全球化过程中巨大的转移污染排放和直接环境损害，必须对其进行定量评价（杨洁勉，2009）。[②] 同时，跨国公司不仅是碳排放的始作俑者，也是主要的低碳投资者。跨国公司可以通过提升优化本国和国外业务的生产流程，提供更为清洁的货物和服务，给予亟须的资本和尖端技术（World Investment Report, 2010）。[③] 中国应组建相应的扶持性政策框架，有效吸引低碳外国投资，搭建交流与合作的平台，积极促进跨国公司传播推广低碳技术。

三 优化升级出口产品结构，加快推动低碳贸易发展

中国已成为制造业大国，总体水平仅次于美国、日本、德国。制造业出口已占中国外贸总额一半以上，但却是低端的产业和产品（张国庆，2010）。[④] 由于对外贸易主要是依靠数量和规模的扩张，故目前中国的贸易增长方式是粗放型的，在出口贸易产品中，资源密集型和污染密集型产品占有很大比重，而这些又往往容易成为发达国家反倾销的靶子。据世界贸易组织统计的资料，2008 年 11 月至 2009 年 11 月，对各国采取的贸易保护限制措施 85% 发生在如下五类产品：矿产品，机电产品，农产品，钢铁产品，纺织、服装和鞋类产品（张国庆，2010）。[⑤] 因此，中国急需优化工业生产结构，换代升级出口产品，发展高新技术产品，调整区域间与国家间的贸易结构，缓解一些重点国家和市场的失衡，尤其需要加快推动发展低碳贸易。低碳贸

[①] 高静、黄繁华：《贸易视角下经济增长和环境质量的内在机理研究——基于中国 30 个省市环境库兹涅茨曲线的面板数据分析》，《上海财经大学学报》2011 年第 5 期。

[②] 杨洁勉：《世界气候外交和中国的应对》，时事出版社 2009 年版。

[③] World Investment Report 2010: Investment in a Low – carbon Economy. 184p. Sales No. E. 10. II. D. 2 www.unctad.org/en/docs/wir2010_ en.pdf.

[④] 张国庆：《贸易增长与贸易平衡问题》，《国际贸易》2010 年第 7 期。

[⑤] 同上。

易是以低碳经济为背景的贸易，而低碳经济是指兼顾经济稳定增长的同时实现温室气体排放的低增长或负增长的经济模式（孙桂娟等，2010）。① 中国的对外贸易若不能较快转向低碳贸易发展，势必将面临诸多风险（闫云凤、杨来科，2010）。② 比如，2009年6月，美国众议院通过了一项征收进口产品"边境调节税"（BTA）法案，拟从2020年开始实施"碳关税"，即对进口的碳排放密度型产品，如铝、水泥、钢铁和一些化工产品征收特别的二氧化碳排放关税，而目前中国已成为美国纸张、水泥和钢铁的第二大进口国，铝的第三大进口国（王军，2010）③；2017年2月，全球钢铁制造业巨头阿赛洛米塔尔公司（Arcelor Mittal）呼吁欧盟议会谨慎考虑碳交易价格改革，并加大对欧盟进口的钢材收取碳关税，以帮助欧洲企业减少来自不交纳碳交易税企业的冲击。为此，应结合当前国际金融和经济危机对全球产业冲击的时机，在后危机时代，加大贸易政策调整，引导低碳产品出口，积极向低碳贸易发展方式转变（闫云凤、杨来科，2010）。④

四 坚持要求发达国家言行一致，以此作为后京都时代谈判的先决条件

发达国家必须率先采取实质性行动，大幅度减少其温室气体排放量是发展中国家做出任何承诺的前提条件。尽管中国面临日益强大的减排压力，但在考虑未来可能承诺方式的同时，不能放松针对发达国家的外交攻势，要求发达国家严格履行第一承诺期的减排义务并在后京都时代承诺更为严格的减排目标，尤其是世界排放大国的美国的立场和行动值得关注。《联合国气候变化框架公约》规定，发达国家有义务向发展中国家提供技术、资金等方面的支持。各方应落实好已经做出的2020年前承诺，进一步提高行动力度，特别是发达国家应切

---

① 孙桂娟等：《低碳经济概论》，山东人民出版社2010年版。
② 闫云凤、杨来科：《金融危机与我国低碳贸易的发展》，《上海财经大学学报》2010年第1期。
③ 王军：《国际贸易视角下的低碳经济》，《世界经济研究》2010年第11期。
④ 闫云凤、杨来科：《金融危机与我国低碳贸易的发展》，《上海财经大学学报》2010年第1期。

实提高 2020 年前减排力度并落实到 2020 年每年向发展中国家提供 1000 亿美元资金支持的时间表和路线图，为后续谈判奠定互信基础。在考虑未来可能承诺方式时，应一并就融资渠道和补偿机制提出自己的方案或建议，并强调发展中国家在能力建设方面的重要性。发达国家和发展中国家应共同探索全球低碳型经济的可持续发展道路。

五 促进全方位的国际交流与合作，推动多边框架下新气候应对方案的拟订

自 2000 年以来，中国在能源开发、节能、清洁能源技术、环境保护、植树造林以及应对气候变化的政策和行动上，做出了令人瞩目的成绩和努力（国家发改委，2007）。[①] 然而，中国的这些成就和信息却不被人知，国际上对中国的偏见和偏信不利于中国气候变化的立场和努力。中国政府应积极主动地"走出去，引进来"，开展多边、双边政府之间、国会与国会之间、专家与专家之间、媒体与媒体之间、民间组织与民间组织之间的交流或交叉交流（杨洁勉，2009；侯艳丽等，2009）。[②③] 这种交流有助于加强政府间的相互了解，改变外国国会议员中的偏见和成见，纠正国外媒体的片面和误导宣传，提高研究单位的水平和合作，消除民众间的疑虑和误解。同时，积极利用《京都议定书》规定的发达国家向发展中国家提供资金和技术的"双赢"机制——清洁发展机制（Clean Development Mechanism，CDM）（World Bank，2008）。[④] 通过清洁发展机制项目合作，不仅可以提高中国重点行业节能减排和低碳技术与产品的竞争力，还可以以较低成本的清洁增长方式和先进的低碳技术实现阶段式跨越，减少潜在的碳排放锁定效应的影响，有效实现经济、社会和环境的可持续发展（闫

---

① 国家发改委：《中国应对气候变化国家方案》，http://www.ccchina.gov.cn/Detail.aspx? newsId = 28013，2007 年。
② 杨洁勉：《世界气候外交和中国的应对》，时事出版社 2009 年版。
③ 侯艳丽、昂莉、杨富强：《击破气候变化谈判的"坚壳"》，《世界环境》2009 年第 1 期。
④ World Bank, *International Trade and Climate Change: Economic, Legal, and Institutional Perspectives*, Washington D. C., World Bank, 2008.

云凤、杨来科，2010）。[①] 在联合国气候变化大会或者世界贸易组织达成规则时，力争说服所有成员国不要出于气候变化原因对贸易设限。中国在参与国际气候制度谈判的过程中，应坚持"共同但有区别的责任"原则，维护中国作为发展中国家的权利，抵制发达国家提出的不切实际的减排措施，积极推动在环境产品和服务自由化、技术转让方面的多边谈判，来换取有关成员承诺不采取与气候变化有关的环境贸易限制措施（曲如晓，2009）。[②]

六 积极推动国际谈判，广泛参与公约谈判磋商工作

中国领导人积极参与多边外交活动，多次发表重要讲话，与各国元首达成共识，推动多边进程。2014年9月，国务院副总理张高丽作为习近平主席特使出席联合国气候峰会并发表重要讲话，介绍中国应对气候变化的行动目标，并就2020年后应对气候变化行动做出政治宣示。2015年11月，习近平主席出席气候变化巴黎会议并在开幕式发言中全面阐述了全球气候治理中国方案，为推动会议成功做出历史性贡献。2016年9月，在20国集团杭州峰会之前，中美两国积极参与《联合国气候变化框架公约》谈判，坚定维护《联合国气候变化框架公约》的原则和框架，这都向国际社会传递了向绿色低碳发展转型的积极信号，彰显了中国作为负责任大国的担当。中国还要积极参与经济大国能源与气候论坛、彼得斯堡会议、马拉喀什会议成果非正式磋商、联大气候变化高级别会议等气候变化磋商。积极参加《蒙特利尔议定书》、国际民航组织、国际海事组织、气候变化相关谈判磋商以及万国邮政联盟、国际标准化组织等国际机制下气候变化相关的谈判磋商，继续关注20国集团（G20）、亚太经合组织（APEC）、东亚领导人会议、联合国大会等场合下气候变化相关议题的讨论。

七 巩固完善法律法规体系，融合气候变化贸易措施

气候变化问题在20世纪80年代被首次列入国际政治议程，1992

---

① 闫云凤、杨来科：《金融危机与我国低碳贸易的发展》，《上海财经大学学报》2010年第1期。

② 曲如晓：《贸易与环境：理论与政策研究》，人民出版社2009年版。

年和1997年，分别签订《联合国气候变化框架公约》和《京都议定书》分别签订，构建起全球应对气候变化的国际制度框架。中国在坚持此基本框架下，就将应对气候变化的行动落实到法定义务当中，从2007年发布的《中国应对气候变化国家方案》《中国应对气候变化科技专项行动》到2008年《政府工作报告》《民用建筑节能条例》《中国应对气候变化的政策与行动》白皮书，再到2009年的《循环经济促进法》《规划环境影响评价条例（草案）》都彰显着中国应对气候变化的努力和国家意志（国家发改委，2007）。[①] 随着我国经济发展进入结构性改革转型期，环境治理也迈入了全面整治攻坚期。刚刚过去的2016年是确定"十三五"环境保护顶层设计的一年，也是"十三五"开局之年。为了确保"十三五"期间环境保护工作顺利进行，有效地改善我国环境质量，2016年我国出台了一系列与环境保护相关的主要政策方针，如环境保护部3月印发《生态环境大数据建设总体方案》，全面提高生态环境保护综合决策、监管治理和公共服务水平，其中指出，大数据建设既要有阶段性，也要有重点突破，先在环境影响评价、环境监测、环境应急、环境信息服务等方面实现突破（环境保护部办公厅，2016）[②]；环境保护部7月印发了《"十三五"环境影响评价改革实施方案》，《"十三五"环境影响评价改革实施方案》指出，环评改革以改善环境质量为核心，以全面提高环评有效性为主线，以创新体制机制为动力，以"生态保护红线、环境质量底线、资源利用上线和环境准入负面清单"（"三线一单"）为手段，强化空间、总量、准入环境管理等（环境保护部，2016）。[③] 但是，这些法律法规还太少太粗，不够健全，当然，还存在执法力度弱的问题。近些年来，中国出口贸易遭遇到的绿色贸易壁垒越来越多，引发的低碳

---

① 国家发改委：《中国应对气候变化国家方案》，http://www.ccchina.gov.cn/Detail.aspx? newsId =28013，2007年。

② 参见《关于印发〈生态环境大数据建设总体方案〉的通知》，http://www.zhb.gov.cn/gkml/hbb/bgt/201603/t20160311_332712.htm。

③ 参见《关于印发〈"十三五"环境影响评价改革实施方案〉的通知》，http://www.zhb.gov.cn/gkml/hbb/bgt/201603/t20160311_332712.htm。

贸易法律纠纷与摩擦问题愈演愈烈，如果不提前做好有针对性的预防和应对措施，未来很有可能导致贸易摩擦激烈升级并引发大规模的贸易战（王厚双等，2008）。[1] 在控排燃煤、油、气、柴以及汽车尾气排放等释放出的温室气体方面，需要出台更严厉、更细致、更具可操作性的法规，明确全国所有企业、机关、民众都必须承担的有关法律责任，以形成较为健全的同国际衔接的国内控排法律制度（张婷、曾文革，2012；刘文燕、蒋悦，2008）。[2][3] 同时，应对气候变化除实行边境调节税、碳排放交易机制等手段外，还可以推行碳标签制度和出台相应的政策文件，如《中国低碳产品认证管理办法》，协调综合运用这些贸易措施，以此来平衡发达国家设立贸易限制措施的影响。对于国外设置的像碳标签这样的新型贸易壁垒，我们同样可采取相应的方式进行反击，对出口的贸易产品做出严格的碳排放量管制的同时，也对进口的贸易产品设定相同的标准和认证要求（吴洁、蒋琪，2009）。[4]

八　促进贸易政策与产业政策相结合，大力推动低碳贸易发展

中国的贸易政策和产业政策必须以低碳经济发展作为根本立足点，相关的政策制定与措施执行都把低碳经贸发展作为第一要务。对低碳出口贸易企业与高碳产品出口贸易企业实行有差别化的出口退税政策措施，积极发挥出口退税政策的经济政策杠杆调节作用（邓荣荣，2014；王启明，2016）。[5][6] 严格控制"高污染、高能耗、资源密集型"产品的出口贸易规模与数量，针对高耗能、高排放的出口产品实施严格的控制政策，比如粗钢、电解铝、水泥、印染、造纸、化

---

[1]　王厚双、安江、王锦红：《论日本政府应对贸易摩擦的策略》，《现代日本经济》2008年第5期。

[2]　张婷、曾文革：《实现全球绿色气候的路线图——应对气候变化能力建设法律保障体系的构建与完善》，《太平洋学报》2012年第1期。

[3]　刘文燕、蒋悦：《在〈京都议定书〉框架下实现温室气体减排的具体措施分析》，《科技创新导报》2008年第6期。

[4]　吴洁、蒋琪：《国际贸易中的碳标签》，《国际经济合作》2009年第7期。

[5]　邓荣荣：《中国对外贸易的隐含碳排放：南北贸易与南南贸易的对比研究》，博士学位论文，华中科技大学，2014年。

[6]　王启明：《低碳经济背景下我国出口贸易发展的新路径》，《经济研究导刊》2016年第20期。

肥、农药等都应该实行严格的出口控制措施，取消部分高污染、高能耗产品如炼焦煤、焦炭、电解铝等的出口退税政策以及资源性产品如各种矿产品的精矿、稀土、原油、木材、纸浆等的出口退税政策，保护资源环境。通过技术改造与技术升级，降低产品生产过程中的碳排放强度，提高碳生产率，逐步减少各类出口产品的贸易隐含碳排放量，从而实现出口贸易低碳发展，走追求低碳化、高质量效益的集约化出口贸易发展模式。同时，对于低碳产品出口做出贡献的行业和企业实施出口补贴，鼓励新兴低碳产品和服务产业的出口贸易发展（邓荣荣，2014；王启明，2016）。[1][2] 比如光通信设备、太阳能和风力发电设备、信息技术产品等低碳产品的出口贸易，以及号称"无烟工业"的旅游服务业、金融保险服务业等低碳服务的出口贸易都是中国低碳贸易优先发展的重点领域（安江，2012）。[3] 总之，从长期来看，中国应该通过低碳经济和低碳贸易政策全面推动中国节能减排和出口贸易结构升级发展战略的顺利实行和成功转型。

九 建立碳标签制度，积极参与国际碳交易

可以预见，在今后的对外贸易过程中，一定会有越来越多的国外的进口方要求我国提供生产过程对环境影响的碳足迹指标，而且从实际出发，标注碳足迹，具有碳标签的贸易商品也一定会更加方便地进入国际贸易流通环节，也更容易被其他国家的进口方所接受。从国际比较的角度来看，在世界范围内，比较成熟的碳标签制度是由英国创立的（陈泂然，2011）。[4] 从 2007 年起，英国政府为了应对气候变化，建立了专门的碳基金，鼓励英国的出口企业为其生产的产品添加

---

[1] 邓荣荣：《中国对外贸易的隐含碳排放：南北贸易与南南贸易的对比研究》，博士学位论文，华中科技大学，2014 年。

[2] 王启明：《低碳经济背景下我国出口贸易发展的新路径》，《经济研究导刊》2016 年第 20 期。

[3] 安江：《低碳经济对中国出口贸易发展的影响研究》，博士学位论文，辽宁大学，2012 年。

[4] 陈泂然：《低碳经济背景下我国对外贸易结构的转变》，硕士学位论文，上海师范大学，2011 年。

碳标签（刘田田等，2015）。[①] 日本紧随其后，也制定政策鼓励日本的出口企业在其商品包装上详细标明产品在其生产过程中每个阶段的碳消耗信息。欧盟也不甘落后，积极制定碳标签政策，尤其是对于生物燃料的碳足迹的追踪计量制定了强制性的规定。在它们之后，还有法国、美国、瑞典、加拿大、韩国等国家也纷纷在国内推广使用碳标签。各国通过推行碳标签制度，来积极引导出口企业建立应对气候变化的意识，树立低碳经济和环境保护的理念，致力于进行低碳生产和清洁环保，并积极引导消费者在选择商品的时候像关注商品的质量和价格一样，关注商品的碳足迹指标。由此可见，国际上已经基本达成了关于碳标签制度的广泛共识（陈泗然，2011）。[②] 但是，直到现在，国际社会尚未达成一个有关国际碳交易的具有法律约束力的统一的国际协定，中国应该抓住这个机遇，加快发展新能源的替代技术，积极参与国际碳交易，并从中取得技术进步、结构升级和经济可持续发展的优势。要积极推广国际上通行的清洁发展机制，发展国际碳交易的市场体系。在实际的对外贸易过程中，应该加大有关碳交易方面知识的宣传力度，普及和推广相应的教育培训，加强对于碳交易方面的理论学术研究，为我国经济向低碳经济转型和对外贸易向低碳贸易转变提供理论基础和政策建议。积极参与国际碳交易市场的竞争和合作，在国际碳交易市场中占有应有的份额。

第三节　研究不足

本书虽然构建出中国对外贸易中的隐含碳排放投入产出模型和对数平均迪氏指数分解模型，并以此求解出进出口贸易和净出口贸易中的隐含碳排放量以及影响中国进出口贸易隐含碳排放的驱动因素，较

[①] 刘田田、王群伟、许孙玉：《碳标签制度的国际比较及对中国的启示》，《中国人口·资源与环境》2015 年第 S1 期。
[②] 陈泗然：《低碳经济背景下我国对外贸易结构的转变》，硕士学位论文，上海师范大学，2011 年。

好地回答了本书提出的问题,但在研究中仍有诸多不足。

第一,二氧化碳排放源范围的限定。本书研究的二氧化碳排放源主要来自化石燃料的燃烧活动,对于工业生产过程(如水泥、石灰、钢铁等),非化石燃料(如木材、稻草、秸秆等),森林砍伐、湿地排水、农牧生产(如化肥、农药、农膜等农资投入以及牲畜的粪便等)等在内的土地利用行为而产生的二氧化碳排放没有考虑在内。同时,本书也未考虑水电、核电、风电等其他能源消耗所导致的二氧化碳排放,但有部分文献研究表明,这些能源也会排放一定的温室气体(Rosa and Schaeffer,1994)[1],比如当建立一个水电站之时,淹没水中的生物因发生化学反应而产生分解腐烂,同样会排放出温室气体,特别是二氧化碳和甲烷。

第二,投入产出法的局限。本书在求解中国对外贸易中的隐含碳排放量之时试图精准,但计算过程仍有诸多缺陷。其一,投入产出法虽然是目前测算能源资源消耗以及碳排放的主导方法,也是与其他方法相比更便于直接操作和计量的主流方法,但该方法本身就存在一些共有的不足(Lenzen,2001;何继票、邱琼,2011)[2][3],如基本数据资源编排、行业内整合、产品分类与产业分类、行业分类与其生产范围一致性假设、直接消耗系数稳定性假设、价格不变假设、比例性假设(线性函数关系而不是非线性关系)等的不确定性以及在投入产出分析中将自然条件的限制、政策性因素的作用、心理方面的影响、市场现实的障碍问题等因素排除在外。其二,运用投入产出方法来测算对外贸易中的隐含碳排放量,只是一种静态估算方法,而在动态视角的框架下来讨论分析,可能会更加合理,原因在于应考虑如进口的贸易产品作为中间投入产品生产再将最终产品出口到国外,或者出口产

---

[1] Rosa, L. P. and Schaeffer, R., "Greenhouse Gas Emissions from Hydroelectric Reservoirs", *Ambio*, No. 23, 1994, pp. 164 – 165.

[2] Lenzen, M. A., "Generalized Input – output Multiplier Calculus for Australia", *Economic Systems Research*, No. 13, 2001, pp. 65 – 92.

[3] 何继票、邱琼:《中国投入产出核算的缺陷及其改进路径》,《经济理论与经济管理》2011年第6期。

品经进口来源国或地区加工处理再回流到本国消费等情况下的二氧化碳排放，而本书从静态视角考虑二氧化碳排放可能会低估实际的国际贸易引发的隐含碳排放。其三，利用中国的投入产出表，可以较为准确地测算出中国出口贸易中的隐含碳排放量，但在评估进口来源国或地区的贸易产品的隐含碳排放量之时，可能会导致一定的误差，如本书可能低估那些以第三产业为主导产业而第一产业、第二产业次之的进口来源国家或地区贸易商品的完全碳排放系数，从而致使低估隐含碳排放量。

第三，投入产出表（价值型）的缺陷。中国编制的投入产出表大多为价值型，实物型的极少。价值型投入产出表的优势在于可以统一不同产品之间量值单位的差异，便于在统一单位的框架下进行对比测算分析，但这种讨论易受价格影响（Lenzen，2000）[1]，比如，某些行业中的商品价格（如碳密集型产品的投入）不一致、单位含碳商品价格不一致而用货币来表达的商品流就不能较为真实地反映实际的实物流向，解决该问题最好的方法就是利用商品的实物流替代货币流，但代替前提是要求该行业必须具有高度一致的产出流向，即这种行业只能有一种产出结构，比如能源生产部门只能提供能源，那么就可以用该方法，而某些产业部门提供多于两种或更多的产出，就不能用该方法。比如农业，既提供农产品又提供服务产品，就不适用此方法。

第四，本书在对中国进出口贸易隐含碳排放变化的驱动因素进行分解时，主要考虑了经济规模、产业结构和碳排放强度这三方面，但是，影响二氧化碳排放量的驱动因素可以说是一项系统工程，不只包括这三方面，还有交通工具数量、人口总量、家庭平均年收入、能源禀赋、能源效率等各种因素，因而使本书对进出口贸易隐含碳排放的驱动因素分解不够细致全面，这将会很难准确地把握影响碳排放增长的主要因素，进而会对碳减排路径的选择造成一定影响。

---

[1] Lenzen, M., "Errors in Conventional and Input–Output Based Life Cycle Inventories", *Journal of Industrial Ecology*, Vol. 4, No. 4, 2000, pp. 127 – 148.

第四节 未来展望

　　2016 年,来自美国、英国和中国等 18 个国家的 116 名科学家当天在《美国气象学会通报》上发表题为《从气候角度解释极端事件》的报告,对全球 2015 年发生的 20 多个天气事件进行分析。结果发现,气候变化对多个天气事件与温度相关的极端天气事件起着放大作用。显然,气候变化问题已经成为 21 世纪人类生存发展面临的重大挑战,积极应对气候变化、推进绿色低碳发展已然成为全球共识和大势所趋。然而,中国在全球温室气体排放量份额中位居前列,而本身以煤为主的能源资源与消费结构在未来相当长一段时间内将不会发生根本性的转变,使中国在降低单位能源消耗二氧化碳排放强度方面面临重重困难,从而致使在未来的国际气候变化谈判中所面对的压力与日俱增。中国作为负责任的大国,在《京都议定书》对发展中国家初次承诺期内没有强制减排要求的情况下,就做出了自愿减排承诺,曾经在哥本哈根会议召开以前就表示,2020 年二氧化碳排放强度要在 2005 年的基础上减少 40%—45%,为了进一步践行全球气候治理的大国责任,提出了 2030 年单位国内生产总值二氧化碳排放比 2005 年下降 60%—65% 的新一轮碳减排目标。可是,随着经济全球化不断向纵深发展以及世界各国经济联系的日益紧密,国际贸易中碳排放转移的格局愈演愈烈,一个国家或地区可以通过大量进口所需贸易产品(如能源资源或碳密集产品)来替代本国生产,从而达到本国或本地区总碳排放量的缩减,有效实现其限减排义务,但其造成的"碳泄漏"会导致全球减排目标大打折扣,而联合国政府间气候变化专门委员会所实施的"污染者负责原则"却致使发展中国家在为西方发达国家提供消费服务的同时,还要为碳排放增加导致本土生态恶化买单,这显然是不公平、不公正的,国外消费者也应为其活动过程产生的温室气体负有一定责任。因此,科学准确地评估中国进出口贸易隐含碳排放,在一定程度上说,既可以为中国争取更多的碳生存排放权和发展排放权，也可以为国际社会合理界定碳排放责任和制定低碳贸易政策提供经验数据和参考价值，但这也将会是一项任重道远的研究课题。

参考文献

[1] 曹彩虹、韩立岩：《进出口贸易中隐含碳量对环境影响的度量及中美比较》，《国际贸易问题》2014年第6期。

[2] 查建平、唐方方、傅浩：《产业视角下的中国工业能源碳排放Divisia指数分解及实证分析》，《当代经济科学》2010年第5期。

[3] 陈楠、刘学敏：《垂直专业化下中日贸易"隐含碳"实证研究》，《统计研究》2016年第3期。

[4] 陈诗一：《能源消耗、二氧化碳排放与中国工业的可持续发展》，《经济研究》2009年第4期。

[5] 陈文颖、高鹏飞、何建坤：《二氧化碳减排对中国未来GDP增长的影响》，《清华大学学报》（自然科学版）2004年第6期。

[6] 程纪华：《中国省域碳排放总量控制目标分解研究》，《中国人口·资源与环境》2016年第1期。

[7] 邓光耀、张忠杰：《中国隐含碳贸易的国际关联效应研究》，《现代财经》（天津财经大学学报）2016年第11期。

[8] 邓小华、吴仁凤、泰瑞克：《"低碳"内涵的国际贸易问题研究》，中国科学技术大学出版社2016年版。

[9] 杜婷婷、毛峰、罗锐：《中国经济增长与CO_2排放演化探析》，《中国人口·资源与环境》2007年第2期。

[10] 杜运苏、张为付：《中国出口贸易隐含碳排放增长及其驱动因素研究》，《国际贸易问题》2012年第3期。

[11] 范丹、王维国：《基于低碳经济的中国工业能源绩效及驱动因素分析》，《资源科学》2013年第9期。

[12] 樊静丽：《城镇化及国际贸易与碳排放》，科学出版社2016

年版。

[13] 冯相昭、王雪臣、陈红枫：《1971—2005 年中国 CO_2 排放影响因素分析》，《气候变化研究进展》2008 年第 4 期。

[14] 丰超、黄健柏：《中国碳排放效率、减排潜力及实施路径分析》，《山西财经大学学报》2016 年第 4 期。

[15] 傅京燕、张春军：《国际贸易、碳泄漏与制造业 CO_2 排放》，《中国人口·资源与环境》2014 年第 3 期。

[16] 高鸣、陈秋红：《贸易开放、经济增长、人力资本与碳排放绩效——来自中国农业的证据》，《农业技术经济》2014 年第 11 期。

[17] 高静、刘国光：《全球贸易中隐含碳排放的测算、分解及权责分配——基于单区域和多区域投入产出法的比较》，《上海经济研究》2016 年第 1 期。

[18] 高雪、李惠民、齐晔：《中美贸易的经济溢出效应及碳泄漏研究》，《中国人口·资源与环境》2015 年第 5 期。

[19] 顾阿伦、吕志强：《经济结构变动对中国碳排放影响》，《中国人口·资源与环境》2016 年第 3 期。

[20] 谷祖莎：《贸易开放影响环境的碳排放效应研究》，知识产权出版社 2015 年版。

[21] 郭锦鹏：《应对全球气候变化——共同但有区别的责任原则》，首都经济贸易大学出版社 2014 年版。

[22] 谷祖莎：《贸易开放影响环境的碳排放效应研究》，知识产权出版社 2015 年版。

[23] 郭朝先：《产业结构变动对中国碳排放的影响》，《中国人口·资源与环境》2012 年第 7 期。

[24] 国家发改委能源研究所课题组：《中国 2050 年低碳发展之路：能源需求暨碳排放情景分析》，科学出版社 2009 年版。

[25] 公丕萍、刘卫东、唐志鹏等：《2007 年中日贸易的经济效应和碳排放效应》，《地理研究》2016 年第 1 期。

[26] 韩文科：《中国进出口贸易产品的载能量及碳排放量分析》，中

国计划出版社 2009 年版。

[27] 何建坤：《CO_2 排放峰值分析：中国的减排目标与对策》，《中国人口·资源与环境》2013 年第 12 期。

[28] 华坚、任俊、徐敏等：《基于三阶段 DEA 的中国区域二氧化碳排放绩效评价研究》，《资源科学》2013 年第 7 期。

[29] 黄栋、李怀霞：《论促进低碳经济发展的政府政策》，《中国行政管理》2009 年第 5 期。

[30] 黄敏、蒋琴儿：《外贸中内涵碳的计算及其变化的因素分解》，《上海经济研究》2010 年第 3 期。

[31] 江洪：《金砖国家对外贸易隐含碳的测算与比较——基于投入产出模型和结构分解的实证分析》，《资源科学》2016 年第 12 期。

[32] 李丹丹、刘锐、陈动：《中国省域碳排放及其驱动因子的时空异质性研究》，《中国人口·资源与环境》2013 年第 7 期。

[33] 李惠民、冯潇雅、马文林：《中国国际贸易隐含碳文献比较研究》，《中国人口·资源与环境》2016 年第 5 期。

[34] 李海涛、许学工、刘文政：《国际碳减排活动中的利益博弈和中国策略的思考》，《中国人口·资源与环境》2006 年第 5 期。

[35] 李怀政、林杰：《出口贸易的碳排放效应：源于中国工业证据》，《国际经贸探索》2013 年第 3 期。

[36] 李丽：《低碳经济条件下我国对外经济贸易发展研究——基于国家竞争优势理论》，经济管理出版社 2014 年版。

[37] 李丽：《低碳经济对国际贸易规则的影响及中国的对策》，《财贸经济》2014 年第 9 期。

[38] 李丽平、任勇、田春秀：《国际贸易视角下的中国碳排放责任分析》，《环境保护》2008 年第 3 期。

[39] 李健、郝珍珍：《基于产业影响和空间重构的低碳城市建设研究》，《中国人口·资源与环境》2014 年第 7 期。

[40] 李凯杰、曲如晓：《技术进步对中国碳排放的影响——基于向量误差修正模型的实证研究》，《中国软科学》2012 年第 6 期。

[41] 李小平、卢现祥：《国际贸易、污染产业转移和中国工业 CO_2

排放》,《经济研究》2010年第1期。

[42] 李艳梅、付加锋:《中国出口贸易中隐含碳排放增长的结构分解分析》,《中国人口·资源与环境》2010年第8期。

[43] 李玉敏、张友国:《中国碳排放影响因素的空间分解分析》,《中国地质大学学报》(社会科学版)2016年第3期。

[44] 李真:《国际产业转移下的碳泄漏模型与碳收益—成本估算框架——基于马克思国际价值理论的演化分析》,《财经研究》2013年第6期。

[45] 林伯强、刘希颖:《中国城市化阶段的碳排放:影响因素和减排策略》,《经济研究》2010年第8期。

[46] 林立:《低碳经济背景下国际碳金融市场发展及风险研究》,《当代财经》2012年第2期。

[47] 林云华:《国际气候合作与排放权交易制度研究》,中国经济出版社2007年版。

[48] 刘爱东、曾辉祥、刘文静:《中国碳排放与出口贸易间脱钩关系实证》,《中国人口·资源与环境》2014年第7期。

[49] 刘广为、赵涛:《中国碳排放强度影响因素的动态效应分析》,《资源科学》2012年第11期。

[50] 刘华军、鲍振、杨骞:《中国二氧化碳排放的分布动态与演进趋势》,《资源科学》2013年第10期。

[51] 刘红光、刘卫东:《中国工业燃烧能源导致碳排放的因素分解》,《地理科学进展》2009年第2期。

[52] 刘红光、刘卫东、范晓梅等:《全球CO_2排放研究趋势及其对我国的启示》,《中国人口·资源与环境》2010年第2期。

[53] 刘俊伶、王克、邹骥:《中国贸易隐含碳净出口的流向及原因分析》,《资源科学》2014年第5期。

[54] 刘强、庄幸、韩文科等:《中国出口贸易中的载能量及碳排放量分析》,《中国工业经济》2008年第8期。

[55] 刘倩、王遥:《新兴市场国家FDI、出口贸易与碳排放关联关系的实证研究》,《中国软科学》2012年第4期。

[56] 刘祥霞、王锐、陈学中：《中国外贸生态环境分析与绿色贸易转型研究——基于隐含碳的实证研究》，《资源科学》2015年第2期。

[57] 刘燕华、葛全胜、何凡能等：《应对国际减排压力的途径及我国减排潜力分析》，《地理学报》2008年第7期。

[58] 刘再起、陈春：《全球视野下的低碳经济理论与实践》，《武汉大学学报》2010年第9期。

[59] 刘志雄：《低碳经济背景下广西能源消费与经济增长研究》，中国财富出版社2013年版。

[60] 陆淼菁、陈红敏：《碳排放不公平性研究综述》，《资源科学》2013年第8期。

[61] 鲁万波、仇婷婷、杜磊：《中国不同经济增长阶段碳排放影响因素研究》，《经济研究》2013年第4期。

[62] 路超君、秦耀辰、罗宏等：《中国低碳城市发展影响因素分析》，《中国人口·资源与环境》2012年第6期。

[63] 鲁旭：《中国低碳经济发展策略论——国际碳关税视角》，人民出版社2015年版。

[64] 罗良文、李珊珊：《FDI、国际贸易的技术效应与我国省际碳排放绩效》，《国际贸易问题》2013年第8期。

[65] 栾昊、杨军、黄季焜等：《碳关税对中国出口变化评估差异的影响因素》，《中国人口·资源与环境》2013年第3期。

[66] 马涛、东艳、苏庆义等：《工业增长与低碳双重约束下的产业发展及减排路径》，《世界经济》2011年第8期。

[67] 马建平：《发展低碳金融促进低碳城市建设》，《城市发展研究》2011年第9期。

[68] 马晶梅、王新影、贾红宇：《中日贸易隐含碳失衡研究》，《资源科学》2016年第3期。

[69] 孟祺：《我国出口商品的碳排放研究——基于投入产出方法的分析》，《国际贸易问题》2010年第12期。

[70] 倪晓宁：《低碳经济下的国际贸易问题研究》，中国经济出版社

2012 年版。

[71] 聂飞、刘海云：《基于城镇化门槛模型的中国 OFDI 的碳排放效应研究》，《中国人口·资源与环境》2016 年第 9 期。

[72] 聂荣、李森：《国际贸易、国内贸易与隐含碳动态排放量化研究》，《技术经济与管理研究》2016 年第 4 期。

[73] 牛玉静、陈文颖、吴宗鑫：《全球多区域 CGE 模型的构建及碳泄漏问题模拟分析》，《数量经济技术经济研究》2012 年第 11 期。

[74] 潘安、魏龙：《中国与其他金砖国家贸易隐含碳研究》，《数量经济技术经济研究》2015 年第 4 期。

[75] 潘安、魏龙：《中国对外贸易隐含碳：结构特征与影响因素》，《经济评论》2016 年第 4 期。

[76] 潘辉：《碳关税对中国出口贸易的影响及应对策略》，《中国人口·资源与环境》2012 年第 2 期。

[77] 潘家华：《碳预算——公平、可持续的国际气候制度架构》，社会科学文献出版社 2011 年版。

[78] 潘家华、陈迎：《碳预算方案：一个公平、可持续的国际气候制度框架》，《中国社会科学》2009 年第 5 期。

[79] 潘家华、庄贵阳、郑艳等：《低碳经济的概念辨识及核心要素分析》，《国际经济评论》2010 年第 4 期。

[80] 潘家华：《碳排放交易体系的构建、挑战与市场拓展》，《中国人口·资源与环境》2016 年第 8 期。

[81] 彭佳雯、黄贤金、钟太洋等：《中国经济增长与能源碳排放的脱钩研究》，《资源科学》2011 年第 4 期。

[82] 彭俊铭、吴仁海：《基于 LMDI 的珠三角能源碳足迹因素分解》，《中国人口·资源与环境》2012 年第 2 期。

[83] 彭水军、余丽丽：《几种减排方案对宏观经济及碳排放的影响——基于贸易自由化背景的模拟分析》，《厦门大学学报》（哲学社会科学版）2017 年第 1 期。

[84] 彭水军、张文城：《贸易差额、污染贸易条件如何影响中国贸

易内涵碳"顺差"——基于多国投入产出模型的分析》，《国际商务研究》2016 年第 1 期。

[85] 彭水军、余丽丽：《全球生产网络中国际贸易的碳排放区域转移效应研究》，《经济科学》2016 年第 5 期。

[86] 彭涛、吴文良：《绿色 GDP 核算——低碳发展背景下的再研究与再讨论》，《中国人口·资源与环境》2010 年第 12 期。

[87] 齐晔、李惠民、徐明：《中国进出口贸易中的隐含碳估算》，《中国人口·资源与环境》2008 年第 3 期。

[88] 齐绍洲：《低碳经济转型下的中国碳排放权交易体系》，经济科学出版社 2016 年版。

[89] 齐天宇、杨远哲、张希良：《国际跨区碳市场及其能源经济影响评估》，《中国人口·资源与环境》2014 年第 3 期。

[90] 钱志权、杨来科：《东亚垂直分工对中国对外贸易隐含碳的影响研究——基于 MRIO – SDA 方法跨期比较》，《资源科学》2016 年第 9 期。

[91] 丘兆逸：《发达国家碳规制对发展中国家全球价值链升级的影响研究》，《生态经济》2017 年第 1 期。

[92] 屈超、陈甜：《中国 2030 年碳排放强度减排潜力测算》，《中国人口·资源与环境》2016 年第 7 期。

[93] 曲建升、刘莉娜、曾静静等：《中国城乡居民生活碳排放驱动因素分析》，《中国人口·资源与环境》2014 年第 8 期。

[94] 任卫峰：《低碳经济与环境金融创新》，《上海经济研究》2008 年第 3 期。

[95] 申萌、李凯杰、曲如晓：《技术进步、经济增长与二氧化碳排放：理论和经验研究》，《世界经济》2012 年第 7 期。

[96] 盛仲麟、何维达：《中国进出口贸易中的隐含碳排放研究》，《经济问题探索》2016 年第 9 期。

[97] 沈可挺、李钢：《碳关税对中国工业品出口的影响——基于可计算一般均衡模型的评估》，《财贸经济》2010 年第 1 期。

[98] 石红莲、张子杰：《中国对美国出口产品隐含碳排放的实证分

析》,《国际贸易问题》2011 年第 4 期。

[99] 石小亮、张颖、段维娜:《碳关税对我国出口企业的影响——基于投入产出模型的实证分析》,《上海经济研究》2014 年第 10 期。

[100] 施锦芳、吴学艳:《中日经济增长与碳排放关系比较——基于 EKC 曲线理论的实证分析》,《现代日本经济》2017 年第 1 期。

[101] 史立新:《交通能源消费及碳排放研究》,中国经济出版社 2011 年版。

[102] 宋德勇、卢忠宝:《中国碳排放影响因素分解及其周期性波动研究》,《中国人口·资源与环境》2009 年第 3 期。

[103] 宋德勇、张纪录:《中国城市低碳发展的模式选择》,《中国人口·资源与环境》2012 年第 1 期。

[104] 苏美蓉、陈彬、陈晨等:《中国低碳城市热思考：现状、问题及趋势》,《中国人口·资源与环境》2012 年第 3 期。

[105] 孙立成、程发新、李群:《区域碳排放空间转移特征及其经济溢出效应》,《中国人口·资源与环境》2014 年第 8 期。

[106] 孙金彦、刘海云:《对外贸易、外商直接投资对城市碳排放的影响——基于中国省级面板数据的分析》,《城市问题》2016 年第 7 期。

[107] 孙欣、张可蒙:《中国碳排放强度影响因素实证分析》,《统计研究》2014 年第 2 期。

[108] 谭丹、黄贤金:《我国东、中、西部地区经济发展与碳排放的关联分析及比较》,《中国人口·资源与环境》2008 年第 3 期。

[109] 谭娟、陈鸣:《基于多区域投入产出模型的中欧贸易隐含碳测算及分析》,《经济学家》2015 年第 2 期。

[110] 谭秀杰、齐绍洲:《气候政策是否影响了国际投资和国际贸易——京都承诺期碳泄漏实证研究》,《世界经济研究》2014 年第 8 期。

[111] 王菲、李娟:《中国对日本出口贸易中的隐含碳排放及结构分解分析》,《经济经纬》2012 年第 4 期。

［112］ 王惠、卞艺杰、王树乔：《出口贸易、工业碳排放效率动态演进与空间溢出》，《数量经济技术经济研究》2016 年第 1 期。

［113］ 王佳、杨俊：《地区二氧化碳排放与经济发展——基于脱钩理论和 CKC 的实证分析》，《山西财经大学学报》2013 年第 1 期。

［114］ 王佳、杨俊：《中国地区碳排放强度差异成因研究——基于 Shapley 值分解方法》，《资源科学》2014 年第 3 期。

［115］ 王军：《国际贸易视角下的低碳经济》，《世界经济研究》2010 年第 11 期。

［116］ 王蓉、邢俊玲：《陕西经济增长与二氧化碳排放量脱钩关系研究——基于 Tapio 脱钩模型》，《西安财经学院学报》2013 年第 6 期。

［117］ 王瑞、钟冰平、温怀德：《碳排放、对外贸易与低碳经济发展研究》，经济科学出版社 2016 年版。

［118］ 王瑞：《碳排放、对外贸易与低碳经济发展研究》，经济科学出版社 2016 年版。

［119］ 王天凤、张珺：《出口贸易对我国碳排放影响之研究》，《国际贸易问题》2011 年第 3 期。

［120］ 王文举、向其凤：《国际贸易中的隐含碳排放核算及责任分配》，《中国工业经济》2011 年第 10 期。

［121］ 王文军、赵黛青、陈勇：《我国低碳技术的现状、问题与发展模式研究》，《中国软科学》2011 年第 12 期。

［122］ 王文治、陆建明：《中国对外贸易隐含碳排放余额的测算与责任分担》，《统计研究》2016 年第 8 期。

［123］ 王文治、陆建明、刘琳：《中国对外贸易隐含的碳排放与利益：测算与比较》，《商业经济与管理》2016 年第 9 期。

［124］ 王星：《雾霾与经济发展——基于脱钩与 EKC 理论的实证分析》，《兰州学刊》2015 年第 12 期。

［125］ 王雅楠、赵涛：《基于 GWR 模型中国碳排放空间差异研究》，《中国人口·资源与环境》2016 年第 2 期。

[126] 王永龙：《我国低碳经济发展政策创新分析》，《经济学家》2010年第11期。

[127] 王有鑫：《征收碳关税对中国出口贸易和国民福利的影响——基于中美贸易和关税数据的实证研究》，《国际贸易问题》2013年第7期。

[128] 王钰：《应用AHP方法对产业国际竞争力评价的研究——1995—2010年中国制造业低碳经济的验证》，《经济学家》2013年第3期。

[129] 王正明、温桂梅：《国际贸易和投资因素的动态碳排放效应》，《中国人口·资源与环境》2013年第5期。

[130] 魏一鸣：《中国能源报告（2008）：碳排放研究》，科学出版社2008年版。

[131] 吴海江、何凌霄、张忠根：《进出口增长与净出口隐含碳减排的协同研究——基于浙江省数据的分析》，《国际贸易问题》2013年第7期。

[132] 吴立军、田启波：《中国碳排放的时间趋势和地区差异研究——基于工业化过程中碳排放演进规律的视角》，《山西财经大学学报》2016年第1期。

[133] 吴开尧、杨廷干：《国际贸易碳转移的全球图景和时间演变》，《统计研究》2016年第2期。

[134] 吴洁、蒋琪：《国际贸易中的碳标签》，《国际经济合作》2009年第7期。

[135] 吴洁、曲如晓：《论全球碳市场机制的完善及中国的对策选择》，《亚太经济》2010年第4期。

[136] 邬彩霞：《减少碳排放的环境与贸易政策研究》，人民出版社2015年版。

[137] 席艳乐、孙小军、王书飞：《气候变化与国际贸易关系研究评述》，《经济学动态》2011年第10期。

[138] 向书坚、温婷：《中国对外贸易隐含碳排放的重估算——基于新附加值贸易统计视角》，《国际经贸探索》2014年第12期。

[139] 肖雁飞、万子捷、刘红光:《我国区域产业转移中"碳排放转移"及"碳泄漏"实证研究——基于2002年、2007年区域间投入产出模型的分析》,《财经研究》2014年第2期。

[140] 谢来辉、陈迎:《碳泄漏问题评析》,《气候变化研究进展》2007年第4期。

[141] 许广月、宋德勇:《我国出口贸易、经济增长与碳排放关系的实证研究》,《国际贸易问题》2010年第1期。

[142] 徐国泉、刘则渊、姜照华:《中国碳排放的因素分解模型及实证分析:1995—2004》,《中国人口·资源与环境》2006年第6期。

[143] 徐军委:《中国碳排放影响因素分析及减排对策研究》,社会科学文献出版社2016年版。

[144] 徐盈之、郭进:《开放经济条件下国家碳排放责任比较研究》,《中国人口·资源与环境》2014年第1期。

[145] 闫云凤、杨来科:《金融危机与我国低碳贸易的发展》,《上海财经大学学报》2010年第1期。

[146] 闫云凤、杨来科:《中美贸易与气候变化——基于投入产出法的分析》,《世界经济研究》2009年第7期。

[147] 闫云凤、赵忠秀:《中国对外贸易隐含碳的测度研究——基于碳排放责任界定的视角》,《国际贸易问题》2012年第1期。

[148] 杨丽、曾少军:《国际气候合作与我国碳金融创新》,中国人口·资源与环境》2011年第12期。

[149] 杨立强、马曼:《碳关税对我国出口贸易影响的GTAP模拟分析》,《上海财经大学学报》2011年第5期。

[150] 杨苗苗、彭湑:《低碳经济环境下中国出口贸易发展的路径研究》,《改革与战略》2016年第10期。

[151] 杨骞、刘华军:《中国二氧化碳排放的区域差异分解及影响因素——基于1995—2009年省际面板数据的研究》,《数量经济技术经济研究》2012年第5期。

[152] 杨姝影、蔡博峰、曹淑艳:《国际碳税研究》,化学工业出版

社 2011 年版。

[153] 杨占红：《关于气候变化背景下国际贸易的思考》，《生态经济》2015 年第 11 期。

[154] 杨占红、裴莹莹、罗宏等：《国际碳排放特征演进及中国应对建议》，《气候变化研究进展》2016 年第 3 期。

[155] 尹应凯、崔茂中：《国际碳金融体系构建中的"中国方案"研究》，《国际金融研究》2010 年第 12 期。

[156] 原嫄、席强敏、孙铁山等：《产业结构对区域碳排放的影响——基于多国数据的实证分析》，《地理研究》2016 年第 1 期。

[157] 臧新、潘国秀：《FDI 对中国物流业碳排放影响的实证研究》，《中国人口·资源与环境》2016 年第 1 期。

[158] 张兵兵、徐康宁、陈庭强：《技术进步对二氧化碳排放强度的影响研究》，《资源科学》2014 年第 3 期。

[159] 张兵兵、田曦、朱晶：《贸易竞争力与二氧化碳排放强度：来自跨国面板数据的经验分析》，《经济问题》2016 年第 9 期。

[160] 张翠菊、张宗益：《能源禀赋与技术进步对中国碳排放强度的空间效应》，《中国人口·资源与环境》2015 年第 9 期。

[161] 张海燕、彭德斌：《碳泄漏问题评析》，《价格月刊》2011 年第 6 期。

[162] 张海玲：《管制政策下中国出口贸易的二氧化碳排放效应研究》，中国社会科学出版社 2016 年版。

[163] 张纪录：《中国出口贸易的隐含碳排放研究——基于改进的投入产出模型》，《财经问题研究》2012 年第 7 期。

[164] 张金萍、闫卫阳、孙玮等：《中国低碳发展的类型及空间分异》，《资源科学》2014 年第 12 期。

[165] 张坤民：《低碳世界中的中国：地位、挑战与战略》，《中国人口·资源与环境》2008 年第 3 期。

[166] 张坤民：《发展低碳经济要有紧迫感》，《求是》2009 年第 23 期。

［167］张雷：《中国一次能源消费的碳排放区域格局变化》，《地理研究》2006 年第 1 期。

［168］张其仔：《2050：中国的低碳经济转型》，社会科学文献出版社 2015 年版。

［169］张晓平：《中国对外贸易产生的 CO_2：排放区位转移效应分析》，《地理学报》2009 年第 2 期。

［170］张伟、朱启贵、李汉文：《能源使用、碳排放与我国全要素碳减排效率》，《经济研究》2013 年第 10 期。

［171］张伟伟、马海涌、杨蕾：《国际碳市场对接及其对中国的启示》，《财经科学》2014 年第 2 期。

［172］张晓艳：《国际碳金融市场发展对我国的启示及借鉴》，《经济问题》2012 年第 2 期。

［173］张友国：《京津冀市场一体化进程及其碳排放影响》，《中国地质大学学报》（社会科学版）2017 年第 1 期。

［174］张云：《国际碳排放交易与中国排放权出口规模管理》，中国经济出版社 2014 年版。

［175］张志强、曲建升、曾静静：《温室气体排放评价指标及其定量分析》，《地理学报》2008 年第 7 期。

［176］赵成柏：《中国经济增长中碳排放强度演化机制及减排路径研究》，经济科学出版社 2013 年版。

［177］赵春明：《低碳经济环境下中国对外贸易发展方式转变研究》，人民出版社 2014 年版。

［178］赵定涛、杨树：《共同责任视角下贸易碳排放分摊机制》，《中国人口·资源与环境》2013 年第 11 期。

［179］赵红、陈雨蒙：《我国城市化进程与减少碳排放的关系研究》，《中国软科学》2013 年第 3 期。

［180］赵晋平：《低碳贸易：节能目标约束下的贸易结构调整》，中国发展出版社 2011 年版。

［181］赵秀娟、张捷：《对外贸易对碳生产率的影响——基于 88 个国家 1992—2011 年面板数据的实证分析》，《国际商务（对外经

济贸易大学学报)》2016 年第 1 期。

[182] 赵玉焕、白佳、田扬：《基于隐含碳视角的中美贸易结构优化研究》，《中国能源》2016 年第 5 期。

[183] 赵玉焕、范静文：《碳税对能源密集型产业国际竞争力影响研究》，《中国人口·资源与环境》2012 年第 22 期。

[184] 赵玉焕、范静文、易瑾超：《中国—欧盟碳泄漏问题实证研究》，《中国人口·资源与环境》2011 年第 8 期。

[185] 赵玉焕、刘月：《基于投入产出法的中国出口产品隐含碳测算》，《中国人口·资源与环境》2011 年第 12 期。

[186] 赵志凌、黄贤金、赵荣钦等：《低碳经济发展战略研究进展》，《生态学报》2010 年第 16 期。

[187] 赵志耘、杨朝峰：《中国碳排放驱动因素分解分析》，《中国软科学》2012 年第 6 期。

[188] 郑爽：《国际碳市场发展及其对中国的影响》，中国经济出版社 2013 年版。

[189] 郑晓博、苗韧、雷家骕：《应对气候变化措施对贸易竞争力影响的研究》，《中国人口·资源与环境》2010 年第 11 期。

[190] 中国科学院可持续发展战略研究组：《中国可持续发展战略报告：探索中国特色的低碳之路》，科学出版社 2009 年版。

[191] 周长荣：《碳关税对中国工业品出口贸易影响效应研究》，中国社会科学出版社 2014 年版。

[192] 周国富、朱倩：《出口隐含碳排放的产业分布及优化对策研究》，《统计研究》2014 年第 10 期。

[193] 周健：《低碳经济下我国对外贸易可持续发展策略研究》，首都经济贸易大学出版社 2016 年版。

[194] 周葵、戴小文：《中国城市化进程与碳排放量关系的实证研究》，《中国人口·资源与环境》2013 年第 4 期。

[195] 仲云云、仲伟周：《我国碳排放的区域差异及驱动因素分析——基于脱钩和三层完全分解模型的实证研究》，《财经研究》2012 年第 2 期。

[196] 朱启荣:《中国出口贸易中的 CO_2 排放问题研究》,《中国工业经济》2010 年第 1 期。

[197] 朱婧、刘学敏:《能源活动碳排放核算与减排政策选择》,《中国人口·资源与环境》2016 年第 7 期。

[198] 庄贵阳:《低碳经济:气候变化背景下中国的发展之路》,气象出版社 2007 年版。

[199] Ackerman, F., Ishikawa, M. et al., "The Carbon Content of Japan – US Trade", *Energy Policy*, Vol. 35, No. 9, 2007, pp. 4455 – 4462.

[200] Albrecht, J., Francois, D., Shapely, Schoors K. A., "Decomposition of Carbon Emissions without Residual", *Energy Policy*, Vol. 30, No. 9, 2002, pp. 727 – 736.

[201] Alejandra Navarro, Sophie Penavayre Pere Fullana – i – Palmer, "Eco – innovation and Benchmarking of Carbon Footprint Data for Vineyards and Wineries in Spain and France", *Journal of Cleaner Production*, Vol. 142, No. 1, 2017, pp. 1661 – 1671.

[202] Ana S. Tártaro, Teresa M. Mata, António A. Martins et al., "Carbon Footprint of the Insulation Cork Board", *Journal of Cleaner Production*, Vol. 143, No. 2, 2016, pp. 925 – 932.

[203] Ang, B. W., Zhang, F. Q., "Inter – regional Comparisons of Energy – related CO_2 Emissions Using the Decomposition Technique", *Energy*, Vol. 24, No. 4, 1999, pp. 297 – 305.

[204] Ang, B. W., Pandiyan, G., "Decomposition of Energy – induce CO_2 Emissions in Manufacturing", *Energy Economics*, Vol. 19, No. 3, 1997, pp. 363 – 374.

[205] Anqing Shi, "The Impact of Population Pressure on Global Carbon Dioxide Emissions, 1975 – 1996: Evidence from Pooled Cross – country Data", *Ecological Economics*, Vol. 44, No. 1, 2003, pp. 29 – 42.

[206] Wyckoff, A. W., Roop, J. M., "The Embodiment of Carbon in Imports of Manufactured Products: Implications for International

Agreements on Greenhouse Gas Emissions", *Energy Policy*, Vol. 22, No. 3, 1994, pp. 187 – 194.

[207] Baldo, G. L. et al., "The Carbon Footprint Measurement Toolkit for the EU Ecolabel", *International Journal of Life Cycle Assessment*, Vol. 14, No. 7, 2009, pp. 591 – 596.

[208] Bhattacharyya, S. C., Ussanarassamee, A., "Decomposition of Energy and CO_2 Intensities of Thai Industry between 1981 and 2000", *Energy Economics*, Vol. 26, No. 5, 2004, pp. 765 – 781.

[209] Bin, S., Dowlatabadi, H., "Consumer Lifestyle Approach to US Energy Use and the Related CO_2 Emissions", *Energy Policy*, Vol. 33, No. 2, 2005, pp. 197 – 208.

[210] Browne, D., O'Regan, B., Moles, R., "Use of Carbon Footprinting to Explore Alternative Household Waste Policy Scenarios in an Irish City – region", *Resources Conservation and Recycling*, Vol. 54, No. 2, 2009, pp. 113 – 122.

[211] Byung Kwan Oh, Jun Su Park, Se Woon Choi et al., "Design Model for Analysis of Relationships among CO_2 Emissions, Cost and Structural Parameters in Green Building Construction with Composite Columns", *Energy & Buildings*, Vol. 118, No. 3, 2016, pp. 301 – 315.

[212] Caster, S. D., Rose, A., "Carbon Dioxide Emissions in the US economy", *Environmental and Resource Economics*, Vol. 11, No. 3, 1998, pp. 349 – 363.

[213] Chang, Y. F., Lin, S. J., "Comprehensive Evaluation of Industrial CO_2 Emissions (1989 – 2004) in Taiwan by Input – output Structural Decomposition", *Energy Policy*, Vol. 36, No. 7, 2008, pp. 2471 – 2480.

[214] Chang, Y. F., Lin, S. J., "Structural Decomposition of Industrial CO_2 Emissions in Taiwan: An Input – output Approach", *Energy Policy*, Vol. 26, No. 26, 1998, pp. 5 – 12.

[215] Cheng, F. L. , Lin, S. J. , "Structural Decomposition of CO_2 Emissions from Taiwan's Petrochemical Industries", *Energy Policy*, Vol. 29, No. 3, 2001, pp. 237 - 244.

[216] Choi, K. H. , Ang, B. W. , "A Time - series Analysis of Energy - related Carbon Emissions in Korea", *Energy Policy*, Vol. 29, No. 13, 2001, pp. 1155 - 1161.

[217] Chung, H. S. , Rhee, H. C. , "A Residual - free Decomposition of the Sources of Carbon Dioxide Emissions: A Case of the Korean Industries", *Energy*, Vol. 26, No. 1, 2001, pp. 15 - 30.

[218] Cong Wang, Bo Chen, Yajuan Yu et al. , "Carbon Footprint Analysis of Lithium Ion Secondary Battery Industry: Two Case Studies from China", *Journal of Cleaner Production*, No. 2, 2016, p. 57.

[219] Cong, R. G. , "Potential Impact of (CET) Carbon Emissions Trading on China's Power Sector: A Perspective from Different Allowance Allocation Option", *Energy*, Vol. 35, No. 9, 2010, pp. 3921 - 3931.

[220] Cong, R. G. , Wei, Y. M. , "Experimental Comparison of Impact of Auction Format on Carbon Allowance Market", *Renewable and Sustainable Energy Reviews*, Vol. 16, No. 6, 2012, pp. 4148 - 4156.

[221] Davis, W. B. et al. , "Contributions of Weather and Fuel Mix to Recent Declines in US Energy and Carbon Intensity", *Energy Eeonomcs*, Vol. 25, No. 4, 2003, pp. 375 - 396.

[222] Diakoulaki, D. , Mandaraka, M. , "Decomposition Analysis for Assessing the Progress in Decoupling Industrial Growth from CO_2 Emissions in the EU Manufacturing Sector", *Energy Economics*, Vol. 29, No. 4, 2007, pp. 636 - 664.

[223] Diakoulaki, D. , Mavrotas, G. , Orkopoulos, D. et al. , "A Bottom - up Decomposition Analysis of Energy - related CO_2 Emissions

in Greece", *Energy*, Vol. 31, No. 14, 2006, pp. 2638 - 2651.

[224] Drewnowski, A., Rehm, C. D., Martin, A. et al., "Energy and Nutrient Density of Foods in Relation to Their Carbon Footprint", *American Journal of Clinical Nutrition*, Vol. 101, No. 1, 2015, pp. 184 - 191.

[225] Druckman, A., Jackson, T., "The Carbon Footprint of UK Households 1990 - 2004: A Socio - economically Disaggregated, Quasi - multi - regional Input - output Model", *Ecological Economics*, Vol. 68, No. 7, 2009, pp. 2066 - 2077.

[226] Druckman, A. et al., "Measuring Progress Towards Carbon Reduction in the UK", *Ecological Economics*, Vol. 66, No. 4, 2008, pp. 594 - 604.

[227] Ebohon, O. J., Ikeme, A. J., "Decomposition Aanalysis of CO_2 Emissions Intensity between Oil Producing a Non - oil - producing Sub - Saharan African Countries", *Energy Policy*, Vol. 34, No. 18, 2006, pp. 3599 - 3611.

[228] Fan, Y., Liu, L. C., Wu, G. et al., "Analyzing Impact Factors of CO_2 Emissions Using the STIRPAT model", *Environmental Impact Assessment Review*, Vol. 26, No. 4, pp. 377 - 395.

[229] Fan, Y., Liu, L. C., Wu, G. et al., "Changes in Carbon Intensity in China: Empirical Findings from 1980 - 2003", *Ecological Economics*, Vol. 62, No. 3, 2007, pp. 683 - 691.

[230] Fan, J. L., Liao, H., Liang, Q. M. et al., "Residential Carbon Emission Evolutions in Urban - rural Divided China: An End - use and Behavior Analysis", *Applied Energy*, Vol. 101, No. 1, 2013, pp. 323 - 332.

[231] Fan, Y. et al., "Changes in Carbon Intensity in China: Empirical Findings from 1980 - 2003", *Ecological Economics*, Vol. 62, No. 3 - 4, 2007, pp. 683 - 691.

[232] Fan, Y., Liang, Q. M., Okada, N., "A model for China's

Energy Requirement and CO$_2$ Emissions Analysis", *Environmental Modelling and Software*, Vol. 22, No. 3, 2007, pp. 378 – 393.

[233] Fan, Y., Liao, H., Wei, Y. M., "Can Market Oriented Economic Reforms Contribute to Energy Efficiency Improvement?", *Energy Policy*, Vol. 35, No. 4, 2007, pp. 2287 – 2295.

[234] Fan, Y., Liang, Q. M., Wei, Y. M. et al., "A Model for China's Energy Requirements and CO$_2$ Emissions Analysis", *Environmental Modelling & Software*, Vol. 22, No. 3, 2007, pp. 378 – 393.

[235] Fang, J., Chen, A., Peng, C. et al., "Changes in Forest Biomass Carbon Storage in China between 1949 and 1998", *Science*, Vol. 292, No. 5525, 2001, p. 2320.

[236] Feng, Z. H., Wei, Y. M., Wang, K., "Estimating Risk for the Carbon Market via Extreme Value Theory: An Empirical Analysis of the EU ETS", *Applied Energy*, No. 99, 2012, pp. 97 – 108.

[237] Feng, Z. H., Wei, Y. M., "How does Carbon Price Change? Evidences from EU ETS, Int", *Global Energy Issues*, Vol. 35, No. 3, 2011, pp. 132 – 144.

[238] Feng, Z. H., Zou, L. L., Wei, Y. M., "The Impact of Household Consumption on Energy Use and CO$_2$ Emissions in China", *Energy*, Vol. 36, No. 1, 2011, pp. 656 – 670.

[239] Feng, Z. H., Zou, L. L., Wei, Y. M., "Carbon Price Volatility: Evidence from EU ETS", *Applied Energy*, Vol. 88, No. 3, 2011, pp. 590 – 598.

[240] Ferng, J. J., "Allocating the Responsibility of CO$_2$ Over – emissions from the Perspectives of Benefit Principle and Ecological Deficit", *Ecological Economics*, Vol. 46, No. 1, 2003, pp. 121 – 141.

[241] Finkbeiner, M., "Carbon Footprinting – opportunities and

Threats", *International Journal of Life Cycle Assessment*, Vol. 14, No. 2, 2009, pp. 91 – 94.

[242] Frank Serimgeour et al., "Reducing Carbon Emissions? The Relative Effectiveness of Different Types of Environmental Tax: The Case of New Zealand", *Environmental Modeling & Software*, Vol. 20, No. 11, 2005, pp. 1439 – 1448.

[243] Freitas, L. C. D., Kaneko, S., "Decomposing the Decoupling of CO_2 Emissions and Economic Growth in Brazil", *Ecological Economics*, Vol. 70, No. 8, 2011, pp. 1459 – 1469.

[244] Geller, H., Harrington, P., Rodenfeld, A. H. et al., "Policies for Increasing Energy Efficiency: Thirty Years of CO_2 Emissions over 1980 – 2003 in Turkey", *Energy Policy*, No. 34, 2006, pp. 1841 – 1852.

[245] Gerlagh R. Lise, "Carbon Taxes: A Drop in the Ocean, or a Drop that Erodes the Stone? The Effect of Carbon Taxes on Technology Change", *Ecological Economics*, Vol. 54, No. 2, 2005, pp. 241 – 260.

[246] Giovani Machado, Roberto Schaeffe, Ernst Worrell, "Energy and Carbon Embodied in the International Trade of Brazil: An Input – output Approach", *Ecological Economics*, Vol. 9, No. 3, 2013, pp. 409 – 424.

[247] Greening, L. A., Davis, W. B., Schipper, L., "Decomposition of Aggregate Carbon Intensity for the Manufacturing Sector: Comparison of Declining Trends from 10 OECD Countries for the Period 1971 – 1991", *Energy Economics*, Vol. 20, No. 97, 1998, pp. 43 – 65.

[248] Greening, L. A., Ting, M., Krackler, T. J., "Effects of Changes in Residential End – uses and Behavior on Aggregate Carbon Intensity: Comparison of 10 OECD Countries for the Period 1970 Through 1993 ", *Energy Economics*, Vol. 23, No. 2, 2001, pp. 153 – 178.

[249] Greening, L. A., "Effects of Human Behavior on Aggregate Carbon Intensity of Personal Transportation: Comparison of 10 OECD Countries for the Period 1970 – 1993", *Energy Eeonolnics*, Vol. 26, No. 1, 2004, pp. 1 – 30.

[250] Guangwu Chen, Thomas Wiedmann, Yafei Wang et al., "Transnational City Carbon Footprint Networks – Exploring Carbon Links between Australian and Chinese Cities", *Applied Energy*, Vol. 184, No. 12, 2016, pp. 1082 – 1092.

[251] Guo, J., Zou, L. L., Wei, Y. M., "Impact of Inter – sectoral Trade on National and Global CO_2 Emissions: An Empirical Analysis of China and US", *Energy Policy*, Vol. 38, No. 3, 2010, pp. 1389 – 1397.

[252] Hae, C. R., Hyun, S. C., "Change in CO2 Emissions and Its Transmissions between Korea and Japan Using International Input – output Analysis", *Ecological Economics*, Vol. 58, No. 4, 2006, pp. 788 – 800.

[253] Hammond, G., "Time to Give due Weight to the Carbon Footprint Issue", *Nature*, Vol. 445, No. 7125, 2007, p. 256.

[254] Han, Z. Y., Fan, Y., Wei, Y. M., "Study on the Cointegration and Causality between GDP and Energy Consumption in China, Int.", *Global Energy Issues*, Vol. 22, No. 2 – 4, 2004, pp. 225 – 232.

[255] Wang Zhaohua, Zhang Bin, Liu Tongfan, "Empirical Analysis on the Factors Influencing National and Regional Carbon Intensity in China", *Renewable and Sustainable Energy Reviews*, No. 55, 2016, pp. 34 – 42.

[256] Han, Z. Y., Fan, Y., Jiao, J. L. et al., "Energy Structure, Marginal Efficiency and Substitution Rate: An Empirical Study of China", *Energy*, Vol. 2, No. 6, 2007, pp. 935 – 942.

[257] Hao, Y., Liao, H., Wei, Y. M., "Is China's Carbon Reduc-

tion Target Allocation Reasonable? An Analysis Based on Carbon Intensity Convergence", *Applied Energy*, No. 142, 2015, pp. 229 – 239.

[258] Hatzigeorgiou, E., Pilatidis, H., Haralambopoulos, D., "CO_2 Emissions in Greece for 1990 – 2002: A Decomposition Analysis and Comparison of Results Using the Arithmetic Mean Divisia Index and Logarithmic Mean Divisia Index Techniques", *Energy*, Vol. 33, No. 3, 2008, pp. 492 – 499.

[259] He, K., Huo, H., Zhang, Q. et al., "Oil Consumption and CO_2 Emissions in China's road Transport: Current Status, Future Trends, and Policy Implications", *Energy Policy*, Vol. 33, No. 12, 2005, pp. 1499 – 1507.

[260] Hertwich, E. G., Peters, G. P., "Carbon Footprint of Nations: A Global, Trade – Linked Analysis", *Environmental Science & Technology*, Vol. 43, No. 16, 2009, pp. 6414 – 6420.

[261] Holttinen, H., Tuhkanen, S., "The Effect of Wind Power on CO_2 Abatement in the Nordic Countries", *Energy Policy*, Vol. 32, No. 14, 2004, pp. 1639 – 1652.

[262] Holtz – Eakin, D., Selden, T. M., "Stoking the Fires? CO_2 Emissions and Economic Growth", *Journal of Public Economies*, Vol. 57, No. 1, 1995, pp. 85 – 101.

[263] Hu, C., Huang, X., "Characteristics of Carbon Emissions in China and Analysis on Its Cause", *China Population, Resources and Environment*, Vol. 18, No. 3, 2008, pp. 38 – 42.

[264] Jari, K., Jyrki, L., "The European Union Balancing between CO_2 Reduction Commitments and Growth Policies: Decomposiyion Analyses", *Energy Policy*, Vol. 32, No. 13, 2004, pp. 1511 – 1530.

[265] Gomes, J. F., "Assessment of the Impact of the European CO_2 Emissions Trading Scheme on the Portuguese Chemical Industry",

Energy Policy, Vol. 38, No. 1, 2010, pp. 626 – 632.

[266] Jia Wei, Hong Chen, Xiaotong Cui et al. "Carbon Capability of Urban Residents and Its Structure: Evidence from a Survey of Jiangsu Province in China", *Applied Energy*, Vol. 173, No. 7, 2016, pp. 635 – 649.

[267] Jiandong Chen, Shulei Cheng, Malin Song et al., "A Carbon Emissions Reduction Index: Integrating the Volume and Allocation of Regional Emissions", *Applied Energy*, Vol. 15, No. 12, 2016, pp. 1154 – 1164.

[268] Jianyi Liu, Yuan Liu, Fanxin Meng et al. "Using Hybrid Method to Evaluate Carbon Footprint of Xiamen City, China", *Energy Policy*, Vol. 58, No. 5, 2015, pp. 220 – 227.

[269] John Thøgersen, Kristian S. Nielsen, "A Better Carbon Footprint Label", *Journal of Cleaner Production*, Vol. 125, No. 7, 2016, pp. 86 – 94.

[270] Johnson, E., "Disagreement over Carbon Footprints: A Comparison of Electric and LPG Forklifts", *Energy Policy*, Vol. 36, No. 4, 2008, pp. 1569 – 1573.

[271] Johnston, D., Lowe, R., Bell, M., "An Exploration of the Technical Feasibility of Achieving CO_2 Emissions Reductions in Excess of 60% Within the UK Housing Stock by the Year 2050", *Energy Policy*, Vol. 33, No. 13, 2005, pp. 1643 – 1659.

[272] José Francisco González álvarez, Jesús Gonzalo de Grado, H. Lund et al., "Study of a Modern Industrial Low Pressure Turbine for Electricity Production Employed in Oxy – combustion Cycles with CO_2 Capture Purposes", *Energy*, Vol. 107, No. 7, 2016, pp. 734 – 747.

[273] Julio Sánchez Chóliz, Rosa Duarte, "CO_2 Emissions Embodied in International Trade: Evidence for Spain", *Energy Policy*, Vol. 32, No. 18, 2004, pp. 1999 – 2005.

[274] Kenny, T., Gray, N. F., "Comparative Performance of Six Carbon Footprint Models for Use in Ireland", *Environmental Impact Assessment Review*, Vol. 29, No. 1, 2009, pp. 1 – 6.

[275] Knapp, T., Mookerjee, R., "Population Growth and Global CO_2 Emissions: A Secular Perspective", *Energy Policy*, Vol. 24, No. 1, 1996, pp. 31 – 37.

[276] Kwon, T. H., "Decomposition of Factors Determining the Trend of CO_2 Emissions from Car Travel in Great Britain (1970 – 2000)", *Ecological Economics*, Vol. 53, No. 2, 2005, pp. 261 – 275.

[277] Lantz, V., Feng, Q., "Assessing Income, Population, and Technology Impacts on CO_2 Emissions in Canada: Where's the EKC?" *Ecological Economics*, Vol. 57, No. 2, 2006, pp. 229 – 238.

[278] Lee, C. F. et al., "Analysis of the Impacts of Combining Carbon Taxation and Emissions Trading on Different Industry Sectors", *Energy Policy*, Vol. 36, No. 2, 2008, pp. 722 – 729.

[279] Lenzen, M., Pade, L., "Munksgaard J. CO_2 Multipliers in Multi-regional Input – output Models", *Economic System Research*, Vol. 16, No. 4, 2004, pp. 391 – 412.

[280] Li You, Hewitt, C. N., "The Effect of Trade between China and the UK on National and Global Carbon Dioxide Emissions", *Energy policy*, Vol. 36, No. 6, 2008, pp. 1907 – 1914.

[281] Li, H. N., Wei, Y. M., Mi, Z. F., "China's Carbon Flow: 2008 – 2012", *Energy Policy*, No. 80, 2015, pp. 45 – 53.

[282] Li, H. N., Wei, Y. M., "Is It Possible for China to Reduce Its Total CO_2 Emissions?" *Energy*, No. 83, 2015, pp. 438 – 446.

[283] Liang, Q. M., Fan, Y., Wei, Y. M., "The Effect of Energy End – use Efficiency Improvement on China's Energy Use and CO_2 Emission: A CGE Model – based Analysis", *Energy Efficiency*, No. 2, 2009, pp. 243 – 262.

[284] Liang, Q. M. , Wei, Y. M. , "Distributional Impacts of Taxing Carbon in China: Results from the CEEPA Model", *Applied Energy*, Vol. 92, No. 4, 2012, pp. 545 – 551.

[285] Liang, Q. M. , Fan, Y. , Wei, Y. M. , "Carbon Taxation Policy in China: How to Protect Energy and Trade Intensive Sectors?" *Journal of Policy Modeling*, Vol. 29, No. 2, 2007, pp. 311 – 333.

[286] Liang, Q. M. , Fan, Y. , Wei, Y. M. , "Multi – regional Input – output Model for Regional Energy Requirements and CO_2 Emissions in China", *Energy Policy*, Vol. 35, No. 3, 2007, pp. 1685 – 1700.

[287] Liang, Q. M. , Wang, Q. , Wei, Y. M. , "Assessing the Distributional Impacts of Carbon Tax Among Households Across Different Income Groups: The Case of China", *Energy & Environment*, No. 4, 2013, pp. 1323 – 1346.

[288] Liang, Q. M. , Yao, Y. F. , Zhao, L. T. et al. , "Platform for China Energy & Environmental Policy Analysis: A General Design and Its Application", *Environmental Modelling & Software*, No. 51, 2014, pp. 195 – 206.

[289] Liaskas, K. , Mavrotas, G. , Mandaraka, M. et al. , "Decomposition of Industrial CO_2 Emissions: The Case of European Union", *Energy Economics*, Vol. 22, No. 4, 2000, pp. 383 – 394.

[290] Lin, B. , Sun, C. , "Evaluating Carbon Dioxide Emissions in International Trade of China", *Energy Policy*, Vol. 38, No. 1, 2010, pp. 613 – 621.

[291] Lin, S. J. , Beidari, M. , "Energy Consumption Trends and Decoupling Effects between Carbon Dioxide and Gross Domestic Product in South Africa", *Aerosol and Air Quality Research*, Vol. 15, No. 7, 2015, pp. 2676 – 2687.

[292] Liu Lan Cui, Ying Fai, Gang Wu et al. , "Using LMDI Method to

Analyze the Change of China's Industrial CO_2 Emissions from Final Fuel Use: An Empirical Analysis", *Energy Policy*, Vol. 35, No. 11, 2007, pp. 5892 – 5900.

[293] Liu, X. B. et al., "Analyses of CO_2 Emissions Embodied in Japan – China Trade", *Energy Policy*, Vol. 38, No. 3, 2010, pp. 1510 – 1518.

[294] Liu, L. C., Wang, J. N., Wu, G. et al., "China's Regional Carbon Emissions Change over 1997 – 2007", *International Journal of Energy and Environment*, Vol. 1, No. 1, 2010, pp. 161 – 176.

[295] Liu, L. C., Wu, G., Wanget, J. N. et al., "China's Carbon Emissions from Urban and Rural Households during 1992 – 2007", *Journal of Cleaner Production*, Vol. 19, No. 15, 2011, pp. 1754 – 1762.

[296] Lu, I. J., Lin, S. J., Lewis, C., "Decomposition and Decoupling Effects of Carbon Dioxide Emission from Highway Transportation in Taiwan, Germany, Japan and South Korea", *Energy Policy*, Vol. 35, No. 6, 2007, pp. 3226 – 3235.

[297] Luukkanen, J., Kaivo – oja, J., "A Comparison of Nordic Energy and CO_2 Intensity Dynamics in the Years 1960 – 1997", *Energy*, Vol. 27, No. 2, 2002, pp. 135 – 150.

[298] Friedl Birgit, Getzner Michael, "Determinants of CO_2 Emissions in a Small Open Economy", *Ecological Economies*, Vol. 45, No. 1, 2003, pp. 133 – 148.

[299] Machado, G. et al., "Energy and Carbon Embodied in the International Trade of Brazil: An Input – output Approach", *Ecological Economics*, Vol. 39, No. 3, 2001, pp. 409 – 424.

[300] Malla, S., "CO_2 Emissions from Electricity Generation in Seven Asia – Pacific and North American Countries: A Decomposition Analysis", *Energy Policy*, Vol. 37, No. 1, 2009, pp. 1 – 9.

[301] Mancini, M. S., Galli, A., Niccolucci, V. et al., "Ecological Footprint: Refining the Carbon Footprint Calculation", *Ecological Indicators*, No. 61, 2016, pp. 390 – 403.

[302] Martha Demertzi, Joana Amaral Paulo, Luís Arroja et al., "A Carbon Footprint Simulation Model for the Cork Oak Sector", *Science of the Total Environment*, No. 566 – 567, 2016, pp. 499 – 511.

[303] Mesi Shinta Dewi, Djoko M. Hartono, Setyo S. Moersidik et al., "Green Housing Evaluation Through Carbon Footprint Dynamic Model: Questioned the Urban Policy Sustainability", *Procedia – Social and Behavioral Sciences*, Vol. 227, No. 2015, 2016, pp. 317 – 324.

[304] Michael Dalton et al., "Population Aging and Future Carbon Emissions in the United States", *Energy Economics*, Vol. 30, No. 2, 2008, pp. 642 – 675.

[305] Mongelli, I. et al., "Global Warming Agreements, International Trade and Energy Carbon Embodiments: An Input – output Approach to the Italian Case", *Energy Policy*, Vol. 34, No. 1, 2006, pp. 88 – 100.

[306] Munksgaard, J., Pedersen, K. A., Wien, M., "Impact of Household Consumption on CO_2 Emissions", *Energy Economics*, Vol. 22, No. 4, 2000, pp. 423 – 440.

[307] Munksgaard, J., Pedersen, K. A., "CO_2 Accounts for Open Economies: Producer or Consumer Responsibility?" *Energy Policy*, Vol. 29, No. 4, 2001, pp. 327 – 334.

[308] Nag, B., Parikh, J., "Indicators of Carbon Emissions Intensity from Commercial Energy Use in India", *Energy Economics*, Vol. 22, No. 4, 2000, pp. 441 – 461.

[309] Nicola Casolani, Claudio Pattara, Lolita Liberatore, "Water and Carbon Footprint Perspective in Italian Durum Wheat Production",

Land Use Policy, Vol. 58, No. 12, 2016, pp. 394 – 402.

[310] Nikolaos Floros, Andriana Vlachou, "Energy Demand and Energy – related CO_2 Emissions in Greek Manufacturing: Assessing the Impact of Carbon Tax", Energy Economics, Vol. 27, No. 3, 2005, pp. 387 – 413.

[311] Nobuko Yabe, "An Analysis of CO_2 Emissions of Japanese Industries During the Period between 1985 and 1995", Energy Policy, Vol. 32, No. 5, 2004, pp. 595 – 610.

[312] Kumara, P. R., Munasinghe, E. S., Rodrigo, V. H. L. et al., "Carbon Footprint of Rubber/Sugarcane Intercropping System in Sri Lanka: A Case Study", Procedia Food Science, No. 6, 2016, pp. 298 – 302.

[313] Paul, M. et al., "Potential for Reducing Carbon Emissions from Non – Annex B Countries through Changes in Technology", Energy Economics, Vol. 28, No. 5 – 6, 2006, pp. 742 – 762.

[314] Paul, S., Bhattacharya, R. N., "CO_2 Emissions from Energy Usein India: A Decomposition Analysis", Energy Policy, Vol. 32, No. 5, 2004, pp. 585 – 593.

[315] Peters, G. P., Weber, C. et al., "China's Growing CO_2 Emissions: A Race between Increasing Consumption and Efficiency Gains", Environmental Science & Technology, Vol. 41, No. 17, 2007, pp. 5939 – 5944.

[316] Puneet Dwivedi, Madhu Khanna, Ajay Sharma et al, "Efficacy of Carbon and Bioenergy Markets in Mitigating Carbon Emissions on Reforested Lands: A Case Study from Southern United States", Forest Policy and Economics, No. 67, 2016, pp. 1 – 9.

[317] Rhee Hae – chun, Chung Hyun – sik, "Change in CO_2 Emissions and Its Transmissions between Korea and Japan Using International Input – output Analysis", Ecological Economics, Vol. 58, No. 4, 2006, 58 (04), pp. 788 – 800.

[318] Roberto Sehaeffer, Andre Leal De Sa, "The Embodiment of Carbon Associated with Brazilian Imports and Exports", *Energy Conversion and Management*, Vol. 37, No. 6 – 8, 1996, pp. 955 – 960.

[319] Bigerna, C. A., Bollino, S., Micheli, P. et al., "Revealed and Stated Preferences for CO_2 Emissions Reduction: The missing link", *Renewable and Sustainable Energy Reviews*, Vol. 68, No. 2, 2016, pp. 1213 – 1221.

[320] Sareh Naeem, Shahrokh Shahhosseini, Ahad Ghaemi, "Simulation of CO_2 Capture Using Sodium Hydroxide Solid Sorbent in a Fluidized Bed Reactor by a Multi – layer Perceptron Neural Network", *Journal of Natural Gas Science and Engineering*, Vol. 31, No. 3, 2016, pp. 305 – 312.

[321] Sato, O., Tatematsu, K., Hasegawa, T., "Reducing Future CO_2 Emissions, the Role of Nuclear Energy", *Progress in Nuclear Energy*, Vol. 32, No. 3, 1998, pp. 323 – 330.

[322] Schaeffer, R., AndréLeal de Sá, "The Embodiment of Carbon Associated with Brazilian Imports and Exports", *Energy Conversion and Management*, Vol. 37, No. 6 – 8, 1996, pp. 955 – 960.

[323] Schipper, L. et al., "Carbon Emissions from Manufacturing Energy Use in 13 IEA Countries: Long Term Trends Through 1995", *Energy Policy*, Vol. 29, No. 9, 2001, pp. 667 – 688.

[324] Schmalensee, R., Stoker, T. M., Judson, R. A., "World Carbon Dioxide Emissions: 1950 – 2050", *The Review of Economics and Statistics*, Vol. 80, No. 1, 1998, pp. 15 – 27.

[325] Sebastian Lozano, Ester Gutierrez, "Non – parametric Frontier Approach to Modeling the Relationship among Population, GDP, Energy Consumption and CO_2 Emissions", *Ecological Economics*, Vol. 66, No. 4, 2008, pp. 687 – 699.

[326] Sergio Alvarez, Adolfo Carballo – Penela, Ingrid Mateo – Mantecón

et al. , "Strengths – Weaknesses – Opportunities – Threats Analysis of Carbon Footprint Indicator and Derived Recommendations", *Journal of Cleaner Production*, Vol. 121, No. 5, 2016, pp. 238 – 247.

[327] Shiyu Ji, Bin Chen, "Carbon Footprint Accounting of a Typical Wind Farm in China", *Applied Energy*, Vol. 180, No. 10, 2016, pp. 416 – 423.

[328] Shiyu Ji, Bin Chen, "LCA – based Carbon Footprint of a Typical Wind Farm in China", *Energy Procedia*, Vol. 88, No. 7, 2016, pp. 250 – 256.

[329] Shui, B. , Harriss, R. , "The Role of CO_2 Embodiment in US – China Trade", *Energy Policy*, Vol. 34, No. 18, 2006, pp. 4063 – 4068.

[330] Sovacool, B. K. , "Twelve Metropolitan Carbon Footprints: A Preliminary Comparative Global Assessment", *Energy Policy*, Vol. 38, No. 9, 2010, pp. 4856 – 4869.

[331] Sun, J. W. , "An Analysis of the Difference in CO_2 Emissions Intensity between Finland and Sweden", *Energy*, Vol. 25, No. 11, 2000, pp. 1139 – 1146.

[332] Sun, J. W. , "Decomposition of Aggregate CO_2 Emissions in the OECD: 1960 – 1995", *Energy Journal*, Vol. 20, No. 20, 1999, pp. 147 – 156.

[333] Sun, J. W. , "The Nature of CO_2 Emissions Kuznets Curve", *Energy Policy*, No. 27, 1999, pp. 691 – 694.

[334] Tolmasquim, M. T. , Machado, G. , "Energy and Carbon Embodied in the International Trade of Brazil", *Mitigation and Adaptation Strategies for Global Change*, Vol. 8, No. 2, 2003, pp. 139 – 155.

[335] Ipek, Tunç G. , Türüt – Aşık, S. , Akbostancl, E. , "CO_2 Emissions vs CO_2 Responsibility: An Input – output Approach for the

Turkish Economy", *Energy Policy*, Vol. 35, No. 2, 2007, pp. 855 - 868.

[336] Voormeij, D. A., Simandl, G. J., "Geological, Ocean and Mineral CO_2: Sequestration Options: A Technical Review", *Geosciences Canada*, Vol. 31, No. 1, 2004, pp. 11 - 22.

[337] Wang, B., Liang, X. J., Zhang, H. et al., "Vulnerability of Hydropower Generation to Climate Change in China: Results Based on Grey Forecasting Model", *Energy Policy*, No. 65, 2014, pp. 701 - 707.

[338] Wang, C., Chen, J., Zou, J., "Decomposition of Energy - related CO_2 Emissions in China: 1957 - 2000", *Energy*, Vol. 30, No. 1, 2005, pp. 73 - 83.

[339] Wang, K., Lu, B., Wei, Y. M., "China's Regional Energy and Environmental Efficiency: A Range - Adjusted Measure Based Analysis", *Applied Energy*, No. 112, 2013, pp. 1403 - 1415.

[340] Wang, K., Wei, Y. M., Zhang, X., "Energy and Emissions Efficiency Patterns of Chinese Regions: A Multi - directional Efficiency Analysis", *Applied Energy*, No. 104, 2013, pp. 105 - 116.

[341] Wang, K., Zhang, X., Wei, Y. M., "Regional Allocation of CO_2 Emissions Allowance over Provinces in China by 2020", *Energy Policy*, No. 54, 2013, pp. 214 - 229.

[342] Wang, P., Wu, W., Zhu, B. Z. et al., "Examining the Impact Factors of Energy - related CO_2 Emissions Using the STIRPAT Model in Guangdong Province, China", *Applied Energy*, No. 106, 2013, pp. 65 - 71.

[343] Wang, Z. H., Zeng, H. L., Wei, Y. M. et al., "Regional Total Factor Energy Efficiency: An Empirical Analysis of Industrial Sector in China", *Applied Energy*, No. 97, 2012, pp. 115 - 123.

[344] Wang Zhaohua, Feng Chao, "The Impact and Economic Cost of Environmental Regulation on Energy Utilization in China", *Applied Economics*, Vol. 46, No. 27, 2014, pp. 55 – 78.

[345] Wang Zhaohua, Feng Chao, Zhang Bin, "An Empirical Analysis of China's Energy Efficiency from Both Static and Dynamic Perspectives", *Energy*, Vol. 74, No. C, 2014, pp. 322 – 330.

[346] Wang Zhaohua, Geng Liwei, "Carbon Emissions Calculation from Municipal Solid Waste and the Influencing Factors Analysis in China", *Journal of Cleaner Production*, No. 104, 2015, pp. 177 – 184.

[347] Wang Zhaohua, Liu Tongfan, "Scenario Analysis of Regional Carbon Reduction Targets in China: A Case Study of Beijing", *Journal of Renewable and Sustainable Energy*, Vol. 7, No. 4, 2015, pp. 37 – 45.

[348] Wang Zhaohua, Liu Wei, "Determinants of CO_2 Emissions from Household Daily Travel in Beijing, China: Individual Travel Characteristic Perspective", *Applied Energy*, No. 158, 2015, pp. 292 – 299.

[349] Wang Zhaohua, Liu Wei, Yin Jianhua, "Driving Forces of Indirect Carbon Emissions from Household Consumption in China: An Input – output Decomposition Analysis", *Natural Hazards*, Vol. 75, No. S2, 2015, pp. 257 – 272.

[350] Wang Zhaohua, Wang Chen, "How Carbon Offsetting Scheme Impacts the Duopoly Output in Production and Abatement: Analysis in the Context of Carbon Cap – and – Trade", *Journal of Cleaner Production*, No. 103, 2015, pp. 715 – 723.

[351] Wang Zhaohua, Wang Chen, "Strategies for Addressing Climate Change on the Industrial Level: Affecting Factors to CO_2 Emissions of Energy – Intensive Industries in China", *Natural Hazards*, Vol. 75, No. S2, 2015, pp. 303 – 317.

[352] Wang Zhaohua, Yang Lin, "Delinking Indicators on Regional Industry Development and Carbon Emissions: Beijing – Tianjin – Hebei Economic Band Case", *Ecological Indicators*, No. 48, 2015, pp. 41 – 48.

[353] Wang Zhaohua, Yang Yuantao, "Features and Influencing Factors of Carbon Emissions Indicators in the Perspective of Residential Consumption: Evidence from Beijing, China", *Ecological Indicators*, No. 61, 2016, pp. 634 – 645.

[354] Wang Zhaohua, Yang Zhongmin, Zhang Yixiang, "Relationships between Energy Technology Patents and CO_2 Emissions in China: An Empirical Study", *Journal of Renewable and Sutainable Energy*, Vol. 4, No. 3, 2012, pp. 742 – 762.

[355] Wang Zhaohua, Yin Fangchao, Zhang Yixiang et al., "An Empirical Research on the Influencing Factors of Regional CO_2 Emissions: Evidence from Beijing City, China", *Applied Energy*, Vol. 100, No. 4, 2012, pp. 277 – 284.

[356] Wang Zhaohua, Zhang Bin, Li Guo, "Determinants of Energy – saving Behavioral Intention among Residents in Beijing: Extending the Theory of Planned Behavior", *Journal of Renewable and Sustainable Energy*, Vol. 6, No. 5, 2014, pp. 711 – 720.

[357] Wang Zhaohua, Zhang Bin, Yin Jianhua, "Determinants of the Increased CO_2 Emission and Adaption Strategy in Chinese Energy – intensive Industry", *Nature Hazards*, Vol. 62, No. 1, 2012, pp. 17 – 30.

[358] Wang Zhaohua, Liu Wei, "The Impacts of Individual Behavior on Household Daily Travel Carbon Emissions in Beijing, China", *Energy Procedia*, No. 61, 2014, pp. 1318 – 1322.

[359] Wang Zhaohua, Zeng Hualin, Yiming Wei et al., "Regional Total Factor Energy Efficiency: An Empirical Analysis of Industrial Sector in China", *Applied Energy*, No. 97, 2012, pp. 115 – 123.

[360] Wang, K., Wei, Y. M., Zhang, X., "A Comparative Analysis of China's Regional Energy and Emission Performance: Which Is the Better Way to Deal with Undesirable Outputs? " *Energy Policy*, No. 46, 2012, pp. 574 – 584.

[361] Wei Yiming, Wang Ke, Wang Zhaohua et al., "Vulnerability of Infrastructure to Natural Hazards and Climate Change in China", *Natural Hazards*, Vol. 75, No. S2, 2015, pp. 107 – 110.

[362] Wei, Y. M., Liu, L. C., Fan, Y. et al., "The Impact of Lifestyle on Energy Use and CO_2 Emission: An Empirical Analysis of China's Residents", *Energy Policy*, Vol. 35, No. 1, 2007, pp. 247 – 257.

[363] Wei, Y. M., Tsai, H. T., Fan, F. et al., "Beijing's Coordinated Development of Population, Resources, Environment and Economy", Int. J. of Sustain Dev., *World Ecol*, Vol. 11, No. 9, 2004, pp. 235 – 246.

[364] Weidema, B. P. et al., "Carbon Footprint: A Catalyst for Life Cycle Assessment? " *Journal of Industrial Ecology*, Vol. 12, No. 1, 2010, pp. 3 – 6.

[365] Wiedmann, T., Minx, J., "A Definition of 'Carbon Footprint'", *Ecological Economics Research Trends*, Vol. 92, No. 4, 2009, pp. 193 – 195.

[366] Wu, L., Kaneko, S., Matsuka, S., "Driving Forces Behind the Stagnancy of China's Energy – related CO_2 Emissions from 1996 to 1999: The Relative Importance of Structural Change, Intensity Change and Scale Shange", *Energy Policy*, Vol. 33, No. 3, 2005, pp. 319 – 335.

[367] Wu, L., Kaneko, S., Matsuka, S., "Dynamics of Energy – related CO_2 Emissions in China during 1980 to 2002: The Relative Importance of Energy Supply – side and Demand – side Effects", *Energy Policy*, Vol. 34, No. 18, 2006, pp. 3549 – 3572.

[368] Wyckoff, A. W., Roop, J. M., "The Embodiment of Carbon in Imports of Manufactured Products: Implications for International Agreements on Greenhouse Gas Emissions", *Energy Policy*, Vol. 22, No. 3, 1994, pp. 187 – 194.

[369] Fan, Y., Liu, L. C., Wu, G. et al., "Analyzing Impact Factors of CO_2 Emissions Using the STIRPAT Model", *Environmental Impact Assessment Review*, Vol. 26, No. 4, 2006, pp. 377 – 395.

[370] Xian, Y., Huang, Z., "Sources of Carbon Productivity Change: A Decomposition and Disaggregation Analysis Based on Global Luenberger Productivity Indicator and Endogenous Directional Distance Function", *Ecological Indicators*, No. 66, 2016, pp. 545 – 555.

[371] Yajie Liu, Trond W. Rosten, Kristian Henriksen et al., "Comparative Economic Performance and Carbon Footprint of Two Farming Models for Producing Atlantic Salmon (Salmo salar): Land – based Closed Containment System in Freshwater and Open Net Pen In seawater", *Aquacultural Engineering*, Vol. 71, No. 3, 2016, pp. 1 – 12.

[372] Yan, Y. F., Yang, L. K., "China's Foreign Trade and Climate Change: A Case Study of CO_2 Emissions", *Energy Policy*, Vol. 38, No. 38, 2010, pp. 350 – 356.

[373] Yi, W. J., Zou, L. L., Guo, J. et al., "How Can China Reach Its CO_2 Intensity Reduction Targets by 2020? A Regional Allocation Based on Equity and Development", *Energy Policy*, Vol. 39, No. 5, 2011, pp. 2407 – 2415.

[374] Yu, S. W., Wei, Y. M., Fan, J. L. et al., "Exploring the Regional Characteristics of Inter – provincial CO_2 Emissions in China: An Improved Fuzzy Clustering Analysis Based on Particle Swarm Optimization", *Applied Energy*, No. 92, 2012, pp. 552 – 562.

[375] Yu, H., Pan, S. Y., Tang, B. J. et al., "Urban Energy Consumption and CO_2 Emissions in Beijing: Current and Future", *Energy Efficiency*, Vol. 8, No. 3, 2015, pp. 527 – 543.

[376] Yu, S. W., Wei, Y. M., Guo, H. X. et al., "Carbon Emission Coefficient Measurement of the Coal – to – power Energy Chain in China", *Applied Energy*, Vol. 114, No. 1, 2014, pp. 290 – 300.

[377] Yu, S. W., Wei, Y. M., Wang, K., "Provincial Allocation of Carbon Emission Reduction Targets in China: An Approach Based on Improved Fuzzy Cluster and Shapley Value Decomposition", *Energy Policy*, No. 66, 2014, pp. 630 – 644.

[378] Zhang Bin, Wang Zhaohua, "Inter – firm Collaborations on Carbon Emission Reduction within Industrial Chains in China: Practices, Drivers and Effects on Firms' Performances", *Energy Economics*, No. 42, 2014, pp. 115 – 131.

[379] Zhang Bin, Wang Zhaohua, Lai Kee – hung, "Mediating Effect of Managers' Environmental Concern: Bridge between External Pressures and Firms' Practices of Energy Conservation in China", *Journal of Environmental Psychology*, No. 43, 2015, pp. 203 – 215.

[380] Zhang Bin, Wang Zhaohua, Yin Jianhua et al., "CO_2 Emission Reduction within Chinese Iron & Steel Industry: Practices, Determinants and Performance", *Journal of Cleaner Production*, No. 33, 2012, pp. 167 – 178.

[381] Zhang, M., Mu, H., Ning, Y., "Accounting for Energy – related CO_2 Emissions in China, 1991 – 2006", *Energy Policy*, Vol. 37, No. 3, 2009, pp. 767 – 773.

[382] Zhang, X., Fan, J. L., Wei, Y. M., "Technology Roadmap Study on Carbon Capture, Utilization and Storage in China", *Energy Policy*, No. 59, 2013, pp. 536 – 550.

[383] Zhang, Z. X., "Macroeconomic Effects of CO_2 Emissions Limits: A Computable General Equilibrium Analysis for China", *Journal of Policy Modeling*, Vol. 20, No. 2, 1998, pp. 213 – 250.

[384] Zhao, M. et al., "Decomposing the Influencing Factors of Industrial Carbon Emissions in Shanghai Using the LMDI Method", *Energy*, Vol. 35, No. 6, 2010, pp. 2505 – 2510.

[385] Zhou, P., Ang, B. W., "Decomposition of Aggregate CO_2 Emissions: A Production – theoretical Approach", *Energy Economics*, No. 30, 2008, pp. 1054 – 1067.

[386] Zhu, B. Z., Chevallier, J., Ma, S. J. et al., "Examining the Structural Changes of European Carbon Futures Price 2005 – 2012", *Applied Economics Letters*, Vol. 22, No. 5, 2015, pp. 335 – 342.

后　记

本书是在我的博士学位论文《中国对外贸易中的隐含碳排放及驱动因素研究》基础上修改而成的。由于是修改，原稿的基本框架、研究理论、主要方法和研究思路很难有大的变动，即便如此，本书仍进行了相关章节的调整和补充，其一是将博士学位论文第一章的"文献综述"调整到了第一章的"绪论"中；其二是在内容上增加了第二章的"相关概念与理论基础"；其三是更新了相关数据，尤其是将投入产出数据更新到了2012年，这也是当前可以获取到的最新数据。为了更加贴近本书的研究目的，便以《中国对外贸易隐含碳排放测算及驱动因素研究》为名呈现在读者面前。

我对贸易与气候变化的关注源于2009年9月进入西南财经大学攻读国际贸易学专业博士学位期间。当时进校后就在思考，自己的研究方向应该是偏向纯粹的国际贸易，还是往交叉学科发展，而正值此时，"低碳经济"的势头正在悄然兴起，于是我就在想能否可以将"国际贸易与低碳经济"有机结合，这或许是未来"贸易与环境"领域中的一个重要研究方向。在接下来攻读博士学位的岁月里，我就时刻关注有关贸易与低碳发展的相关研究，并陆续发表了多篇与此相关的学术论文。2012年6月博士毕业进入贵州财经大学工作后，由于对该领域的研究仍备感兴趣，基本上我所有的教学科研工作都是围绕该方向展开和延伸的。当然，在全球气候变化大背景下，我也想真正地成为一名身体力行的"低碳环保"践行者。毕业之初，我曾有出版博士学位论文的冲动，但由于自己的惰性而搁置了六年之久。2012年至今，国际贸易与气候变化的相关研究已经取得了很大进展，我带的研究生也开始进入贸易与气候变化这个研究领域，随着他们对该问题深入的学习和研究，我又萌发了重新整理并出版博士学位论文的念头。在学校和学院领导的大力支持下、在博士同学的叮嘱下以及在同事朋友的鼓励下，我便开始动笔修改论文，但是，在修改过程中发现，这并不比当初写作的时候轻松很多，最大的困难来自该领域相关研究更新太快，且内容日渐丰富，只能通过大量阅读国内外相关文献，并在原稿整合提炼的基础上，积极消化吸收和补充最新的研究成果。现在，当所有的努力和付出换来呱呱坠地的书稿之时，心中充满的不仅仅是兴奋，还有感动。回想起自己读博三年、工作六年，九年的岁月，一点点、一滴滴都历历在目。

在这里，对博士学位论文原稿以及修订成书出版过程中指导、帮助、关爱我的各位表示由衷的谢意，他们是：我的博士生导师刘夏明教授；贵州财经大学经济学院院长常明明教授、贵州财经大学继续教育学院副院长杨杨教授；西南财经大学经济信息工程学院院长霍伟东教授；北方民族大学经济学院院长尹忠明教授；国家发改委宏观经济研究院万海远博士；上海立信会计金融学院刘国平博士；山西省社会科学院能源经济研究所李峰副所长；硕士生任亚运、桂姗姗、郭风、沈强强、杨洋、杨霄、高鹏、刘哲明等。

最后，要特别感谢我的父母和我的妻子，正是他们默默无闻地无私奉献和嘘寒问暖的鼓励支持为我创造了一个可以专心致志从事科研工作的环境，他们的爱永远是我不懈努力和感恩生活的源泉。

本书参考和借鉴了国内外诸多专家学者的研究成果和资料，在此一并表示感谢！需要说明的是，由于作者水平有限，书中难免存在疏漏和不妥之处，敬请同行专家和读者予以批评指正。

胡剑波
2018 年 5 月